Romance Espírita

EL ABOGADO DE DIOS

Psicografía de
Zibia Gasparetto
Por el Espíritu
Lucius

Traducción al Español:
J.Thomas Saldias, MSc.
Trujillo, Perú, Diciembre 2020

Título Original en Portugués:
"O ADVOGADO DE DEUS"
© Zibia Gasparetto, 1998

Revisión:
Nicole Castillo Paredes

World Spiritist Institute
Houston, Texas, USA
E–mail:
contact@worldspiritistinstitute.org

De la Médium

Zibia Gasparetto, escritora espírita brasileña, nació en Campinas, se casó con Aldo Luis Gasparetto con quien tuvo cuatro hijos. Según su propio relato, una noche de 1950 se despertó y empezó a caminar por la casa hablando alemán, un idioma que no conocía. Al día siguiente, su esposo salió y compró un libro sobre Espiritismo que luego comenzaron a estudiar juntos.

Su esposo asistió a las reuniones de la asociación espiritual Federação Espírita do Estado de São Paulo, pero Gasparetto tuvo que quedarse en casa para cuidar a los niños. Una vez a la semana estudiaban juntos en casa. En una ocasión, Gasparetto sintió un dolor agudo en el brazo que se movía de un lado a otro sin control. Después que Aldo le dio lápiz y papel, comenzó a escribir rápidamente, redactando lo que se convertiría en su primera novela *"El Amor Venció"* firmada por un espíritu llamado Lucius. Mecanografiado el manuscrito, Gasparetto se lo mostró a un profesor de historia de la Universidad de São Paulo que también estaba interesado en el Espiritismo. Dos semanas después recibió la confirmación que el libro sería publicado por Editora LAKE. En sus últimos años Gasparetto usaba su computadora cuatro veces por semana para escribir los textos dictados por sus espíritus.

Por lo general, escribía por la noche durante una o dos horas. "Ellos [los espíritus] no están disponibles para trabajar muchos días a la semana", explica. "No sé por qué, pero cada uno de ellos solo aparece una vez a la semana. Traté que cambiar pero no pude." Como resultado, solía tener una noche a la semana libre para cada uno de los cuatro espíritus con los que se comunicaban con ella.

Vea al final de este libro los títulos de Zibia Gasparetto disponibles en Español, todos traducidos gracias al **World Spiritist Institute**.

Del Traductor

Jesus Thomas Saldias, MSc., nació en Trujillo, Perú.

Desde los años 80's conoció la doctrina espírita gracias a su estadía en Brasil donde tuvo oportunidad de interactuar a través de médiums con el Dr. Napoleón Rodriguez Laureano, quien se convirtió en su mentor y guía espiritual.

Posteriormente se mudó al Estado de Texas, en los Estados Unidos y se graduó en la carrera de Zootecnia en la Universidad de Texas A&M. Obtuvo también su Maestría en Ciencias de Fauna Silvestre siguiendo sus estudios de Doctorado en la misma universidad.

Terminada su carrera académica, estableció la empresa *Global Specialized Consultants LLC* a través de la cual promovió el Uso Sostenible de Recursos Naturales a través de Latino América y luego fue partícipe de la formación del **World Spiritist Institute**, registrada en el Estado de Texas como una ONG sin fines de lucro con la finalidad de promover la divulgación de la doctrina espírita.

Actualmente se encuentra trabajando desde Perú en la traducción de libros de varios médiums y espíritus del portugués al español, habiendo traducido más de 160 títulos, así como conduciendo el programa "La Hora de los Espíritus."

CAPÍTULO 1

El salón estaba lleno y la fiesta animada. Las parejas bailaban alegremente al compás de una agradable música. Todo era impecable. María Alice se mostró satisfecha, atenta a los invitados, observando todos los detalles para que no faltara nada. Con clase y delicadeza, se deslizó entre ellos, dando una palabra aquí, una sonrisa allá segura de su encanto y convencida de su belleza. Mujer acostumbrada al brillo de los salones sabía como recibir con lujo y distinción. Su esposo, António de Almeida Resende, rico y de familia importante de Rio de Janeiro, militaba activamente en la política, habiendo sido elegido diputado federal. Acostumbraba reunir en su casa a gente famosa, artistas, políticos famosos, empresarios, la clase A. Las invitaciones a sus recepciones eran muy disputadas y todos consideraban un honor asistir a una de sus fiestas.

Tanto María Alice como su esposo y sus dos hijos, Lanira y Daniel, aparecían constantemente en las columnas sociales de las revistas de moda. Lanira, de diecinueve años, con cuerpo bien formado, tez morena, cabello castaño, grandes y brillantes ojos negros, siempre estaba elegante y vestida a la última moda, llamaba la atención a su paso, acostumbrada a ser atendida y apreciada, no se relacionaba fácilmente. Educada, tenía muchos conocidos, pero sería difícil encontrar a alguien que la privara de intimidad.

Daniel, veintidós años, alto, más claro que su hermana, cabello castaño y ondulado que el sol se descoloraba aun más, poniéndoles reflejos dorados. Elegante, afable y gentil, tenía muchos amigos, recién egresado de Derecho.

Su padre soñaba con introducirlo en la política. Daniel tenía todas las cualidades para eso. Simpático, amable, apariencia bondadosa y principalmente una perspicacia que muchas veces lo sorprendía. Pero, a pesar de su insistencia, Daniel no se decidiera.

– Tengo otros planes – decía cuándo su papá tocaba el asunto.

– ¡Nada puede ser mejor que servir al país! – argumentaba él convencido. Contarás con el apoyo de nuestro partido y obtendrá una victoria fácil. Es una profesión honorable y rentable. ¡No puede haber un camino mejor!

– No pienso así. Vives preso a compromisos con los hombres del partido, con la gente, con el gobierno, con las organizaciones. No tengo la intención de esclavizarme de esa forma. Soy libre y quiero hacer lo que me gusta.

– ¡En este mundo, no puedes simplemente hacer lo que te gusta! Pronto descubrirás que estás equivocado. Para progresar, tendrás que comprometerte. No hay otra forma de ganar –. Daniel lo miró pensativo y había una expresión indefinible en sus ojos cuando dijo:

– La vida no es solo lo que parece establecido. Hay diferentes caminos para conseguir lo que quieres. Tengo la intención de encontrar o más corto.

António meneó con la cabeza negativamente:

– ¡Arranques de juventud, hijo mío! Escucha lo que digo. Tengo experiencia. Si quieres el camino más corto, incursiona en la política. Tendrás fama, dinero, respeto, todo –. Él se rio y no respondió. Su padre era un vencedor, respetado, rico, bien visto en la sociedad; pero él no estaba de acuerdo con sus ideas. Desde muy joven observaba la vida familiar y; no obstante, se relacionase bien con el resto de la familia, respetando sus puntos de vista, sentía que sus valores eran diferentes.

Cuando los comentarios en casa corrían sueltos con los últimos chismes sociales, quién aparecía más en la sociedad, quién era decadente o quién lideraba a este o aquel sector, Daniel se aburría. No estaba interesado en estas bagatelas. No daba ninguna importancia a los apellidos, las posiciones o los poderes de las personas. Le gustaba la espontaneidad, miraba a las personas apreciando sus aspectos de personalidad, valorándolos por las cualidades que descubriera o por el brillo de su inteligencia. Cuando sus padres reclamaban porque él no participaba de las conversaciones familiares, él explicaba:

– ¡Ustedes critican a todo el mundo! Solo ven defectos. ¿Y las cualidades?

– ¿Qué cualidades? – decía María Alice irónicamente.

– Todas las personas tienen cualidades, mamá. No siempre está a la vista. Necesitas descubrirlas.

António no estuvo de acuerdo:

– Eso es una locura. Eres ingenuo. Si continúas pensando así te irá mal. Las personas están llenas de defectos y debilidades. ¡Pobre, quien confía en el ser humano! Nadie es perfecto, lo sabes. Y debes ser advertido de estar prevenido contra la maldad de los otros.

– Pensando así, nunca conocerás a personas que puedan ser tus verdaderos amigos.

– Tengo muchos amigos.

– Vives rodeado de personas conocidas en las cuales no confías y criticas a sus espaldas. Amigo, para mí, es otra cosa.

– Ahora estás siendo radical. ¡Por supuesto que tengo amigos! Pero sé hasta dónde puedo ir con cada uno de ellos.

– Son seres humanos, ¿no es así, papá?

– Así es. Un día verás que tengo razón.

Daniel sonrió y no argumentaba. ¿De qué serviría? No era ingenuo como decía su padre. Tenía intuición para darse cuenta de las debilidades y limitaciones de cada uno, pero por eso no era insensible al punto de ignorar sus cualidades. Pensaba que era más productivo fomentar esas cualidades que quedarse criticando y mostrando los defectos. En la adolescencia, siempre que alguien le criticaba alguna falla, sentía ira y rencor. No cometió errores a propósito, sino porque no sabía cómo hacerlo mejor. Sentía que las críticas no lo ayudaban en nada, le daban solamente una visión de incapacidad que si él la aceptase acabaría por incapacitarlo aun más. María Alice estaba preocupada por las ideas de su hijo, a lo que António respondía:

– Él aun es joven. Eso se le pasará, madurará con el tiempo.

– No lo sé. A veces parece tan ingenuo... No ve el mal. Se relaciona con cualquiera. No valora nuestra clase social.

– Tiene una buena fe en los jóvenes. ¿Qué crees que va a pasar cuando termine relacionándose con personas sin cultura o buena educación? Es inteligente. Descubrirá que el nivel de cada uno muy importante. Entonces cambiará, llegará donde estamos. No tienes que preocuparte –. María Alice se dirigió a la puerta principal. Un importante empresario acababa de llegar con su esposa. Ostentando su mejor sonrisa, fue a recibirlos.

Eran amigos hacía varios años. Él era un ingeniero especializado en la construcción naval. Su empresa no solo construía buques para empresas navieras sino también para la marina brasileña. Muy rico, se casara con la hija de un ilustre hacendado de Minas Gerais, uniendo sus nombres importantes y sus respectivas fortunas. De los tres hijos, el mayor se graduara como ingeniero y trabajaba con su padre. El segundo prefiera el Derecho y el menor aun no se decidiera por la carrera a seguir. Mimado por su madre, que hacía todos sus caprichos, pasaba su tiempo desfilando con su carro último modelo por las playas de la ciudad empeñándose en gastar el dinero de la familia. Su padre varias veces le había advertido que se moderase, pero él sonreía y continuaba. Ernesto, descontento, presionaba a su esposa:

– Angelina, tienes que dejar de darle tanto dinero a Betito. ¡Ese chico está abusando! ¡No estudia, no hace nada! ¡Está equivocado!

A lo que ella respondía con una sonrisa:

– ¡No seas dramático! Es muy joven. ¡Tiene tiempo para cargar con las responsabilidades de la vida!

María Alice abrazó a Angelina:

– ¿Cómo estás, querida?

– Bien, ¡qué hermosa fiesta!

– Gracias. Y tú, Ernesto, ¿cómo estás?

– Todo bien.

María Alice pasó o el brazo por el de Angelina diciendo:

– Pasemos a la sala. António los espera con ansias –. Dejando a Ernesto en compañía del marido, María Alice llevó a la amiga a una esquina agradable, invitándola a sentarse. Viéndola acomodada con una copa de vino entre los dedos y un plato de canapés en un lado de la mesa le preguntó:

– ¿Vendrán tus hijos, Angelina? Una fiesta sin la alegría de los jóvenes no tiene brillo. Además, sé de algunas chicas que los esperan con ansiedad –. Angelina sonrió con satisfacción. Ver a sus hijos admirados era su mejor recompensa donde quiera que fuese.

Andresito tenía un compromiso, pero quedó en venir después. Rubito se estaba preparando cuando salimos, estará aquí pronto. En cuanto a Betito, tiene la agenda completamente llena. No sé cómo se consigue tantos compromisos. Siempre hay alguien que lo está esperando en alguna parte. Quedó en venir, pero Dios sabe a qué hora.

María Alice veía con placer la presencia de los dos mayores de Angelina. Acariciaba la idea de un día poder casar a la hija con uno de ellos. Cuando hablaba de eso con Lanira, invariablemente respondía:

– No pienso en casarme, mamá. Pero si lo decido un día, será con un hombre de verdad.

– André es ingeniero y ya está trabajando. Además de su ilustre nombre y gran fortuna, es un joven apuesto, fino y elegante. ¡Cualquiera en la ciudad estaría feliz con un partido así!

– ¡Pues que aprovechen! No es mi tipo.

– ¿Y Rubens? También es graduado. Sin embargo, está al inicio de su carrera, su fortuna y su nombre son suficientes para que todas las puertas les sean abiertas. ¡No tengo duda en cuanto a su éxito! ¡Es un moreno atractivo y elegante!

– No me interesa, mamá. Cuando quiera salir con alguien, puedo conseguirme yo misma un pretendiente. No tienes que hacer ese trabajo.

A pesar de las evasivas de su hija, María Alice no se desanimaba. Los jóvenes eran atractivos y ella creía que algún día, cuando Lanira estuviera más madura, se daría cuenta de eso.

– En cualquier momento serán bienvenidos – respondió cortésmente María Alice.

– ¿Y Daniel? No lo estoy viendo.

– Debe estar con sus amigos en el jardín. Le encanta conversar.

– Ya los míos prefieren bailar.

– Ya lo noté. Y, por cierto, bailan divinamente.

En la otra habitación, lejos del ruido de la fiesta, António y Ernesto conversaban animadamente.

– Necesitamos unir nuestros esfuerzos – dijo António con entusiasmo. – Las elecciones se acercan. Puedes hacer mucho por nuestro partido.

– Te confieso que simpatizo con tus ideas, me gusta tu partido. Pero por ahora prefiero cooperar sin aparecer. No me conviene tomar una posición ahora.

– ¡Ese tiempo pasó! Es hora de definirte, no puedes excluirte.

– Lo sé. Tengo clientes importantes que piensan diferente. Si yo me posiciono apoyándote, ellos se van a aborrecer. No puedo perjudicar los negocios. Yo prefiero mantenerme neutro.

– Vamos a necesitar mucho dinero para una campaña.

– Puedes contar conmigo, como siempre. Nunca dejé de cooperar. Ahora, mi nombre no puede aparecer.

– Si lo prefieres así, que sea. Pero aun creo que, sería mejor si nos apoyaran abiertamente. Esto daría prestigio a nuestros candidatos. ¡Eres muy respetado!

– Lo soy porque no tomo ninguna posición. De esta manera, continúo siendo honrado por todos los políticos que desean involucrarme. Mientras me quede así, tendré la simpatía de todos.

– Es una posición cómoda pero dudosa. El Brasil está exigiendo que los hombres asuman los asuntos públicos y trabajen a favor de todos.

Ernesto sonrió, encendió tranquilamente un puro, le dio algunas caladas mirando los arabescos que el humo dibujaba en el aire, y consideró:

– Vamos a ver qué hará tu partido para mejorar el Brasil. Estoy esperando para apoyar. Créeme, lo que ustedes hagan de bueno, ¡yo los apoyo!

António lo miró, preguntándose hasta qué punto estaría siendo sincero. Hubo en su tono un soplo de ironía que le hizo aclararse la garganta y decir:

– Escuché que has firmado un enorme contrato con la marina.

– Ni tanto. Solamente algunos cargueros.

– Entiendo que no quieras perder tu prestigio con el almirante. Él no apoya nuestro partido.

– Así es. Pero, a pesar de eso, nunca me pidió que tomara una posición política. Nunca lo mencionó.

– A pesar de todo, tu ayuda nos ha sido muy valiosa.

– Pero aquella exención de impuestos aun no ha salido. ¿En qué situación está?

– Ya presenté el proyecto de ley a la Cámara de Diputados. Estamos a la espera de su proceso, por lo que debe colocarse en la lista de espera.

– Espero que salga antes de las elecciones. Como sabes, si la exención sale, tendré más dinero para ayudar en la campaña.

António disimuló su enfado. Estaba claro que solo le daría dinero si pudiera contar con la exención de impuestos. Eso no dependía de él. Hiciera su parte, cumpliera lo prometido en el trato que habían hecho. Pero las cosas necesitaban de tiempo para materializarse.

– Si dependiese de mí, esa ley ya habría sido aprobada. Pero la oposición obstruyó y archivó el proyecto. Solo ahora he logrado encontrarlo y recientemente lo puse en proceso.

– Haz un esfuerzo. Este año, si tengo que pagar todos los impuestos, creo que no tendría dinero para el partido. Sabes cómo es, no puedo perjudicar los negocios. El dinero que yo puedo disponer sale de los beneficios. Si no hay beneficio, no pasa nada.

– Puedes estar tranquilo. Mañana me comprometo a poner el proyecto al voto.

– Estoy seguro que lo lograrás.

Lanira miró aburrida a las parejas que bailaban en el salón. ¡Qué fiesta tan sin gracia!

Estaba cansada de esos mojigatos, cabello con brillantina y pegado a la cabeza, bigotito refinado, zapatos relucientes, camisa de seda.

A ella le gustaba la gente elegante, bien vestida, pero era difícil encontrar algo interesante y con ideas propias. Conocía a cada uno de los muchachos que frecuentaban su casa, los consideraba dulzones y aburridos.

Eran inexpresivos. Tenían las mismas bromas, los mismos suspiros, la misma forma de ser galantes. Lanira pensó que no tenían ninguna imaginación. Ciertamente aprendieron en la misma escuela.

Los trataba con desdén, y cuanto más lo hacía, más la buscaban tratando de conquistar sus atenciones. Al pie de su ventana había serenata casi todas las noches. Ella nunca salía a dar las gracias, como era costumbre. Se colocaba algodón en los oídos y dormía tranquila.

– ¿Bailamos?

Lanira miró hacia arriba. André estaba frente a ella. Se levantó.

– Vamos. No te vi llegar – Él la enlazó delicadamente.

– Acabo de llegar. ¡Te vi tan pensativa y pronto me imaginé que estabas sintiendo mi ausencia! ¿Estoy en lo cierto?

Ella sonrió:

– Has crecido, pero continúas siendo el mismo.

– ¿Qué puedo hacer si las chicas no me dejan en paz? ¡Es difícil complacer a todas!

Lanira estaba acostumbrada a las bromas de André. A veces se preguntaba hasta dónde estaba bromeando. Sabía que era guapo, rico, muy codiciado por las mujeres. Ella sabía hasta de algunas historias suyas con una mujer casada.

– No fue prudente bailar contigo. ¡Ella pueden querer matarme! Es mejor parar – dijo ella tratando de esquivarlo.

– ¡Que nada! Me gusta provocarlas. ¡Eres hermosa! Deben estar muriendo de celos.

Lanira no respondió. Cerró los ojos y se dejó llevar al ritmo del bolero. Él bailaba divinamente. A ella le encantaba bailar. Si se quedase callada, no escucharía más las trivialidades que él decía.

María Alice los miró con satisfacción. André había llegado y pronto fue a buscar a Lanira. Era una buena señal. Embebecida, los miró. Hacían una hermosa pareja.

– André baila divinamente – dijo.

– Es verdad – asintió Angelina con satisfacción.

Para ella, su vida se resumía en el éxito de sus hijos y su marido. Verlos brillar en la mejor sociedad de Rio de Janeiro era su gloria.

– Mira: Rubens está llegando – dijo María Alice.

De hecho, un muchacho alto, moreno y elegante, acababa de entrar y, al verlas, se dirigió a ellas saludándolas cortésmente. María Alice suspiró con placer o el delicado perfume que emanaba de él.

– Me alegro que hayas llegado – dijo sonriendo. – Varias chicas me preguntaron por ti.

– Disculpe el retraso, doña María Alice. Tenía que atender a un cliente.

¡Ya estás trabajando, Rubens! Naturalmente, en las oficinas del Dr. Ernesto...

– No. Tengo mi propia oficina.

– No lo sabía. ¡Felicidades!

Un camarero pasó una bandeja, pero Rubens no quiso nada.

– ¿No vas a tomar un vino? – preguntó María Alice con cuidado. – ¿Prefieres algo más?

Se inclinó levemente:

No se preocupe, doña María Alice. Acabé de llegar.

– Como quieras. Siéntate como en casa.

Él agradeció y se apartó. Acababa de encontrar un amigo. Cuando lo vio distante, Angelina suspiró diciendo en voz baja:

– ¿Viste, María Alice?

– ¿Qué?

– Lo que hizo. No es posible entender. Ernesto es un padre maravilloso. Hace todo lo posible para encaminar a sus hijos en la vida. Mientras tanto, Rubens no quiere hacer nada de lo que su padre programó. En vez de dirigir el departamento jurídico de nuestra empresa eligió alquilar una oficina en un edificio cualquiera y hacer su oficina. ¿Te imaginas?

– ¿En serio? ¡Qué locura!

Dijo que se graduó porque le gusta la profesión y no quería ser solo el hijo del Dr. Ernesto. Quiere hacer una carrera por sí mismo.

– No deja de ser una idea digna.

– Digna, pero pobre. Está recién graduado. No tiene un nombre profesional. Si vieras la oficina que estableció, estarías preocupada como yo me quedé. Hice todo lo posible para hacerle cambiar de opinión, ¡pero qué! Rubito siempre fue así. Cuando se le mete algo en la cabeza no hay nadie quien se la quite.

– ¿Qué dijo Ernesto?

– Él cree que se va a romper la cara y volver mansito. Pero sé cómo es orgulloso. No va a hacer eso.

– Si tiene ganas de trabajar, puede que tenga éxito. ¿Por qué no?

– No lo creo. Ya sabes cómo hoy es importante tener un nombre. ¿Quién confiaría una causa a un recién graduado? Solo los pobres, que no tienen con qué pagar. Y esto ya está sucediendo.

– ¿Estás segura?

– Sí. El otro día fui a conocer el lugar. El edificio realmente no está tan mal, pero solo hay cuatro salas y solo una secretaria. Como él estaba con un cliente, me quedé en la sala de espera. Vi cuando el hombre salió. No se vestía bien y tenía mala apariencia. ¡Me sorprendió! ¡Mi hijo atendiendo a esta gentuza!

– ¿No hablaste con él?

– Hablé, pero se rio y no me tomó en serio. Ese es el problema. Yo hablo, el padre habla, pero no nos responde. Ves como los hijos son ingratos.

– En eso tienes razón. António quería que Daniel entrara en la política y fuese a ayudarlo en sus proyectos sociales. Pero él se niega. No quiere saber nada de eso. Haz como Rubito.

– Pero ustedes tienen a André. Éste trabaja con su padre. Creo que está aprovechando la oportunidad para mejorar su vida.

– Es verdad. André es maravilloso. Es la mano derecha de Ernesto.

– Y Betito, ¿qué piensa hacer?

– Ese aun no ha decidido. ¡Es tan joven! Es mejor que piense bien para no engañarse.

– ¡Ya cumplió veinte años!

– Ya, pero todavía no hay madurez. Es inteligente, creo que es el más inteligente de los tres, pero piensa como un niño. Ernesto sigue presionando para que decida o qué quiere estudiar, pero creo que debe esperar. ¿De qué sirve seguir una carrera sin voluntad?

María Alice no dijo nada. Ella encontraba a la amiga demasiado tolerante con la irresponsabilidad del Betito. Había muchos comentarios sobre las locuras que cometía. Era el terror de las madres, que no querían que sus hijas se involucraran con él. Frívolo, enamorador, exageraba en la bebida, decían incluso que había embarazado a una de las empleadas de la casa y Angelina fue obligada a tomar las debidas providencias, financiando un aborto. Como ella nunca tocará este tema, María Alice se hacía la que ignoraba el asunto. Ese, si no apareciese en la fiesta, ella lo agradecería.

Pero eso no le quitaba el entusiasmo de casar a Lanira con uno de los dos hermanos mayores. Al final, justificaba ella, un descarriado era común en las familias de alta sociedad. Conocía de varias familias ilustres en tenían un elemento disonante. Mientras todos se ocupaban en construir, este elemento ocupaba su tiempo en derrochar el dinero y comprometer el ilustre nombre que llevaba. No tenía duda que Betito era uno de esos. Tenía todas las características. Se limitó decir delicadamente:

– Algún día madurará.

– ¡Estoy segura!

Rubens conversaba con Daniel, quien escuchaba con interés.

– No sé si acepte el caso – dijo –. No será fácil.

– ¿Estás seguro que lo que dijo es verdad? ¿No es solo una suposición?

– No. Tiene fotos, cartas que comprueban lo que dice.

– Si realmente fuera el heredero de todo y demuestra que fue usurpado, será un escándalo. ¿Contra quién desea mover la acción?

– Por ahora no estoy autorizado a decirlo. Pidió discreción. Quería conseguir más pruebas.

– Después de tantos años, será difícil.

– Tiene nuevos datos.

– Este caso me parece muy interesante. Si yo fuera tú, no me negaría.

– Te graduaste ahora. ¿Has decidido lo qué harás?

– Lo estoy pensando. Me gustó lo que hiciste. Pode ser que haga lo mismo. Es bueno comenzar desde abajo y aprender todo lo que sea posible. No creo que nada reemplace la experiencia.

– Mis padres no están de acuerdo, pero siento que esto es lo que yo quiero. No estoy dispuesto a quedarme limitado a los intereses de nuestra empresa. Quiero más. Me gusta observar la vida, encontrar soluciones a sus problemas. Probar a mi manera –. Daniel se entusiasmó:

– ¡Hasta que por fin encontré alguien que piensa como yo! Tampoco quiero entrar en la arena política y quedarme limitado a las ideas partidarias. Yo quiero ser libre y ejercer el Derecho según me parece debe ser ejercido.

– ¡Bravo! ¡No sabía que pensabas en esta forma! ¿Por qué no trabajas conmigo?

Dividiremos los gastos. Nos podremos ayudar mutuamente. Es bueno tener alguien con quien intercambiar ideas y estudiar los casos.

– Me encantaría.

Rubens sacó una tarjeta de su bolsillo y se la entregó diciendo:

– Búscame la semana que viene. Ven a conocer el lugar. Entonces conversaremos mejor.

– Lo haré, puedes esperar.

Eran más de las tres cuando el último invitado se despidió y María Alice subió con su esposo a sus habitaciones después de ordenar a los sirvientes que cerraran todo. Mientras se preparaba para dormir, María Alice comentó:

– ¡La fiesta estuvo excelente! – António estuvo de acuerdo:

– Gracias a ti, como siempre. Estuvo impecable. Incluso a Honório, que abusa de la bebida y provoca discusiones, lograste controlarlo. ¿Cómo conseguiste eso?

– Fue fácil. Le puse una hermosa mujer a su lado para distraerlo. ¿Viste lo amable que estaba?

– Cualquiera sería amable al lado a una viuda rica como aquella. Él siempre se interesó en ella. Este estaba lleno de dedos.

– Sabía de eso. Fue solo una empujadita y punto.

– En compensación, Ernesto me presionó. Me dio ganas de mandarlo a pelar papas.

– ¿Qué más quería? Hice lo que pude.

– Por supuesto que te controlaste. Al final, es él quien siempre da más dinero para tu campaña.

– Por eso me hice el tonto. Mañana pueden aprobar la exención fiscal y pronto, todo queda en su lugar.

– Está disgustado con su hijo. ¿Sabías que Rubito no quiere trabajar con sus padres y prefirió alquilar una oficinita? Angelina estaba infeliz.

– No es para menos. Estoy pensando en Daniel... Necesita decidir lo que va a hacer.

– Tienes razón.

– Mañana mismo hablo con él.

– Haz eso.

Se acomodaron para dormir, lo que no demoró en suceder.

CAPÍTULO 2

Daniel se detuvo en frente del edificio y comprobó el número. Era el mismo. Quinto piso. Entró, miró alrededor, le gustó. A pesar de no ser nuevo, estaba muy limpio y ordenado. Al salir del ascensor, caminó por el pasillo y luego vio una placa de la pared: Dr. Rubens de Oliveira e Castro. Abogado. Se detuvo y tocó un timbre.

La puerta se abrió y una joven apareció.

– Usted busca... –. preguntó el cortésmente.

– Hablar como el Dr. Rubens. ¿Está?

– Sí. Pase por favor. ¿Tiene cita?

– No.

– Voy a ver si lo puede atender. ¿Cuál es su nombre?

Daniel sacó una tarjeta de su bolsillo y se la entregó, diciendo:

– Él me invitó a visitarlo.

– Por favor, siéntese y espérelo.

Ella salió y Daniel inspeccionó la oficina con satisfacción. Había flores en el jarrón, cuadros en las paredes. Decoración moderna y elegante, de muy buen gusto.

La puerta abierta se abrió y Rubens apareció con una sonrisa en los labios.

– ¡Qué bueno verte! ¿Cómo estás?

Después de los saludos, lo condujo a su oficina.

– ¿Tomas algo? ¿Un refresco, un agua, un café?

– Un café, por favor.

Rubens descolgó o marcó el teléfono, luego dijo:

– Doña Elza, tráenos un café –. Colgó el teléfono y volviéndose hacia Daniel continuó:

– Y, entonces, ¿qué te pareció el lugar?

– Es muy agradable. No se parece en nada a las oficinas que conozco. Muebles pesados, oscuros, sobrios.

– Mi estilo es diferente. Paso aquí muchas horas y me gusta sentirme bien, un ambiente ligero, agradable, bonito, acogedor y sobre todo cómodo. Me encanta la comodidad, pero no prescindo de la belleza, he unido las dos.

– También faltan sus papeles esparcidos sobre la mesa y las innumerables carpetas apiladas.

Rubens se rio de buena gana.

– Soy perfeccionista. Me gusta el orden. No puedo trabajar en un lugar desorganizado.

La camarera trajo una bandeja con café y servicios. Después de hablar del café en tono amistoso, Rubens transmitió:

– Ven a conocer las otras oficinas.

La habitación contigua estaba escasamente amueblada. Solo unos pocos archivos, una mesa con una máquina de escribir.

– Estoy organizando aquí los archivos de los casos. También tengo información importante, algunas investigaciones.

– ¡Buena idea! Facilitará el trabajo.

– No hay mucho aquí. Estoy comenzando.

– ¿Cuánto tiempo llevas aquí?

– Seis meses. Trabajé durante un año y medio como Dr. Del Vecchio. A pesar de poco tiempo, aprendí mucho con él. Mi papá quería que me quedara más tiempo para luego ir a trabajar a la empresa. Cuando supo que salí, le pareció que estaba mal, pero tuvo que aceptarlo – Pasaron por otra habitación. Estaba vacía.

– No tengo dinero ni tiempo para amueblarla. Sabes cómo es... También tengo mi orgullo. Si quiero ser independiente, no puedo estar pidiendo dinero a mi familia. De hecho, mi padre ya me dijo que no me va a dar nada, que voy a botar todo por la borda. No cree que lo consiga.

– ¿No cree o no quiere que te vaya bien? – Rubens se detuvo un rato y luego dijo:

– Sí. Creo que no quiere.

Solo para después decir: "¿No te lo dije?"

Los dos se rieron gustosamente.

– Cuando hablé contigo no estaba jugando. Puedes ocupar esta oficina. Dividiremos los gastos, los empleados, nos ayudaremos con los casos. Esto va a ser perfecto.

– No sé si estoy preparado para asumir esto. Me acabo de graduar. No soy conocido en el medio. Además, mi papá tampoco me va a ayudar. Tiene otros proyectos para mí.

– ¿Eso te incomoda?

– No. Me gustaría que fuese diferente, pero cada uno es lo que es.

– Vas a necesitar amueblar tu oficina y algo de dinero para los primeros tiempos. Tampoco tengo muchos clientes todavía. A algunos les gustan las pequeñas causas, con mucho trabajo y poco dinero. Pero estoy dispuesto a ganar y sé lo que lo puedo lograr.

– Tengo algún dinero ahorrado. Mi madre siempre fue muy generosa con las mesadas. Mi padre también. Les gusta que me presente siempre bien y tenga dinero en el bolsillo. Puedo amueblar la oficina y aguantar los primeros tiempos, si ellos decidieran suspender la mesada.

– En ese caso, nada te impide aceptar. Para mí sería conveniente no solo porque sería más barato mantener esto, sino también porque te aprecio y me gusta tu manera de pensar. Creo que eres el compañero ideal. ¡Tengo la intuición que juntos vamos a hacer grandes cosas!

Daniel sonrió:

– Tu optimismo es contagiante.

– En este caso, acepta. Algún día tendrás que comenzar, y esta oportunidad es realmente buena.

– Está bien. Creo que podemos intentarlo.

¡Así es como se habla! Mañana incluso puedes comprar tus muebles. También tendremos que hacer una placa con tu nombre para que la coloquen junto a la mía. ¿Están tus documentos en regla? ¿Ya puedes comenzar a trabajar?

– Sí. Me gustó mucho la decoración que hiciste. Creo que es mejor seguir el mismo estilo.

– Fantástico.

Entusiasmados, los dos continuaron conversando, combinando detalles y programando la instalación de Daniel. Cuando éste se fue, al final de la tarde, estaba emocionado y feliz. Se imaginaba cómo decorar la oficina, qué comprar, intentando visualizar cómo quedaría de esta o aquella manera.

A la hora de la cena, María Alice comentó:

– ¡Daniel estás de buen humor! ¿Alguna nueva enamorada?

– Él desvió el asunto. Pensó que era mejor no entrar en detalles de lo que pretendía hacer.

Nada de eso. ¿Crees que solo estamos bien cuando hay mujeres de por medio?

– Claro. Es solo mirarte cuando pasa una chica linda. ¡Ustedes se quedan babeando!

António miró a ambos y dijo:

– Daniel tiene razón. Mujer es bueno, pero lo que él necesita ahora es decidir el rumbo que le dará a su vida. Enfocarse en su carrera. Ahora es el momento exacto para comenzar. Todo está a nuestro favor.

– Voy a pensar en eso, papá – prometió queriendo escapar de la presión.

– Ya lo pensaste demasiado. Lo estás pensando hace mucho tiempo. Es hora de decidir. Estás perdiendo un tiempo precioso. ¿Qué más estás esperando? Te graduaste, eres abogado, tienes el título y un nombre distinguido. El camino está abierto.

Daniel frunció el ceño. Su padre lo obligaba a una actitud que no quería tomar. No le gustaba ser presionado. Mientras él solo sugería, no tenía importancia, pero ahora estaba queriendo intervenir en sus decisiones. Eso hería su sentido de justicia. Tenía el derecho de escoger su propio camino. Lo miró seriamente y respondió:

– Gracias por tu interés, pero puedo decidir qué carrera debo seguir. No estudié para obtener un título, sino para ejercer la profesión. Me gusta el Derecho. Tengo la intención de abogar.

António lo miró sorprendido. No esperaba una actitud tan firme. Acostumbrado a contemporizar, se mostró conciliador:

– Por supuesto que te graduaste para abogar. Yo mismo he tenido mis causas.

– Donde pones el nombre y otros abogados lo hacen todo. Esto no es lo que quiero para mí.

António estaba irritado:

– ¿Qué es lo que quieres? ¿Ir al foro con las carpetas en la mano, correr detrás de los jueces, ir a los registros y en las reuniones, para sacar a algún bandido de la cárcel? ¿Eso es lo que quieres? – María Alice intervino preocupada:

– Vamos a dejar este asunto para más adelante. No quiero discutir durante las comidas –. Bajó la voz cuando dijo:

– "Frente a los sirvientes."

– Disculpa, María Alice, pero la indecisión de Daniel me irrita. Estoy de acuerdo. Dejemos este asunto para más tarde, pero puedes estar segura que no lo olvidaré.

Lanira los miró aburrida. Ellos eran obstinados y ciertamente discutirían en la oficina, tomar decisiones para salir después como si nada hubiese sucedido, fingiendo que nada pasó frente a los sirvientes.

Estaba cansada de esa hipocresía. Dondequiera que iba, como las personas eran falsas y aburridas. Decían frases convencionales, sonreían cortésmente, nunca demostraban lo que sentían. Hace años pensó en escaparse de casa, pero no tuvo valor. Odiaba la pobreza, la falta de comodidad. A veces se sentía culpable por esa debilidad. Ella también decía frases convencionales, fingía, sonreía forzadamente. Por eso, la vida le parecía sin brillo. Así, las personas eran autómatas, viviendo una vida vacía, sin objetivos, sepultando sus sentimientos y cuidando las apariencias. Ella también se convirtiera en una persona como las demás, obedeciendo las reglas de la sociedad. Un día se casaría con un nombre ilustre, tendría hijos, les enseñaría a entrar en las reglas. Las generaciones se sucedían siempre iguales, y esa rutina la deprimía. No obstante, quisiese salir de ella, sabía que no tenía coraje. Continuaría haciendo lo mismo, como su abuela, su madre y las otras familias que conocía. Creía que fuera de las convenciones sociales no había nada. Era solo perdición. Sufrimiento, dolor.

María Alice intentó llevar una conversación de una forma más divertida, hablando de las películas del momento y de los nuevos cines de la ciudad. A pesar del tono, Lanira se dio cuenta que estaba tensa. António intercambió ideas con ella, fingiendo que no percibía el silencio de Daniel. Lanira lo miró con cierta curiosidad. ¿Tendría el coraje de escapar a la rutina familiar? Desde pequeña escuchaba al padre programar la carrera política del hermano. Para ella, era un hecho consumado. Eventualmente se rendiría.

Después del desayuno, Daniel se retiraba cuando António dijo:

– Hablemos en la oficina. Necesitamos aclarar algunas cosas. No es posible posponerlas más.

Daniel suspiró con más determinación:

– De acuerdo, papá. Vamos allá.

María Alice miró con algo de preocupación, pero no dijo nada. Nunca se entrometía en las conversaciones del marido con los hijos.

Fueran a la oficina. Lanira tomó un libro y se sentó en un sillón. María Alice fue a dar órdenes en la cocina.

António se sentó detrás de un pesado escritorio tallado y Daniel se acomodó en un sillón frente a él. Se miraron el uno al otro.

– Si estoy tocando en este tema, es porque ya tienes edad de asumir una carrera. Yo ingresé al partido mucho antes.

– Ya te lo dije, papá. No pretendo entrar al partido. No me gusta la política.

– No sabes lo que dices. A muchos jóvenes les encantaría tener una oportunidad como la tuya. ¿Quieres dejar de lado todo?

– Gracias por tu interés. Pero quiero tomar otro camino.

– Querer abogar y luego ser político es ideal para eso. Te dará fama, nombre y credibilidad. Si eso es lo que quieres, voy a conseguirte un lugar en la oficina de un gran abogado que me debe muchos favores. Junto a él, pronto te harás conocido. Ahora, él está en el partido y tú también debes registrarte. Mañana arreglaremos todo.

– No quiero, papá. No lo haré.

– ¿No harás qué?

– Yo no quiero. Déjame elegir qué hacer. Ya decidí. Mañana empiezo a trabajar con Rubito. Estuve con él hoy y coordinamos todo.

– ¿Qué? ¿Con Rubito? ¿Te has vuelto loco? Tu mamá me dijo que Angelina y Ernesto están desesperados porque Rubito estableció una oficina por su cuenta, de quinta categoría, sin posibilidades de salir adelante. ¿Y es allí que quieres enterrar tu talento?

El rostro de António se puso rojo y se puso de pie indignado. Sin dar tiempo a que Daniel pudiese decir algo, continuó:

– ¡No puedo dar mi consentimiento a una cosa de esas! Mi hijo, avergonzándome de esa manera. Tú no harás eso.

Daniel lo miró con seriedad y respondió:

– Lo haré, papá. Ya lo decidí. La oficina está en un buen lugar del centro de la ciudad, bien establecido y estoy seguro que tendremos éxito.

– No sabes lo que estás diciendo. Eres demasiado joven. Vas a perder un tiempo enorme y gastar dinero, avergonzar a la familia y después volver para intentar recomenzar. No. No puedo permitir que hagas eso.

– No voy a avergonzar a nadie. Voy a comenzar por el principio, aprendiendo, creciendo. Rubito es inteligente, sabes lo que dice, juntos conseguiremos subir en la vida –. António sacudía la cabeza, incrédulo. Fue hasta la puerta y llamó a María Alice. Cuando entró, no se contuvo:

– Ve si puedes convencer a tu hijo de abandonar esta locura. Rechazó todas las oportunidades que le ofrecí. ¿Sabes por qué? Para juntarse con aquel visionario de Rubito, en la oficinita de la que me hablaste. ¡Es allí, con él, que Daniel quiere hacer carrera!

María Alice se llevó la mano a los labios para ahogar la exclamación de espanto que emitió de mala gana.

– ¡No puede ser! Dime, hijo mío, que no escuché bien.

Daniel se puso de pie, respiró hondo, tratando de controlarse y respondió:

– ¡Ustedes están haciendo un drama de una cosita tan simple! Haré un experimento trabajando con él y compartiendo los gastos. Coordinamos todo. No es una calamidad. No hagan de esto una tragedia familiar.

María Alice abrió la boca, la volvió a cerrar y no encontró palabras para responder. Estaba asustada. El tono de voz de Daniel la hacía sentir que estaba hablando en serio. Cuando consiguió hablar, consideró:

– ¡Esto no funcionará, hijo mío!

– Si no funciona, haré otra cosa. Al final, soy un hombre joven y tengo toda una vida por delante. Ahora, si me dan permiso, me voy a dormir. Mañana tengo que levantarme temprano.

Daniel salió de la habitación, y María Alice y su esposo continuaran hablando, descontentos.

– ¡Este chico me está volviendo loco! – António se desahogó –. No sé a quién salió. Quizás a ese tu tío loco que se fue a vivir a Europa y dejó todo.

– Él no tenía nada que ver con el tío Eurides. Ahora déjate de hacer comparaciones. Daniel se impresionó con Rubito. Sabes como es, a los jóvenes les gusta hacer cosas heroicas, diferentes.

– ¡Va a romperse la cara! Como nunca ha trabajado, cree que es fácil ganarse la vida.

– Es muy joven. Creo que deberíamos ser paciente con él. Dejarlo experimentar, entonces descubrirá su error. No hay nada como la verdad. Va a trabajar duro, ganar poco, y cuando se da cuenta de su error, aceptará hacer todo lo que quieres.

– Sé lo que pasará. Pero para eso voy a cortarle su mesada. Si quiere ser independiente, ganar dinero para su propia cuenta, que se mantenga a sí mismo.

María Alice negó con la cabeza:

– No estoy de acuerdo. Sería humillante ver a Daniel pasando necesidades. ¿Qué dirán nuestros amigos? No, eso no.

— Si continúo dándole dinero, no volverá. Es mi deber enseñarle.

— No lo hagas de esa manera. No ganará lo suficiente para mantener nuestro nivel de vida. Será una desmoralización. Nuestro hijo, mendigando, sin dinero ni para ir al club, ni mantener su auto. ¡No harás eso! ¡Será muy malo para nosotros!

— Así es.

— ¿Recuerdas cuando el hijo del Dr. Emílio discutió con su padre y se fue de casa?

— ¡Para casarse con esa vendedorcita!

— Así es. Él le cortó la mesada y fue una pena. El muchacho se dio a la bebida, pidió dinero prestado a los amigos del padre, una vergüenza. Tú mismo te ponías incómodo cuando él se te acercaba. ¡No, nuestro Daniel no puede hacernos pasar esa vergüenza!

— ¿Crees que podría quedarse como Netito?

— Es un riesgo. Daniel es un buen chico. Siempre lo tuvo todo. Si se queda sin dinero, puede bajar a la barra y será difícil traerlo de vuelta al buen camino.

António suspiró y se pasó por el cabello, en un gesto nervioso.

— Este chico se merecía una buena paliza.

— Ya es un hombre.

— Pero tiene la cabeza de un niño.

— Necesitamos tener paciencia. Estoy segura que esta actitud durará poco tiempo. Si aplicas presión, se obstinará. Sé cómo es.

— Un terco.

— Así es. Ahora, si no presionas, él verá la tontería que está haciendo y se rendirá.

– Quizás tengas razón. La presión de Ernesto me irritó. Me hizo querer hacer justamente lo contrario.

– ¿Estás viendo? Es eso. No vamos a presionarlo. Por sí solo, volverá al sentido común.

– Espero que tengas razón.

A la mañana siguiente, Daniel se levantó listo para enfrentar cualquier oposición familiar. Pensó en varios argumentos de convencer a sus padres que su resolución país era irrevocable. Pero para su sorpresa, en la mesa del desayuno nadie tocó el tema. Parecía que no había pasado nada.

Lanira parecía curiosa. Sus padres estaban tranquilos, ¿Daniel habría desistido? Después del desayuno, cuando salía para la escuela, se encontró con Daniel y le preguntó:

– ¿Has cambiado de opinión?

– No. Al contrario. Voy a encontrarme con Rubito para comprar los muebles.

– Está todo tan tranquilo... pensé que habías desistido.

– No. También lo estoy extrañando. Ayer solo les faltó pegarme, hoy están como si nada hubiese sucedido.

– Hum... Si fuese tú, me cuidaría. Deben estar planeando algo. Papá estaba especialmente amable. Cuando se pone así, siempre hay algo por detrás.

– Lo sé. Así se pone cuando quiere algo de sus constituyentes o de los hombres del partido.

Lanira se rio de buen humor.

– ¡Ellos creen que nos engañan!

– En cualquier caso, estoy decidido. Tengo derecho a cuidar mi vida y hacer las cosas que me gustan. Si me equivoco, será por mi cabeza.

– Me gustaría hacer lo mismo.

– ¿Tú?

– Nuestra vida es siempre la misma. Me gustaría hacer algo diferente, antes que termine casándome con un mojigato y me convierte en una ama de casa.

Daniel se rio.

– Tú, ¿ama de casa?

– ¿De qué te sorprendes? ¿Qué puede hacer una chica de sociedad en este Rio de Janeiro?

– Nunca pensé en eso. Siempre pensé que te gustaba frecuentar la sociedad.

– Antes me gustaba más. Ahora me estoy cansando. Eso no se puede, no se ve bien, así no, simplemente así. Creo que nos convertimos en títeres. El otro día en la fiesta aquí en casa pensé que todos eran muñecos manipulados.

– ¿Y quién movería los hilos para movernos?

– Las reglas. ¿Ya te diste cuenta que todos las obedecen? ¿Qué es un delito salirse de ellas?

Daniel miró a la hermana como si la estuviese viendo por primera vez. Sus ojos se iluminaron cuando respondió:

– No sabía que pensabas así. ¿Entiendes por qué quiero cuidar mi vida y hacer algo a mi manera? No quiero ser un títere en las manos de papá o mamá, ni de la tiranía social. Tengo la intención de encontrar otro camino, creo que existe. Nunca pudimos buscarlo. Ahora estoy decidido. ¿Sabes qué? Al momento que decidas hacer lo mismo, tomar una decisión diferente a ser la esposa de un mojigato, cuenta conmigo. Tenemos el derecho de escoger qué hacer con nuestras vidas.

Lanira lo miró seriamente cuando respondió:

– Tu actitud me sacudió de una forma u otra. Pensaré en el asunto. A veces pienso que la vida no es solo esa rutina que conocemos. Debe haber algo más.

– ¡No sabía que estabas tan amargada! ¡A tu edad!

– ¿Y qué quieres? Miro a las personas y solo encuentro un juego de intereses, roles, apariencia, nada más.

Daniel se rascó con la cabeza, pensativo:

– Ese es el diablo. Sé cómo te sientes. No pensé que estuvieses tan aborrecida. No obstante, quiera cambiar, asumir mi vida, no estoy deprimido como tú. Creo en la vida; sé que existen otras cosas, otras formas de vivir. Existe el amor, la alegría, la bondad.

– ¿Dónde?

– En algún lugar. Lo importante es no conformarse con lo que nos están imponiendo. Y salir en busca de lo que queremos y ser feliz como sea que sea.

– ¿Crees que encontrarás lo que estás buscando?

– Lo creo. Somos jóvenes, llenos de ganas de vivir.

– ¡Estás entusiasmado!

– ¿Qué haríamos sin el entusiasmo? Es el gran motivador en busca de la felicidad.

– Lo peor es que he perdido el entusiasmo. Nada me motiva. Todo me parece sin importancia.

– Eso pasa. Pronto aparecerá un muchacho inteligente y bien vestido, y pronto. ¡Tu entusiasmo vuelve rapidito!

– Sí... Podría ser. No digo que no. Pero ¿dónde encontrarlo? Por ahora, ninguno de los que conozco me ha interesado. De hecho, creo que es mejor así. ¿Sabes una cosa? A veces pienso que soy diferente, que no tengo una vocación para el matrimonio –. Se rio de buen humor:

– Lo dudo. ¡No es así como piensan las mujeres!

– No niego que lo pienso, pero mientras más lo pienso, menos me gusta la idea de casarme. ¿Ya viste alrededor y observado cómo es la vida de las parejas? Yo no tendría paciencia para obedecer a mi marido, poner paños calientes aquí y allá, engullir la rabia, disimular esto o lo otro.

– ¿Cómo hace mamá?

– Sí. Como ella. ¿Notaste cómo se controla para no salirse de las reglas? Nunca pierde el control, en ninguna situación.

– Quizás sea una cualidad.

Hasta cierto punto, sí, pero no está tranquila, cuerda, equilibrada como quiere parecer. Con sus maneras educadas, controla a papá, a nosotros, a los sirvientes. Todo el mundo solo lo hace de la forma que ella quiere.

– A ella no le gusta discutir.

– Trata de contrariarla. Sus ojos sueltan chispas. Y, no obstante, no discuta, se las arregla para torcer las cosas de la manera que ella quiere. ¿Quieres apostar cómo hará que cambies de opinión?

– En ese sentido, te equivocas. Ella puede hacer lo que quiera. No lo conseguirá.

– Vamos a ver.

– ¿Tienes clases ahora?

– Sí. ¿Por qué?

– Iba a invitarte a ir conmigo a ver la oficina. Podrías ayudarme a decorarlo.

– No tengo ninguna clase importante. Puedo saltarme.

– ¡Si mamá se entera, me mataría!

– No se lo diremos. Tengo curiosidad por ver cómo se ve. El otro día vi una película en la que había una oficina moderna, muy *chic*.

– Acordé con Rubito que haría una decoración en el mismo estilo que las otras oficinas. Son modernas y me gustaron. Entonces creo que no será demasiado caro. Sabes como es, aun no sé si puedo contar con la mesada. Ellos bien podrían aplicar presión y cortarla.

– No mamá. Eso no lo harán. ¿Ya pensaste si alguien comenta que su hijito está sin dinero para los gastos? ¡Ella morirá de vergüenza!

– Bueno, creo que tienes razón. Entonces, vámonos.

Lanira no subió al carro con satisfacción. Hasta que al fin saldría de la rutina. Había algo diferente para hacer. Conversaran animadamente durante el camino. Rubito ya los esperaba. Llevaron a Lanira a verlo todo y ayudarlos a elegir qué comprar. Un ligero toque femenino, sería agradable, una vez que ellos querían romper con la sobriedad común a todas las oficinas de abogados.

Los tres se fueron de compras, contentos y Lanira no contenía el entusiasmo, principalmente porque ellos se estaban saliendo de lo tradicional, creando algo nuevo, más atrevido. A las dos de la tarde ya habían comprado lo más importante y fueron a almorzar en un pequeño restaurante.

– Cuando salgamos de aquí ¿qué vamos a comprar? – preguntó Lanira con entusiasmo.

– Bueno, necesito ir a la oficina. Estuve fuera toda la mañana. Tengo un cliente que quedó de ir a las tres – dijo Rubito.

– Creo que por hoy y no podremos comprar nada más. Mañana entregarán los muebles, vamos a arreglar todo y ver como queda. No me quiero precipitar a comprar más cosas que no combinan.

– Tienes razón – asintió Lanira –. Solo viendo los muebles en su lugar es que vamos a saber qué más hacer. Aun no compramos los objetos de uso, ceniceros, cuadros. Me parece elegante tener una caja de cigarros sobre la mesa. Vi una muy bonita en la Rua del Ouvidor, quedará muy bien con sus muebles.

– Me estoy empezando a poner celoso – dijo Rubito –. Tuve que hacer todo yo mismo. No observé estos detalles.

Si lo deseas, podemos escoger algunas cosas para tu oficina también – le sugirió Lanira con satisfacción.

Ella nunca tuviera la oportunidad de escoger nada. Su habitación, sus muebles, sus objetos de uso y su ropa fueron escogidos por su madre. Cuando era niña, varias veces intentó comprar lo que encontraba bonito, pero su madre decía que no estaba bien, que estaba fuera de moda, sugería otra cosa. Ella siempre obedecía. Últimamente, cuando le gustaba algo, solo lo compraba si su madre lo aprobaba y decía que estaba bien.

A ella siempre le gustara la decoración. Apreciaba los objetos de arte, tenía una cierta forma de arreglarlos de una forma agradable. Al darse cuenta de los dos chicos respetan su opinión sobre la compra de los muebles, se sintió animada.

– Solo que mañana no te "saltarás" la clase – decidió Daniel.

– Es verdad. Pero salgo a las once y media, y voy directo a tu oficina. ¡Estoy loca para ordenar todo y ver cómo queda!

– Está bien. Iré a buscarte a la escuela.

Cuando regresaron a la casa, pasaba de las cuatro, y María Alice los miró admirada. Nunca los viera salir juntos. Inmediatamente dijo:

– Estaba preocupada. No volviste de la escuela en el horario de costumbre y no viniste a almorzar. ¿Qué pasó?

– Nada. Es solo que Daniel fue a la escuela y aproveché la oportunidad para volver con él. Teníamos hambre y almorzamos juntos.

Ella los miró desconfiada. La historia no estaba bien contada. Había algo malo detrás de esto. Ella iba a descubrirlo.

– Por lo menos podrías haber llamado. Ya casi estaba llamando a la oficina de tu padre y mandando a José a buscarte a la escuela.

– Es mi culpa, mamá – suplicó Daniel –. Debería haber avisado que estaba conmigo. Perdón

– ¿Solo fueron a almorzar? Ya son más de las cuatro. ¡Lanira sale a las once y media!

– ¿Verdad? dijo Lanira –. ¡Ni percibimos el paso del tiempo! Voy a subir para bañarme y descansar un poco.

– Es una buena idea. Yo haré lo mismo – dijo Daniel.

Se levantaron y María Alice permaneció de pie mirándolos hasta que ellos desaparecieron al final de la escalera. Allí, arriba, en el corredor, Lanira intercambió una alegre sonrisa con su hermano, diciendo bajito:

– Ella desconfió, pero esta vez no descubrirá nada.

– Sí, eso espero, sino voy a pagar pato.

– ¡Qué nada! Me está encantando esta historia. ¡No me lo perdería por nada! No lo olvides: mañana estoy esperando para continuar.

– Creo que es mejor buscar una disculparse para mamá. Ella va a encontrar raro si no vienes a casa a tu hora otra vez.

– No te preocupes. La llamo desde la escuela.

– ¿Qué vas a decir?

– Aun no lo sé, pero puedes estar seguro que lo creerá.

Con los ojos brillantes, Lanira no entró en su habitación mientras Daniel, sacudiendo la cabeza y riendo para sí mismo entró en sus aposentos.

CAPÍTULO 3

Daniel miró a su alrededor con satisfacción. La sala estaba lista y el ambiente, muy agradable. Rubito entró y al ver la alegría de Daniel dijo:

– Quedó muy bien. Ustedes hicieron un milagro en una semana.

– ¡La ayuda de Lanira fue precisa!

– Tienes razón. Tiene muy buen gusto. Ahora a comenzar a trabajar. ¿Hiciste las tarjetas de presentación?

– Sí. Estarán listas mañana temprano

– También puedes publicar en el periódico.

– No lo sé. Mis padres estarían furiosos. Hasta ahora no tocaron más el tema y no me gustaría provocarlos.

– Los míos se pusieron, pero no me importó. Mis primeros clientes vinieron debido al anuncio. Sabes Daniel, cuando me decidí a asumir mi profesión y cuidar de mi vida, sabía que a mi familia no le iba a gustar, pero entre ellos vivir contrariados y yo vivir infeliz, escogí mi felicidad. No comprendo en qué los estoy perjudicando haciendo las cosas a mi manera. No cometí ningún crimen ni nada de lo que puedan avergonzarse. Estoy trabajando honestamente y dando lo mejor de mí. Creo que tengo todo el derecho de escoger el rumbo que deberé darle a mi vida.

– Pienso como tú. ¿Por qué nuestros padres no confían en nuestra capacidad?

Para ellos aun no hemos crecido.

– No es solo eso. Les dan mucha importancia a las apariencias, a las reglas de la sociedad. Todos estamos cansados de saber la corrupción que existe por detrás. Todo está permitido mientras que nadie se entere. Hay mucha gente despreciable disfrazada de gente de bien dictando normas y criticando a todo el mundo.

– Estoy de acuerdo. Y es gracioso como los comentarios maliciosos se insinúan, se comenta de la podredumbre, pero nadie hace nada.

– Yo me rehúso a ser uno de ellos.

– Yo también. Tienes razón. Voy a poner el anuncio. No tengo nada que esconder. La gente necesita saber que estoy a disposición.

Rubito puso la mano en el hombro de su amigo y dijo alegremente:

– ¡Así es como se habla! Me gustaría intercambiar ideas contigo sobre los casos que estoy atendiendo, escuchar tu opinión.

– Con mucho gusto. Además, será bueno para mí.

Dos días después, António llegó a casa indignado. Encontró a María Alice en la sala de estar y pronto le fue diciendo Anthony:

– ¿Has leído el periódico de hoy? – Ella se levantó:

– ¿Qué pasó?

– ¡Necesitamos hacer algo como esto! Daniel perdió el juicio.

– ¿Qué hizo?

– ¡Mira aquí, este anuncio!

Ella leyó el periódico que le extendía y se sonrojó:

– ¡Qué mal gusto! ¡No fue así como lo educamos!

– Para que veas. Podría tener todo lo que quisiese, comenzar desde arriba, y no quiso. Prefirió quedarse como mendigo, implorando que le den trabajo. Colocar un anuncio en el periódico es ridículo. Como si fuera una mercancía, un jabón, un par de medias que hay que vender. ¡Un horror! Vamos a llamarlo aquí y exigirle que termine con esto de una vez por todas.

– Fue una idea desafortunada, lo reconozco, pero, por otro lado, para que llegue a ese extremo es porque está determinado. Si lo presionamos, puede ser peor.

– No puedo ser desafiado por mi propio hijo. ¡Yo, un hombre de posición!

¡Él tendrá que oírme!

– Daniel ya no es un niño. Contradecirlo solo hará que continúe. Como estuvimos en contra de lo que él quería, hará todo lo posible para demostrar que tenía razón.

– Es terco, pero debido a eso, no podemos dejar que haga las tonterías que quiera. Él tendrá que entender.

– ¿Y si él se niega? Si suspendemos su mesada, será peor. Nuestro hijo puede salir por allí en la miseria. ¿Qué dirían los otros? No, António. Lo mejor es pretender que no vimos nada. Ignorar.

– Hemos estado haciendo esto desde que esta historia comenzó. No dio resultado.

– Seguro que lo hará. ¿Crees que él tendrá éxito? ¿Qué ganará fama y dinero en aquella oficinita?

– No. Por supuesto que no. Grandes abogados, grandes personalidades tuvieron que trabajar con gente famosa durante años para conseguir notoriedad. No tendría éxito así fuese un genio, lo que, lamentablemente, no es.

– Entonces será cuestión de tiempo. Lo intentará, no funcionará y volverá arrepentido, dispuesto a hacer lo que quieras.

– Sí... Puede que tengas razón. Solo puedes hacer eso.

– Entonces, ¿para qué preocuparte? Digamos que no sabemos nada.

– ¿Y cuándo pregunten los amigos? ¿Qué vamos a decir?

– Mira, António, vamos a sonreír y decir que son arranques de juventud. Que está queriendo ganar experiencia, conocer la vida, estar entre la gente y solo después entrar a la política.

– Bien pensado. ¡Un hombre de clase que desciende de tu estatus social para mezclarse con el pueblo para posteriormente trabajar por el bienestar de la sociedad! ¡Qué idea! ¡Ni siquiera lo pensé!

– Pues piénsalo. Todo pasa, y la locura de Daniel también pasará. Entonces todo encajará en su lugar.

António suspiró más resignado. María Alice tenía razón. No le diría nada a Daniel.

Esa noche, después de cenar, Lanira buscó a Daniel en el dormitorio:

– Vi tu anuncio en el periódico.

– Y, ¿qué te pareció?

– Bueno, simple y claro. Me gustó. A quien no le gustó fue a papá, y como siempre mamá lo apoyó.

– ¿Y? No dijeron nada durante la cena.

– Ni siquiera hablarán. Encontraron una salida para tus "locuras de juventud."

¿Cómo así?

– Pretenden convertirte en un sociólogo que investiga los problemas sociales para más tarde dedicarse a la política.

– ¿De dónde sacan esto? Fui categórico. Nunca entraré en política.

– Ellos no lo creen así. ¿Qué pasará cuando todo te salga mal? Irás a buscarlos y harás lo que quieran.

– Eso es absurdo.

– Es lo que ellos piensan.

– Verán cuánto se equivocan.

Lanira se quedó pensativa durante unos segundos, luego dijo:

– Es lo que deseo de corazón. Eres mi esperanza. Tu actitud me mostró que yo no debo seguir el programa que hicieron para mí.

– Realmente no lo necesitas. Ahora, para ser libre y necesitas asumir la responsabilidad de tu vida. La independencia intelectual es solo una ilusión. Solo te vuelves independiente cuando tienes suficiente dinero para mantenerte. A pesar de mi actitud, aun no estoy todavía a gusto. Mientras esté viviendo a expensas de la familia, no puedo decir que soy dueño de mí mismo. Pero puedes estar segura que estoy caminando para eso. Cuando pueda, ya no aceptaré su mesada.

– Hablas como si estuviese equivocado aceptar lo que ellos nos dan. Son nuestros padres, nos criaron, y su papel es mantenernos.

– Me gustaría que supieses que no pretendo ser ingrato. Me gustan, los respeto, ellos me dieron más que el dinero, me dieron la vida. Pero eso no les da el derecho de decidir sobre mi destino. Tengo mis ideas, mis proyectos que quiero hacer lo que me gusta. Además, soy un adulto, tengo una profesión, pienso que sería vergonzoso continuar viviendo a sus expensas. Lo que se justificaba cuando éramos niños, pero hoy no se justifica más.

– Tienes razón. También voy a estudiar, tener una carrera y hacer lo que quiera –. Daniel sonrió cuando respondió:

– Tú eres mujer. No necesitas hacer o lo que hago. Pronto aparecerá alguien que hará latir tu corazón más fuerte y no te resistirás.

– Eso no me pasará a mí.

– Pasa con todas las chicas.

– No conmigo. No quiero convertirme en una ama de casa y una esposa, no me gusta ese papel. Cuando lo pienso, ¡me dan escalofríos!

Daniel soltó una carcajada.

– Vamos a ver si vas a decir lo mismo dentro de dos o tres años.

– Ya lo verás.

Cuando Lanira salió de la habitación, Daniel se acostó pensativo. A pesar de sentirse atraído por muchas chicas, nunca amara a ninguna. Sus romances no duraban más de un mes o dos y luego la atracción inicial desaparecía. Como todos los muchachos de su tiempo, tuvo algunas aventuras sin consecuencias con mujeres casadas. No era romántico. Tomaba Pensándolo bien, será mejor de la vida lo que podía ofrecerle, no creía en el amor de los poetas. Tenía la intención de dedicarse a su carrera y, cuando conquistase una buena situación financiera, escoger una mujer inteligente, culta, que le agradase y casarse. Pensaba en tener una familia. Todo sucedería en su momento.

Ensimismado en sus proyectos de futuro, Daniel se durmió y soñó. Se encontró sentado a una mesa en un gran salón, cercando de personas. Un hombre caminaba de un lado a otro, hablaba señalándolo, acusándolo. Reconoció que estaba en un tribunal, pero él no era el abogado, era el acusado. Angustiado, escuchó lo que el acusador decía:

– ¡Mató para encubrir una traición! Atrajo a la víctima con palabras falsas y cobardemente la mató. Este cruel asesino no puede quedar impune. Necesita ser responsabilizado por lo que hizo. ¡La justicia pide y a ustedes necesitan condenarlo!

Daniel sudaba frío y quería huir de allí sin conseguirlo. El acusador se detuvo frente a él y continuó:

– ¡Mírenlo! Dice ser inocente y finge estar sufriendo, pero no se equivoquen, no se dejen engañar por las apariencias. Se trata de un asesino perverso, calculador. Todas las pruebas están en su contra. No tengo ninguna duda de lo que estoy afirmando.

Daniel hizo un tremendo esfuerzo por salir de aquella situación y despertó cuerpo mojado de sudor. Se pasó la mano por el cabello, se levantó y fue a la cocina a beber agua. Luego respiró aliviado.

"Fue solo una pesadilla", pensó. Había pensado tanto en su carrera, que terminó soñando con ella.

A pesar de no tomarse en serio el sueño, tuvo miedo de dormir y tener nuevamente aquella pesadilla. Cogió un libro y empezó a leer. Solo se durmió cuando el día empezó a aclarar.

Despertó asustado mirando el reloj en la mesita de noche. ¡Las diez en punto! Se levantó apurado. Pretendía ir temprano a la oficina. Se lavó, se vistió y se fue. María Alice estaba en el vestíbulo y, al verlo, dijo:

– Si quieres café, está en el comedor.

– Gracias. Estoy atrasado.

Salió rápidamente y ella suspiró, resignada, pensando: ¡Si por lo menos escuchase sus consejos!

Los hijos son así. No escuchan a los padres, sino cuando las cosas salen mal y cuando se meten en algún problema, allí piden ayuda. Daniel, siempre tan inteligente, ¿por qué no entendía eso? ¿Tenía que ir por el lado más difícil?

Daniel llegó a la oficina y cuando Rubito lo vio de inmediato dijo:

– Menos mal que llegaste. Tengo un mensaje para ti.

– ¡Me quedé dormido! Tuve una pesadilla terrible y casi no dormí esta noche.

– Debe ser la tensión. Al comienzo es realmente así.

Una persona había llamado debido al anuncio, queriendo pedir una cita. Daniel se dirigió a la secretaría:

– Llámalo y dile que estaré libre a partir de las tres de la tarde –. Rubito sonrió y Daniel dijo:

– Es mi primer cliente. No puede saber eso.

– Si tienes un momento, me gustaría que vieras un proceso conmigo –. Daniel estuvo de acuerdo y juntos se sumergieron en el estudio del caso que Rubito estaba atendiendo, intercambiando ideas, buscando soluciones.

Eran más de las cuatro cuando llegó el candidato a cliente de Daniel. La secretaria lo presentó y Daniel, que lo estaba esperando, se levantó para saludarlo. Después de hacer que se sentara frente a su escritorio, Daniel también se sentó mirándolo atento. Era un hombre alto, delgado, rostro fino y pálido, ojos inquietos y cabello castaño lacio, parecía un promedio de cincuenta años. Probablemente de clase media.

– Mi nombre es Aparício Moreira Filho. Soy comerciante. Tengo una tienda de artículos de costura hace ya algún tiempo. Aquí está mi tarjeta.

Daniel la cogió y la puso sobre la mesa. Él continuó:

– Vine a verlo porque tengo problemas con mi socio y me gustaría deshacer la sociedad.

– ¿Ya conversó con él sobre eso?

– No. Sospecho que me está robando.

– Es una acusación seria. ¿Tiene pruebas?

– Sí. Lo vi cuando entró en el establecimiento durante la noche y sacó algunas mercancías. Nunca me dijo nada al respecto.

– ¿Por qué no lo sorprendió en el acto?

– No podía. Estaba en condiciones precarias. No podía aparecer –. Daniel lo miró admirado, pero no dijo nada más. Espero a que Aparício continuase.

– Yo estaba allí con una mujer, ya sabes. Si mi mujer lo descubre, estoy frito. Tuve que esconderme y hacer todo lo posible para que no me viese. Él es mi compadre. Si le hablase del robo, él podría vengarse de mí contándole todo a María. Tuve que quedarme escondido, sin decir nada, viéndolo llevarse la mercadería.

– ¿Qué piensa hacer?

– Deshacer la sociedad. Saber cómo se hace eso legalmente.

– ¿Tiene copia del contrato social?

– No.

– ¿La empresa no estaba constituida legalmente? ¿No fueron a la oficina de registro a firmar el contrato?

– Fuimos. Octaviano hizo todo. Yo no entiendo eso.

– ¿Sabe por lo menos qué estaba escrito en él?

– Eché un vistazo, pero no recuerdo lo que decía.

– ¿No consultó a ningún abogado? ¿Firmó sin leer?

– Sabe cómo es, él es mi compadre, tenía confianza en él.

– En ese caso, tenemos que ir a la oficina de registro, buscar el documento y leerlo. Solo entonces podré decir lo que será necesario hacer para terminar con la sociedad.

– ¡Pensé que no necesitaba eso!

– Entienda. Hay muchas formas de formar una sociedad. Sin saber lo que ustedes acordaran, cómo fue hecho ese contrato, no sé cómo decidir.

Acordaran que irían al día siguiente al registro. Aparício pagó la consulta y se fue. Cuando la secretaria le entregó el dinero, Daniel se emocionó. Era la primera vez que ganaba dinero con su trabajo. La cantidad era insignificante, cobrara barato, pero aun así quedó satisfecho. Le dio una agradable sensación de autosuficiencia. Cuando le contó el caso a Rubito, él comentó:

– Este un caso común. Cuando la gente confía demasiado y siempre hay lo que abusan. He visto muchos así. Ahora, fue gracioso que estuviera con una mujer y no pudiera decir nada, fue eso. Vas a ver que él quiso ahorrarse el dinero de un hotel. Debe ser medio tacaño.

– O se quedó con miedo de ser visto. En cualquier caso, fue providencial. Acabó descubriendo la picardía del otro.

Los dos se rieron de buena gana.

– Hoy por la noche voy a una reunión en casa de Julito. ¿Quieres ir conmigo?

– ¿Algo especial?

– Nada. Trajo algunos discos nuevos de Europa y los escucharemos. Ya sabes, las chicas también estarán. Será divertido. ¿Iría Lanira? El entorno es familiar.

– Yo voy. Ella, no lo sé. Puedo preguntar.

– Haga eso. Puedo pasar por tu casa en casa. ¿Está bien?

– Sí.

Después de la cena, Daniel habló con Lanira:

¿Quieres visitar la casa de Julito y escuchar música?

– ¿Quién va?

– No lo sé con certeza. Algunos amigos. Rubito garantizó que el ambiente es agradable. No me voy a quedar hasta muy tarde. Estoy cansado y mañana quiero levantarme temprano.

– En ese caso iré. Será mejor que quedarme en el cuarto pensando en la vida –. María Alice, viéndolos juntos para salir se sorprendió:

– ¿Van a salir?

Daniel respondió:

– Voy a casa de Julito a oír algo de música. Lanira viene conmigo. No llegaremos tarde –. Era la primera vez que Daniel invitaba a Lanira a salir con él por la noche. Él refunfuñaba cuando su madre le pedía que buscara a su hermana en casa de alguien. Viéndolo salir, María Alice buscó a su esposo, quien, sentado cómodamente en la sala, leía una revista.

– António, ¡ahí hay algo!

– ¿Cómo así?

– Daniel invitó a Lanira a salir. ¿Te diste cuenta que últimamente han estado saliendo mucho juntos?

– Eso es bueno. No me gusta ver a Lanira salir sola por allí.

– No es de eso que estoy hablando. Encuentro extraña su repentina amistad. Para mí, están tramando algo.

– ¡Qué idea! Es natural que Daniel acompañe a su hermana. Son jóvenes, les gustan las mismas cosas.

– Sí, podría ser. Pero las cosas empezaron a cambiar después que él se juntó a Rubito –. Al oír el sonido de un carro, María Alice corrió a la ventana y corrió la cortina.

– ¿No te lo dije, António? Salieron con Rubito. Daniel ni siquiera sacó su carro. António puso la revista sobre la mesa, mirándola seriamente.

– No veo motivo de preocupación. Pese a todo, Rubito es un muchacho de buenas costumbres y buena familia.

María Alice optó por no responder.

– Puede que esté exagerando.

– Machado vino a mí para darme su apoyo. Las elecciones se acercan. Me postularé para el Senado.

– ¿No ibas a solicitar otro cargo?

– Lo pensé bien y decidí que el Senado es el mejor lugar. No quiero un puesto en el Ejecutivo. Es peligroso. Puedo quemar mi reputación y tener que dejar la vida pública. Sin embargo, no en el Senado. Da más poder y prestigio con menos control. Para mí es ideal.

– Siempre sabes lo que haces.

– El sábado daremos una recepción y reuniré a aquellos que me interesen y que puedan aportar a la campaña.

– ¿Por qué no te haces una cena con ellos en el club? Podrían hablar de negocios más a gusto.

– No. Necesitamos cautivar a las esposas. A ellas no les gusta que los maridos estén solos en el club. Aquí estarán felices de venir.

– Pensándolo bien, será mejor.

– Ya sabes cómo es, a todo el mundo le gusta parecer que son los dueños de la pelota, pero en ese momento solo hacen lo que quieren las mujeres. Para ganar las elecciones, necesito que ellas me apoyen –. María Alice sonrió maliciosa. António era un político nato, sabía lo que estaba haciendo.

– Ofreceremos una recepción la semana que viene, António. Necesito un tiempo para las invitaciones. Yo me encargaré de todo.

Él sonrió satisfecho.

Todo en tu vida salía bien. Su mujer era perfecta, sus hijos hacían una hermosa figura, su carrera mejoraba cada día, su vida afectuosa era maravillosa desde que conoció a la secretaria de un desembargador, su amiga personal. Se sintiera atraído por ella desde el primer día. Joven, guapa, llena de gracia, dueña de dos hoyuelos graciosos cuando sonreía mostrando sus dientes blancos y bien distribuidos.

Bien hecha de cuerpo, elegante y encantadora, Alicia, al principio se mostrara reacia, lo que atizó aun más el entusiasmo de António. La cortejó, enviándole flores, ofreciéndole pequeños obsequios que ella aceptaba pero continuaba rehusando un encuentro a solas con él. Hasta que una tarde, cuando él fue a buscar a su amigo a su oficina, sabiendo que había salido, la encontró triste, preocupada.

– El Dr. Alberto salió y se va a demorar – dijo ella cuando él entró.

– Tengo tiempo, voy a esperar.

– Tal vez no regrese más hoy.

– Hace mucho calor allá afuera. Aquí está muy agradable. Me quedaré un rato. Si realmente se demora, entonces me iré.

– Como guste, diputado. ¿Desea un refresco? ¿Un café?

– Un vaso con agua, por favor.

Cogió el teléfono y llamó a la camarera para traer el agua.

Sentado en el cómodo sofá, António observaba con su atención. Ella se sentara detrás del escritorio y examinaba algunos papeles.

Él tomó el agua lentamente, puso el vaso sobre la mesa y dijo:

– Espero no estar causando problemas.

Ella levantó sus ojos oscuros y brillantes, moviendo la cabeza negativamente y sacudiendo su cabello rubio y cortado a la última moda.

– Absolutamente. Siéntase a gusto, diputado –. Él se movió inquieto en el sofá, un tanto inquieto.

– Me gustaría que no me trataras de manera tan ceremoniosa.

– No estoy entendiendo.

– Me haces sentir viejo.

– No hubo intención.

Ella guardó silencio y volvió a examinar los papeles que tenía en las manos. Él continuó

– Desde que te vi, simpaticé mucho contigo. Te he observado y percibí que hoy estás triste.

– Las cosas no siempre son como deseamos.

– ¿Puedo hacer algo?

Ella vaciló, dejó a sus padres sobre la mesa y miró, cómo queriendo descubrir en qué estaba pensando. Luego suspiró y respondió:

– No sé. Se trata de mi hermano. Está en una situación difícil.

Él no quiso perder la oportunidad:

– ¿De qué se trata esto? Quizás pueda ayudar –. A ella le brillaron sus ojos.

– Es un año menor que yo, tiene veinticuatro. Se graduó en Derecho. Desde la época de estudiante, trabaja en la oficina de un abogado importante cuyo nombre prefiero no mencionar. La esposa del jefe se enamoró apasionadamente por él y lo persigue de todas las formas posibles. Ahora lo está chantajeando. Creó una serie de situaciones en las que parece que es él quien la corteja. O él cede a lo que ella quiere o lo delata con el marido.

– ¿Por qué tu hermano no deja el trabajo? Yo podría conseguirle algo mejor.

– Ella lo tiene amenazado. Si él sale ella lo delata. El marido es conocido por sus celos y por su intransigencia. Si hace eso, matará a Nelsito. Él es un muchacho de principios. No quiere involucrarse con ella. Está desesperado. Está pensando en irse fuera del Brasil. Mi madre está enferma y es muy apegada a él. Desde que murió mi padre, él es su pasión. Si él se va, ella no se conformará.

Las lágrimas caían de sus ojos y António se levantó y recogió el pañuelo y se lo dio a ella.

– ¡Por favor, Alicia! ¡No puedo soportar verte llorar! ¡Yo, que todo haría para verte feliz! No te pongas así, vamos a arreglarlo. ¡Confía en mí!

Ella lo miró tratando de sonreír entre las lágrimas. El interés de un hombre tan importante la sensibilizaba.

– Disculpe, Dr. Resende.

– Llámame António. Es así como los amigos me tratan –. Ella vaciló un poco, luego decidió:

– Disculpe, António. No debería estar aquí hablando de cosas personales.

– ¿Por qué no? Mira, dile a tu hermano que tenga un poco de paciencia. Voy a resolver este caso.

– ¿De qué manera?

– Tengo amigos que saben cómo poner en su sitio a esta mujer. Podemos armarle una trampa para que nunca más quiera hacerle problemas a tu hermano.

– Si usted consigue eso, ¡le estaré agradecida por el resto de la vida! – António sujetó sus manos, agarrándolas con fuerza.

– Tu gratitud sería la mayor recompensa –. Le pasó la mano delicadamente por su rostro, diciendo bajito:

– ¡Haré lo que sea para verte feliz!

Ella retiró su mano, tratando de recomponerse.

– No te preocupes. Estás linda como siempre – dijo él. Ella sonrió levemente.

– Así está mejor. Tus labios fueron hechos para sonreír.

– ¿Está seguro que conseguirá que doña Ángela deje a Nelsito en paz?

– Claro.

– No sé cómo darle las gracias.

– Acepta cenar conmigo.

Se asustó y, antes que respondiese, él prosiguió:

– Si lo consigo, ¿no merezco siquiera tu compañía para una cena de celebración?

El rostro de ella se relajó.

– Está bien. Si resuelve el caso, iré a cenar con usted.

António salió de allí emocionado. Sabía cómo solucionar el problema. Hablaría con Antunes. Él era un ex policía que trabajaba como investigador privado en pequeños trabajos. Servía a los políticos trabajando para ellos según sus necesidades, incriminando personas, consiguiendo testigos falsos, desmoralizando o elevando según el caso. Recibía buen dinero y tenía una oficina de representación, cuyos productos nunca vendió, porque eran nada más para mantener las apariencias.

Al día siguiente, António agendó una reunión con Antunes en un café alejado. No quería que lo vieran con él. Alicia le había dado toda la información sobre las personas, y António contrató el servicio.

Le pareció divertido hacer con Ángela exactamente lo que ella estaba haciendo con Nelson, solo que con un tipo descalificado. Antunes estableció un plan: usando el nombre de Nelson, atrajo a Ángela a una reunión amorosa en un apartamento alejado y allí todo estaba preparado. Llegó feliz, obedeció sus instrucciones, se preparó y se acostó en la habitación en la penumbra. Cuando pensó que Nelsito iba a entrar, quien entró fue otro hombre, que la abrazó y un besó. Las luces se encendieron y les tomaron varias fotografías. Ella sin ropa, en la cama, abrazada a él. Quiso gritar, pero Antunes fue categórico:

– Si quieres gritar, grita. Quién va a salir perdiendo eres tú. Tu esposo se enterará de todo. Aterrada, ella comenzó a llorar y prometió hacer todo lo que quisieran y entregan todo el "material" que falsificara contra Nelson, lo que hizo al día siguiente. António llamó a Alicia y le dio la buena noticia. Ella estaba feliz y finalmente accedió a ir a cenar con él. Animado, António programó esa noche con sumo cuidado. Con un bellísimo vestido y se lo envió de regalo a Alicia. La llevó a su apartamento. Organizó todos y dispensó a los sirvientes. El apartamento era bellísimo, lujoso, ricamente decorado. Él lo comprara para su uso privado. Cuando estaba interesado en alguna mujer, era allí que la llevaba.

Alicia se mostró reacia, pero él sabía cómo conseguir lo que quería. Ella lo admiraba y eso ya era medio camino recorrido. Fue a buscarla, habiéndose detenido un poco lejos de su casa, según ella le había pedido. Cuando entró en el carro, estaba hermosa. Su manera discreta, lo encantaba. Trató de ponerla a gusto. Sabía que necesitaba ser delicado.

– ¡Cómo estás linda! ¡El vestido te asentó maravillosamente!

– ¡No sé si debo aceptar! Estuve tentada a usarlo por lo menos esta noche. Mañana podrá devolverlo. ¡No me puedo quedar con él!

– ¿Por qué? ¡Me gustaría tanto que te quedases con él! Fuiste hecha para usar vestidos así. Tienes un porte de reina. El vestido cobró vida y clase en ti –. Ella se sonrojó de satisfacción. Su mayor deseo era tener clase. Vivía leyendo libros al respecto. Le encanta el arte, la belleza y los lugares refinados.

– Gracias por todo lo que ha hecho por mí. Mi hermano pidió su renuncia del empleo y ya tiene otro mucho mejor. Estoy muy feliz. ¡No imagina el favor que nos hizo!

Nelsito intenta buscarlo para agradecerle.

– No es necesario. Prefiero que nadie lo sepa. Cuando un político hace algún servicio, la gente cree que lo hace para conseguir votos. No me gusta esa actitud. Lo hago porque me gusta.

– Esa es la verdadera caridad.

Una vez en el apartamento él la rodeó de afecto, haciéndola avizorar un mundo al cual ella siempre deseara, pero nunca consiguiera entrar. Ella estaba fascinada. En la penumbra, bailaron, cenaron y cuando él después la besó delicadamente, no puede huir al placer de sentirse amada por un hombre fino, hermosa, agradable y apasionado. Se olvidó de quién era, sus compromisos familiares y sociales, para recordar solamente que era un hombre inteligente, maduro, famoso, rico, bonito, elegante, lleno de clase, que la amaba y quería estar con ella. António, inebriado, se dejó involucrar en la aventura. Se enamoró perdidamente. Comenzaron a encontrarse por lo menos una vez a la semana. Eso ya no era suficiente para él. Conversó con su jefe pidiéndole que le cediese a la secretaria. Entonces, llevó a Alicia a trabajar con él directamente. Como su secretaria ella cuidaba de todo, acompañándolo donde quiera que fuese. Cuando estaban solos, daban rienda suelta a sus sentimientos. António rejuveneciera, su estado de ánimo mejorara, se sentía revitalizado, feliz. Alicia se dejara envolver por ese amor, sintiéndose valorada y amada. No se detenía a pensar a dónde la llevar esa aventura. Al contrario, buscaba deliberadamente olvidar el futuro. Él nunca le prometiera que abandonaría a su familia para asumir su relación con ella. Por el contrario, le hacía ver cómo la familia era importante para él, para su carrera. En el otro lado, la rodeaba de amor asegurando que la amaba como nunca había amado a otra mujer y ella se conformaba con esa situación comprendiendo su manera de ser. Se consolaba con la certeza que pasaba más tiempo con ella que con su familia.

A pesar de la relación íntima, Alicia supo ser una secretaria eficiente sin mezclar las cosas. António aprendió a admirar su actitud profesional discreta, y cada día la amaba más y más.

Estaba feliz y satisfecho. Ahora solo le faltaba conseguir su mandato de senador para aumentar aun más su poder. A él le encantaba poder opinar sobre los problemas de la nación, ser buscado por los periodistas para hablar sobre este o aquel asunto, las reuniones del partido, en las que era muy respetado.

Despreocupado y satisfecho, António se acomodó mejor en el sillón y, encontrando un artículo interesante en la revista, se concentró en la lectura.

CAPÍTULO 4

Sentado frente a su escritorio, Daniel examinaba detenidamente algunos documentos cuando Rubito entreabrió la puerta de la oficina diciendo:

– ¿Estás muy ocupado?

– No. Adelante.

Rubito se acercó, diciendo con entusiasmo:

– ¿Recuerdas el caso del que te hablé antes que vinieras a trabajar conmigo?

– Vagamente.

– Del heredero que fue usurpado.

– Ahora me acuerdo. ¿Se resolvió?

– Sí. Está sentado en mi sala de estar.

– ¿Y entonces?

Bueno, este es un caso difícil y quiere que yo acepte. Lo estoy pensando.

– ¿Por qué? ¿No era eso lo que querías? ¡Puedes hacerte famoso!

– Va a ser trabajoso. ¿Quieres tomar este caso conmigo?

– ¿Yo? Necesitarás alguien con más experiencia. No sé si estoy preparado.

– Creo que sí. Hace más de un año que estás trabajando, y todo te ha ido bien

Ganaste varias causas y aumentaste el número de tus clientes.

– Sí, pero, aun así, ¡un caso como este! ¿Ya te imaginaste los grandes abogados que estarán del otro lado? ¿Crees que tendremos la oportunidad de vencerlos?

– Fue eso mismo lo que le dije al cliente. Pero él argumentó que no confía en ninguno de esos peces gordos. ¡Asegura que se unen para "desplumar" de los clientes y repartirse todo!

Daniel se rio de buena gana:

– ¡La clase está quedando desmoralizada!

– Dice que prefiere abogados jóvenes y con buenas intenciones. Ha observado nuestro trabajo y quiere poner su causa en nuestras manos.

Daniel se rascó con una cabeza, pensativo, luego respondió:

– Si él piensa así, podemos intentarlo. Si logramos vencer, tendremos credibilidad.

– ¡Si perdemos, estamos acabados! – Daniel suspiró y Rubens continuó:

– Solo aceptaré si estás de acuerdo en compartir conmigo esa responsabilidad. Juntos tendremos más oportunidades de ganar.

– Antes de decidir, quiero escuchar lo que él tiene que decir. Si realmente se hizo lo que dice y cómo. Estudiar si realmente tiene las pruebas que dice tener.

– Fue lo que yo quise hacer. Sin embargo, él afirma que solo traerá las pruebas después que aceptemos el caso. No quiere dar más detalles antes de saber que trabajaremos para él.

– Extraño. ¿Por qué tanto secreto? Si no confía en nosotros, ¿por qué no busca a otros?

– Es que hay nombres conocidos involucrados y solo los mencionará después de conocer nuestra respuesta. Vamos, quiero presentarte.

Curioso, Daniel acompañó al amigo. Sentado en un sillón frente al escritorio de Rubens estaba un muchacho alto, de veintitantos años, cabello oscuro, rostro cubierto en una barba. Se puso de pie cuando entraron, mirándolos con sus ojos castaños y brillantes.

– Este es mi socio, el Dr. Daniel.

Daniel estrechó la mano que le tendió. Notó que, a pesar de estar limpio, sus ropas estaban gastadas y eran de mala calidad.

– Encantado de conocerlo – dijo Daniel –. Siéntese por favor –. Mientras Rubens se sentaba al otro lado de la mesa, Daniel se acomodó junto al visitante.

– Daniel quería conocerlo antes de decidir si acepta el caso –. Él lo miró firme a los ojos de Daniel diciendo:

– ¿Qué quiere saber?

– Del caso. Me gustaría que me lo contara todo.

– Ya le dije al Dr. Rubens lo que podía decir. El resto solo les contaré si aceptan.

– Me gustaría que repitiese lo que ya le dijo a mi socio –. Entonces el muchacho comenzó su narración:

– No conocí a mis padres. Fui criado en un internado en Inglaterra, cuando preguntaba por mi familia, me decían que mis padres habían muerto y una generosa señora pagaba mis gastos mandando lo necesario dos veces al año. A los dieciocho años, fui llamado por la directora. Ella me preguntó qué carrera quería seguir, si tenía la intención de ir a la universidad. Yo pretendía estudiar leyes, seguir el Derecho, pero no sabía si tendría condiciones financieras. Ella me garantizó que la persona que me estaba manteniendo le escribiera prometiendo aumentar su mesada para que pudiese dejar el colegio e ir a una universidad.

– ¿Quién es esa señora? ¿Usted sabe el nombre? – Preguntó Daniel.

– Ahora lo sé, pero en ese entonces no. Una de las condiciones para que ella me siguiese enviando el dinero era que yo no supiese su identidad.

– ¿Qué más quería ella? – preguntó Daniel, interesado.

– Que no volviese al Brasil.

– ¡Qué raro! – consideró Daniel.

– Bueno, a mí me gustaba estudiar. Quería ser alguien en la vida, no podía perder esa oportunidad. Seguir una carrera universitaria exigía de tiempo integral y yo necesitaba de aquel dinero. Acepté y fui a la universidad. Dos veces al año iba al antiguo colegio y la directora me daba el dinero. Durante casi casi tres años todo iba bien, hasta que un día, cuando fui a recibir o cenar, la directora dijo que no había llegado nada. En los días que siguieron volví allí varias veces, pero el dinero nunca llegó. Mi situación financiera se fue complicando. En las horas de descanso, acostumbraba dar clases para ganar algo de dinero. Enseñaba inglés a estudiantes brasileños y portugués para algunos ingleses.

– ¿Cuántos años tenía cuando se fue a Inglaterra? – Preguntó Rubens.

– Cuatro años.

– ¿No recuerda nada de esa época? – intervino Daniel.

– Vagamente. Solo una cara joven y bonita sonriéndome y besándome, un cuarto claro y grande, un perro de peluche. Solo eso. Era demasiado pequeño –. Hizo una breve pausa y continuó:

– Entonces me vi forzado a dejar la universidad. No pude terminar mis estudios. Conseguí un trabajo y ocasionalmente regresara al colegio en busca de noticias. Pero no hubo nada. Trabajé, ahorré algo de dinero y por algunas cosas que me sucedieron y que ahora no vienen al caso, decidí volver al Brasil e intentar descubrir el misterio de mi origen. Mrs. Morgan, la directora del colegio, dijo que no había ningún misterio, que debería dar gracias a Dios por haber encontrado la una señora caritativa que me diera las condiciones para recibir una buena educación. Que yo ya era un hombre y ella no tenía ninguna obligación de continuar manteniéndome.

Pero yo me quedé intrigado. ¿Por qué interrumpió las remesas de dinero o sin avisar o decir nada? Desembarqué en Brasil en 1948, por lo tanto, hace tres años. Desde entonces investigué y lo que descubrí me demostró que yo tenía razón. Nací en una importante familia de Rio de Janeiro y tuve mis derechos usurpados. En esos tres años reuní las pruebas y ahora intención de presentar una demanda y reclamar lo que me pertenece.

– Su nombre es Alberto Martins, ¿verdad? – Preguntó Daniel.

– Ese es el nombre que aparece en la partida de nacimiento que está conmigo, pero ese no es mi verdadero nombre.

– ¿Está seguro? Lo que está diciendo es muy serio. Si usted fue registrado con ese nombre, será difícil de probar lo contrario.

– No se preocupe con eso. Cambiarán de opinión cuando conozcan el resto.

– Su historia es muy interesante. Si el Dr. Rubens acepta, yo estaré de acuerdo. Con una condición...

– ¿Cuál?

– Tendrá que traer todas las pruebas que tenga. Se trata de un caso difícil y necesitamos estudiarlo mejor antes de decidir si es legalmente viable. Solo entonces podremos decir si aceptamos o no. Sea cual sea nuestra decisión, seremos discretos.

– Traeré todas las pruebas que tengo.

– Si son convincentes, de mi parte aceptaré.

– Yo también – dijo Rubens, satisfecho.

– En ese caso, vamos a discutir las condiciones. Mi situación financiera no es muy buena. He estado enseñando en algunas escuelas, pero he estado ocupado con mis investigaciones y por eso no gano mucho. Ahora tengo la intención de buscar un empleo fijo en alguna empresa americana y estoy seguro que voy a ganar mejor. Mientras tanto, aun así, no podré pagar mucho por los honorarios.

– Vamos a tener gastos. ¿Cree que podrá pagarlos? – Preguntó Rubens.

– Creo que sí.

– Trabajamos para nuestro sustento. No contamos como el dinero de la familia – aclaró Daniel –. No puede contar mucho con nuestro dinero.

– Sé todo sobre ustedes dos. Estoy seguro que no los perjudicaré. Al final seré generoso, cuando venzamos. Entonces podré recompensarlos por su dedicación y por el trabajo duro.

– Necesitamos algunos datos personales. Mañana por la tarde me gustaría que nos trajera todos los documentos relacionados con el caso. Así nos contará el resto de la historia con todos los detalles – dijo Rubens.

– Mañana estaré lejos de Rio, pero en volveré en dos días y lo aclararemos todo.

Se levantó, se despidió y salió.

– ¿Y entonces? – Preguntó Rubens –. ¿Qué te pareció?

– Una persona interesante. ¡Habla con tanta convicción! Espero que realmente tenga las pruebas que dice tener.

– Creo que las tiene. Pero si creemos que esas pruebas son insuficientes, nos negaremos.

– De acuerdo.

Daniel volvió a su oficina, volvió a los papeles que examinaba, pero de vez en cuando la figura de Alberto volvía a su mente. ¡Qué historia más curiosa! ¿Quién sería la misteriosa mujer que le enviaba el dinero? ¿Por qué no quería que volviera al Brasil? ¿Habría sido ella le que le había robado su identidad y su fortuna? ¿Por qué habría suspendido la mesada?

Daniel meneó con la cabeza. En dos días tendría la respuesta a todas esas preguntas. Era inútil fantasear sobre el asunto. Pero, a pesar de pensar así, la figura de Alberto y su curiosa historia no lo abandonaban.

Por la noche, trató de olvidar el caso. Tenía ganas de alquilar un apartamento y mudarse. Estaba seguro que cuando hiciera eso sus padres suspenderían su mesada. A pesar de todo, seguían dándole dinero e intentando interesarlo en la política. Su padre le ofreciera varios cargos públicos, que él rechazara. Le gustaba su pequeña oficina y las victorias que consiguiera en su carrera, incluso pequeñas, le dieron una inmensa satisfacción. Hiciera un trabajo limpio dentro de las normas de la justicia. Era la primera vez que tenía la oportunidad de hacer algo sin la ayuda de la familia. Se sentía digno y capaz. Le gustaba esa sensación. Se acostó haciendo mentalmente las cuentas para saber si ya tenía las condiciones de vivir sin la mesada y vivir solo. Suspiró resignado. Era posible que aun tuviera que esperar un poco más. Estaba seguro que lo conseguiría.

Se quedó dormido y soñó. Se vio nuevamente en aquella sala que le parecía un tribunal. Sintió una sensación desagradable y quiso huir. Pero no pudo salir de la habitación. Una voz acusadora vibraba en la sala:

– Tú fuiste el culpable de todo. ¡Asesino! ¡Ladrón! Me quitaste todo lo que poseía –. Daniel se asustó. ¿Dónde había escuchado esa voz? Miró tratando de averiguar quién o lo acusaba y reconoció a Alberto. Un poco modificado, más delgado, pero los ojos eran los mismos. La voz era la misma. Aterrado, él trató de escapar. Hizo un tremendo esfuerzo y despertó, su cuerpo cubierto de sudor.

Se levantó de un salto y se fue a la cocina a tomar un vaso de agua. Trató de calmarse. ¡Que locura! Sin duda estaba impresionado con la historia de Alberto y terminara provocando aquella pesadilla. Asustado, recordó la otra pesadilla y reconoció que su acusador era la misma persona. ¿Cómo pudiera soñar con Alberto antes de conocerlo?

Encendió la lámpara de la mesa de noche, se recostó y respiró profundo. Él no era impresionable. ¿Por qué la historia de Alberto lo había movido tanto? Se arrepintió de haber acordado aceptar la causa. ¿Y si su sueño fuese una advertencia para no aceptar?

Sonrió tratando de ignorar la preocupación. ¡Qué absurdo! Estaba fantaseando, un sueño no significaba nada. No daría fuerzas a esa ilusión. Se iría a dormir y se olvidaría de todo. Pero a pesar de la buena resolución no apagó la luz de la lámpara y le costó mucho quedarse dormido. Dos días después, sentado frente a Alberto, mirando su rostro, recordó el sueño. Sonrió pensando en lo mucho que había fantaseado. Su figura ahora le parecía inofensiva.

— Cuéntenos el resto de la historia y vamos a examinar las pruebas que posee — propuso Rubens. Alberto puso la carpeta sobre la mesa y la abrió. Los dos esperaban con interés que hablara. Tomando algunos recortes de periódico, comentó:

— Miren esta noticia. "Murió esta mañana en un accidente de auto el niño Marcelo, nieto del Dr. António Camargo de Melo. El entierro será mañana a las 4 de la tarde."

— ¿Qué significa eso? — Preguntó Daniel interesado.

— Hay varios periódicos de la época comentando el drama del Dr. Camargo de Melo. Su único hijo, el padre de Marcelo, después que nació sufrió una infección que lo dejó estéril. Él no podría tener más hijos. Con la muerte del nieto, el Dr. Camargo perdió a su único heredero, para el cual soñaba dejar toda su fortuna. Su hijo Cláudio no tenía interés en los negocios y él soñaba con enseñarle al nieto a cuidar de todos sus bienes y mantener su patrimonio. Se quedó muy abatido por la pérdida del niño y desmotivado para el trabajo. Su salud comenzó a deteriorarse y murió algún tiempo después. Cláudio se vio obligado a tomar el control de todo. Tanto él, como su esposa, Carolina, dejaron el dinero de manos de un representante, hasta que, en un viaje a Europa, ellos murieron en un accidente de barco. Fue entonces cuando el Dr. José Luís Camargo de Melo heredó toda la fortuna de su tío y se hizo cargo de la dirección de todo. Médico, sin mucho éxito en la profesión, disfrutaba de comodidad, pero no era rico. Ambicioso, vanidoso, frecuentaba la más fina sociedad, pertenecía los clubes de moda. Su mujer, María Julia, estaba siempre en evidencia, por la clase con la que se presentaba y por las obras de caridad que insistía en participar. Tuvieron dos hijos, Laura y Gabriel.

– Yo los conozco – dijo Daniel, admirado. Alberto lo miró fijamente:

– ¿Son personas de su amistad?

– El Dr. José Luís frecuenta mi casa. Es amigo de mi padre. Lo ha apoyado en la política.

– Antes de continuar, necesito saber si tendrá el valor de enfrentarlo en los tribunales –. Daniel sostuvo su mirada y respondió:

– Si tiene razón y la justicia está de su lado, me enfrentaré a cualquiera.

– Muy bien. Ustedes son de la sociedad. Este punto es fundamental. Ningún abogado famoso se pondría de mi lado en una causa como esta. No tendrían el valor para enfrentarse a personas que están tan alto.

– ¿Y qué le hizo pensar que nosotros lo haríamos? – Nuestras familias son de ese medio – intervino Rubens.

– Fue el hecho que ustedes desafiarán todo y abrieron esta oficina.

– Al parecer, está bien informado a nuestro respecto – dijo Daniel.

– Así es. Por un tiempo seguí todos sus pasos. Sé todo sobre ustedes y sus familias.

Daniel se movió en su silla. No le gustaba ver invadida su privacidad.

– ¡Usted exageró! – dijo.

– Necesitaba saber en quién confiar. Por eso estoy aquí.

– Continúe – pidió Rubens –. ¿Qué es lo que estas personas tienen que ver con usted?

– Cuando regresé al Brasil, lo único que sabía era que el dinero era enviado desde Rio de Janeiro. Entonces, la mujer que me protegía debería vivir aquí. Miren, esta es mi partida de nacimiento. Fue emitida en Petrópolis en 1927. Allí dice que soy hijo de María Martins y de padre desconocido. Fui a Petrópolis en un intento de encontrar alguna pista. En el registro, el certificado original era igual al mío. Tenía los nombres de los dos testigos que firmaron el documento en esa ocasión. Pero, después de tantos años, ¿tendría la oportunidad de encontrarlos? Salí de allí desanimado, sin saber qué hacer. Volví a Rio y traté de conseguir un trabajo porque necesitaba mantenerme. Así que me instalé en una casa de huéspedes, le escribí a la directora del colegio en Londres, enviándole mi dirección. Algún tiempo después recibí un paquete que contenía una carta suya. Aquí está, la pueden leer, sé que saben inglés. Daniel tomó un papel diciendo:

– Yo lo leo:

"Querido Alberto. Estoy muy enferma, sé que voy a morir pronto. No quiero llevarme este secreto conmigo. Últimamente he estado soñando mucho contigo y con una mujer que me pide insistentemente que te escriba y te cuente todo lo que sé. Decidí decirte toda la verdad. Una tarde, me buscó en el colegio una mujer joven y bonita, elegantemente vestida, que me contó una triste historia. Un

niño de cuatro años, el hijo de una gran amiga suya, corría un serio peligro de vida en Brasil, y su madre, deseosa de salvarlo le había pedido que lo llevara a un internado en Inglaterra. El secreto debería ser absoluto y ni el niño debería conocer su origen. Apenada, ella te trajera y pidiera mi ayuda. Preocupada con el problema, acepté cuidarte y prometí guardar el secreto. Cuando ella abrió un bolso para tomar el dinero, vi el nombre de María Julia escrito en un sobre. Es todo lo que sé. Cumplí mi parte del acuerdo, de la mejor manera. Pero ahora quiero deshacerme de eso peso. Te estoy enviando los recuerdos que vinieron contigo y que guardé con cariño. Espero que comprendas mi posición y ores por mí. De tu siempre amiga,

Gabrielle Morgan."

¿Qué más había en el paquete? preguntó Rubens.

Algunas de las ropas de niños que imagino son así cuando llegaste, una cadena de oro como una medalla, está aquí.

Rubens la cogió:

– Mira, tiene iniciales detrás: MCM

– Marcelo Camargo de Melo – dijo Alberto con cierta emoción.

– ¡El nieto del Dr. Camargo! ¡Pero él murió! – Dijo Daniel.

– Eso es lo que piensan todos. Su cuerpo fue mutilado en el accidente y fue velado con un ataúd cerrado. La ama que estaba con él en el auto no se lastimó.

– La familia ciertamente debió haber hecho o reconocido del cuerpo – dijo Daniel.

– Estaban en shock. Fue la ama quien hizo el reconocimiento. Estoy seguro que el niño que sufrió el accidente no era Marcelo.

– Continúe – preguntó Rubens

– Las iniciales en el reverso de la medalla me intrigaron. Se me hizo claro que el nombre que estaba usando no era verdadero. Además, las ropas eran muy finas, la joven señora que me llevara era de mucha clase, el colegio era de los mejores y su precio solo accesible a personas con una sólida posición financiera. Yo no podía ser hijo de una tal María Martins, de padre desconocido.

Alberto hizo una pequeña pausa y continuó:

– Empecé a investigar a familias de la alta sociedad en busca de María Júlia. Me detuve en la familia del Dr. José Luís Camargo porque todo coincidía. Su esposa se llamaba María Julia, ellos habían heredado una fortuna gracias a la muerte de Marcelo, cuyas iniciales eran las de la medalla, y también estaba la edad. Él nació el mismo año que yo. Era la única pista que tenía cuyos datos se ajustaban a los detalles del caso. Pero la muerte del niño me intrigaba. Si él había muerto, yo no podía ser él. Investigué, traté de encontrar otras pistas, pero fue inútil. Todo siempre me hizo volver a los Camargo. Me dediqué a investigar el accidente que victimara al niño y descubrí ciertos detalles que aumentaron mis sospechabas. Además de haber tenido un velorio con ataúd sellado, el ama estaba sola en casa cuando salió aquel día. Estaban pasando algunos días en Petrópolis y sus padres habían venido a Rio para una recepción y deberían volver al día siguiente. El carro perdió la dirección y cayó al barranco, dándose vueltas de campana. El niño fue lanzado fuera del auto, sufrió un violento golpe y murió.

– ¿Y el chofer?

– No sufrió nada, ni la ama. La cara del niño chocó contra una roca y quedó irreconocible.

– ¡Una tragedia! – Dijo Daniel.

– Es verdad. Solo que el niño que estaba en ese carro no era el nieto del Dr. Camargo.

– ¿No?

– No. Después del accidente, tanto el chofer como el ama renunciaron diciendo que no podían soportar la tragedia. Traté de localizarlos. Ahora ellos eran mi única pista para llegar a la verdad. Después de tantos años, se hace difícil localizar a las personas, especialmente sin saber el nombre completo. Me tomó un tiempo encontrar una pista de la ama. Ella llama Eleuteria da Silva y descubrí que se había mudado a São Paulo, poco después de la muerte del niño. Deseando saber la verdad, fui a São Paulo y logré localizarla. Se había casado y vivía en un palacete en Jardim América. ¿De dónde habría sacado tanto dinero? Ella era una chica pobre.

– A lo mejor se casó con un hombre rico – dijo Rubens.

– No. Quién compró el palacete fue ella poco después para venir a São Paulo. Solo se casó años después Fue claro para mí que ella debió haber recibido algún dinero y yo sospechaba que era debido a su participación en el caso del niño.

– De hecho – dijo Rubens – cualquiera sospecharía.

– Sospechaba, pero necesitaba la evidencia. Traté de hablar con ella, pero se negó a recibirme. Dijo que no hablaba con extraños. Tenía que trabajar en Rio, pero siempre que podía regresaba a São Paulo para investigar su vida. Descubrí que tenía dinero. El marido era comerciante, dueño de una tienda de tejidos en Vila Mariana. Él era vendedor en una tienda. Al casarse, fue ella quien le compró la tienda.

– ¡El dinero debe haber corrido suelto! – Dijo Rubens.

– ¡Nadie da dinero por nada! Traté de averiguar sobre el chofer. Fue difícil, pero acabé descubriendo su nombre. Uno de sus amigos me dijo que después del accidente él también se mudó a São Paulo a causa de la incomodad. Decidido a investigar, conseguí un trabajo en São Paulo para poder tener más tiempo. Me costó, pero terminé encontrando al hombre. Estaba acogido en una casa de ancianos viviendo de la caridad, enfermo, amargado. Su único hijo nunca lo visitaba ni se interesaba por su salud. Pensé que era mi oportunidad de averiguar todo. Comencé a frecuentar el asilo todos los fines de semana, llevándole golosinas y haciendo amistad con los demás. Ellos me contaron que Alberico había sido rico y perdido todo debido a la bebida. Fuera recogido en un estado miserable. Los médicos afirmaron que su vida pendía de un hilo.

– ¿Y él abrió el juego? – Preguntó Daniel.

– Se abrió. Estaba solo y me convertí en su amigo. Un sábado por la noche estaba mal, sufriendo dolores y con miedo a morir. Amargado y lloroso, se quejó de la ingratitud de su hijo. Yo le dije:

– Yo también fui abandonado. No conocí a mis padres. Vivo sin nadie.

– ¡Qué mundo más ingrato! Estoy siendo castigado por mi crimen, pero tú eras una criatura. ¿Por qué te abandonaron?

– No lo sé – respondí.

– Es triste vivir con remordimientos. Me está matando. Me sumergí en la bebida para olvidar, ¡pero ni siquiera destruyéndome pude acabar con el peso de mi culpa!"

– ¡Soy tu amigo! ¿Por qué no te desahogas? Te sentirás aliviado.

Él suspiró profundo y decidió:

– Tal vez tengas razón. Eso es lo que debería haber hecho hace tiempo, mientras todavía podía remediar las cosas.

– Quizás todavía haya tiempo.

Él movió su cabeza desanimado mientras las lágrimas corrían por sus mejillas.

– Estoy viejo y cansado. Ellos murieron, ¿qué puedo hacer ahora?

– Cuéntame todo. Tal vez pueda ayudarte.

– Me voy a desahogar. Hace muchos años era el chofer de una familia acomodada y muy importante. Dr. Camargo. ¡Hombre bueno y serio, no se merecía lo que hicieron con él! Su sobrino José Luís fue quien tramó todo. Un plan que ayudé a ejecutar y terminó con mi paz. Él siempre envidiara la fortuna del tío y como no conseguía ganar dinero tramó para quedarse con ella y lo consiguió. Todo sucedió en Petrópolis. el Dr. Camargo tenía un nieto que era su heredero y su adoración. Los papás del niño estaban en Rio y yo me quedara para cuidar la casa, de la ama y del pequeño Marcelo aquel fin de semana. La noche del sábado el Dr. José Luís apareció en la casa con su mujer, doña María Julia. Dijeron que habían ido a visitar a una antigua empleada cuyo hijo de niño de cuatro años acababa de morir víctima de una caída. Él subiera a una ventana en el balcón y se precipitara al suelo, teniendo una muerte instantánea, habiendo quedado irreconocible."

– Yo sostenía la respiración y bebía sus palabras ávidamente. ¡Finalmente sabría la verdad! – Él continuó:

– Él conversó con el ama y conmigo y nos ofreció una pequeña fortuna, dijo que era dinero que su esposa heredaría de sus padres. Eleuteria aceptó de inmediatamente; yo dudé. Lo que él quería podría no funcionar. Pero funcionó.

– ¿Qué hicieron? – Pregunté sin poder contenerme.

– Simulamos un accidente de carro y colocamos el cuerpo del niño muerto con la ropa de Marcelo. Nadie desconfió. Ni el médico ni el comisario que investigó el incidente. Todo salió bien.

— Y Marcelo, ¿qué le pasó? — Pregunté.

— Doña María Julia me buscó nerviosa. Dijo que ellos pretendían matarlo y me pidió que la ayudase a salvarlo. Hicimos un plan. Fingí estar de acuerdo con o con el Dr. José Luís y le aseguré que haría el trabajo. Me llevé al niño que estuvo escondido en la casa de una conocida mía, y dije que había acabado con él según lo acordado. Doña María Julia se lo llevó lejos y desapareció. Nunca más se supo de él. Eso me ha incomodado. A veces pienso que pueden haber descubierto todo y haberlo matado. No soporto recordar el rostro del Dr. Camargo y de doña Carolina. Sufrieron mucho y yo me arrepentí. Pero tuve miedo de decir la verdad. Yo sería arrestado y condenado. Antes lo hubiese hecho. ¿De qué me sirvió la libertad si no tenía paz?

Me quedé atascado en el remordimiento y fue mucho peor.

— En ese momento, saqué de la bolsa la cadena de oro con una medalla y se la mostré:

— ¿Reconoces esto?"

Alberico tomó la cadena con los dedos temblorosos y luego dijo asustado:

— ¿De dónde sacó esto? ¿Cómo es que está en tus manos?

En ese momento ya no podía esconderme. Le conté toda la verdad. Me abrazó sollozando y pidiendo perdón. En ese momento yo estaba más interesado en conseguir pruebas que culparlo. Además, él me había salvado la vida. Y terminé:

— Vine para reclamar lo que es mío por derecho. Ellos engañaron a mi abuelo, me robaron del cariño de la familia. No descansaré hasta desenmascararlos.

– ¡Ojalá pudiera ayudar! Pero no sé cómo.

– ¿No tiene ningún documento, ninguna de la prueba que yo pueda utilizar en los tribunales?

– No. Lo único fue el dinero que recibí. Pero ellos pueden alegar que estoy mintiendo. Documento que no tengo. ¡Dios mío! Si yo pudiese hacer algo...

– Puedes ir conmigo a la estación de policía y confesar.

– No puedo levantarme. Estoy muy enfermo.

– En ese caso, traeré al comisario hasta aquí.

Él aceptó. Al día siguiente fui a la estación de policía, pero el comisario no quiso ir al asilo. No creyó nada de lo que dije. Como insistí, me aconsejó que buscásemos un notario y le tomásemos una declaración. Eso fue lo que hice. Llevé allí al notario, Alberico lo contó todo y él lo registró. El mismo día imprimió la declaración y Alberico la firmó. Reconocimos su firma.

– ¿Usted tiene ese documento? – Preguntó Rubens.

– Lo tengo. Tuve suerte porque Alberico murió dos días después. Antes conseguí que me diese algunos detalles más. La partida de nacimiento que yo usaba pertenecía al niño que fuera enterrado en mi lugar. El nombre de la madre que estaba allí era verdadero. Traté de encontrarla. Además de la ama, que huía de mí y se negó a recibirme, ella ciertamente sabía la verdad. Nadie le habría quitado el cuerpo del niño muerto sin que ella estuviese de acuerdo. Regresé a vivir a Rio con el propósito de encontrarla. La busqué por todas partes y no la pude encontrar. Ella desapareció sin dejar rastro.

Se quedó callado y Rubens preguntó:

– ¿Entonces las pruebas que usted tiene son la ropa, la cadena con una medalla y la declaración del chofer?

– Sí.

Daniel meneó con la cabeza, inmóvil:

– Es poco para abrir un caso así.

– ¿Ustedes no me creen?

– No se trata de eso – argumentó Daniel –. Su narrativa fue convincente, creo sinceramente que usted sea el nieto del Dr. Camargo. Pero en la corte necesitaremos más. Los Camargos son poderosos y respetados en la sociedad. Además, van a valerse de los mejores abogados para defenderse.

– ¿Estás con miedo de enfrentarlos? – Preguntó Alberto.

– No se trata de eso – añadió Rubens –. Daniel tiene razón. Comencemos esta pelea, tenemos que buscar más evidencia. Algo que no deje dudas en los tribunales. Sería bueno si pudiéramos encontrar a la madre del niño. Quizás aceptes en dar su testimonio.

– Ni ella ni la niñera querrán hacer eso. Serán consideradas como cómplices – dijo Daniel.

– Pensé que, si reivindicase mis derechos ante la justicia, el propio juez convocaría a las dos para brindar su declaración y entonces usted podrían presionarlas a contar todo – dijo Alberto.

– ¡Si al menos el chofer estuviese vivo y pudiese brindar su testimonio! Eso impresionaría al juez – dijo Rubens.

– O la directora del colegio en Inglaterra. ¿Ella todavía vive? – Preguntó Daniel.

– No lo sé. Después que ella me envió esa carta diciéndome lo que sabía, la escribí varias veces, pero no obtuve respuesta.

– Ella también sería una testigo importante. Podría reconocer a doña María Júlia como la persona que lo llevó allá y quien enviaba dinero todos los meses.

– Ustedes no van a desistir ahora, ¿verdad? – Fue Rubens quien respondió:

– Yo no dije eso. Estudiaremos el caso. Quizás podamos investigar un poco más, buscar otras pruebas antes de comenzar la demanda. Tenemos que pensar en todas las posibilidades.

– Está bien. Esperé tanto que unos días más no marcarán la diferencia.

– En este tiempo, ¿nunca ha intentado hablar con doña María Júlia?

– No. Ella fue cómplice, no quería que regresara al Brasil. Si se entera que regresé y que estoy investigando, estaría en mi contra, podría prevenir al marido, dificultando así las cosas.

– Si usted no me lo hubiese contado, sería difícil demostrar que doña María Júlia hubiese ayudado a su esposo en esta historia. Es una mujer muy respetada en la sociedad. Hace mucha caridad, promueve obras de beneficencia, se le considera una verdadera dama –. Alberto se rio con ironía:

– Para que vean cómo las apariencias engañan. Cuando el dinero está en juego, la gente hace cualquier negocio. Pasan por encima de cualquier sentimiento.

– No generalicemos – dijo Daniel. Alberto se puso de pie.

– Bueno, me voy. Tienen mi teléfono. Cualquier cosa, avísenme. De lo contrario, en una semana vendré a saber lo que decidieron.

Se despidió y salió. Rubens se volvió hacia Daniel:

– ¿Y entonces? – Preguntó.

– Éste es un caso difícil. Quizás hasta perdido. No sé si valga la pena.

– Será arriesgado. Y también me doy cuenta que no simpatizas mucho con Alberto.

– No sé qué es, pero de algo en él me molesta.

– ¿Crees qué está mintiendo?

– No. Eso no. Su historia me parece verdadera. Pero cuando me mira, siento que sus ojos me miran y me siento incómodo. Es una sensación desagradable que no puedo explicar.

– Si crees que no debemos aceptar el caso, terminemos aquí. Para tener éxito, debemos creer en lo que hacemos, sentir que defendemos una causa justa. Sin eso, será inútil.

– Tienes razón. Lo pensaré y mañana te daré una respuesta. ¿Y tú, o qué crees? ¿Te gustaría intentarlo?

– El desafío me estimula. Por otro lado, creo que esta sea una causa justa. No solo fue robado de una fortuna como del convivio familiar. Creció entre extraños, lejos de su país. ¿Notaste cómo sus ojos brillaban cuando se refiere a la ausencia de la familia?

Se sintió muy abandonado todo el tiempo. Y eso es lo que me incomoda.

– Sí. Podría ser. Quizás tengas razón. Mañana volveremos al tema.

Daniel volvió a su oficina, arregló algunos papeles y se fue a su casa. Por más que intentase desviar la atención del caso de Alberto, no lo conseguía. Su rostro fuerte, sus ojos brillantes y astutos, su dramática historia no salía de su pensamiento.

¿Por qué estaba tan impresionado con él? No era una persona impresionable. ¿Estaría con miedo a enfrentar una pelea con personas de su entorno y que se relacionaban bien con sus padres? Sabía que en el momento en que presentara la denuncia ellos los presionarían de todas maneras. ¿Estaría actuando correctamente perturbando su tranquilidad?

Ser independiente era una gran cosa, pero molestarlos era otra. Él respetaba a los suyos y no quería traerles problemas. Por otro lado, si pretendía ejercer la justicia, tendría que dejar de lado sus intereses personales y defender a su cliente a cualquier costo. Era una decisión difícil. Al mismo tiempo que se preocupaba por los problemas que crearía dentro de su propia familia, sentía que era una oportunidad de trabajar a favor de los principios de decencia que siempre defendiera. Le molestaban la hipocresía, los juegos excusos, el abuso de poder, lo incomodaban. Le gustaban las cosas reales, la dignidad y justicia. Bajo este aspecto, el caso de Alberto, era precioso. Pero, ¿acepta la justicia las pruebas de las que ellos disponían? Se meterían con gente de alto nivel, muy bien posicionadas financieramente y con mucho poder. Meterse con ellos era desafiar una estructura que no sabía a dónde lo llevaría. Todos estos pensamientos cruzaron por la mente de Daniel, y no se decidía. Quizás fuese mejor rehusar el caso. Ellos estaban al comienzo de su carrera. Aun no tenían credibilidad para intentar un caso como esos. ¿No sería demasiado pretencioso? Sí, lo mejor sería rechazar el caso.

Finalmente se decidió. Al día siguiente, diría que no. Si Rubito quería buscar otro abogado e intentarlo, todo bien. Él no se consideraba capacitado para asumir ese trabajo. La decisión disminuyó la tensión y finalmente Daniel se acostó, y consiguió dormir.

CAPÍTULO 5

Daniel se durmió y soñó. Estaba en una casa soleada sentado detrás de un escritorio oscuro, todo tallado y decorado con metal dorado. La sala ricamente adornada, con una decoración sobria, demostraba el buen gusto de su dueño; las piezas de arte especialmente colocadas.

Él se veía un poco diferente a lo que era, más viejo, la ropa del siglo pasado, pero se sintió muy a gusto en esa sala, que era su casa. Una joven entró y se puso de pie cortésmente.

– Eurico, tenemos que hablar – dijo angustiada.

Era una mujer de un poco más de treinta años, que llevaba un lindo vestido color de perla, cabellos castaño dorados recogidos en una cola delicada cola sobre la nuca. Sus ojos color de miel reflejaban preocupación y sus labios bien hechos y carnudos, estaban temblorosos.

– ¡Todo lo que podía decir ya lo dije! Sabes que nunca doy marcha atrás. ¡Está decidido y punto!

El rostro de ella se contrajo aun más. Se acercó diciendo:

– No puedes ser tan duro. Necesitas entender. ¡No puedes mandarlo lejos de esa manera!

– ¡Sé lo que estoy haciendo! ¡No puedo tolerar lo que hizo! ¡Estás prohibida de volver a tocar ese asunto!

Ella no contuvo las lágrimas. Él continuó:

– Estas exagerando. No puedo tolerar que me desobedezcas. No me obligues a adoptar una actitud más drástica.

Ella levantó la cabeza y sus ojos se llenaron de rencor cuando dijo con una voz que la ira cambió:

– Aun te arrepentirás de lo que estás haciendo ahora. ¡Entonces será demasiado tarde!

¡Querrás volver atrás y no podrás! ¡Ese será tu castigo! ¡Te odio!

Daniel estaba angustiado. La escena desapareció, pero sus palabras continuaron vibrando dentro de su cabeza mientras él vagaba por un lugar oscuro en medio de una densa niebla. Se sentía perdido, desesperado, sin saber cómo liberarse de la tristeza que estaba sintiendo.

De repente, en su frente apareció el rostro de Alberto, afligido y rencoroso. Se recuperó del susto.

– ¡Asesino! ¡Asesino! – Él dijo.

Daniel se pasó la mano delante de los ojos como para apagar aquella terrible visión. Quería gritar que era inocente, pero no pudo emitir ningún sonido. Desesperado, pensó en Dios. Uno era una pesadilla y necesitaba ayuda para salir de allí. Rezó e inmediatamente la escena se modificó. Se vio en un jardín de flores y una brisa suave lo envolvió causándole un gran bienestar.

Respiró agradablemente aquella brisa ligera y fragante, sintiéndose aliviado. Fue cuando escuchó una voz de mujer decirle con cariño:

– ¿Por qué quiere rechazar la oportunidad que luchaste tanto para conseguir? Acepta el caso de Alberto. Acepta el caso de Alberto.

Daniel se estremeció y despertó. ¡Las palabras aun sonando en sus oídos!

Respiró profundo y se sentó en la cama. El reloj marcaba las cinco de la mañana. Aun estaba oscuro. Se pasó la mano por el cabello, pensativo.

¡Ese sueño parecía realidad! ¡Qué cosa más extraña! Aunque no era dado a supersticiones, estaba impresionado. Consideró que era solo un sueño, intentó ignorarlo, pero cuanto más lo intentaba, más se sentía envuelto por él. ¿Qué estaba pasando? ¿Por qué tanta preocupación por Alberto? Él era un desconocido. ¿Estaría predestinado? ¿Ese sueño habría sido una forma de hacerlo aceptar aquel caso? ¿No estaría siendo ridículo, impresionándose demasiado por una simple pesadilla?

Se levantó, fue hasta la cocina, tomó un vaso de agua y volvió a la cama. Se estiró en ella, intentando dormir, pero fue inútil. Cuando se acordaba del sueño, sentía una opresión en el pecho que no sabría explicar. Las palabras que escuchara antes de despertar volvían vivas en su memoria.

– ¿Por qué quieres rechazar la oportunidad que tardaste tanto en conseguir? Acepta el caso de Alberto.

A lo largo de su vida se posicionará como una persona contraria al abuso y las artimañas de los deshonestos. Estudiara leyes con esa motivación. ¿Sería eso a lo que se refería esa mujer? ¿Tendría ese sueño el objetivo de exigirle coherencia y dignidad? Reconocía que se quedó con miedo de enfrentar a la sociedad y a los poderosos que presumía deseaba vencer. ¿Habría sido por miedo que decidió rechazar el caso? Siempre había criticado los medios que su padre utilizaba para subir en su carrera política, los arreglos y los pagos. ¿Tenía miedo de enfrentar todo eso?

Si se acobardase al momento de asumir una actitud acorde a sus ideas, se estaría nivelando con todo aquello que despreciaba. ¿Se atrevería a llevar adelante su carrera después de eso?

¿O el caso de Alberto sería el precio que tendría que pagar para conquistar su dignidad frente a los casos que tomara conocimiento sin poder hacer nada durante toda su vida?

Fue en ese momento que Daniel se dio cuenta que no podía evitarlo. Tendría que aceptar ese caso y afrontar todas las consecuencias. Solo entonces podría demostrarse a sí mismo que no compartía las cosas equivocadas, que había otras formas más allá de aquellas. En su casa, era común que sus padres se refirieran a la corrupción como un mal sin el cual no se podía hacer nada. Se decían víctimas del sistema sin el cual no podrían participar en la vida pública. Daniel pensaba de manera diferente. Era hora de demostrar que su teoría tenía fundamento fundada. Por eso, cuando llegó a la oficina buscó a Rubens concordando en aceptar el caso.

– Me alegro que te hayas decidido. No puedo explicar por qué, pero desde el comienzo sentí que no podíamos rehusarnos. Puedes reírte de mí, pero hay cualquier cosa en el aire, un no sé qué, que me dice que tenemos que ocuparnos de ese caso.

Daniel lo miró sorprendido.

– ¿Tú también? Pensé que esto solo me estaba pasando a mí.

– ¿Por qué?

– Creo que su caso me impresionó más allá de la cuenta. Quizás porque es importante mi primer caso importante, o que nos vamos a meter con gente de nuestra clase social, amigos de nuestras familias.

– ¿Es solo por eso? Pareces decidido a salir de lo convencional y hacer un trabajo honesto.

– Y lo estoy. Mientras tanto, he tenido algunas pesadillas, siempre con el rostro de Alberto, y yo como si fuese el reo. Él me acusa. Esto no tiene razón de ser, por eso creo que me dejé impresionar por él más de lo que debía.

Rubens lo miró con seriedad durante unos instantes. Luego consideró:

– Esto es realmente extraño. Creo que los sueños tienen una razón de ser, una explicación lógica.

– ¿Lógica cómo? ¿Sabes que antes de conocer a Alberto soñé con él? ¿No parece algo imposible? Pero fue lo que sucedió.

Rubens se interesó.

¿Estabas seguro que era el mismo? ¿No sería alguien parecido?

Daniel negó con la cabeza.

– No. Era él, acusándome. Yo estaba en un tribunal y me acusaba. ¿No es una locura? Creo que es por eso que no siento mucha simpatía por él ni quería aceptar el caso.

– Sí, es realmente extraño. ¿Habrías conocido a Alberto en otras vidas?

– ¿Otras vidas? ¿Cómo o así?

¿Nunca oíste hablar de la reencarnación? ¿Que ya vivimos otras vidas aquí en la Tierra?

– Ya, pero de allí a creer hay mucha distancia.

– Bueno, esa es la única forma de explicar lógicamente que soñaste con él antes de conocerlo.

– ¿Realmente crees en esa posibilidad?

– Bueno, no soy un estudioso del asunto, pero sé de personas serias y responsables que se dedican a estas experiencias. Ellas afirman que es verdad. Ahora bien, en tu caso, ¿podría haber otra explicación?

– No sé. Ahora no se me ocurre nada. Creo que quedé impresionado, eso es todo.

– ¿Y aunque no lo conocías soñaste con él, de la manera cómo es él? ¿No crees que eso es demasiado?

– Sí. Tienes razón. Pero la reencarnación me parece algo aun más fantasioso.

– ¿Por qué? Yo creo que es algo muy natural. Para mí es una manera de reconciliar la bondad de Dios con los problemas del día a día. Ya sabes, niños que están nacen enfermos, con defectos físicos, la desigualdad social, etc. Los reencarnacionistas explican que ellos tuvieron actitudes negativas en otras vidas, dañaron su equilibrio espiritual, por lo que no nacen con un cuerpo saludable. Que nosotros no nos acordamos del pasado para tener más libertad en esta vida, pero que las relaciones mal resueltas vuelven a nosotros para darnos la oportunidad de resolver nuestros problemas.

– ¿Quieres decir que habría podido conocer a Alberto en otra vida?

– Eso es lo que parece.

– ¿Por qué me acusa?

– No sé. Pueden haber tenido una relación problemática. Entonces por eso no te sientes muy cómodo con él.

Daniel se pasó la mano por el cabello, pensativo. Lo que Rubens decía le parecía fantástico. Mientras tanto, a pesar de eso, algo dentro de él sentía que era plausible.

– Suponiendo que esta fantástica hipótesis es cierta, ¿sería recomendable involucrarme con él?

– ¿Cómo fue tu sueño?

Daniel le contó todo, con todos los detalles, y concluyó:

– Desperté con una voz de mujer repitiendo: "¿Por qué rechazar la oportunidad que tanto te costó conseguir? Acepta el caso de Alberto." Su voz era tan fuerte que incluso después que desperté, todavía sonaba en mis oídos. Fue después de eso que resolví aceptar el caso.

– Hiciste muy bien. Como decía Shakespeare: "Hay más cosas entre el cielo y la tierra que lo que sueña nuestra vana filosofía." Lo que te pasó fue muy interesante. Si quieres, podemos hablar con Julito. Es un estudioso del tema. Acostumbra asistir a algunas sesiones espíritas en casa del Dr. Bittencourt Sampaio.

– No quiero nada con esas cosas. Ya estoy desafiando a la familia en la profesión. ¿Ya pensaste si mis padres se enteran que estoy yendo a sesiones de Espiritismo?

Rubens soltó una carcajada.

– Dirían que te estoy llevando por el mal camino. Soy la "oveja negra", ¿recuerdas? Pero no me importa. Pueden decir o lo que quieran. Tú eres quien sabe. Por lo menos podemos hablar con Julito. Estoy seguro que puede explicarlo mucho mejor que yo.

– Sea como sea, por ahora no quiero meterme en eso. En cuanto al caso de Alberto, ¿por dónde debemos comenzar?

– Voy a redactar un poder para que lo firme. Después, estudiaremos mejor las pruebas que tiene. Al mismo tiempo, sería bueno hacer algunas preguntas, intentar conversar con las personas involucradas.

– No creo que sea factible buscar a doña María Júlia, por lo menos por ahora.

– No me refiero a la parte contraria. Antes voy a llamar a Alberto y darle los primeros pasos.

– Es verdad. Me voy a mi oficina. Cualquier cosa, házmelo saber.

Rubens llamó a Alberto y marcó una reunión para la tarde del mismo día. Fue puntual. El reloj estaba marcando las dos de la tarde cuando entró en la oficina, llevando bajo el brazo un voluminoso paquete.

Reunidos en la oficina de Rubens, luego que Alberto firmara el poder para que ellos se encargasen de su caso, los tres empezaron a trabajar.

Alberto abrió el paquete con todas las pruebas que tenía. Los dos abogados examinaran todo detalladamente. Las piezas de ropa con las que fuera internado en el colegio, sus documentos de identidad, la carta de la directora de la escuela, la cadena con la medalla en la cual tenía grabadas sus iniciales. Entonces Rubén aconsejó:

– Vamos a personalizar esto, catalogar todo y guardemos en la caja fuerte. Son las únicas pruebas que tenemos.

– Tengo una idea – dijo Daniel –. Se me ocurrió que esta ropa es muy fina y de buena calidad. Si averiguamos dónde fueron compradas, tal vez tengamos una buena pista. Cualquier registro, una nota sobre quién las compró.

– La idea es buena, ya lo había pensado – intervino Alberto –. Mientras tanto, eso fue hace mucho tiempo. No pude encontrar nada.

– No cuestas nada volver a intentarlo – dijo Daniel –. No sé por qué, pero algo me dice que deberíamos intentarlo.

Rubens lo miró sorprendido, pero solo dijo:

– Está bien. Haremos eso.

Llamaron a la secretaria y Rubens dijo claramente:

– Elza, anotarás todo lo que escuches aquí. Desde ahora mismo quiero que nos prometas solemnemente que no dirás nada a nadie de lo que escuches. Este caso es muy importante y el secreto tiene que ser absoluto.

– Sí, señor.

– Si me entero que una palabra de este asunto salió de aquí, serás despedida inmediatamente. ¿Estoy siendo claro?

– Sí, señor.

– Aun así, ¿Todavía quieres quedarte? Necesitamos mucho de tu colaboración, pero, si no quieres, tomaremos las notas nosotros mismos. Si aceptas quedarte, tendrás que guardar secreto.

– Dr. Rubens, soy discreta por naturaleza. Si me permite colaborar, le garantizo que no tendrá ninguna razón para arrepentirse. Me honra su confianza. Puedo contar conmigo.

– Muy bien. No te vas a arrepentir de cooperar. Toma tu cuaderno de notas y vuelve aquí.

Cuando la vio instalada en la oficina, lista para comenzar, Rubens pidió:

– Ahora, Alberto, vas a volver a contar toda la historia, en los mínimos detalles. Hazlo despacio, no importa el tiempo que te vaya a demorar. Si es necesario continuaremos mañana. Es necesario registrar todo para recordarlo.

Él estuvo de acuerdo y empezó a contar. Elza era buena taquígrafa y rápidamente escribía todo lo que decía. Se tomaron un breve descanso de quince minutos para tomar un café y luego empezaron de nuevo. Eran las cinco y media cuando intervino Rubens.

– Hoy nos detendremos aquí. Vuelve mañana por la tarde, en el mismo horario. A partir de la mañana, Elza tipeará todo y revisaremos lo que se hizo, y continuaremos con lo que falta. Puedes irte, Elza.

Ella se levantó y se fue. Estaban tomando café cuando Lanira metió la cabeza por la puerta. Al ver a Alberto, no entró. Rubens la vio y fue a buscarla.

– Entra, Lanira. Terminamos por hoy.

Entró y la presentó a Alberto. Se saludaron formalmente. Daniel la abrazó con cariño:

– Me alegro que vinieras, Lanira – dijo –. Pensé que lo habías olvidado.

– De ninguna manera. ¿No habíamos acordado?

– Es verdad –. Alberto se puso de pie:

– Si no me necesitan más, me retiro.

– Está bien. Mañana a las dos –. Él asintió con la cabeza.

– De acuerdo. Que tenga una buena tarde. Encantado de conocerla, señorita –. Inclinó ligeramente la cabeza y salió. Lanira lo acompañó con los ojos hasta que desapareció. Daniel estaba preocupado:

– Menos mal que ya se fue.

– Tienes que acostumbrarte con su presencia. Principalmente al comienzo, vamos a tener que arrancarle todo lo que se pueda acordar.

Lanira estaba absorta y Rubens consideró:

– Te ves pensativa. ¿Pasó algo? – Ella sonrió feliz y luego respondió:

– Nada. Por unos momentos tuve la sensación de conocer a aquel hombre que estaba aquí. ¿Cómo dices que se llama?

– Alberto. Este es nuestro nuevo cliente – dijo Rubens interesado –. ¿Lo conoces de algún lugar?

Ella dudó unos segundos:

– No. No lo creo.

– Pero tuviste la sensación de conocerlo – dijo Rubens.

– La tuve. Su rostro me es muy familiar. Pero no recuerdo haberlo conocido. Debe ser parecido a alguien de nuestras relaciones. Estas cosas pasan –. Rubens miró a Daniel y no dijo nada. Daniel tampoco comentó el tema. Simplemente dijo:

– Acordamos comer algo e ir al cine. Hay un musical que queremos ver. ¿Quieres venir con nosotros?

– Claro, me encantará. Hoy tomamos una decisión importante, trabajamos todo el día. Realmente necesitamos un poco de distracción.

– La sesión comienza a las ocho. Tememos bastante tiempo. ¿Qué tal un aperitivo en la Colombo? – Propuso Lanira.

Los dos estuvieron de acuerdo con gusto. Lanira tomó una revista mientras ellos terminaban el trabajo del día y se arreglaban para el paseo.

En los días que siguieron, ellos continuaron tomando las declaraciones de Alberto, confrontando los datos. Antes de tomar alguna decisión práctica, ellos querían conocer todos los mínimos detalles, examinar todas las posibilidades, buscando nuevas pistas que pudiesen servir como punto de partida para las reivindicaciones que deseaban hacer. Todo cuidado era poco, una vez que el Dr. Camargo era una persona influyente y sin duda alguna estaría rodeando de los mejores y más astutos abogados de Rio de Janeiro para cuestionar la demanda. Después que consiguieron de Alberto todo lo que él pudo recordar, los dos comenzaron a esquematizar un plan de acción.

– Tememos el cuchillo y el queso en la mano para investigar – dijo Rubito a cierta altura.

– ¿Lo crees? ¿No estás siendo demasiado optimista?

– No. Estaba pensando. Somos miembros de la sociedad. Nuestras familias visitan la casa del Dr. Camargo. Incluso, ¿hasta qué punto ellos se acuerdan de los hechos que nos podrían ayudar?

– Esto incluso puede ser cierto. ¿Más cómo averiguarlo sin despertar sospechas? Si ellos se enteran lo que pretendemos nos expulsarán de la casa.

– No necesitan saberlo. Si comenzamos a frecuentar más las fiestas y reuniones, podremos investigar el pasado sin despertar sospechas –. Daniel consideró:

– Me repugna ese tipo de cosas. Tengo la impresión que estoy siendo falso, traicionando a todos...

– Que nada. A estas personas les encanta comentar sobre la vida de los demás. No necesitamos mucho para que ellas cuenten los chismes antiguos y modernos. Además, es por una buena causa. No te olvides que una criatura indefensa fue expoliada, robada, impedida de vivir con la familia. No importa lo que sientas ante Alberto. Lo importante es que fue la víctima y tiene todo el derecho para invocar la justicia. ¡Seremos instrumentos de la ley!

– No necesitas darme un discurso. Aun no estás frente al juez.

Rubito se rio a carcajadas.

– ¿Sabes algo? El único juez que considero impoluto es nuestra propia conciencia.

– Pensándolo bien, creo que tienes razón.

– ¿Entonces estás de acuerdo?

– Sí.

– ¿Por qué no le cuentas todo a Lanira y le pides para que nos ayude en esto? Las mujeres son buenas en estas cosas. Quizás sea más fácil para ella conseguir esta información.

– Está bien. Anda medio loquita para involucrarse con nuestro trabajo, vive preguntándome sobre los casos, las medidas que estamos tomando, etc. Estará feliz –. Colocada al tanto de todo, a Lanira le encantó. Finalmente, tenía algo interesante que hacer en las interminables y monótonas fiestas familiares.

A partir de ese día, los tres comenzaron a frecuentar todas las reuniones sociales. Tanto María Alice como Angelina estaban encantadas con el cambio de los hijos.

– Parece que están volviendo al sentido común – comentó Angelina en una reunión en casa de María Alice, viendo a Rubito y Daniel conversando animadamente con los invitados.

– Gracias a Dios – respondió María Alicia con satisfacción –. Ya decía que todo era cuestión de tiempo. Luego se cansarían de esa oficinita y seguirían nuestros consejos.

– Es verdad. Ellos han cambiado. ¡Rubito está tan atento! ¿Notaste cómo conversa con los más viejos? ¡Finalmente! Tal como siempre les enseñé. Es de buena educación siempre prestar atención primero a los mayores.

– Interesante – observó María Alice –. Está pasando lo mismo con Daniel. Es un buen comienzo. António siempre dice que el verdadero prestigio son las personas mayores. En nuestra sociedad, son ellos quienes controlan el poder y el dinero.

– Es verdad. ¿Será que nuestros hijos están tratando de entrar en las grandes finanzas? Rubito siempre dijo que quería subir por cuenta propia, sin usar el prestigio de su papá.

– Daniel también. De todos modos, creo que es muy bueno que hayan vuelto al camino –. Más tarde, María Alice comentó con su esposo.

– Estoy feliz de ver a Daniel asistiendo nuevamente a nuestras reuniones. Parece interesado en personas de prestigio.

– Debe haber percibido que sus ideas no tenían ningún fundamento y tienen vergüenza confesarlo.

– Ahora vas a malograr todo comentando el asunto. A nosotros nos basta verlo frecuentar la sociedad y olvidar aquellas tontas ideas que tenía. ¿No te dije que un día él volvería?

– Menos mal. Pasando sucedió más deprisa de lo que pensábamos.

Daniel se acercó a Rubito, diciendo en voz baja:

– ¿Pudiste hablar con doña María Júlia?

– No directamente. Lanira estaba hablando con Laura.

– ¡No lo digas! ¿Habrá descubierto algo?

– Estoy ansioso por saber, pero tendremos que esperar.

– Laura es mayor que Lanira. ¿Tendrá conocimiento del drama de su tío abuelo?

– Esas historias acostumbran ser romanceadas por los adultos y contadas por los descendientes según las conveniencias. Veremos lo que ella sabe –. Ellos vieron a Lanira saliendo al jardín y fueran detrás de ella. Viéndolos, ella se detuvo y se sentaron en una banca.

– ¿Y entonces? – preguntó Rubito en voz baja.

– Hablé con Laura. Inventé una historia dramática, de la muerte trágica de un niño en un accidente. Dije que era una película. Ella creyó y contó el drama de la familia. No solamente el único nieto del Dr. Camargo murió en un accidente de auto a los cuatro años de edad, así como sus padres murieron en un accidente de barco en Europa. Por la forma en que colocó las cosas, sus padres no tuvieron otra alternativa sino asumir los negocios. Lo dijo como si al hacerlo, ellos se hubiesen sacrificado.

– ¿Heredar una fortuna es sacrificio? – comentó Daniel con ironía.

– Dijo que su padre es un idealista. Pretendía dedicarse a aliviar el sufrimiento humano, pero tuvo que sacrificar sus ideales debido a la herencia.

– ¿No te dije? – dijo Rubito –. Estas historias familiares convierten a cualquiera en un héroe.

– ¿Qué más te dijo? – Preguntó Daniel.

– Cuando iba a profundizar, se nos acercó doña María Júlia y no quise ponérsela fácil.

– Hiciste bien. Tenemos que ser discretos. No deben notar nada. De esa forma podremos trabajar más libremente – coincidió Rubito.

– ¿Qué ibas a preguntar? – Dijo Daniel.

– Si ella conoció a los padres del niño.

– Creo que estamos en el camino correcto. Sería bueno si te acercaras más a Laura, nadie va a desconfiar. Ustedes tienen casi la misma edad.

Lanira sonrió maliciosa y respondió:

– Sería mejor Daniel. ¡Laura se pone toda emocionada solamente al mencionar tu nombre!

– No usaré los sentimientos de esa chica. Sería demasiada bajeza. ¡No cuenten conmigo para eso!

– Fue solo una sugerencia. Pero si no quieres... –. Lanira se dio la vuelta sonriendo.

– Eso está fuera de discusión. ¡A ti no te gustaría que te hicieran lo mismo!

– No sé. De repente, sería un desafío. Coloca a un hombre "Entre la Cruz y la Espada." ¿Has pensado alguna vez en ese drama? ¿Él tratando de usarme y termina enamorándose de mí?

– Ya vi esa película y está pasada de moda. Pongámonos serios. ¿Alguien consiguió algo más? – Preguntó Daniel.

– ¡Hay otra cosa! – gritó Lanira –. Descubrí que el mayordomo de doña María Júlia trabaja allí hace más de treinta años. Ese debe saber muchas cosas.

– ¿No dije que las mujeres son buenas para investigar? – dijo Rubito con satisfacción –. Esa es una buena pista.

– Eso si sabe algo y podemos hacerlo hablar – objetó Daniel.

– No podemos perdernos el cumpleaños de Gabriel. Habrá una gran fiesta. Todos fuimos invitados.

¿Para cuándo? – Preguntó Daniel.

– Para el próximo sábado.

– Estaremos allá – concordó, Lanira.

– ¡Veremos a ese mayordomo! – añadió Rubito.

– Me siento como Dick Tracy – bromeó Daniel.

– ¡Todos en busca de la justicia! – Exclamó Lanira con una sonrisa.

CAPÍTULO 6

El sábado por la noche, mientras se preparaba para la fiesta de cumpleaños de Gabriel, el hijo mayor del Dr. José Luís Camargo de Melo, María Alice comentó con su esposo:

– No tenemos que esperar a Lanira. Ella se irá con Daniel.

– ¿Él también va?

– Sí. Ni siquiera tuve que presionar. Creo que a partir de ahora no tendremos más problemas con ellos.

– ¡Hum...! –. Dijo António mirando significativamente a su esposa –. ¡Allí hay algo!

– ¿Cómo o así?

– Alguna cola de falda, con seguridad. A Daniel nunca le gustaron estas fiestas familiares.

– ¿Crees eso? – Dijo María Alice. En su voz había un ligero tono de preocupación –. Espero que él no esté pensando en casarse. ¡Es todavía muy joven!

– Es verdad. Pero no hay motivo para preocuparse. Si está interesado en alguna joven, ella pertenece a nuestro círculo. Eso nos deja tranquilos.

María Alice suspiró:

– Tienes razón. Puede que solo sea una salidita. Lo importante es que Lanira también me parece cambiada. ¿Será que ella también está interesada en alguien?

– Quizás sea por Rubito. Últimamente no se separan –. María Alice se estremeció:

– Eso nos pondría en una situación desagradable. Siendo hijo de amigos tan allegados, no tendríamos como rechazar el consentimiento.

– Yo no veo ningún inconveniente. Rubito es hijo de una excelente familia, educado, rico, lo conocemos desde pequeño. ¿Qué más podríamos desear?

– Él no tiene sentido común.

– Disparates. Son locuras de juventud. Quién no las cometió un día. Además, ahora parece que se están asentando –. Hizo una pequeña pausa y preguntó:

– ¿Qué te hace pensar que Lanira está interesada en él?

– No sé si es por él. Me di cuenta que para ir a esta fiesta se preparó más de lo habitual. Quiso comprarse un vestido nuevo, pasó horas en el peluquero, me pidió que sacara de la caja fuerte su anillo de rubí porque hace juego como el vestido.

António consideró:

– A ella siempre le gustó estar a la moda.

– Lo sé, pero hoy fue más allá de lo trivial. Sea lo que sea, creo que está muy bien. Pasé por su habitación antes de entrar aquí y vi todo lo que ella compró. Estaba orgullosa. Ella estará hermosa, ya verás.

António sonrió satisfecho. Él necesitaba de ese modelo familiar donde quería que fuera. Una familia unida, hermosa y feliz era como una tarjeta de presentación para un político. Los votantes se impresionan mucho con ese escenario, por eso él insistía en mostrarse en todos los lugares con su familia.

La fiesta estaba animada cuando Rubito, Daniel y Lanira llegaron al elegante palacete de Leblon. Entraran en un bellísimo jardín, dirigiéndose a la puerta principal donde un criado los esperaba para invitarlos a entrar. En el elegante vestíbulo de mármol iluminada por enorme araña de cristal donde las flores del jarrón sobre la consola reflejada en el espejo dorado transformaban sus gotas de cristal en multicolores, los tres fueron recibidos por el cumpleañero, a quien entregaron los regalos.

Gabriel era alto, elegante, estaba muy elegante con su *smoking* negro, cabellos rubios, oscuros y un poco ondulados, un poco descolorados por el sol, ojos color miel cuando estaba alegre se hacían ligeramente verdes de vez en cuando. Su tipo era claro, a pesar de la piel bronceada. Cuando sonreía, lo que hacía constantemente, mostraba unos dientes blancos y bien distribuidos. Estudiaba Literatura y Filosofía, tenía un barco donde siempre que podía, pasaba horas en el mar, solo o con amigos.

Buena música provenía del salón, y Gabriel, después de entregar sus paquetes al sirviente y darles la bienvenida, los invito a entrar.

Tomando el brazo de Lanira, dijo con satisfacción:

– Quiero tener el placer de conducir a la mujer más bella de la noche –. Lanira sonrió alegremente:

– ¡Cómo has cambiado! Cuando eras niño, no acostumbrabas lanzarme piropos, sentías placer en burlarte de mí. Nuestros encuentros siempre terminaban en pelea.

– Para que veas cómo era burro. Tampoco podía imaginar que te convertirías en esta linda chica. Me voy a hacer penitencia esta noche. Después de recibir a los invitados, ¡quiero bailar contigo!

– Vamos a ver – dijo ella con aire misterioso.

En el salón fueron recibidos por María Júlia, quien abrazó a Lanira y saludó a los muchachos preguntándoles por sus padres. Era una mujer hermosa, muy elegante y educada. Después de conversar unos minutos poniéndolos a gusto, se alejó, ocupada como sus invitados. Gabriel había regresado al salón para recibir a otros invitados. Viéndose a solas, Rubito dijo en voz baja:

– Gabriel quedó deslumbrado contigo, Lanira. Creo que puedes atacar desde ese lado, mientras que yo voy a intentar acercarme al mayordomo. En cuanto a Daniel bueno... sobró Laura...

– ¡No vengan con esa! Yo voy a buscar al mayordomo y tú bailarás con Laura.

– ¿Puedo intentar manejar a Gabriel, y no quieres quedarte con Laura? ¡Eso no es justo!

Si yo voy, tú también lo harás. ¡Todo lo que tenía que hacer es decirle que sus ojos brillaban cuando hablaba de ti para convencerme que está enamorada!

– Si quieren saber, los ojos de una mujer siempre brillan cuando habla de un muchacho bonito. ¡Eso no quiere decir que esté caidita por él!

– Además, no necesitas estar con ella. Solo sé amable, amigo, eso no tiene nada de más – reforzó Rubito.

– Está bien. Que así sea. Pero si noto cualquier otro interés en ella, me alejo. Quién está más interesado en ella, estoy muy decepcionado.

– Ella está viniendo allí – dijo Lanira.

De hecho, Laura se acercaba, con una sonrisa en sus labios delgados y bien delineados. Su rostro claro y ligeramente sonrojado, ojos iguales a los del hermano, y su cabello dorado y ondulado que hacía todo para alisar, su cuerpo bien hecho y delicado la hacían parecer más joven a pesar de medir casi un metro y setenta de altura. Se vestía discretamente, en contraste con Lanira, a quien le gustaban los colores vivos. Laura solo usaba tonos pastel, perlas, joyas sobrias y muy finas.

– ¡Que bueno verlos! – Fue diciendo al llegar, saludándolos educadamente.

– ¡La fiesta está animada! – dijo Lanira pasando los ojos por el salón –. ¿De dónde viene la música que no estoy viendo?

– La orquesta está en la otra sala, pero abrimos las puertas y se escucha muy bien aquí. Después de la cena, podemos bailar – dijo Laura con satisfacción.

– Por tu tono, ¡veo que te gusta bailar! – Dijo Rubito.

– ¡Me encanta! Mientras que a Gabi le gusta el barco y el mar, a mí me gusta bailar. Por mí, pasaría todas las noches bailando.

– A quien también le gusta bailar es a Daniel – aclaró Lanira –. Es un verdadero bailarín.

Daniel iba a protestar, pero Laura lo miró diciendo:

– ¡No digas! En las fiestas que hemos ido nunca te vi bailar.

– Es que es tímido, Laura – dijo Lanira con una mirada maliciosa.

– Más tarde, si no me invitas, yo te invito a bailar. No me perderé esta oportunidad.

– Lanira está exagerando. No es así – dijo Daniel fulminando a su hermana con los ojos –. Estaré muy feliz de bailar contigo.

Rubito paseaba los ojos por las personas presentes y observó a un criado elegantemente vestido, caminando de lado a lado, comandando a los camareros que iban y venían atendiendo a los invitados. Debe ser el mayordomo. Arriesgó:

– ¡Interesante! Oliveira, mayordomo de los Sousa Campos, ¿ahora está trabajando con ustedes?

Laura siguió la mirada de Rubito y respondió:

– Te equivocas. Ese es Boris, nuestro mayordomo. Ha estado con mis padres desde antes que yo naciera. Él era un noble en Rusia, más huyó a una Francia después de la revolución. Mis padres lo conocieron en un barco cuando estaban en Europa. Él deseaba venir al Brasil y ellos lo trajeron como empleado. Gustó tanto de ellos que nunca más se fue.

– ¡Caramba! ¡Es tan parecido a Oliveira! – disimuló satisfecho Rubito. Cuando todos los invitados llegaron, la cena se sirvió al estilo francés y luego pasaron a la otra sala, donde la orquesta tocaba músicas de las películas estadounidenses de moda, muy en boga. Las parejas bailaban animadas.

Gabriel se acercó a Lanira diciendo:

– Quiero bailar contigo.

Ella se levantó y pronto los dos estaban dando vueltas por el salón al son de un *blues* llorado por un saxo bien tocado. El salón románticamente iluminado con luces de colores resaltaba de vez en cuando el brillo de las joyas y de los vestidos de seda de las damas, con aplicaciones de cuentas de vidrio, seda o lentejuelas, modificando el color de los vestidos claros de las jóvenes, haciéndolos parecer diferentes en cada rincón del salón.

El aroma de las mujeres se mezclaba al perfume de las flores de los arreglos ordenados con gusto y en profusión.

El ambiente era agradable y Lanira se dejó envolver por la magia del lugar. Ya sea por la situación singular que ella estaba viviendo, por el misterio que rodeaba el caso que estaban tratando de resolver, por el perfume agradable que venía de Gabriel, en cuyos brazos se sentía ligera, o por la música romántica y bien tocada, ella se sintió viva. Nunca el placer de bailar fuera tan intenso, ni la proximidad de alguien tan agradable.

El rostro de Lanira había ganado vivacidad. Sus ojos brillaban y sus labios entreabiertos parecían querer beber toda la alegría de vivir. Gabriel, mirando su expresiva apariencia, no pudo contenerse:

— ¡Cómo estás linda! ¡Ojalá esta canción nunca terminara!

La abrazó más al encuentro de su pecho y ella se dejó ir, sintiendo su respiración cerca de su rostro, el calor proveniente de su cuerpo fuerte, la sensación de euforia que ella no intentó explicar.

Cuando terminó la canción, él la soltó y la condujo de regreso a la mesa donde Laura y Daniel estaban conversando.

— Necesito dejarte. Tengo que prestar atención a algunas personas, pero quiero volver a bailar contigo.

Ella sonrió y asintió. Él se alejó. La mirada de Lanira lo siguió mientras iba y venía, riéndose de algunos, hablando libremente con otros. Ella tuvo que reconocer que era un anfitrión impecable. Se dio cuenta que cumplía con todas las reglas que la sociedad consideraba de buen tono. Se notaba que había recibido una excelente educación. Su mirada se detuvo en María Júlia. Al verla, pudo entender por qué Gabriel era tan educado. Su porte de reina, su ropa de clase, su encanto y su simpatía hacían de su casa un punto alto de relación que la más alta sociedad se enorgullecía de frecuentar. Su marido, un hombre apuesto, elegante y discreto, tenía el arte de tener una buena conversación. Todos, sin excepción, lo encontraban encantador.

Al observar todo esto, Lanira se preocupó un poco. ¿Lo que ellos pretendían hacer no era una injusticia? ¿Y si Alberto estuviese equivocado? ¿Y si ellos no tenían nada que ver con este caso?

Al son de una canción lenta, Daniel invitó a Laura a bailar y Rubito, que estaba circulando por el salón, se sentó a su lado.

– Estuve conversando con Boris – dijo en voz baja.

Lanira meneó la cabeza, pensativa y luego hizo preguntas:

– ¿Descubriste algo?

– No. Solo fue una conversación informal, de aproximación. Sabes cómo es. Necesito algo de tiempo para ganarme su confianza.

– No lo sé. Observando al Dr. José Luís, a doña María Júlia, el respeto y la consideración que disfrutan en la sociedad, no sé si haremos bien planteando este caso.

– ¿Por qué? ¿Tienes miedo?

– Sí. No por enfrentar las consecuencias, sino por remover todo eso y descubrir que Alberto estaba equivocado. ¿Ya pensaste que pudo haber sido una coincidencia de nombres y ellos no son responsables?

– Las pruebas que Alberto tiene me parecen bastante contundentes.

– Se trata de meterse con personas muy respetadas. ¿Y si estamos equivocados?

– Es por eso que aun no hemos presentado la demanda. Estamos investigando. Solo cuando confirmemos las pruebas presentaremos la demanda.

– Estoy de acuerdo. En sociedad, es fácil destruir la reputación de una persona, lo difícil es revertir la situación si fuese inocente.

– En cuanto a eso, puedes estar tranquila. Tanto yo como Daniel, estamos interesados en hacer justicia, no en difamar a personas inocentes. Gabriel no te quita los ojos de encima. Voy a dar una vuelta para que él se te acerque.

Rubito se levantó y fue a otro salón. Lanira fingió estar interesada en ver a las parejas arremolinándose por el salón. Pronto Gabriel se acercó:

– ¿Me puedo sentar?

– Por favor.

– ¿En qué estabas pensando?

– En nada. Miraba el baile. Tu fiesta está maravillosa.

– Realmente. Fue idea de mi madre. Al principio no quería, pero ahora creo que hice bien en aceptar.

– Tu madre tiene muy buen gusto. Sabe recibir.

Por sus ojos pasó un destello de emoción cuando dijo:

– Ella sabe qué hacer bajo cualquier circunstancia.

– Tiene mucha clase. Tu padre es un hombre feliz.

Él se puso serio y cambió de tema. Lanira tuvo la impresión que a él no le gustaba hablar de su padre. Para amenizar la situación, Lanira preguntó por su barco. Entonces su rostro se relajó y empezó hablar sobre él con su entusiasmo.

Daniel, bailando con Laura, trataba de desviar el asunto a lo que estaba interesado.

– No conversábamos desde una fiesta de cumpleaños en tu casa hace años. Creo que fue cuando Lanira cumplió quince años.

– ¿Tanto tiempo así?

– Así es. Nosotros fuimos a varias fiestas y reuniones en tu casa, pero nunca estabas. ¿No te gustan las fiestas?

– No me gusta mucho la formalidad. En estas ocasiones, algunas personas parecen estar muy llenas de reglas, la maledicencia anda suelta y prefiero ignorar estas cosas.

– Sé lo que quieres decir. Tampoco me gusta la adulación ni la maledicencia, pero me gustan las fiestas. Me encanta la música, me encanta bailar, amo la ropa hermosa, los lugares finos, la clase, el arte, la belleza. Prefiero no privarme de estos placeres así porque hay personas mezquinas y malvadas que frecuentan estos lugares. Para decir la verdad, yo las ignoro, no les presto oídos, no me aíslo como tú. Estoy viva y participando, disfrutando de todas las alegrías de la vida. No permito que ellas me afecten.

Daniel la miró sorprendido.

– ¿Y lo has conseguido?

– Sí. Nuestra familia asiste mucho a la sociedad y creo que esa sea una forma de valorar nuestra posición. Además, que tenemos obligaciones sociales que cumplir.

– ¿De qué forma?

– Somos una clase privilegiada. Una minoría que tuvo la suerte de estudiar, de viajar, de poseer bienes. Tememos que devolver eso trabajando para las clases más pobres. Sabes cómo es. Tus padres también participan.

– Sí. Fiestas benéficas a favor de entidades filantrópicas.

– Así es. Mi madre dedica parte de su tiempo a la caridad. Siempre la acompaño.

– ¿Por placer u obligación?

– Voy porque quiero. Mi mamá no me obliga.

– ¡Ah...!

– Escuché que tú y Rubito abrieron una oficina de abogacía.

– Es verdad.

Ella sonrió, vaciló un poco y luego dijo:

– Contra los deseos de sus padres. ¿Cómo les está yendo?

– Estamos comenzando. Por ahora pequeñas causas sin gran repercusión. Lo que es bueno para practicar.

– Si ustedes quisieran podrían subir rápidamente. Tanto tu padre como el de Rubito tienen buenas amistades. ¿Estoy siendo indiscreta en este tema?

– De ninguna manera. Lo que estás diciendo no es secreto para nadie. Tal vez no estés en condiciones de comprender. Siempre hiciste todo lo que tus padres querían.

– Ellos solo me desean lo mejor.

– Pero tú no eres ellos, eres otra persona. Lo que les parece bien a ellos, tal vez no lo sea para ti. Cada persona es diferente.

– No me gusta correr riesgos innecesarios. Ellos tienen experiencia.

La música terminó y Daniel llevó a Laura a la mesa donde Lanira y Gabriel estaban conversando. Daniel se fue con el pretexto de buscar a Rubito. La conversación con Laura lo aburriera. Ella era bien la hija de una pareja distinguida. Educada en el más moderno figurín de la alta sociedad de Rio de Janeiro. Cuando fuese oportuno, haría un matrimonio de conveniencia y pasaría el resto de su vida tratando de esconder su infelicidad, cuidando las apariencias y desempeñando su papel.

Ella representaba todo lo que él no aceptaba y estaba luchando para salir. Al ver a Rubito charlando emocionado con Boris, se quedó observando a cierta distancia. Cuando vio que el mayordomo se alejó, se acercó.

– Entonces, ¿conseguiste algo interesante? – Rubito agarró a Daniel por el brazo diciendo:

– Me contó sus aventuras antes de venir al Brasil. Ha estado aquí desde 1927. Se trataba de un hombre culto y experimentado. Tengo la impresión que es más que un simple mayordomo para el Dr. José Luís.

– ¿Y?

– No será fácil sacarle algo. Me parece ser un hombre de confianza de su patrón.

– Debe saber todo lo que pasó en ese momento.

– Por supuesto. Pero ¿cómo hacerlo hablar?

– Él no va a decir nada.

– Le mencionado la muerte de Marcelo. Le dije que mi madre nos había contado que había sido una tragedia horrible. Entonces le pregunté:

– ¿Trabajabas para el Dr. Camargo en ese momento?

– Sí. Hacía un año que estaba aquí.

– Mi madre era amiga de doña Carolina. Ella sufrió mucho con el accidente. El Dr. António se enfermó debido a eso.

– Es cierto. El Dr. José Luís cuidó a su tío con dedicación, pero él no consiguió más recuperar la salud. Perdió el gusto de vivir.

– Mi madre no olvida la tragedia de esta familia. Finalmente, el Dr. Cláudio y doña Carolina también murieron de manera inesperada.

– Toda la familia tiene su tragedia. También perdí a toda la familia en la revolución. ¿Qué hacer? Necesitas conformarte y seguir con la vida.

Rubito guardó silencio. Daniel estuvo pensativo por unos momentos, luego preguntó:

– ¿Notaste algo en él durante la conversación?

– Solo cuando hablé del desastre que victimizó a los padres de Marcelo. Por un segundo, sus ojos brillaron emotivos. Fue una fracción de segundo, luego volvió a ser como antes.

– Eso no significa mucho. Mencionó la guerra, donde perdió a su familia. Esto puede haberlo emocionado.

– Es verdad. O sabe más sobre el desastre que victimizó a los padres de Marcelo. ¿Nunca pensaste lo conveniente que fue este evento para el Dr. José Luís?

– ¿Quieres decirme que su muerte pudo haber sido provocada? – Susurró Daniel mirando de reojo con miedo a que alguien lo escuchara.

– Vamos al jardín. Allí estaremos más cómodos –. Una vez sentados en una banca, Rubito respondió:

– Si ellos secuestraron al niño y simularán su muerte en aras de apoderarse de la herencia, necesitaban apartar a los otros dos. Ellos habían heredado toda la fortuna del padre –. Daniel se pasó la mano por el cabello, pensativo:

– ¿Crees que no fue un accidente? ¿Qué fueron asesinados?

– Es una suposición lógica. Era la única forma de hacerse con la herencia.

– Tienes razón. Eso todavía me parece imposible. Mirándolos es difícil creer que todo esto sea verdad.

– Las apariencias engañan.

– Se aprovechan de una situación, crear una farsa por ambición puede ser tentador para algunas personas, pero llegar al crimen, ¡eliminar a los primos!

– Estoy bastante seguro que hicieron eso. ¿Qué serviría toda la farsa si los padres del niño estaban vivos y gozaran de buena salud? – Daniel respiró hondo.

– ¿Crees que sería posible encontrar una pista sobre eso?

– No sé, pero podemos intentarlo. Mañana, visitaremos sus tumbas, ver la fecha de sus muertes, buscar en los periódicos de la época. Hacer las investigaciones preliminares.

– Hablemos con Jonás, él es investigador. Además, es muy amigo mío y nos ayudará.

– Buena idea –. Regresaron al salón.

– Lanira lo está haciendo muy bien – comentó Rubito –. Mira, está bailando con Gabriel. Él está fascinado y ella está siendo capaz de sacar partido de eso.

– Para que veas como son las mujeres. Para ellas, es fácil fingir. Yo no obtuve nada de Laura.

– Es que no te empeñaste. Antes de ir, ya estabas en contra.

– Mira: mi padre hablando animadamente como el Dr. José Luís, cuando se entere de lo que estamos haciendo, querrá matarme.

– ¿Tienes miedo?

– No. Pero sé que no será amable –. António conversaba animadamente con José Luís:

– No puedes querer que él regrese – decía con énfasis.

– No se trata de mi voluntad. Sabes que Getúlio nunca me gustó.

– Dices eso, pero asistías con frecuencia a Catete.

– Claro. También estuviste por allí. Fue una dictadura. ¿Qué podíamos hacer? Sin embargo, nunca fui getulista. Pero en una elección lo que cuenta es el voto. Dutra solo ganó porque fue designado por él. Ahora que lo dejen candidatearse, vas a ver. Él va a ganar de todas maneras.

– No creo que nuestro pueblo pueda ser tan ignorante –. José Luís se rio al responder:

– ¿No? Vas a ver. Sería mejor que fueras candidato del Partido de los Trabajadores.

– Eso nunca. Siempre fui de la UDN.

– No lo sé. Te estás arriesgando.

– Tú, por lo menos, votarás por mí.

– Claro. Como siempre lo hice. Tendrás todos nuestros votos, como siempre. Creo que vas a conseguir ir al Senado.

María Alice, sosteniendo suavemente una copa de vino blanco, conversaba animada con Angelina:

– Mira a Lanira bailando con Gabriel.

– Muy interesados por lo visto – comentó Angelina.

María Alice los miró a los dos y pensó: ¿Lanira estaría interesada en Gabriel? Desde que llegó solo ha bailado con ella. Sonrió satisfecha. ¡Él sería el yerno ideal para ella! Guapo, elegante, educado, rico. Aun era muy temprano para pensar en eso, pero la idea le era muy agradable. Viendo a Boris, parado en un rincón de la sala, observando cómo estaba el servicio, Rubito se le acercó diciendo:

– ¿Podrías pedirme un vaso de agua helada? – Inmediatamente el mayordomo le pidió al camarero. Mientras esperaba, Rubito continuó:

– Me gustaría hablar contigo en un lugar más tranquilo –. Boris se sorprendió:

– ¿Conmigo? ¿Sobre qué?

– Estudio sociología. Me gustaría entender lo que pasó en Rusia con la revolución. Debes tener cosas muy importantes que contar.

– Cosas tristes, si quieres saber. Cuando hablo de eso, siento una enorme tristeza, ¡Mi tierra, tan linda, con un pueblo bueno, religioso, inteligente, dominada por esos bárbaros!

– Me gustaría hablar más contigo. ¿Cuándo es tu día libre?

– Lunes.

¿Quieres almorzar conmigo el próximo lunes? – Boris lo miró un poco sorprendido.

– No puedo. Tengo muchos compromisos que cumplir este día. Gracias por la invitación –. Diciendo eso se alejó y Rubito lo siguió como los ojos. Daniel se acercó preguntando:

– ¿Y entonces?

– Lo invité a almorzar en su día libre y no le gustó. Cortó la conversación y se fue.

– ¿Habría desconfiado?

– No. Ni siquiera menciones ese tema. Dije que estaba estudiando sociología y que me gustaría obtener información sobre la revolución. Allí cambió. Me di cuenta que se retrajo.

– No vamos a conseguir nada de él. ¿Debe haber sido cómplice?

– Pidamos a Jonás que investigue su vida –. Laura se les acercó con una sonrisa:

– Lanira dice que te gusta bailar y estás parado ahí. ¿No te está gustando la fiesta?

– La fiesta está excelente. Hace mucho calor y eso me quita las ganas de bailar.

– No es mi caso.

– Se puede ver – dijo Rubito –. ¡Estás movida!

– Iba a invitarte a bailar – dijo Daniel –, pero antes me resulta más agradable dar una vuelta por el jardín. ¿Qué te parece?

– Es una buena idea.

¿Vienes, Rubito? – Preguntó Daniel.

– No. Acabo de ver a Julito. Voy a saludarlo.

Los dos salieron al jardín conversando animadamente. La noche estaba hermosa y el perfume de las flores, la hacía más agradable.

– Tienen un jardín maravilloso – comentó Daniel.

– Es la pasión de mi madre. Le encantan las plantas. Dice que ellas necesitan de amor como las personas.

– Este jardín siempre fue bien cuidado, incluso en el tiempo de doña Carolina.

– Hasta donde yo sé, a ella también le gustaban las plantas.

– Mi madre era muy buena amiga suya y frecuentaba esta casa cuando todavía estaba viva. En casa, tengo un retrato suyo. Era una mujer muy bonita. Ustedes deben tener fotos, en el álbum de la familia.

– No tenemos. Mi padre quedó muy conmovido por una tragedia y se deshizo de todas las fotos.

– ¿Del pequeño Marcelo también?

– También. No quería que nada recordara los dolorosos sucesos de aquellos tiempos.

– Según mi madre, la muerte de Marcelo sacudió a toda la sociedad. Ella fue al entierro y se conmovió mucho con el dolor de los padres y del Dr. António. Fue un accidente, ¿no?

– Parece que lo fue. Mis padres quedaron muy conmocionados en ese momento. Debido a esto, se convirtió en un tabú en casa. Nunca lo mencionamos. Al fin y al cabo, ya hace mucho tiempo, y se las han arreglado para olvidar.

– Menos mal.

Ella cambió de tema y Daniel no insistió. Laura no sabía nada y él estaba perdiendo el tiempo conversando con ella.

En cuanto se encontró con Rubito y Lanira, fue tajante:

– Inútil querer descubrir algo aquí. Laura no sabe nada de esos tiempos. Y Boris no va a hablar. Tenemos que pensar en otra cosa.

– También lo creo – asintió Rubito –. Los chicos ignoran el tema y quién sabe no dirá nada.

¿Piensas qué sabe Boris todo? – Lanira preguntó.

– Tengo la impresión que sí. Pero no vamos a conseguir nada de él.

– El lunes investigaremos los periódicos de la época y contrataremos a Jonás – dijo Daniel.

– Alberto está ansioso y no quiere esperar mucho para comenzar la acción. Si queremos llevar este caso adelante, tenemos que prepararnos bien – comentó Rubito.

– ¡Va a ser una bomba! – Exclamó Lanira.

– Así es, pero vamos a detonarla – consideró Daniel.

– ¡Hum! Siento un friecito en el estómago solo de pensar en el escándalo. Será un buen plato lleno para los periódicos. ¿No tienen miedo? – preguntó Lanira.

– Cuando aceptamos el caso, sabíamos eso – respondió Daniel.

– Sí. Conversamos al respecto y asumimos la responsabilidad. Le dimos crédito a su historia.

– ¿Y si Está equivocado? Mirando a doña María Júlia y al Dr. José Luís, es difícil creer que hicieron todo eso con su propia familia – convino Lanira.

– Las apariencias engañan – dijo Rubito –. Las pruebas que tiene Alberto son convincentes. Ellos simularon la muerte del niño y sospecho que hasta hayan tenido que ver con el "accidente" que victimó a sus padres.

Lanira abrió la boca para responder y la volvió a cerrar. Sus padres se acercaban:

– Ya nos despedimos y nos vamos ahora – dijo María Alice – ¿Ustedes van a quedarse?

Daniel respondió:

– Iremos enseguida.

Ellos se fueron y los tres, dándose cuenta que no había nada más que hacer allí, se despidieron y se fueron.

Una vez en la calle, continuaron conversando, delineando planes para iniciar investigaciones a principios de esa semana.

CAPÍTULO 7

El lunes siguiente ellos llamaron a Jonás a la oficina y le encargaron que investigara la vida de la familia Camargo. Decidieron que mientras esperaban no tomarían ninguna medida legal, intentando encontrar las pruebas que necesitaban. Con esfuerzo lograron convencer a Alberto que esperase. Él estaba impaciente, diciendo tener la certeza que ya no había nada más que hacer sino abrir el proceso. Mientras tanto, Daniel y Rubens no querían arriesgarse a perder. Una derrota en un caso como ese los desprestigiaría. Por otro lado, la victoria les daría fama y credibilidad. Era una carta osada y querían jugar de manera correcta.

Dos semanas más tarde, Jonás los buscó llevando una carpeta en la cual, además de los periódicos de la época, tenía la información que había logrado conseguir.

La noticia del accidente que había victimado a Marcelo. Varias notas sobre la salud del Dr. António Camargo tras la muerte del nieto, y por último su deceso, por el dolor que lo abatió. Había también noticias del accidente de barco, un año después, en un pequeño pueblo de Italia.

– Interesante observar – dijo Rubito – que, un año y medio después de la muerte Marcelo, todos habían muerto. ¡Todo sucedió muy rápidamente!

– Lo que ustedes no saben es que en la fecha en la que ocurrió el accidente de los padres de Marcelo, el Dr. José Luís y su esposa también estaban en Europa. ¡Inclusive se llevaron al mayordomo!

De hecho, ¡siempre viajan con él!

Daniel y Rubito se miraron, estaban asombrados.

– ¡Bien que yo desconfiaba de ese accidente! – observó Rubito.

– Quizás estés exagerando – comentó Daniel.

– Sí, podría ser. Pero no deja de ser una hipótesis plausible.

– Estoy de acuerdo – dijo Jonás –. Nada más convincente para ellos que ese accidente. Pero ellos estaban en Francia en esa fecha.

– En este caso, no tuvieron nada que ver con ese accidente – dijo Daniel.

– Yo no creo. ¿Quién nos puede garantizar que Boris no haya hecho este "trabajito"? – Sugirió Rubito.

– O contratado a alguien – añadió Jonás.

– No podemos fantasear. Tenemos que ceñirnos a la evidencia. Lo que están haciendo son meras suposiciones – dijo Daniel.

– Tenemos que lanzar todas las hipótesis. No te olvides de quien tenga el valor de hacer lo que hicieron con Marcelo y su propia familia es capaz de todo.

– Investigué la vida de Boris. Él pertenecía a la nobleza rusa. Perdió a la familia y todo lo que tenía en la revolución. No pude averiguar nada sobre él durante el tiempo en que deambuló por el mundo después de eso. Sé que llegó al Brasil traído por el Dr. José Luís y desde entonces no hacen nada sin él. Nunca se casó. Se relaciona con una alemana, que vive en una bella casa, donde va en sus días libres. Tiene dinero en el banco, un carro bonito y le gusta el lujo.

– El Dr. José Luís debe ser muy generoso – comento Rubito.

– Es sorprendente, pues no es lo que se comenta en la sociedad, en donde es considerado como un tacaño. Es difícil sacarle dinero – aclaró Jonás.

– ¿Por qué está siendo tan generoso con Boris? – Preguntó Rubito. Daniel meneó la cabeza, pensativo, luego respondió:

– En realidad, eso es sospechoso. Necesitamos ir más lejos. Esa podría ser la clave del problema.

– Estuve pensando en ir a São Paulo para ver qué descubro sobre la niñera, pero si prefieren seguir esta pista primero, veré qué puedo hacer.

– Vigilar a Boris, saber qué hace aparte de ser mayordomo. Debe realizar otras actividades para el patrón.

– El Dr. José Luís se ha ocupado más en disfrutar de la vida social que en trabajar. La clínica que estableció, con el dinero de la herencia, es una de las primeras de la ciudad, mantiene en sus cuadros a profesionales de alto nivel. Él apenas se parece para hacerse cargo de la parte gerencial, ya no trabaja más con pacientes. La clínica es buscada por personas importantes. Los precios son caros y el servicio diferenciado. Sus finanzas van muy bien – informó Jonás –. Tanto él como su esposa son muy queridos. Será difícil saber lo que ustedes quieren.

– ¿Quieres decir que podemos estar siendo engañados? – Preguntó Daniel.

– No. De ninguna manera. Los hechos que conocemos indican que no son lo que aparentar ser. Estoy acostumbrado a eso. Las personas no quieren mostrar su maldad y se cubren con actos aparentes. Pura fachada. Lo que quiero decir es que ellos lo hicieron tan bien que está siendo difícil encontrar el hilo de la madeja, por eso para mí es un reto, y a mí me gusta superar los desafíos – respondió Jonás.

– Continúa un poco más en esa pista. Déjame tu carpeta. Quiero estudiarla un poco más – pidió Rubito.

– Está bien. Ya me voy. ¡Les traeré noticias!

Se fue y los dos tomaron la carpeta. Sentados uno al lado del otro, comenzaron a examinar minuciosamente los recortes, anotando fechas, informaciones. Ellos querían saber todos los detalles, imaginar todas las hipótesis para acercarse al caso diferentes lados, preparándose para cualquier eventualidad en el transcurso del proceso.

Lanira se miró en el espejo con satisfacción. El tono verde oscuro le sentaba muy bien. Iba a encontrarse con Gabriel. Desde la fiesta él la buscaba, ya sea para invitarla al cine, para un helado en la confitería o incluso para una conversación en el club. Pasaría por su casa a las siete. Quince minutos antes ya estaba lista y bajó a esperar. Al verla, María Alice la miró con satisfacción.

– ¿Vas a salir?

– Sí. Gabriel pasará a las siete.

– ¿Ustedes están de enamorados?

Ella meneó la cabeza negativamente.

– No es nada de eso. Solo somos amigos.

– ¿Quieres decir que aun no se declaró?

– No. Espero que no lo haga.

– ¿Por qué? Es un chico guapo y parece muy interesado en ti.

– Mamá, esto no es suficiente para que estemos juntos.

– ¿Si se declararse, lo rechazarías?

– Claro. Me gusta su compañía, pero amor es otra cosa. Por ahora, estamos simplemente saliendo juntos, conversando. Nada más. Es bueno no estar imaginando cosas.

– No estoy imaginando nada. Ustedes son jóvenes, salen juntos con frecuencia ¿Qué puedo pensar?

El timbre sonó, Lanira se asomó por la ventana y dijo:

– Es él. Vamos a tomar un helado. Volveré temprano.

Ella se fue dejando una onda de perfume en el aire y María Alice se acercó a la ventana, siguiendo con la mirada brillante la figura de su hija saludando a Gabriel, la gentileza del muchacho abriendo la puerta para que ella entrase. Los siguió con mirada hasta que el auto desapareció al final de la calle.

Su hija era linda, inteligente. Casándose con Gabriel sería una alianza brillante. ¿Qué más podría desear? En este mundo de apariencias, el estatus social, el dinero eran muy importantes. El amor no era más que un juego de intereses, siempre colocado en lo convencional. Terminaba en la primera decepción y solo se mantenía cuando había el interés en mantener las apariencias y las ventajas familiares.

María Alice se había casado por amor. Mientras tanto, después de tantos años viviendo en común, se dio cuenta que nada era como ella imaginaba. Las primeras decepciones se presentaron al notar que las prioridades del marido eran muy diferentes a las suyas. Mientras ella daba más importancia a estar juntos, él valoraba la vida social, la compañía de gente importante, las amistades de conveniencia.

Cuando ella reclamaba su ausencia, su falta de cariño, la llamaba de inmadura, resaltando que apreciaba una mujer equilibrada, de clase, capaz de gobernar la familia con dignidad y firmeza. Decepcionada, María Alice se esforzó para no decepcionarlo. Encerró sus sentimientos y se convirtió en la mujer que era. Ahora, al ver a mi hija hablando de amor, pensaba en lo equivocada que estaba.

El matrimonio y la familia, eran la riqueza de una mujer. Y esa riqueza tenía que ser preservada a toda costa, incluso si para ello, tuviera que tragarse el dolor, la insatisfacción, la ira, cerrando los ojos para todo lo que pudiese amenazar la estructura familiar. Sabía de la relación de su marido con Alicia. Nadie se lo había dicho, lo descubriera de casualidad. Pensó en hablar con su marido. Se desahogó con su amiga Angelina, quien la escuchó en silencio y luego consideró:

– Yo ya lo sabía. Incluso creo que te demoraste para averiguarlo.

– ¿Lo sabías? ¡Lo dices con esa calma!

– Lo digo porque pasé por lo mismo. En este Rio de Janeiro, ¿qué hombre en esta sociedad no tiene una amante?

María Alice la miró asombrada:

– ¿Te pasó a ti también?

– Hace tiempo. Al principio estaba disgustada. Entonces pensé: si hago escándalo, mi vergüenza aumentará, todos lo sabrán. No quiero separarme. Quedarme por allí despechada no lo soportaría. Después, ¿qué sería de mis hijos? Pensé, pensé y decidí hacerme como si no me hubiesen dicho nada. Así no tendría que tomar una decisión.

– ¿Cómo aguantaste?

– Al principio fue difícil. Después me di cuenta que de alguna manera yo también lo estaba engañando. Él pensaba que me estaba haciendo de tonta, pero era yo quien lo estaba manejando. Nos quedamos empatados.

– ¿No lo amabas? ¿No te sentiste celosa?

– Lo amaba, pero ahora no lo amo más. ¿Qué amor aguanta tantos años de matrimonio? Hoy sé que nuestro matrimonio es una sociedad conveniente para ambos. Solo eso.

– Tienes razón. El amor es ilusión.

– Además, los hombres necesitan de una mujer que les cumpla todas las fantasías sexuales. Con las esposas ellos no se permiten eso. Hasta es una señal de respeto.

– Pensando de esa manera...

– ¿Te someterías a cualquier cosa menos digna?

– Claro que no.

– ¡Entonces! Un amante es como una válvula de escape para sus adicciones. La esposa es siempre esposa. Por eso, me mantuve firme en mi lugar y no me arrepiento. Él me respeta, me trata bien y tenemos una vida en común equilibrada. ¿Para qué más?

María Alice vaciló un poco, luego dijo:

– ¿Él todavía te busca?

– Claro. De vez en cuando.

Después de esa conversación, María Alice tomó su decisión. Haría lo mismo que Angelina. António nunca sabría que ella sabía la verdad. Pensó en su hija con tristeza. Ella esperaba el amor, como todas las jóvenes. ¿Por cuántas decepciones tendría que pasar para descubrir que estaba equivocada?

Se esforzó en apartar aquellos sentimientos tristes. No se permitiría pensar ni entristecerse. Era una dama y una dama tenía absoluto control sobre las emociones.

Después de los saludos, Lanira se sentó en el auto y luego que Gabriel partió dijo:

– No esperaba que me llamaras hoy.

– ¿Por qué?

– Como no estabas en clase, pensé que te habías ido a navegar.

– Me sentí tentado. Pero entre quedarme así sin barco y pasear aquí contigo, preferí quedarme. Lanira parecía un poco tensa. ¿Tu madre tendría razón? ¿Gabriel estaría queriendo ser su enamorado? Por supuesto, se había dado cuenta que él se sentía atraído y a ella también le gustaba estar con él. Sin embargo, sabía que una relación entre ellos envolvería a las dos familias podrían convertirse en un compromiso formal y serio. Ella no quería eso. Reconocía que era encantador, pero al mismo tiempo ella no quería transformarse en una ama de casa, como las que conocía y aborrecía. Quizás sería más prudente espaciar sus encuentros con él.

– Tienes muchos amigos a los que les gustaría inmensamente hacerte compañía. Creo que te estás volviendo más metropolitano.

– Estaría encantado si pudieras venir conmigo. Pero sé que no aceptarías.

– ¿Por qué no?

– ¿Solo nosotros dos? – Ella sonrió:

– No estaría bien. Pero si mi hermano también fuese, quizás Laura, o Rubito no habría nada de malo.

Él detuvo el carro en medio de la calle y se volvió hacia ella, mirándola a los ojos:

– ¿Estás enamorada de Rubito?

– ¿Yo? ¡No! ¡Qué idea!

– Desde mi fiesta deseo hacerte esa pregunta. Ustedes no se sueltan.

– Es socio de Daniel y muy amigo. Apenas eso.

– ¿Estás segura?

– Sí. Y ya que tocó en ese tema, me gustaría decirte que por ahora no pienso en tener enamorado. Es demasiado pronto.

– Muchas niñas se casan a tu edad.

– Es justamente eso lo que deseo evitar.

– ¿Estás contra el matrimonio?

– No me gusta la idea de convertirme en matrona, ni de conseguirme alguien que me mande.

– ¿Es esa la idea que te haces de la vida en familia? ¿No piensas casarte?

– No, mientras lo pueda evitar –. Él sacudió la cabeza.

– Es difícil de creer. Eres única.

– ¿Por qué?

– Eres diferente. Las otras, solo piensa en casarse. No puedo entenderte, provienes de una familia bien formada, tus padres llevan una vida ejemplar. ¿De dónde sacaste esas ideas?

– Observando, amigos, conocidos. Mientras las mujeres se cuidan en mantener las apariencias con clase, los hombres se dividen entre el interés, el juego de poder. Todo vale, con tal que nadie se entere.

Hubo un destello de emoción en sus ojos cuando dijo:

– Estás siendo dura. ¿No crees en el amor ni en la felicidad?

– A veces creo que sí, otras no.

– Bueno, yo también odio ese mundo de apariencias, donde los que tienen más dinero valen más, donde se pasan por encima de todos los sentimientos para alimentar la ambición. Cuando todo eso me enoja, me refugio en mi barco en busca de la paz.

Lanira se sorprendió:

– No sabía que sentías eso.

– Tienes razón. Las personas hacen cualquier sacrificio para encubrir sus maldades. En la sociedad, es necesario disimular, sonreír incluso cuando el corazón está amargado e infeliz –. Lanira lo miró sin saber qué decir. El rostro de Gabriel estaba sombrío, y había tanta amargura en su tono que ella se arrepintió de haber tocado en el asunto. Trató de consolarlo:

– No tenemos que ser como ellos. Podemos ser diferentes. No deseo casarme por conveniencia, ni transformarme en una mujer como muchas que conozco. Quiero ser yo misma. Cuando me enamore, tendrá que ser de corazón, y haré todo a mi manera, sin darle importancia a las conveniencias.

El rostro de Gabriel se aclaró, sonrió. Lanira pensó que se veía lindo cuando sonreía.

– Si te enamoraras de un don nadie, ¿tendrías el valor de casarte con él?

– Si él me amase, sí.

– Tus padres no lo aprobarían.

– Me enfrentaría a todo para ser feliz. Es eso lo que quiero. He estado pensando mucho en eso, Gabriel. La vida solo vale la pena cuando hay felicidad.

– Ojalá que continúe pensando así cuando llegue el momento –. Lanira se rio feliz. Ella se sintió aliviada. Lograra posicionarse, sin herir sus sentimientos. Después de esa conversación estaba segura que él no le haría ninguna declaración. Podrían continuar siendo amigos. Al día siguiente, hablando con Daniel, consideró:

– Gabriel me parece infeliz. No sé por qué, pero hay momentos en los que se revela triste, amargado.

– ¿En serio? Es muy elogiado en todos los lugares. Guapo, rico, respetado. Las mujeres suspiran por él. ¿Por qué sería infeliz?

Lanira le contó la conversación que habían tenido y terminó:

– Sus palabras me hicieron pensar. Hay algo malo que lo está incomodando.

– ¿Será que sabe algo sobre el pasado de sus padres?

– No lo sé. Lo que siento es que, cuando no habla de la familia, se emociona, se ve amargado, infeliz.

– Quizás debas seguir saliendo con él. Quizás algún día acabe contando lo que queremos saber.

– Seré muy honesta contigo. En la fiesta me acerqué a él con esa intención. Pero, ahora, reconozco que se transformó en un amigo. Es inteligente, sincero, generoso. No estoy saliendo con él para descubrir nada. Estoy saliendo porque me gusta su compañía. Yo lo aprecio.

Daniel sonrió malicioso:

– ¡Estás enamorada de él!

– No es nada de eso. Es solo un amigo. Nada más que eso. Y seguirá así.

– Bueno saberlo. Pronto entraremos con la acción y si estuvieses enamorada sería un problema.

Lanira se quedó pensativa durante unos segundos y luego dijo:

– A veces pienso en eso y sentía una opresión en mi corazón. ¿Realmente van a entrar con esa demanda?

– Todo indica que sí –. Ella siguió:

– Va a ser un sálvese quien pueda. Aquí en casa y en su casa. Nuestra amistad va a terminar de seguro.

– ¿Eso te entristece?

– Preferiría que nada de eso fuera con él.

– Si él realmente gusta de ti, si insiste en tu amistad, deberá saber cómo separar las cosas. Puedes lanzar toda la culpa en mí.

– Ni quiero pensarlo. Entonces mamá va a tener un ataque. ¿En qué están las investigaciones?

Jonás fue a São Paulo para intentar obtener información sobre la ama. Debe estar de regreso mañana.

– ¿Cuándo planean iniciar la demanda?

– Alberto está impaciente. Es difícil retenerlo. Si todo sale bien, presentaremos la demanda la semana que viene.

– ¿Ya?

– Parece que descubrió algunas cosas importantes en relación con la ama. Mañana decidiremos la fecha. Pensándolo bien, es mejor enfrentarse pronto a las fieras. La espera me pone tenso.

– A mí también.

– ¿A ti? No quería envolverte de ninguna manera.

– Ya estoy involucrada.

– Nadie necesita saber cómo.

Daniel dejó a Lanira y se dirigió al dormitorio. Se acostó y le costó dormir. Se sintió inquieto. La petición formalizando la denuncia y solicitando la apertura de la investigación estaba redactada, faltando solo algunos detalles que deberían incluirse con las nuevas informaciones de Jonás.

Sabía que estaría bajo presión de la familia. Estaba preparado. Él y Rubito habían acordado que, si la situación se hacía insostenible, saldrían de casa, alquilarían un apartamento modesto y dividirían los gastos.

Más tranquilo, se durmió. Soñó. Se vio a sí mismo, un poco diferente, más viejo, en un cuarto bellamente decorado, se sentía incómodo, desesperado. Se acercó a una cama en la que estaba la misma mujer que lo acusaba, abatida, sin fuerzas.

Se arrodilló al lado de la cama, sintiendo aumentar su angustia. Tomó sus manos diciendo con voz suplicante:

– ¡Lídia, no me dejes! ¡Te lo pido! ¡No me abandones! ¡Haré lo que quieras!

Ella abrió los ojos y lo miró murmurando:

– ¡Ahora es tarde! Lo hecho, hecho está. Se acabó.

Sus ojos se cerraron, la cabeza cayó al lado y él percibió que ella estaba muerta. Sintió que su pecho se contraía de dolor y gritó:

– ¡No! ¡¡¡No!!!

Daniel despertó en agonía, sollozando. Se levantó de un salto. ¡Un sueño! Fuera solamente una pesadilla. Una horrible pesadilla que había arrancado su corazón. ¿Qué le estaba pasando? ¿Sería una advertencia para no hacer lo que estaban tratando de hacer? ¿Por qué había soñado con aquella mujer dos veces? No la conocía; sin embargo, sentía que la amaba con locura. ¿Se estaría volviendo loco?

Miró el reloj: cuatro en punto. El día estaba amaneciendo. Se acostó nuevamente, pero no consiguió dormir más. Sentía el pecho oprimido por una gran tristeza. Trató de reaccionar. Era una locura impresionarse solo con un simple sueño. Nada de eso había sucedido. Pero, al mismo tiempo, la fuerte emoción se mantuvo presente, como si todo estuviese sucediendo en ese momento. Se quedó moviéndose en la cama, esforzándose en convencerse de la realidad era muy diferente de su sueño, pero aquella sensación desagradable y fuerte reaparecía, dejándolo inquieto.

Se levantó, muy temprano y llegó a la oficina a las ocho. Rubito llegó media hora después y mirándolo le preguntó:

– ¿Pasó algo? ¡Estás con una cara!

– No pasó nada.

– ¿Estás enfermo?

– No. Pero me está pasando algo raro. Ando impresionable, inquieto, teniendo pesadillas.

– ¿Esa misma historia de Alberto?

– No. Ahora es con una mujer hermosa. No la conozco, pero ya tuve dos pesadillas con ella. En una me acusaba. Ayer soñé que ella estaba muriendo y que yo la amaba mucho. Me desperté angustiado, no pude dormir más y hasta ahora no me libré de esa sensación dolorosa. No consigo entenderlo.

Rubito meneó la cabeza y dijo:

– Eso me parece algo del pasado. Estás reviviendo escenas de otra vida.

– Ya lo dijiste, pero no creo en eso. Es demasiado fantástico para ser verdad.

– Yo tampoco tengo certeza de nada. Pero se me ocurre que es la única forma de explicar lo que te está sucediendo. Sueñas con una persona que no conoces, sientes que la amas, sufres por ella. ¿De dónde sacaste estos sentimientos? ¿Cómo aparecieron con tanta fuerza dentro de ti? Para mí, esto es más fantástico que la creencia en vidas pasadas –. Daniel inclinó la cabeza. Por fin, dijo:

– Yo solo sé que esas emociones son muy fuertes. No consigo olvidarlas. Siento un remordimiento no sé de qué, tristeza, dolor. ¿Me estaré volviendo loco?

– No tienes nada de desequilibrado. Eres lúcido, tienes sentido común.

– A veces pienso que tiene algo que ver con Alberto. Las pesadillas comenzaron un poco antes que él apareciese en mi vida. Hasta entonces no tuve nada de esto. ¿Será que es un aviso para no involucrarnos con su caso?

– Eso no es lo que dijiste, ¿recuerdas? Hasta fuiste aconsejado para que aceptaras el caso.

– No puedo entender.

Si está teniendo reminiscencias de sus vidas pasadas, el poder está relacionado con usted como en aquellos tiempos.

Daniel pasó la mano por el cabello, inquieto.

– No sé. Me parece una locura creer en eso.

– No, no lo es. He visto personas de cultura involucradas con el estudio de esos eventos. Garantizan que tienen pruebas concluyentes que esto es verdad. ¿Ya pensaste qué cosa extraordinaria? ¿Cómo nuestra vida cambiaría si pudiésemos tener esa certeza?

– Si eso fuera cierto, sería revolucionario para la sociedad. Nadie habla nada. Creo que no existe tal evidencia.

– De todos modos, voy a llamar a Júlio. Él estudia esto y nos puede aclarar mejor. Pasaremos por su oficina cuando salgamos de aquí.

– Es verdad. Necesito resolver este problema, acabar de una vez por todas. Quizás, como médico, tenga una mejor explicación.

– Ninguna otra podría explicar lo sucedido.

– ¿Jonás ya llegó?

– Ya, nos está esperando.

Jonás entró y después de los saludos fueron directo al grano.

– Traigo novedades.

– Ve hablando – dijo Rubito.

– Según lo acordado, he seguido a Boris y descubrí que él mantiene contacto con la niñera en São Paulo. De vez en cuando le envía dinero. Quien hace la remesa es Pola, su amante. Ella no tiene bienes, vive de lo que él le da. Entonces, es él quien manda el dinero, ciertamente mandado por el Dr. José Luís.

– Esto significa que esta mujer continúa chantajeándolos – dijo Daniel.

– Es lo que parece. ¿Por qué le daría tanto dinero? Bueno, me fui a São Paulo e hice amistad con la empleada doméstica en Eleuteria, de paso, una pieza de morena.

– ¿Crees que puedes confiar en lo que te dijo? – Preguntó Rubito.

– Creo que sí. Nos llevamos muy bien. Ella está enamorada de mí. Además, a ella no le agrada su patrona. Dijo que era grosera y muy mandona. Pretendía dejar el trabajo, pero le pedí que no lo hiciera.

– No le dijiste por qué – dijo Rubito.

– No. Solo le dije que un cliente me había pedido investigar su vida, que, si me ayudaba, no iba a arrepentirse.

– Ella puede irse de boca – sugirió Daniel. Jonás respondió:

– Yo respondo por ella. Les garantizo que está de mi lado. Ella está interesada en nuestro futuro. Si ella lo hace correctamente, incluso puedo pensar en ello.

– ¿Entonces es en serio? ¿Estás caidito por la morena? – Preguntó Rubito.

– Reconozco que ella es una tentación. Pero es temprano para decir. Lo que sé es que está totalmente de mi lado. Fue ella quien me contó que todos los meses hay dinero depositado en la cuenta de Eleuteria y que habla abiertamente de eso con su marido, mencionando que debería aumentar la remesa, diciendo que al fin y al cabo ellos son ricos y pueden pagar. Llega a decir que mientras ellos están brillando en la alta sociedad, ella está ahí, teniendo que arrancar su sustento de la tienda.

– ¿Ella dijo eso? – Preguntó Daniel.

– Lo dijo. Lo que comprueba completamente la historia de Alberto. Ella chantajea al Dr. José Luís y cada día está más exigente. Como todos los chantajistas, siempre cree que puede conseguir más.

– ¿Esa criada estaría dispuesta a declarar de ser necesario?

– No lo sé. Quizás. Marilena es valiente y no le agradan sus patrones. Puedo ver lo que consigo con ella.

– Estoy seguro de que, si consigues eso, Alberto sería reconocido al recibir el dinero.

– Ella me consiguió algunos extractos bancarios de Eleuteria que contenían los depósitos efectuados y me di cuenta que se realizaba una vez al mes, en la misma fecha. Aquí están.

– ¿Eleuteria no los echará de menos?

– No. Al parecer no es organizado con sus papeles. Tiene un pequeño escritorio en casa, donde deja todo desordenado en los cajones. Marilena garantiza que ni siquiera se dará cuenta. La dejé encargada de llamarme si sucede algo diferente y vine para acá. Quería ver quién hacía el depósito del dinero. Ayer fue el día programado. Algo que decía que Boris tenía algo que ver con eso. Estaba al acecho en la casa del Dr. José Luís. Eran más del mediodía cuando él salió y lo seguí. Se fue directo a la casa de Pola, se quedó allí media hora. Se fue y decidí esperar. Si él hiciera el depósito, habría ido directamente al banco. Mi corazonada estaba correcta. Cinco minutos después, ella salió y la seguí. Fue directamente a la sucursal del banco. Entra con ella, como si también fuese a hacer un depósito. Vi cuando llenó la boleta con el nombre de Eleuteria, uno tomó un fajo de billetes e hizo el depósito.

– En efectivo – dijo Rubito.

– Sí. Había doscientos mil cruzeiros.

– ¿Todo eso?

– En efectivo, para no dejar ninguna prueba – comentó Daniel –. Ellos ni se imaginan que estamos investigando. Esta Eleuteria nunca querrá testificar a favor de Alberto. Primero porque quedaría encuadrada como cómplice, segundo porque mataría a la gallina de los huevos de oro.

– Esperaba esto – dijo Rubito –. En cualquier caso, parece que ahora no tenemos más dudas. Podemos entrar con la demanda.

– Vamos a llamar a Alberto para hablar al respeto – dijo Daniel –. Jonás va a continuar con las investigaciones. Nos falta descubrir el paradero de la verdadera madre del niño que fue enterrado en el lugar de Marcelo. Alberto nunca pudo localizarla.

– Quizás haya muerto. Pero si la encontramos viva, será difícil convencerla a que declare. Fue cómplice y seguramente también será responsabilizada – argumentó Rubito. Jonás intervino:

– Si conseguimos encontrarla, no se puede eximir de prestar declaraciones a la justicia. Incluso, podremos pedir la exhumación del cuerpo.

– Es mucho tiempo, y la exhumación no aclarará el caso – dijo Daniel.

– Podemos intentarlo. Hoy en día las investigaciones están muy adelantadas – dijo Rubito. Jonás salió y los dos se dedicaron a trabajar decididamente en la petición de apertura da acción contra la familia Camargo. En ella, estaban redactados todos los hechos que pudieron descubrir, nombres y direcciones, incluso con los comprobantes de los depósitos bancarios hechos a ex niñera de Marcelo. Era un trabajo impresionante, que pedía de ellos lo mejor que podían dar. Llamaron a Alberto para que tomase conocimiento de los documentos que redactaron anteriormente y verificar que todo estaba de acuerdo con los hechos que él había vivido. Insistían en mantenerse dentro de la verdad, narrando los hechos que por sí solos se constituían en un terrible libelo contra los Camargo.

Querían cuidar bien de todos los detalles. En dos o tres días, las cartas serían lanzadas y no habría más cómo dar marcha atrás.

CAPÍTULO 8

Daniel llegó a la oficina alrededor del almuerzo y pronto notó que algo inusual estaba sucediendo. En la sala de espera se oía un zumbido y algunos fotógrafos pronto se acercaron a él mientras otros hacían preguntas. Entró lo más rápido que pudo, sin decir nada. Rubito lo esperaba, un poco agitado.

– ¡Explotó la bomba! – Dijo Daniel emocionado.

– Sí. Hay varios periódicos que necesitan detalles del caso.

– ¿Les dijiste algo?

– No. Les prometí una entrevista. Estaba esperando a que llegaras.

– ¿Qué vamos a contar?

– Bueno, no podemos entrar en detalles. Sugeriremos que Alberto hable con ellos. Lo que les interesa es la historia.

– Sí. Solo vamos a confirmar la veracidad de los hechos y punto. El resto es con Alberto. ¿Cómo se enteraron?

– Se lo dijo un abogado del foro. Incluso saben la fecha en la que el Dr. Camargo ha sido notificado a comparecer para dar sus declaraciones.

Entró una secretaria diciendo preocupada:

– Ellos me están bombardeando con preguntas. Es difícil impedirles que entren aquí.

– Está bien – decidió Rubito –. Diles que pueden entrar –. Segundos después ellos entraron y Rubito inmediatamente fue diciendo:

– Estamos listos para brindar aclaraciones. ¿Qué desean saber?

– ¿Es verdad que el nieto del Dr. Camargo está vivo y quiere recuperar sus bienes?

– Sí – dijo Rubito con calma.

– ¿Por qué solo ahora, después de tantos años, apareció?

– Porque no lo pudo hacer antes.

– Quiero creer que ustedes, cuyas familias pertenecen a lo mejor de la sociedad, deben tener evidencia convincente de lo que están diciendo. ¿Qué pruebas son estas?

– Estás serán presentadas en la corte – dijo Rubito –. No quisiera comentar sobre ellas antes que la corte dictamine. En cualquier caso, como ustedes están muy interesados, vamos a hablar con nuestro cliente. Si él acepta, concertaremos una entrevista con ustedes donde les dirá toda la verdad.

– Eso sería genial. Tiene que ser pronto. En el foro no se hablaba de nada más. Es el escándalo del momento – dijo otro reportero.

– No estamos interesados en alimentar escándalos – dijo Daniel –. Desafortunadamente, se trata de personas muy conocidas. No podemos evitar los comentarios. Pero lo que queremos es devolver, por lo menos una parte, a nuestro cliente, lo que le pertenece por derecho y le fue arrebatado.

– Así es – reforzó Rubito –. Incluso si él ahora ve reconocidos sus derechos y reciba su fortuna de regreso, ¿quién podrá devolverle el cariño de la familia, el amor del abuelo que murió de disgusto, la compañía de unos padres que nunca tuvo?

– ¿Por qué usted no terminan de contar toda la historia? – Dijo otro reportero.

– No podemos hacer esto. Es directo de nuestro cliente. Él solo hablará si así lo estima conveniente. Por lo tanto, ustedes tienen que esperar su respuesta – respondió Rubito.

– ¿No pueden llamarlo para que venga aquí ahora?

– Tendrán que esperar hasta mañana por la mañana – dijo Daniel.

– Mañana el periódico ya estará en la calle.

– Es mañana o nada – dijo Rubito.

– De acuerdo – dijo el periodista que preguntara más –. Volveremos mañana temprano. Después de algunas intentonas de descubrir algo más, viendo la determinación de los dos en no ir más allá de lo que ya habían dicho, finalmente se retiraron. Después que salieron, Rubito llamó a Alberto contándole todo. Él quedó en ir allá inmediatamente a fin de acordar lo que debería decir en la entrevista al día siguiente.

Tanto Rubito como Daniel consideraban importante crear una atmósfera favorable en la prensa. Si la opinión pública estaba de su lado, sería más presión ganar la causa. No sería difícil conseguir eso.

La historia de Alberto se centraba en el sentimentalismo de las personas. ¿Quién se atrevería a ponerse en contra del pobre niño que fuera impedido de vivir con la familia, segregado en una escuela distante y expoliado de su fortuna? Contaban con ello para ganar la causa. Además, un escándalo de esos era un plato lleno para la maldad de los que nunca habían salido de la mediocridad y se regocijaban con la caída de alguien que brillaba en la sociedad. O sonó el teléfono y Rubito atendió:

– Es para usted. Es su padre –. Daniel responde:

– Aló.

– ¿Qué historia es esta que se está comentando? ¿Qué locura estás haciendo Rubito y tú? ¿Se volvieron locos?

– No, papá. Estamos cuidando los derechos de nuestro cliente.

– ¿Dónde crees que vas, atacando esta manera a nuestros amigos, personas de nuestra mejor sociedad? José Luís me llamó y me fui de cara al piso. ¿Dónde ya se vio? Él siempre fue nuestro amigo, apoyó mis campañas políticas, es una persona de bien. ¿Cómo podrías hacerle una cosa de estas?

– No tengo nada en contra del Dr. Camargo como persona de nuestra amistad, pero nuestro cliente fue expoliado y solo estamos defendiendo sus derechos.

– Pues ve ahora mismo a retirar esa denuncia, alegar que te engañaron y que no hay nada contra José Luís.

– No haré eso, papá. Siento mucho si es tu amigo, pero tenemos pruebas suficientes para ganar esta causa y no nos rendiremos.

– Estás siendo ingenuo. Probablemente fuiste engañado. Tu madre y yo fuimos al funeral de Marcelo y no creo que pueda estar vivo. Ustedes están involucrados en un fraude. Sal de esto mientras hay tiempo. Serás retirado de la profesión, tendrás tu licenciatura de bachiller comprometido con una ligereza de esas.

– No voy a desistir, papá. Se hará justicia. El Dr. Camargo tendrá que devolverle a Marcelo todo lo que quitó.

Sin embargo, estará haciendo poco, una vez que nunca podrá darle el cuidado de la familia y todo lo que perdió cuando se lo llevaron lejos del Brasil y lo escondieran en Inglaterra.

António, tomado de sorpresa, vaciló un poco antes de responder:

– ¿De dónde sacaste esta idea? ¿Alguna novela de revista?

– No, papá. Fue el propio Marcelo, quien nos contó todo lo que hicieron con él.

– ¡Y tú le creíste! ¡Qué ingenuo! Pues te prohíbo que sigas como ese caso que estás colocando nuestro nombre en ridículo. Vas a retirar esa demanda y decir a los periódicos que estabas equivocado.

– No voy a hacer eso de ninguna manera. Estamos convencidos de la veracidad de los hechos y nada nos hará retroceder ahora. Pensamos mucho antes de aceptar esta causa. Como tanto yo como Rubito nos preguntamos exhaustivamente. Por un lado, la familia de sociedad, con la que nuestras familias mantienen las mejores relaciones; por el otro, la persona perjudicada, expoliado, a quien le robaron todo. Elegimos defender al débil, al oprimido, y hacer justicia. ¿No fue para eso que nos formamos y prestamos juramento?

– Lo que dices me asusta. ¿Cómo pudiste ser tan inocente? ¿No ves que José Luís va a contratar al mejor abogado y ustedes serán masacrados por él? ¿Crees que dos principiantes como ustedes van a desafiar a maestros del Derecho y ganar?

– Estamos con los. ¡Vamos a ganar porque estamos del lado, de la verdad!

– Están equivocado. Necesitamos conversar. Ven a casa con Rubito y resolveremos este problema una vez antes que suceda algo peor.

– Podemos conversar contigo cuando quieras. Pero nada nos hará cambiar nuestras ideas ahora. Estamos decididos. Iremos hasta el final.

– ¡Si haces eso, no cuentes conmigo! Corto tu mesada y nuestras relaciones, no quiero comprometerme con tu decadencia. Quiero que todo el mundo tenga claro que no estoy de acuerdo con tus actitudes. Voy a estar del lado de José Luís, duela a quien le duela.

– Es tu derecho. Puedo comprender tu actitud; sin embargo, esperaba que tú, siempre colocándote como un defensor del pueblo, de los pobres y oprimidos, te pusieses de nuestro lado. Mientras tanto, prefieres estar del otro lado. Espero que nunca te arrepientas de esa actitud.

António se irritó:

– ¡Basta de sentimentalismos baratos! No admito que me hables de esa manera y que me desobedezcas. ¡Terminarás con esta historia cuanto antes!

– ¿Y si yo no quiero?

– Ya no te tendré como hijo.

– Lo siento mucho, papá, que pienses así. Hoy y por la noche pasaré en casa a recoger mis cosas.

– ¿Pensaste bien en los que estás haciendo?

– Sí, lo pensé.

– Pues sigue pensando hasta la noche. Aun puedes cambiar de opinión. Estaré esperando

– De acuerdo, papá.

Colgó y Rubito consideró:

– La carga ya ha comenzado. Por lo visto, vamos a tener que mudarnos. Mi papá tomará la misma actitud.

– Ya esperaba que él fuese a reaccionar de esa manera. Él no entiende nuestra actitud. Siempre cuidó mucho de las apariencias, se preocupa en ganar la amistad de personas influyentes y poderosas. Si yo no desisto, cortará la mesada y las relaciones conmigo.

– ¿Qué vas a hacer?

– Si él continúa haciendo esas demandas, hoy por la noche recogeré mis cosas y me mudaré a un hotel. Mañana buscaré un pequeño apartamento para alquilar.

– Algo me dice que tendré que hacer lo mismo. Mi padre tampoco cree que podamos ganar esa mano.

– Aun no ha llamado.

– Esperará a que llegue a casa para conversar en persona. Sé cómo es él. Intentará convencerme de desistir. Como no deseo hacer esto, presionará de la misma manera que hizo tu padre, y también tendré que salir de casa.

– Sea como sea, nos estamos jugando el todo por el todo y no podemos desistir de ninguna manera.

– Eso es. La razón y la verdad están de nuestro lado. Va a salir todo bien –. António colgó el teléfono nervioso.

– ¿Es verdad? – Preguntó María Alicia preocupada.

– Sí. Está ciego. ¡Imagínate quiere enfrentarse a José Luís en los tribunales! Los harán picadillo, dos mocosos ingenuos e inexpertos. Lo peor es que él me enfrentó. Llegó a cuestionar mi plataforma política, cobrando actitudes de campaña. ¡Imagina lo desorientado que está! Ah, pero yo no lo permitiré. Hoy por la noche tendrá que renunciar a esta locura.

– ¿Y si él no quiere?

– ¿Crees que tendrá cómo enfrentarme? Le corto la mesada, lo pongo en la calle por unos días y pronto verás como toda su arrogancia desaparece. ¡Hará todo lo que yo que quiera!

María Alice lo miró sin ocultar la preocupación. Sabía que Daniel era dócil y fácil de llevar, pero que cuando quería una cosa, nadie conseguía hacerlo cambiar de opinión.

– Daniel es impulsivo. Tu política está siendo demasiado radical. Hablando podrías conseguir más de él.

– Tuve mucha paciencia. De hecho, fuiste tú quien me convenció de esperar cuando él comenzó con esta loca idea junto a aquel descerebrado de Rubito. Si yo hubiese tomado una actitud drástica, bien al comienzo las cosas no habrían llegado a este punto. Lo siento, María Alice, pero esta vez lo haré a mi manera. Él tendrá que obedecerme.

– Ya es un hombre. Ya no es más el niño al que podías mandar y él tenía que obedecer.

– Yo soy su padre. Tendrá que escucharme. Estoy decidido. Si no quiere renunciar a esa loca idea de demandar a José Luís con esta historia inventada por un bandido, voy a olvidarme que es mi hijo.

– ¡No harás eso!

– Sí lo haré. Y no me lo impedirás.

Lanira en la otra habitación escuchaba con interés. Sabía que esto iba a suceder, esperaba que su padre reaccionase de esa manera y esperaba que Daniel se mantuviese firme. Aun así, pensaba en Gabriel y sentía una opresión en el corazón. ¿Cómo reaccionaría con esta historia? Apegado a la familia, apasionado por la madre, ¿cortaría las relaciones con ella?

Durante estos meses, Lanira aprenderá a admirar a Gabriel. Lo apreciaba. Se esforzaba para mezclar no las cosas. Creía que Alberto decía la verdad y que Daniel y Rubito tenían razón al defenderlo, pero no quería lastimar a Gabriel. Si se comprobara la culpa de Jose Luís su nombre y estaría manchado y la situación ciertamente afectaría a toda la familia. Lanira estaba dividida. Por un lado, quería que Daniel ganara; por el otro, no quería que Gabriel sufriera. Tuvo deseos de llamarlo, pero se contuvo. Mejor fingir que no sabía nada y esperar a que él llamara.

Eran más de las ocho cuando Daniel llegó a casa. María Alice, preocupada trató de hablar:

¡Hijo mío! Tu padre está devastado. ¡Piensa bien en lo que estás haciendo!

— Ya lo pensé, madre. Mi decisión está tomada. No daré marcha atrás. Siento mucho si ustedes no comparten mi posición. Soy un profesional. Acepté la causa y tendré que ir hasta el final.

— ¿Contra nuestros propios amigos? ¿Y si estuviesen equivocados? ¿Y si como tu padre cree, que estuviesen siendo víctima de un bandido? Te expondrá al ridículo y acabará con tu carrera. ¿Por qué arriesgarse en una causa tan dura sin estar preparado lo suficiente?

— No te preocupes, mamá. Yo sé lo que estoy haciendo Lo pensé bastante. Estoy consciente de lo que está en juego. Tengo suficientes pruebas para ganar esta causa. Puedes estar segura de eso.

— ¡Pero son personas de nuestra amistad! Tu padre le debe favores al Dr. José Luís. ¿Cómo quedaremos frente a él?

— Lamento mucho ponerlos en esta situación, pero dentro de la profesión no podemos ser personales. Hay un cliente expoliado que confía en nosotros y con el cual asumimos el compromiso de defenderlo ante la justicia y lo haremos de la mejor manera posible.

Antes que María Alice respondiese, António, que entrara a la sala sin ser visto, intervino:

– No vas a hacer eso. No lo permitiré –. Daniel se volvió hacia él:

– Me gustaría que te interesases en el caso, olvidases que se trata de una persona conocida, entendieses mi posición. Marcelo fue robado, privado de la vida familiar, considerado como muerto. Nada más justo que quisiera recuperar lo que le pertenece por derecho.

– ¡Hablas como si esa historia fuera cierta! ¡Está ciego! ¿Quién te dijo que lo creyeras? No puedo permitir que esta farsa continúe. José Luís es un hombre íntegro, muy respetado; su esposa, una dama caritativa y estimada en la mejor sociedad de Rio de Janeiro. ¿A dónde crees que vas con esta calumnia? ¿Crees que alguien te va a escuchar? ¿No ves que vas a terminar en el ridículo y repudiado por todos nuestros amigos?

– Estoy decidido, papá. Nada de lo que digas me detendrá para llevar este caso adelante. Estoy seguro de lo que estoy afirmando y no voy a desistir hasta probar todo en los tribunales. Rubito y yo consideramos cuidadosamente todos los riesgos. Tenemos consciencia del poder del Dr. José Luís, su dinero y su fama. Resolvimos aceptar esta causa e ir adelante. Nada nos hará cambiar de opinión.

António se irritó:

– ¿Me estás enfrentando? Te ordeno que pares con eso. Mañana mismo vas a cerrar el caso.

– Es inútil, papá. No haremos eso.

António se indignó:

– Me estás obligando a tomar una acción que no quería.

– Ya lo sé, papá. Quieres que salga de esta casa.

– Si no me obedeces, no te reconozco más como hijo. Ya no te quiero en mi casa.

– Lamento que pienses así. Voy arriba a arreglar mis cosas.

Pálida, María Alice intervino:

– Tu padre no quiso decir eso, está nervioso. Lo desobedeciste. Ve al cuarto, piénsalo mejor. Mañana volveremos al tema.

Daniel subió al cuarto tomó una maleta, la puso sobre la cama y comenzó a juntar sus cosas. Se sentía emocionado, nervioso. Pensara en esa posibilidad. Sin embargo, ahora que realmente estaba sucediendo, se sentía angustiado.

Aun así, reconocía que su padre no tenía derecho a decidir lo que él debía hacer o no en su vida profesional. Fue su carrera la que estaba en juego. Eran sus principios, su dignidad. Quería ocuparse de su propia vida; si estaba equivocado, asumiría las consecuencias. Quería ser el dueño de su destino. No quería ser como su padre, vivir una vida de apariencias, esclavo de las conveniencias, cerrando los ojos y dando ventajas a la deshonestidad ajena. Él quería construir su propia vida, a su manera.

Lanira golpeó ligeramente en la puerta y entró. Viéndolo hacer las maletas, lo abrazó emocionada:

– ¡Lo harás! ¿Ya lo pensaste bien?

– Ya, Lanira.

– ¡Te voy a echar de menos!

– Nos veremos siempre. Nada cambiará entre nosotros.

– Las cosas deberían ser diferentes. Creo que papá podría ser más comprensivo.

– Él es como es. Tenemos que aceptar esa verdad.

– Lo siento mucho. ¿Por qué no te vas mañana? Puede ser que cambie de opinión.

– No esperes de él lo que todavía no puede dar. Sé cuidar de mí, no te preocupes.

– ¿A dónde vas?

– Un hotel. Mañana buscaré un apartamento para alquilar.

– ¿Y Rubito?

– Quizás haga lo mismo.

Lanira ayudó a Daniel a arreglar todo. Cuando terminaron, él la abrazó con cariño.

– Adiós, Lanira. Una vez que tenga mi nueva dirección, te llamaré –. Se abrazaron y ella lo ayudó con las maletas. Bajaron las escaleras y María Alice dejó a su esposo en la habitación y se acercó angustiada:

– ¡Hijo mío! ¡No puedes irte!

– No te preocupes, mamá. Voy a estar bien.

– ¡Piénsalo mejor! No te precipites.

Daniel la abrazó con cariño, diciendo:

– Adiós madre. Tan pronto como esté instalado, te mandaré la dirección.

– Ve a hablar con tu padre antes de irte. ¡Intenta hacerlo cambiar de opinión!

– No voy a hacer eso. Él fue muy claro

– ¿Te vas a ir sin decir nada?

Daniel vaciló, luego fue hasta la sala donde António leía un periódico y dirigiéndose a él le dijo:

– Adiós, papá. No obstante, ya no me reconozcas como hijo, todavía te reconozco como padre. Cuando des marcha atrás a esa decisión, estaré esperando con el cariño de siempre –. António no respondió. Por sus ojos pasó un brillo de emoción. Tenía ganas de abrazar a su hijo e impedirle que se fuera. Pero se dominó, él necesitaba imponerse como padre. No podía flaquear. Aunque como el corazón apretado y el pecho oprimido, no dijo nada cuando Daniel salía de la sala y tomando las maletas dejaba la casa paterna.

Al ver su auto alejarse, María Alice, luchando para dominar la emoción, buscó a António diciendo:

– ¿Por qué lo dejaste ir? ¿Por qué no le impediste hacer esta locura?

– Fue él quien escogió. No puedo tolerar en casa a un hijo que me enfrenta y que no acata mis órdenes. Yo tengo dignidad. No puedo permitir que abuse de mi autoridad.

– ¡No necesitabas ser tan radical! Podrías haber esperado un poco. Puede ser que reconozcan el error y cambien de idea.

– Daniel es terco. Se romperá en la cara y volverá con la cola entre las piernas ¡Ya verás! ¡Es solo cuestión del tiempo!

– Él no volverá. No después de lo que le dijiste.

– Disparates. La vida allá afuera no es un mar de rosas que tenía aquí. En la sociedad hemos visto innumerables casos como este. Ellos siempre vuelven a casa cuando se les acaba el dinero. Daniel no estaba acostumbrado a vivir en la miseria.

– ¡Dios mío! ¿Qué será de él sin dinero? ¿O qué dirán nuestros amigos?

– Dirán que le estamos dando una lección. Cuando la ilusión termine, se dará la vuelta y hará lo que yo diga. Ya verás.

Lanira, en el dormitorio, se sintió triste. Gabriel no la llamó como había prometido. ¿Y si él no la buscase más? Sintió una opresión en el corazón. Se sobresaltó, ¿estarías enamorada de él? Claro que no. Ella no quería amar a nadie y terminar transformándose en una ama de casa, con hijos, llena de obligaciones. A ella le gustaba Gabriel, pero eso no era amor. Solo una buena compañía.

¿Y si él cortase relaciones con ella? Bueno, si actuase así no sería digno de su amistad. Ella no era Daniel y debería saber separar las cosas. ¿Qué haría si él tocase el tema? No sería hipócrita. Le diría verdad. Le contaría que Daniel creía realmente que Alberto era Marcelo.

Se sintió más tranquila después de tomar esa decisión. Ella no se sentía culpable de nada. No tenía nada que temer. Esperaría a que sucediesen las cosas con calma.

Acostado en la cama del hotel, Daniel pensaba en la decisión que fuera forzado a tomar. No consideró oportuno llamar a Rubito. Prefirió conversar con él al día siguiente en la oficina. Dejar la casa paterna no había sido tan fácil como pensara. La emoción que su madre trató de contener, la tristeza de Lanira, la dureza de su padre y principalmente los recuerdos de la niñez y le da una adolescencia que vinieron a su mente mientras hacía sus maletas hicieron brotar en su pecho un sentimiento de pérdida, un sentimiento de inseguridad. Mientras tanto, después de colocar las maletas en el carro y salir buscando un hotel, comenzó a sentir una fuerza como nunca antes había sentido. Un calor en el pecho, una agradable sensación de libertad, de confianza en el futuro, que le devolvieran el optimismo, causándole extremo bienestar.

– Mañana es otro día – pensó –. De aquí en adelante, solo haré las cosas a mi manera.

No al día siguiente, Daniel fue a la oficina muy temprano. Ahora más que nunca necesitaba estudiar el caso para que no pasara por alto ningún detalle. A las diez de la mañana, Alberto daría una entrevista a algunos reporteros, según lo acordado.

Antes de las ocho, cuando llegó Rubito, ya encontró a Daniel estudiando el caso.

– Entonces, ¿cómo te fue? – Preguntó ansioso.

– Como preveía, me tuve que mudar. Ayer mismo me fui a un hotel. Rubito, estuvo unos segundos pensativo, luego dijo:

– Es el diablo.

– Conociendo a mi padre, era de esperar.

– ¿No trataste de convencerlo?

– ¿De qué manera? No cree en la veracidad de esta historia ni en nuestra capacidad para enfrentarnos en la justicia al poder de los Camargo. Exigió que retirásemos la denuncia. Cuando me rehusé, me señaló el camino de la calle.

– Debe haber sido difícil para ti.

– Yo sabía que podría suceder, pero cuando pasó, no niego que estaba preocupado, nervioso, triste. Mamá, a pesar de ser dura, estaba pálida de angustia; Lanira, triste. A pesar de las diferencias en nuestros puntos de vista, no niego que tuve una vida muy buena con la familia. Me fui con el corazón apretado. Sin embargo, después que me mudé, una deliciosa sensación de Libertad, de autosuficiencia se apoderó de mí. Me sentí más fuerte y más envalentonado, dispuesto.

– Vamos a ver qué pasa conmigo.

– ¿Tú también?

Mi padre piensa igual que el tuyo, pero tiene otros métodos de persuasión. No impone. Cuando llegué, me llamó para conversar. No criticó nuestra actitud, le gusta el tono amistoso. Aconseja. Quería oír la historia completa.

– Es más tolerante.

– Está furioso, pero finge entender. Hizo esfuerzo para controlarse. Por último, me dijo que un amigo le ofreció sociedad en una empresa de consultoría jurídica. Un negocio de mucho dinero. No podía aparecer como socio, pero quería que yo aceptase. Me convertiría en millonario, tendría relaciones con personas de alto nivel. Prefiero tener que abandonar nuestra causa para dedicarme internamente al nuevo negocio.

– Es una oferta tentadora.

– Si yo solamente estuviese buscando dinero. Mi padre trató de corromperme. ¿Crees que yo aceptaría? Siempre estuve en contra de los embrollos en los él siempre anda metido y en los cuales ganó su fortuna. Me negué y se puso rojo de ira, pero lo disimuló. Me dio dos días para pensar.

– ¿Qué piensas hacer?

– Por lo que lo conozco, es mejor que vayamos a buscar un apartamento hoy mismo. Al comienzo no tendremos mucho dinero y vamos a dividir los gastos como quedamos.

– ¿Crees para que vas a necesitar hacer eso?

– Sí. En cuanto esté seguro que no podrá comprarme con esa sociedad, me recortará la mesada, mi madre tendrá crisis del corazón, mi hermano André intentará intervenir y "colocarme en la Línea." El único que me apoyará será Betito. Es el más mimado y le encanta antagonizar con el resto de la familia. Mi vida se volverá un infierno y no tendré la serenidad para trabajar. Entonces, antes que todo empeore, decidí mudarme lo antes posible.

– Compré el periódico para buscar. Pretendía hacer eso después de la entrevista de Alberto.

– Vayamos a alquilar uno con dos habitaciones. No debería ser demasiado caro.

– Podemos encontrar uno amueblado.

– Mientras el precio sea conveniente para nosotros.

Eran las nueve en punto, cuando llegó Alberto. Juntos trabajaron en los detalles de la entrevista. Quince minutos antes de la hora marcada, ya que los reporteros estaban esperando. Elza los hizo entrar en la sala de Rubito, donde Alberto estaba al lado de dos de los abogados. Cuando ellos se acomodaron, Rubito presentó a Alberto diciendo:

– Este es Marcelo, nieto del Dr. António Camargo de Melo –. Ellos lo miraron con curiosidad.

– ¿Qué quieren saber? – Preguntó Daniel.

– Toda una historia desde el principio – dijo uno.

Alberto comenzó a hablar. Contó la misma historia que inicialmente les había contado a sus abogados, omitiendo las investigaciones que estaban avanzando y así como la evidencia que estaban recopilando.

Hicieron varias preguntas, tomaron fotografías, pidieron que repitieran algunos extractos y se fueron tan impresionados como lo que escucharon.

– Aparecerá en la primera página – comentó Daniel.

– ¡Estaban muy interesados! Es un asunto tal al gusto popular ¡Un escándalo en la sociedad es un plato lleno! Harán comentarios por un buen tiempo.

– Solo espero que no se interpongan en el camino de las investigaciones – dijo Alberto –. Lo que me interesa es recuperar lo que me pertenece por derecho. Se aprovecharon de mí cuando era pequeño y no tenía cómo defenderme. Ahora estoy aquí para cobrar. Ellos tendrán que devolver todo.

– ¡Vamos a ganar! – Dijo Rubito.

– ¡Tenemos que ganar! – Dijo Daniel.

CAPÍTULO 9

En la sala de espera del despacho de Júlio, Daniel y Rubito esperaban. Estaba oscureciendo y habían acordado salir a cenar. Rubito pretendía hablar de los sueños de Daniel.

La puerta del consultorio se abrió y el último cliente salió acompañado de Júlio, a quien, al verlos, los abrazó con placer.

– Disculpen la demora – dijo después de los saludos.

– Servir bien al cliente es siempre lo más importante – consideró Rubito.

– Tienes razón. Entremos un momento. Es la primera vez que Daniel viene aquí. Me gustaría mostrarte el consultorio.

Entraron en la sala donde Júlio atendía a los pacientes. El ambiente era moderno, alegre con ligero aroma antiséptico que Daniel conocía sin saber el nombre. Había rosas blancas en una jarra de cristal sobre un aparador elegante y sillones elegantes y cómodos alrededor de la mesa.

– En la sala al lado procedo a los exámenes de rutina. Siéntense. Aun es temprano para cenar, ¿no creen?

– Sí – asintió Daniel.

– ¿Quieren ir a algún lado antes? – preguntó Júlio con cuidado.

– Preferimos conversar. De hecho, te llamé porque Daniel está teniendo algunos sueños intrigantes. Como estudioso de los asuntos espirituales, es posible que nos puedas ayudar a entender lo que está sucediendo.

– Fueron algunas pesadillas que me impresionaron lo suficiente. Mi vida ha cambiado mucho. Puede ser que yo haya quedado preocupado.

– Cuéntame lo que sucedió – dijo Júlio con naturalidad. Daniel le contó todos los sueños que tuvo y la emoción que sintiera. Júlio, escuchaba atento, cuando terminó, dijo:

– Tienes reminiscencias de vidas pasadas.

– ¿No te dije que era eso? – dijo Rubito satisfecho.

– Sí, lo hiciste, pero no sé... ¡Parece una hipótesis tan inusitada!

– Quizás porque no conoces el asunto. Estos fenómenos son más comunes de lo que pueden parecer. Mucha gente ha tenido esas experiencias.

– Confieso que nunca me detuve a pensar en la reencarnación. ¡Esa hipótesis parece tan fantasiosa!

– ¿Por qué? ¿Nunca te preguntaste por qué en un universo tan perfecto como el nuestro, donde todo está equilibrado, manteniendo la vida con precisión tanto en el micro como en el macrocosmos, hay tantas diferencias físicas, sociales entre los hombres como las que existen en el mundo? Si Dios es perfecto y solo actúa en el bien, ¿cómo entender esta aparente disparidad?

–Lejos de mí cuestionar la perfección de Dios – dijo Daniel –. Pero es difícil reconciliar la bondad de Dios con las injusticias y los sufrimientos en el mundo.

– Si crees que solo vives una vida en la Tierra, es realmente imposible comprenderlo – esclareció Júlio –. Mientras tanto, si aceptas que un mismo espíritu vuelves varias veces a renacer en la Tierra para aprender a controlar la mente y desarrollar la conciencia, asumiendo los resultados de sus actitudes a lo largo del tiempo, te dará cuenta que todo está bien. Cada uno nace dentro de la experiencia que necesitas para desarrollar sus potencialidades de espíritu eterno.

– ¡Es una filosofía interesante! – respondió Daniel interesado.

– No es solo una filosofía. Es una realidad. Muchas personas pasaron por experiencias concluyentes. Y es posible, a través de la hipnosis, hacer regresión y recordar hechos vividos en vidas pasadas. Hay científicos estudiando el asunto y llegando a conclusiones incuestionables.

– Me gustaría leer estas investigaciones – Daniel se interesó.

– Puedo prestarte algunos libros. Hay uno en particular que me impresionó, se llama *El Caso de Bridey Murphy*. Fue escrito por un corredor de inmuebles que después de algunas experiencias de hipnosis logró que una amiga suya regresara a una encarnación anterior, para proporcionar información valiosa que después fue investigada y confirmada.

– ¿Cómo así? – Preguntó Rubito.

– Ella dio el nombre, la dirección donde vivió en la encarnación anterior, el nombre del esposo, etc. Hicieron algunas investigaciones y encontraron en los registros públicos todos los documentos. Aquella persona había existido y la información era correcta.

– ¡Qué cosa tan extraordinaria! – comentó Daniel –. Me gustaría leer ese libro.

– Puedo prestártelo.

– ¿No será que este escritor estaba tan fanatizado con la reencarnación que terminó impresionando a la joven?

– De ninguna manera. No creía en la reencarnación cuando comenzó sus experiencias con hipnosis. Cuando la amiga que él hipnotizaba en sus investigaciones habló de reencarnación, él se quedó tan sorprendido que abandonó sus prácticas por más de un año, regresando a sus investigaciones presionado por algunos eventos en su vida.

– ¡Interesante! – Comentó Daniel –. Si mis sueños tienen que ver con alguna vida pasada, ¿cómo puedo saberlo?

– Has tenido reminiscencias espontáneas. Puede ser que continúen. Por alguna razón, entraste en un proceso que está removiendo problemas de tu pasado y necesitas recordar algunos hechos. Pero también podemos intentar la hipnosis e inducirte a descubrir algo más.

– ¿No es un proceso peligroso? – Preguntó Daniel.

– No, desde que sea utilizado por una persona capacitada. Si quieres probar, podemos hacer algunas pruebas.

– ¿Sabes cómo?

– Hace años estudio la hipnosis y la aplico a algunos pacientes. Es una experiencia fascinante.

– Me gustaría informarme mejor antes de intentar cualquier cosa – dijo Daniel –. Préstame ese libro al que te refieres, lo leeré con gusto.

– Yo también lo voy a leer – intervino Rubito –. Será bueno desviar un poco la atención de nuestros problemas.

– Por lo que leí en los periódicos y escuché de los amigos, ustedes remecieron un avispero. En todas partes no se habla de otra cosa.

— A la gente le gusta el escándalo — respondió Rubito —. Infelizmente no pudimos evitar eso. Las personas involucradas son muy conocidas.

— Además de muy respetadas en la sociedad. Mis padres dudaron de la historia que leyeron en los periódicos.

— Los míos también — asintió Daniel —. Mientras tanto, las pruebas que poseemos son irrefutables. Ellos no solo mintieron, sustituyeron el cuerpo de Marcelo por el de un niño que murió ese día y que había quedado con el rostro irreconocible, sino que se lo llevaron a Inglaterra, de donde nunca debería volver.

— Es una historia que da escalofríos. Principalmente por saber que toda la familia murió en menos de dos o tres años del evento — completó Rubito. Júlio sacudió la cabeza, pensativo:

— Puede haber sido una coincidencia, ¡pero ese hecho da para pensar!

— Mientras estamos investigando el fraude, también nos inclinamos a creer que los hechos pueden haber sido peores. Al final, la muerte de toda la familia favoreció la pose de la herencia que el Dr. José Luís tanto deseaba — dijo Rubito.

— No niego que ustedes son valientes. Ante dos hechos, pocos tendrían el pecho para enfrentarse a los Camargo de Melo en los tribunales, teniendo en cuenta que son muy considerados y hasta tienen grandes amigos en la más alta magistratura del país.

— Por eso mis padres creen que nos van a masacrar — se volvió Daniel.

— Pero nosotros creemos en la justicia. Frente a la evidencia, ningún juez dejará de reconocer a Marcelo como verdadero heredero de todo.

– Ustedes deben estar bien premunidos para afrontar esta pelea.

– Además de la evidencia que tiene Marcelo, estamos investigando y ya hemos descubierto su nueva evidencia. Daniel estuvo a punto de rechazar una causa, y simplemente no lo hizo por ese sueño.

– Es verdad. Soñaste con tu cliente antes de conocerlo. Dijiste que necesitabas aceptar esta causa. ¿No es cierto? – Recordó Júlio.

– Así es.

– Está claro que tú, además de recordar hechos de otras vidas, recibes ayuda espiritual.

– ¿Cómo así?

– Antes de nacer en este mundo, vivíamos en otra dimensión y es allá que volveremos cuando nuestro cuerpo de carne muera. A pesar que los recuerdos de ese mundo hayan sido borrados para facilitar nuestra vida en la Tierra, tenemos muchos amigos en nuestra patria de origen y todas las noches, mientras nuestro cuerpo duerme, podemos ir hasta allá, conversar con ellos.

– Entonces, ¿fue eso lo que me pasó?

– Así es. Esta persona que te aconsejó para que aceptaras la causa debe conocer los hechos de tus vidas pasadas que están relacionados con Marcelo. Creo que defenderlo, redimir errores del pasado, debió haber sido una gran aspiración de tu espíritu cuando estabas en el astral, antes de reencarnar. Por eso, ella trató de revivir tu memoria para que no perdieses la oportunidad de hacer lo que querías.

– Entonces ¿realmente habré tenido otra vida y conocido a Alberto; es decir, a Marcelo?

– No tengo duda al respecto. ¿Cómo podrías haber soñado con él antes incluso de conocerlo? Juntarlos a ustedes dos, o tal vez los tres, ya que Rubito también está involucrado en el caso, me parece una cosa del destino, de la vida, que todo sabe y actúa siempre para mejor. Ella los ha reunido porque es hora de resolver asuntos no resueltos del pasado.

– ¿De qué forma? – preguntó Rubito interesado.

– No lo sé. Pero, con seguridad, aceptando esta causa están en el camino correcto. Algo me dice que esta historia es realmente verdadera y que ustedes necesitan hacer lo que están haciendo.

– Yo también sentí eso desde el primer día – coincidió Rubito.

– Yo también, a pesar de un vago recelo no sé bien de qué, que me molesta cuando miro a Alberto.

– En este proceso, necesitan sentido común. Saben cómo proceder con ética y principalmente tú, Daniel, que siento estás más involucrado en esta historia, no puedes dejarte llevar por las emociones del pasado que forzosamente van a emerger dentro de ti. Necesitas ponderar tus actitudes y no sentirte impresionado. Sea lo que pasó entre ustedes, ya pasó. Terminó. Si ahora la vida los reunió, fue porque existe la posibilidad de convivir de menor manera.

– Lo que me asusta son las emociones que no puedo explicar – reflexionó Daniel –. Nunca fui de impresionarme con las personas. Con él es diferente.

– Encontrarlo de nuevo, accionó los mecanismos de sus vidas pasadas y por eso quedaste muy impresionado. Por tu sueño se puede percibir que el encuentro entre ustedes fue programado incluso antes de su reencarnación, lo que hace creer que esta convivencia será muy buena para todos.

– ¿Por qué? ¿Y si él trajese desgracia? Nunca antes me había sentido así.

– Estás asustado, reviviendo íntimamente fuertes nociones de otras vidas. No hay por qué temer. Como dije, el pasado ya pasó. Sea lo que sea que pasó en aquellos tiempos, no van a regresar más. Ustedes cambiaron, el tiempo pasó, el mundo cambió. La vida solo trabaja por lo mejor, solo hace lo que es bueno para todos los involucrados. Si ella los reunió, todo puede funcionar. Ella no juega para perder.

– Si perderemos esta causa, estamos liquidados profesionalmente – consideró Rubito.

– Sea lo que sea, ustedes estarán ganando. Por lo menos van a aprender mucho.

– No tengo miedo a perder – dijo Daniel –. Temernos que ganar, pero si no es posible, perder una causa no significa perder la vida. Al final la experiencia, tiene su precio.

– ¡Así es como se habla! – consideró Júlio –. Yo sinceramente deseo que ustedes ganen. No tengo nada contra el Dr. José Luís. Pero la causa de un niño expoliado, siempre remueve nuestros valores de justicia. Entonces, como estudioso de la reencarnación, siento que será muy interesante poder seguir este caso y descubrir qué se esconde detrás de los acontecimientos de hoy dos hechos del da. Para mí, toda esta historia comenzó en vidas pasadas.

– ¡Hablas con tanta convicción! – Dijo Daniel.

– Para mí no hay más dudas. La reencarnación, la existencia de otros mundos de donde vinimos y para donde vamos es la única manera de explicarte los fenómenos y los problemas que observamos a nuestro alrededor. Cuanto más estudio, observo, pienso, más siento que no podría ser diferente. Además de eso, hay personas que se recuerdan claramente hechos vividos en otras vidas. Ellas aparecen en todas las culturas, entre personas de creencias y religiones diferentes, y las características son las mismas.

– No deja de ser intrigante – dijo Daniel.

– Podrías intentar averiguar lo que pasó en otras vidas haciendo una regresión – sugirió Rubito –. Sería una forma de probar esa posibilidad.

– Aun no estoy preparado para una experiencia de esas – respondió Daniel.

– ¿A qué le tienes miedo? Si fuese conmigo, lo haría pronto y listo. Tengo curiosidad – dijo Rubito.

– ¿Por qué no lo intentas? Al final, también haces parte del proceso. ¿No fue eso lo que dijo Júlio?

– Porque eres tú quien tiene los sueños extraños y sensaciones diferentes. Yo no estoy sintiendo nada.

– De hecho, Daniel es más sensible y puede que sea más adecuado comenzar por él. Pero también puedes intentarlo. En una regresión, nunca se sabe lo que podría pasar – dijo Júlio.

– Lo pensaré – respondió Rubito.

Seguirán hablando unos minutos más y luego aun comentando salieron a cenar.

Sentada en su cama, Lanira miraba al teléfono, pensativa. Tenía ganas de llamar a Gabriel, pero tenía miedo. Hacía más de veinte días que no la llamaba, y ella sabía que él se había alejado desde que Daniel abriera una acción contra sus padres. Ella prefería que él la hubiese buscado, aunque sea para criticar a su hermano, o para expresar su decepción. Pero simplemente, él desapareciera. A ella le hubiese gustado mucho haberse posicionado con él sobre el asunto y conocer también sus sentimientos. Por supuesto, su desaparición indicaba cuánto le había dolido el proceso, incluyéndola de forma indirecta. Y eso era lo que no quería aceptar. No era justo para él la incluyese sin darle la oportunidad de tomar una posición.

Decidida, cogió el teléfono y marcó. Respondió una voz de mujer y pidió:

– Quisiera hablar con Gabriel.

No está aquí. ¿Quién está llamando?

Una amiga de la universidad – mintió –. ¿A qué hora regresa?

– Él está viajando. Se tomó una vacaciones y viajó. No sabemos cuándo volverá.

– ¿Podría darme la dirección para que pueda escribirle?

– No tiene un lugar fijo.

– Gracias.

Lanira colgó preocupada. Esa no era época de vacaciones. ¿Gabriel habría dejado la universidad? Se movió inquieta en la cama. ¿Se habría vuelto insostenible la situación que decidió ausentarse?

Por la noche, después de la cena, en lugar de retirarse como de costumbre, Lanira cogió una revista y se hundió en una poltrona en la sala de estar. Siempre que quería saber algo, fingía leer y trataba de escuchar lo que sus padres conversaban.

Ellos tenían la costumbre de sentarse en la sala después de la cena y conversar. Nunca se dieron cuenta que estaba cerca y hablaban sin reservas. Ella fingía leer y no se perdía nada de lo que decían.

Después de hablar de política, María Alice comentó:

– Angelina me llamó llorando. Rubito también se fue de la casa. Ernesto hizo de todo para que él renunciase a la maldita denuncia. Pero no quiso.

– Entonces Ernesto lo echó de la casa.

– Eso mismo. Ella estaba llorando, pero él no dio marcha atrás.

– Creo que fue muy tolerante. Yo resolví rápidamente el problema. Escuché que José Luís no se presentará a la audiencia y envió al Dr. Loureiro. ¿Puedes creerlo? Uno de los mejores y más respetados abogados del país. De hecho, cuando José Luís me buscó indignado, tomé una posición muy clara. Le di todo el apoyo. Incluso le dije que había expulsado a Daniel y ya no lo consideraba un hijo.

– Por lo menos para eso valió tu actitud.

– Me mostré, herido, triste. Desafortunadamente, no hay nada que pueda hacer para impedir esa barbaridad. Daniel es mayor de edad. José Luís garantizó que Daniel se está dejando llevar por un impostor, que en esa época él mismo vio el cuerpo de Marcelo y lo examinó. No hay ninguna posibilidad que el niño sobreviviera al accidente. Conforme yo pensaba, Daniel está siendo burdamente engañado y no lo percibe.

– ¿No habrá alguna forma de hacerlo entender?

– Bien que lo intenté. Pero es terco. Quiero ver lo que hará cuando pierda la acción y quede desmoralizado.

– No puedo entender. ¿Como él, siempre tan considerado, se metió en algo así?

– Para que veas. Estamos viviendo una época terrible. Los hijos de hoy ya no escuchan a sus padres.

– ¿Qué más dijo José Luís?

– Bueno, estaba indignado. Era de esperarse. Cualquiera hubiera tenido esta reacción si estuviese en su lugar.

— A pesar de esto, siguen asistiendo a la sociedad como si nada estuviese sucediendo. Incluso ayer estuvieron en la fiesta de quince años de la hija del Dr. Horténsio.

— ¿Por qué deberían actuar diferente? Ellos están siendo víctimas, no tienen por qué alejarse. Por el contrario, la gente le está demostrando su solidaridad.

— En frente de ellos. Pero yo vi: tan pronto le daban la espalda, la gente comentaba en voz baja. ¿Sabes algo? Creo que incluso a muchos les gustaría que fuera verdad solo para verlos humillados.

— Qué absurdo. Son queridos, ricos.

— Por eso mismo. A los envidiosos y los mediocres les gusta ver caer a los que están en la cima.

— Desafortunadamente, tienes razón. Siento eso hasta entre los correligionarios de nuestro partido. Hay algunos a los que les gustaría derribarme. Simplemente no lo hacen porque no pueden. Soy más inteligente y fuerte que ellos.

María Alice bajó la voz y dijo:

— ¿No viste que Gabriel se apartó de Lanira? Nunca volvieron a salir juntos. ¿Habrá sido por causa de Daniel?

— Por supuesto. Su locura está perjudicando incluso a su hermana. De hecho, entre los jóvenes estos asuntos impresionan más. Yo percibí que los hijos de José Luís desaparecieron de nuestras rondas. ¿Tú los has visto?

— No. Gabriel no fue muy asiduo, pero Laura nunca dejaba de ir a una fiesta. Es verdad, ellos ya no aparecen en público después de la maldita acción.

— Para que veas la situación que creó la irresponsabilidad de Daniel. Lo peor es que está convencido que está una gran cosa. ¡Un acto heroico de justicia!

– Estoy de acuerdo. No puedo permitir eso. Voy a buscar a Daniel y tratar de hacerlo cambiar de opinión.

– Puedes intentarlo. Pero no creo que te haga caso.

– Mañana por la tarde lo buscaré.

Cambiaron de tema. Lanira se dio por satisfecha y se fue al cuarto. Ella necesitaba hablar con Daniel, saber cómo las cosas estaban caminando.

Daniel llegó a casa cansado. Pasara toda la tarde con Rubito estudiando. Por la tarde al día siguiente tendría lugar la primera audiencia del Dr. José Luís para escuchar la demanda y presentar las primeras aclaraciones sobre el asunto. En ese primer encuentro, ellos no estarían presentes. Si el juez entendiese que las pruebas eran irrelevantes, era posible que archivase el pedido y todo terminase allí. Sin embargo, el Dr. José Luís podría procesarlos por difamación y calumnia, y ellos tendrían que pagar todos los gastos, incluidos los honorarios de su abogado que deberían ser altos.

A pesar de eso, Daniel se sentía seguro. Cuanto más estudiaba el caso de Alberto, más la evidencia le parecía irrefutable. Si el juez no se impresionaba con el nombre ni con la fortuna de Jose Luís y fuese imparcial, tendría que por lo menos aceptar la demanda a fin de aclarar mejor el tema. Conseguido esto, ellos tendrían más oportunidades para investigar y buscar más evidencia.

Se acostó y repasó una vez más todas las disposiciones legales relativas al caso y, satisfecho, se durmió.

Soñó que estaba en una sala antigua examinando atentamente algunos papeles. Estaba más viejo y de luto cerrado. Se sentía angustiado, triste. La puerta se abrió y entró un hombre en un poco más joven que él. Daniel, intranquilo, reconoció a Alberto. Un poco diferente de lo que era ahora, pero tenía la seguridad que era él.

Se puso de pie angustiado. El otro se acercó mirándolo rencoroso.

– ¡Vine a decirte que pagarás todo lo que le hiciste a ella!

– No tienes ese derecho. ¡Sabes que yo la amaba más que a nada en el mundo!

– ¡Es mentira! ¡Ella te odiaba! Entérate de eso. No descansaré mientras no pagues por tu crimen. ¡Tú la mataste!

– ¡No seas loco!

– Lo hiciste. Estoy seguro que provocaste el accidente. ¡Estabas enojado porque era a mí a quien ella amaba! ¡Era a mí a quien quería! Nunca te diste cuenta que se casó contigo para obedecer a los padres y que te habría dejado si no la hubieses obligado a vivir a tu lado. No la amabas. ¡Te casaste con ella por el dinero!

Daniel se puso de pie y amenazó con agredirlo. Pero se detuvo. Hizo un tremendo esfuerzo para contenerse.

– ¡Sal de aquí antes que acabe con tu vida! ¿No estás feliz con lo que hiciste? ¿Quieres más?

– Te demandaré en la corte. La mataste para heredar todo o su dinero. ¡No voy a permitir que después de todo quedes en libertad disfrutando de la fortuna que le robaste!

¡Asesino! ¡Asesino!

Sus ojos lo miraron acusadores y llenos de odio, y Daniel sintió que su corazón colapsaba, quería huir.

– ¡Es una pesadilla! – Pensó esforzándose para despertar. Abrió los ojos, aun escuchando en la voz de Alberto repetir:

– ¡Asesino! ¡Asesino!

Encendió la luz y se sentó en la cama. Estaba empapado de sudor. Se levantó y fue a la cocina a tomar un vaso de agua. ¿Por qué esta pesadilla habría regresado? ¿Estaría tan preocupado por la audiencia que provocara ese sueño desagradable?

Lo peor es que todo parecía que había sucedido realmente. Algo dentro de él sabía que esas escenas eran reales. ¿Cómo explicarlo? ¿Júlio tendría razón? ¿Habría vivido otras vidas en las que Alberto había participado?

Si eso fuese verdad, ellos fueron enemigos. ¿Por qué ahora él lo escogieras para defenderlo en los tribunales? ¿Cómo se sentiría al verlo? ¿Tendría alguna sensación desagradable?

Si a Alberto le cayera antipático, no lo demostraba. De hecho, estaba colocando su futuro, todas sus esperanzas en sus manos. ¿Por qué? Eran preguntas que lo hacían dudar de la veracidad de todo lo que Júlio dijera. A pesar de eso, no conseguía olvidar el sueño. Por mucho que repitió que eso no era más que una pesadilla generada por la tensión de la audiencia, la sensación de angustia reaparecía. El recuerdo de aquella mujer que muriera en sus brazos lo conmovía y entristecía.

Reconocía que le estaban sucediendo cosas extrañas. Buscaría a Júlio para tratar de aclararlas. No podía seguir sintiéndome mal de esa manera. Necesitaba mantener la calma para estudiar y llevar a buen término el caso. Estaban jugándosela todo en ese trabajo. Rubito tenía confianza y quería hacer lo mejor de él.

Cuando Rubito se levantó, ya lo encontró en la cocina tomando café. Habían alquilado ese apartamento y estaban viviendo juntos hacía dos semanas.

– ¡Te levantaste temprano! ¿No pudiste dormir?

– Dormí, pero tuve una pesadilla nuevamente –. Rubito negó con la cabeza enérgicamente:

– ¡Es el diablo! Bien que Júlio advirtió que podría pasar –. Mientras Rubito se sentaba a desayunar, Daniel narró el sueño, terminando:

– No sé qué pensar. La presencia de Alberto me provoca cierto malestar, algo desagradable que no puedo explicar. Pero, según lo que Júlio dijo, habría sido un enemigo mío. En mis sueños, está siempre acusándome, me di cuenta que él no siente lo mismo por mí. Nunca dejó trasparecer ningún sentimiento desagradable. Al contrario, me escogió como su abogado. ¿Todo esto no será solamente una fantasía de mi parte?

– ¿Por qué cuando sueñas te quedas con la sensación que está pasando de verdad?

– Eso es lo que me intriga. Siento las emociones, fuertes, vivas, como si todo fuera realmente cierto. Además, allí, en ese momento, "sé" que todo pasó realmente.

– La duda surge cuando despiertas. Aquí es donde entra tu razonamiento y, como no crees en vidas pasadas, dudas de todo.

– Si fuimos enemigos, ¿por qué confió en mí y no me odia? Algo no coincide en esta historia.

– Si fuese tú, buscaría a Júlio e intentaría averiguar qué es. Si no conduce a nada, por lo menos puedes estar seguro que fue tu propia fantasía.

– Sí. Haré eso. ¿Vamos a la oficina? El día de hoy será difícil de pasar.

– Así es. Lo mejor será hablar con Alberto. Tememos que estar preparados en caso el juez acepte la acción e instaure el proceso.

– Jonás vendrá hoy. Veremos si tiene alguna novedad.

Terminaron de tomar un café y fueron juntos a la oficina. Habían hecho una cita con Alberto a las diez. Mientras esperaban, se sumergieron en el trabajo.

Lanira decidió perder las dos últimas clases e ir a hablar con Daniel. Estaba preocupada. Cuando entró en el edificio, un muchacho esperaba el ascensor. Estaba bien vestido y la saludó. Al principio Lanira no lo reconoció, pero cuando entraron y presionó el mismo número que ella, se acordó. Era Alberto.

– Disculpe – dijo –. No te reconocí –. Él sonrió.

– Nos vimos muy rápidamente ese día, pero no olvidé tu rostro. ¿Cómo estás, Lanira?

– Bueno, veo que te acuerdas de mi nombre.

– ¡Estaba seguro de volver a verte! Esperaba este momento con ansiedad. Él la miraba con admiración y Lanira se sintió aliviada cuando llegaron a su destino. Alberto abrió la puerta, esperando gentilmente a que ella saliese.

Ella no era tímida. Así que lo miró a los ojos diciendo con voz firme, en la que había una pizca de malicia:

– Has mejorado tu apariencia, te vistes mejor, a la moda. ¿Estás gastando dinero a cuenta de la herencia?

Se rio de buen humor, mostrando dos hileras de dientes blancos y bien distribuidos.

No. Todavía no. Conseguí un mejor trabajo.

Viéndolos entrar juntos en la sala de espera de la oficina, la secretaría invitó a Alberto para sentarse, mientras Lanira se dirigió a la oficina de Daniel, quien se sorprendió, abrazándola con cariño.

– ¡Qué bueno verte! ¿Te saltaste el aula?

– Necesitaba hablar contigo. Mamá va a buscarte más tarde para tratar de convencerlo que desistas.

– Estaré encantado de recibirla. Ella nunca vino aquí.

– Su visita no será de cortesía.

– Lo sé. Pero aun así será bienvenida. Tengo la esperanza que un día me vaya a entender.

– Ese día está muy lejano.

– ¿Cómo van las cosas en casa?

– Como siempre. Todo dentro de las reglas y los horarios.

– Pareces un poco aborrecida.

– Aburrida, tal vez.

– ¿Has visto a Gabriel?

– Ha desaparecido desde que el caso se hizo público. Nunca más me llamó. Debe estar resentido.

– Lo siento mucho. Apreciabas su amistad. Pero yo te avisé. Su actitud era de esperar.

– Tú no lo conoces. Él es diferente. Esperaba que consiguiese separar las cosas.

– ¿Nunca más o lo viste?

– Nunca. El Dr. José Luís y doña María Júlia han estado yendo a todos los lugares de siempre, yendo a fiestas, como si nada hubiese pasado. Pero Laura desapareció y también Gabriel. Dicen que están viajando. Creo que renunció a la universidad. Aun no es época de vacaciones –. Daniel se pasó una mano por el cabello, pensativo. Entonces dijo:

– Es una lástima que todavía haya gente inocente implicada. Entiende que tenemos que hacer lo que estamos haciendo.

– Claro. Tiene una causa y, como defensor, debes servir a los intereses de tu cliente. Además, lo que ellos hicieron con Marcelo no se justifica de ninguna manera.

– Me alegro que sepas cómo separar las cosas.

– Me encontré con Alberto en la entrada del edificio y subimos en el ascensor. ¡Está cambiado! Viste muy elegante. Ni parece el mismo. ¡Lo que hace la ropa!

Hasta parece que aumentó su estatura.

– Trabaja en una empresa inglesa. Consiguió un puesto importante con el director. Fue educado en un buen colegio en Inglaterra y esto lo ayudó.

– ¿Cómo va el caso? ¡La audiencia es hoy!

– Sí. Estamos en un momento decisivo. Vamos a ver el parecer del juez. Por eso tenemos esta reunión con Alberto. También estamos esperando a Jonás.

– Me encantaría acompañar el caso.

– Puedes quedarte y asistir a nuestra reunión.

– ¿No voy a molestar?

– No. Incluso será bueno. No estás en el tema, y podrás darnos tu opinión.

– En este caso, me quedo. ¿Rubito no se molestará?

– Estoy seguro que no. Después de todo nos ayudaste desde el comienzo del caso. Rubito abrió la puerta y viendo a Lanira, la abrazó con gusto. Ella le preguntó si podía quedarse para asistir a la reunión y no solo estuvo de acuerdo, sino que encontró la idea fantástica. Entonces, ellos se fueron a la oficina de Rubens para revisar los hechos una vez más y a esperar a Jonás y verificar lo que había logrado descubrir.

CAPÍTULO 10

Jonás llegó unos minutos después y los encontró reunidos esperándolo.

– Entonces, ¿cómo vas a hacer eso? – Consultó Rubito luego que lo vio acomodado.

– Hirviendo. Marilena escuchó la conversación de Eleuteria con Juan, su esposo. Ella reclamó que había conversado con Boris. Que el Dr. José Luís no iba a enviar dinero mientras el caso no se resuelva en los tribunales. Ella dijo:

– ¿Qué está pensando que es? Eso es una disculpa. Nadie sabe nada de lo que pasó. El idiota de Alberico ya murió. Nadie puede probar nada.

– ¿Estás segura? ¿Y si este chico realmente fuese el nieto del viejo?

– No lo creo. En su momento, el Dr. José Luís dijo que se libraría del niño para siempre. Que nunca nadie se enteraría de nada. Sospecho que él incluso lo mató. Por esta razón, este caso no va a ir a ninguna parte.

– Si él realmente eliminó al niño, ¿cómo es que ese muchacho podría conocer esta historia?

¿Esto fue obra de la madre del niño muerto? Ella desapareció y ustedes nunca más la vieron.

– No lo creo. ¿Qué interés tendría en esto?

– Conseguir un impostor, recibir la fortuna. Bien podría ser.

– ¡Hum...! No lo creo. Si esa historia se hace pública, ella irá a la cárcel No. No creo que haya sido ella. Creo que debe haber muerto.

– Si no fue ella, solo puedo haber sido el verdadero heredero.

– Eso no es así. ¡El Dr. José Luís no sería tan ingenuo de dejar vivo a ese niño después de todo! Pero sea como sea, si cree que me voy a conformar en ser dejada de lado por un problema suyo, está muy equivocado. Al contrario, ahora tendrá que doblar la bolada. Si yo abro la boca, lo pierde todo. ¿Crees que él va a facilitar?

– Pero puedes ir presa como cómplice.

– Él no dejará que llegue a tanto. Va a querer salvar su pellejo. Ahora es hora de pedir lo que queramos. Él va a pagar, ya verás.

– Por lo visto, van a querer sacar partido de la situación – comentó Daniel.

– ¡He aquí la prueba que siempre he dicho la verdad! – comentó Alberto, emocionado.

– Esto nos da valor para continuar hasta que todos estos hechos se aclaren – respondió Rubito.

– Estamos tratando con personas de la peor especie. Tenemos que tener cuidado – dijo Daniel.

¿Por qué dices eso? – Preguntó Rubito.

– Harán cualquier cosa para salvar el pellejo. Alberto debe tener cuidado – advirtió Daniel –. Pueden intentar algo contra él.

– No tengo miedo. Que vengan. Así podremos aclarar este asunto de una vez.

– Nada de eso. Queremos hacer todo dentro de la ley, sin violencia – contraatacó Rubito.

– Yo también lo creo – añadió Daniel –. Estoy seguro que nunca te atacarían de frente. Pero nunca se sabe lo que harían a tus espaldas. Solo lo dije para que Alberto esté atento. Cuídate. Sería bueno si no facilitaras caminando por calles desiertas por la noche, etc.

– Daniel tiene razón – consideró Jonás –. Por lo que he observado, son peligrosos. Después, tengo experiencia. Para encubrir un crimen, al asesino no le importa cometer otros. Estuve pensando: tal vez podríamos armar una trampa para Eleuteria y su marido.

Todos miraron con interés. Rubito preguntó:

– ¿Cómo?

– Como una grabadora oculta. Sería bueno grabar las conversaciones entre los dos.

– ¿Crees que Marilena sabría hacer esto? – Preguntó Daniel.

– Puedo enseñarle. Tengo un amigo que sabe correctamente lo que tenemos que hacer. Una vez grabó una conversación de un chantajista haciendo la extorsión. Fue sopa después de hacerlo confesar.

– Eso sería excelente. Puedes encargarte de eso. ¿Crees que Marilena estará de acuerdo? – Preguntó Rubito.

– Sí. Está alterada con lo que ha oído. Ahora está muy interesado en ayudar a Alberto y la justicia.

– En ese caso, lo intentaremos. ¿Es demasiado caro para montar todo? – Preguntó Daniel.

– No. No lo creo. Mi amigo tiene todos los aparatos. No se preocupen que sé cómo hacer eso.

– Puedes estar seguro que cuando reciba lo que me pertenece, no me olvidaré de todos los que me están ayudando ahora – garantizó Alberto emocionado.

– Seguiremos vigilando a Boris y Pola. Ellos pueden darnos una buena pista – dijo Rubito.

– Claro. Preparo todo o material y se lo llevo a Marilena mañana por la mañana, mientras ella se encarga de las grabaciones, vuelvo a vigilar a Boris.

– Sería bueno que consiguieras a alguien para que se quede vigilando cuando estás fuera. Algo me dice que no debemos dejar a Boris sin vigilancia – dijo Rubito.

– Yo también lo pienso. Hablaré con un amigo y haré todo lo que pueda. Cualquier noticia me pongo en contacto.

Se despidió y se fue. Alberto se sentía nervioso, inquieto:

– Me gustaría que este día terminara pronto y pudiéramos conocer el resultado de la audiencia. ¿El juez toma una decisión inmediatamente?

– Ni siempre. Puede que quiera estudiar mejor los hechos y demorarse para tomar una decisión – aclaró Daniel, que también se sentía ansioso.

– Si es así, ¿cómo lo sabremos?

– Cálmate, Alberto – aclara Rubito –. A partir de mañana, iremos todos los días al foro para intentar averiguarlo.

Él se pasó la mano por el cabello en un gesto nervioso.

– Será difícil esperar.

Lanira se acercó o escuchó de él, diciendo:

– Como no hay otro remedio, ¿qué tal intentar no atormentarse y tratar de confiar en la justicia?

– Ante lo ocurrido, yo diría que sería bueno confiar en Dios. Lanira miró a Daniel admirada. Ella nunca lo escuchara mencionar a Dios. Él era retraído con la religión. No se contuvo:

– ¿Por qué dices eso?

– Por nada.

– Hemos conversado con Júlio sobre Espiritismo. Últimamente hemos pensado en el asunto – explicó Rubito.

– ¡No digas! ¡Deja que mamá sepa eso!

– No dirás nada. Suficiente con los problemas que me he ganado con ella.

– Claro que no. A decir verdad, siempre tuve curiosidad. La tía Josefa siempre me decía que veía espíritus. ¿Sabías que ella hace sesiones en casa de unos amigos? Quería ir, pero ella nunca me dejó por culpa de mamá.

– ¿La tía Josefa? ¿Estás segura?

– Claro. Ella siempre me habla al respecto. Ella conversa con el abuelo Augusto y con la tía Norma. Ellos le cuentan las cosas que van a suceder.

– ¿Y suceden? – Preguntó Rubito interesado.

– Ella dice que sí. Júlio nunca me lo contó. ¿Él hace sesiones también?

– Él hace regresiones. A través de la hipnosis la persona vuelve en el tiempo y recuerda eventos de otras vidas – aclaró Daniel.

– ¿En serio? ¡Dios mío! ¡Qué interesante! ¿Por qué nunca me dijeron nada? – Alberto consideró.

– No pensé que estuvieras interesado – se justificó Daniel.

– Estoy muy interesado en este asunto. En Inglaterra hay grandes investigadores. Desde el siglo pasado, vienen haciendo experimentos médiums, con maravillosos resultados. Cuando yo vivía allá, frecuentaba sesiones en casa de amigos muy serios y cultos.

Viendo que los tres lo miraban sorprendidos, Alberto continuó:

– A decir verdad, si decidí regresar al Brasil, para intentar recuperar lo que me pertenece, fui inspirado por alguien que no pertenece más a este mundo.

Al ver que los tres lo miraban con interés, continuó:

– Cuando era todavía un adolescente, acostumbraba soñar con un amable caballero que me venía a buscar en el cuarto, me pasaba el brazo alrededor de mi cintura y me llevaba a lugares maravillosos. Sentía una increíble sensación de ligereza y bienestar mientras me deslizaba por lugares, como si estuviésemos volando, sobre ciudades cuyas luces encendidas podía ver desde lo alto. Me despertaba con pena, sintiendo que mi cuerpo pesado y muchas veces le decía que me gustaría quedarme con él para siempre y no despertar más. Él; sin embargo, no estaba de acuerdo y respondía:

"No es tu momento. Todavía tienes mucho que hacer en el mundo."

– Sé lo que quieres decir. Es un sueño diferente a los otros – dijo Daniel.

– Así mismo. Es muy diferente. A veces hablaba sobre eso con algún colega o con un profesor, pero ellos repetían que era solo un sueño. Y que no debería impresionarme tanto. Cuando dejé el colegio y fui a la universidad, me encontré con algunos colegas que conocían estos fenómenos y me invitaron a estudiarlos con ellos. Asistí a sesiones que se realizaban una vez por semana y los hechos que sucedieron conmigo hicieron que yo creyese en la continuidad de la vida después de la muerte y en la comunicación de los espíritus.

– ¿Crees que cualquiera que haya fallecido puede venir y comunicarse con nosotros? – Preguntó Daniel.

– Estoy seguro. Una vez asistí a una sesión y, cuando comenzó, una médium me dijo estaba viendo a un hombre de mediana edad cerca de mí que deseaba hablar conmigo. Por su descripción, reconocí al mismo hombre con el que yo soñaba y emocionado, le dije que estaba listo a oírlo. Él se acercó a la médium y habló conmigo por su intermedio.

– ¿Qué fue lo que dijo? – Preguntó Lanira.

– Dijo que se llamaba António, que me amaba mucho y que estaba siempre conmigo. Que estaba vinculado a mí por lazos muy fuertes del pasado y que me ayudaría. Que tuviese confianza y continuase asistiendo a las sesiones, que volvería a hablar conmigo. En ese momento, sentí una emoción incontrolable. Las lágrimas caían de mis ojos sin poderlas contener. Nuestras reuniones se repitieron y él me habló del pasado, diciéndome que había llegado la hora de volver al Brasil, donde yo tenía cosas importantes que cumplir. No quería volver antes de graduarme, pero cuando dejé de recibir dinero me vi obligado a interrumpir mis estudios. Él insistió en que no tenía nada más que hacer en Inglaterra y que debería volver al Brasil. Tampoco quería interrumpir las sesiones, en las cuales recibía tanta ayuda espiritual, tanto consuelo. Una vez en el Brasil, ¿cómo podría conversar nuevamente con él? Pero dijo que nunca me abandonaría y terminé aceptando y volviendo. Incluso sin ir a las sesiones, estoy seguro que él ha cumplido su promesa. A veces siento su presencia en mi lado, inspirándome y para ser honesto, siento que sin él no habría descubierto la trama de mi pasado. Ahora que sé que es el espíritu de mi abuelo, que siempre me amó y con el cual tengo una gran afinidad espiritual.

Daniel escuchaba callado, pensativo. Comenzaba a pensar que sus sueños deberían tener algo que ver con esa situación, una vez que ellos habían comenzado cuando Alberto apareció en su vida. No dijo nada, pero por la mirada de Rubito se dio cuenta que él estaba pensando lo mismo.

– ¡Tengo una idea! Hablemos con la tía Josefa, vamos a contarle todo. Podremos ir a las sesiones en su casa, tratar de hablar con ese espíritu. De la manera como las cosas están vamos a necesitar mucho su ayuda – sugirió Lanira.

– Él puede guiarnos – dijo Rubito.

– No sé si haremos bien al involucrarnos con esas cosas – respondió Daniel.

– Creo que sería bueno. Desde que regresé al Brasil, no fui a buscar ayudar espiritual con los espíritus, porque no quería que nadie supiese de mi caso antes de tiempo. Además, aquí cómo que la gente practica un Espiritismo diferente a lo que estaba acostumbrado. En Londres, las sesiones eran siempre de estudio, con el fin de aprender algo. Aquí, tratan más de atender a los espíritus sufridores y nadie hace investigación. No era ese mi objetivo.

– Júlio es un estudioso y hace trabajo de investigación – informó Rubito.

– Eso es interesante. Ayudar a espíritus sufridores que incomodan a las personas, es una ayuda pasajera. Lo bueno es enseñar a las personas a Lídia con las propias emociones, con los desafíos de la vida, para que se equilibren. De esta forma se liberan para siempre de las influencias de espíritus sufridores. En Inglaterra hay médiums de cura, pero ellos trabajan solamente con la imposición de manos. No reciben ni adoctrinan a espíritus perturbados. Dicen que es necesario mejorar la sintonía y vincularse a espíritus superiores – aclaró Alberto.

– Veo que conoces el tema – dijo Lanira con interés –. La tía Josefa es una persona muy equilibrada y eso siempre me impresionó. Mamá vive diciendo que esa historia de espíritus es peligrosa y conduce a la locura. Nunca creí eso. Dicen que la tía es médium desde la infancia, y por lo que he observado, es la persona más tranquila y serena que he visto en mi vida. Mucho más que mamá, papá e incluso que todos nosotros.

– Es una señal que está vinculada a espíritus superiores y sabe lo que está haciendo. La mediumnidad es una puerta preciosa para la conquista de la sabiduría y la paz. Pero necesito aprender a usarla – explicó Alberto –. Si ustedes logran combinar una cita con ella, me gustaría mucho participar de una sesión.

– Prefiero discutir el asunto con Júlio – dijo Daniel.

– Hagamos lo siguiente. Hoy mismos hablaré con la tía Josefa. ¿Me autorizan a contarle lo que pasa? – preguntó Lanira.

– Sería mejor decirle que estamos estudiando la comunicación con los espíritus y nos gustaría ir a una sesión en su casa – sugirió Alberto.

– ¿No sería mejor contarle todo? – Intervino Rubito.

– No. Es mejor no decir nada y esperar los acontecimientos. Los espíritus hablan lo que necesitamos escuchar. Ellos saben leer nuestros pensamientos y son más espontáneos cuando el médium desconoce el asunto – explicó Alberto.

– Es verdad. Ella conoce toda la historia de antemano, todo lo que los espíritus digan al respecto nos parecerá su opinión – dijo Rubito.

– Así que es mejor no decir nada y dejar que suceda. Sé por experiencia propia que, cuando quieren, hacer cosas increíbles que terminan con todas nuestras dudas – dijo Alberto.

– Entonces está acordado. Hablaré con ella y luego les daré la respuesta – terminó Lanira.

– ¿Qué vas a decir? – Preguntó Rubito.

– Que queremos estudiar el asunto, solo eso. Necesito resumir la situación de la familia. Sabe que a mamá no le gusta y puede negar el permiso.

– Estoy seguro que sabrás convencerla – dijo Alberto mirándola a los ojos –. ¡Tú siempre consigues lo que quieres!

Daniel pareció sorprendido. ¿Cómo podía saber esa característica de Lanira? Concluyó que, como toda persona que habla poco, Alberto era muy observador.

– Tienes razón. Lanira realmente lo consigue.

– Entonces – añadió Rubito –, contamos contigo.

– Pueden estar tranquilos. Sé cómo hacer eso.

Se rieron felices. Lanira notó que Alberto cambiaba por completo su rostro cuando sonreía y sus ojos perdían ese brillo duro y sufrido que a veces la hacía desviar los ojos cuando él la miraba.

– Tengo que ir al trabajo ahora –. Alberto sacó una tarjeta de presentación del bolsillo y se la dio a Lanira, diciendo:

– Aquí está mi teléfono. Tan pronto como todo esté arreglado, puedes llamarme. Estaré esperando con ansias. Es muy importante para mí asistir a esta sesión.

Lanira tomó la tarjeta y la guardó en su bolso, prometiendo también informar tan pronto tuviese la fecha. Después que Alberto se despidió y salió, Rubito no se contuvo:

– Daniel, aquí está el dedo de Dios. ¡No es posible! ¿Quién podría haber imaginado que Alberto estuviese tan conectado con los espíritus? ¿Pensaste lo que yo pensé?

– Claro. Todo empezó un día antes de mi contacto con Alberto. Empiezo a encontrar más coincidencias. Es perturbador.

– ¿Qué está pasando que no sepa? – preguntó Lanira.

Rubito miró a Daniel:

– Cosas de tu hermano.

– ¿Qué es?

– Ahora no me darás paz hasta que te lo cuente. Esta historia me comienza a incomodar.

– ¿No es mejor contar pronto? – Sugirió Lanira.

En pocas palabras, Daniel le contó lo que le estaba pasando. Cuando terminó, Lanira no estaba contenta:

– ¡Tengo escalofríos por todo el cuerpo! ¡Dios mío! ¿Y todavía dudas? Yo ya habría ido al consultorio de Júlio para hacer una regresión afín de encontrar la verdad. ¡Esa de soñar con Alberto antes incluso de conocerlo es demasiado! ¿Cómo puede pasar esto?

– No lo sé... Esto puede ser solo una coincidencia. La preocupación con el caso. Por más que yo quiera negar, mi vida ha cambiado radicalmente en los últimos tiempos. Dejé a la familia, enfrentando un caso profesionalmente difícil, todos están en contra nuestra, la victoria es incierta. Es posible que todo esto me haya presionado y me haya hecho tener esas pesadillas –. Lanira negó con la cabeza.

– No lo creo. Es demasiada coincidencia. Además, Alberto se involucra con el espíritu del abuelo. Él parece interesado en hacer justicia. En devolverle al nieto todo lo que le fue robado. Eso sí hace sentido para mí. Estoy pensando que, si ustedes están siendo ayudados por espíritus interesados en mostrar la verdad, ustedes van a ganar esta causa, por más poder que el Dr. José Luís tenga.

– Ahora el que tiene escalofríos soy yo – dijo Rubito –. Es cierto. Tener una ayuda de esas nos da valor.

– Veamos qué determinará el juez. Nuestro caso puede terminar aquí.

– No seas tan pesimista, Daniel. Nunca he visto a nadie ganar, creyendo en la derrota.

Lanira tiene razón, Daniel. Necesitamos mantener el optimismo. ¡Ahora que Jonás intentará obtener una gran prueba! Empiezo a pensar que tienes tanto miedo de enfrentarte al pasado en una regresión que prefieres perder la causa, terminar luego con esta historia para quedarte en paz.

– Siempre escuché decir que nadie puede detener una verdad cuando es su hora. Tú vas a sufrir y todo va a continuar. ¿Quién puede luchar contra la fuerza de las cosas?

Ustedes dos están exagerando. Ya es tarde y estoy con hambre. ¿Vamos a comer? – Propuso Daniel.

– Está bien. Vamos, pero después me iré. Mamá va a venir a la oficina y no quiero que sepa que vine aquí.

– Es mejor – coincidió Daniel –. Y que tampoco sepa esa historia de la sesión espírita. De lo contrario, tendrá una crisis.

– Puedes estar tranquilo que sé cómo hacer esto.

Ellos se rieron y charlando animadamente salieron hacia el restaurante. Almorzaran y estaban en la sobremesa cuando Lanira sintió golpe en el corazón. Gabriel vino del fondo del salón, pasó junto a ellos y se fue. Ella lo vio de espaldas, pero lo reconoció inmediatamente. Él pasara junto a ellos y no los saludara. ¿Los habría visto y habría evitado saludarlos?

El restaurante estaba lleno. Es posible que no los haya visto. Pero no tenía seguridad. ¿Cuándo habría regresado?

– ¿Qué paso? Ni siquiera fuimos a la sesión y tienes cara de alguien que vio un fantasma – dijo Daniel.

– ¿No lo viste? Gabriel acabó de pasar por aquí.

– No lo vi. Además, hay tanta gente...

– ¿Será que no nos vio o no nos quiso saludar? – Preguntó Lanira.

– Es difícil de decir. Así como yo no lo vi, puede que él no nos haya visto – respondió Daniel.

– ¿Estás enamorada de él? – Preguntó Rubito.

– ¿Por qué dices eso?

– Por tu expresión. Estás pálida, triste, te cambió la cara – explicó Rubito.

– No. Enamorada, no. Me gusta, sí. Como un buen amigo. Incluso hasta como un compañero. Es muy especial, inteligente, bueno. A pesar de todo, tenía la esperanza que él supiese separar las cosas y continuásemos siendo amigos. Pero parece que ya no quiere mi amistad.

– No te precipites. ¿Por qué no le hablas con sinceridad? Si aprecias su amistad, debes luchar por ella. He aprendido que con las personas que queremos bien no debemos dejar asuntos mal explicados, cosas no resueltas. Si conversas con él, demuestras que valoras su amistad, él va a decir lo que piensa y tú vas a poder evaluar los hechos con claridad. Conocer la verdad.

– Sí, voy a pensarlo. Ya veremos.

– Él puede estar avergonzado con el escándalo y haberse alejado por causa de eso, imaginando que lo estás despreciando – sugirió Rubito.

– ¿Crees que él podría estar sintiendo eso? – Dijo, sorprendida.

– ¿Por qué no? Cualquiera que se sentiría avergonzado ante un problema de esos, aunque él no crea que sea cierto.

– Rubito tiene razón. Si yo fuera su hijo, desaparecería del mapa hasta que todo se aclarara. ¿Ya pensaste en los comentarios que deben estar corriendo por allí?

– Desafortunadamente, no podemos evitarlo.

– Empiezo a pensar que tienen razón. Puede que se esté escondiendo. Se fue de la universidad. Ciertamente por las falacias.

– En ese caso, lo mejor habría sido haberse quedado y enfrentado los hechos con coraje. Si estuviese en su lugar, los habría enfrentado. Es mejor que huir. Después, él es él, los padres son los padres. Él no es responsable de sus actos. Me parece gracioso lo que la gente piensa. Se avergüenzan por los que beben, por los adictos, por los descarriados, por los deshonestos. Cargan en la espalda el peso del comportamiento de toda la familia. ¿No es una locura? ¿Quién puede hacerse responsable de los actos de los demás? Solo porque tienes familiares, ¿tienes que responder por todo lo que hacen? – Consideró Rubito.

– Eso es cierto. Mis padres se avergüenzan de mí solo porque decidí cuidar de mi vida de otra manera y asumir el caso contra los Camargo. Para mí, hice lo mejor y lo que me parece correcto.

– Así es, Daniel. Quien se embriaga, está haciendo lo que cree que sea bueno para él. Puede estar equivocado en su forma de percibir, pero tiene todo el derecho a experimentar ese camino. Cuando salí de casa, fue por el mismo motivo. Mis padres se sintieron avergonzados por nuestra actitud profesional. Pero continúo pensando que fue lo mejor que hice en mi vida. Me gustaría que entendieran, pero a pesar de eso me siento mejor haciendo lo que considero correcto que cerrando los ojos solo porque los Camargo son personas importantes. Después, me ocupo de mi vida a mi manera. Nunca pensé en avergonzarlos. Se avergüenzan porque se engañan con las apariencias, cultivan falsos amigos, gastan el tiempo en nimiedades, hasta el punto de no darse cuenta que ciertos valores importantes de la vida. Yo deseo más que eso. He visto gente de la sociedad, ricas, bien situada, que acaban vacías por dentro, sin objetivos, inmersas en el aburrimiento y la desilusión.

– Tienes razón. No quiero eso para mí – asintió Daniel –. Puede que no consiga ser más feliz que ellos. Mientras tanto, intento tomar otro camino, ya que estoy seguro que no quiero terminar como ellos.

– Estoy de acuerdo. Yo tampoco quiero eso. Solo que todavía no sé cómo hacerlo – dijo Lanira, pensativa.

– Deja correr el tiempo. Él es sabio y trae todo en el momento más apropiado. Eres muy joven. Puedes esperar – comentó Rubito.

Ellos continuarán hablando por unos pocos minutos más y después que dejaran el restaurante se separaron. Lanira se fue a casa, pensativa. ¿Ella debería intentar aproximarse a Gabriel? ¿Y si él se negase a verla? ¿Él realmente habría viajado o estaba estado en casa sin querer atender el teléfono? Mil preguntas cruzaban su cerebro. Tenía ganas de llamarlo. Fue a su cuarto y allí decidió. Tomó el teléfono y llamó. Una voz femenina respondió.

– ¿Gabriel está?

– ¿Quién desea hablarle?

– Lanira.

– Voy a ver si está.

Lanira esperó, conteniendo la respiración.

– Se fue temprano y aun no ha regresado.

– Gracias.

Lanira colgó decepcionada. Él no quería hablarle. Necesitaba rendirse a la verdad. La estaba evitando. Entonces, siendo así no lo buscaría más. Decidió olvidarse de ese asunto.

Cuando María Alice llegó a casa al final de la tarde, Lanira, que estaba leyendo un libro en el salón, la miró con curiosidad. ¿Cómo habría sido su encuentro con Daniel?

En la mesa de cenar ella no tocó el asunto, como de costumbre. Lanira sabía que ella nunca conversaba los asuntos de familia delante de los criados. Por eso se fue a su cuarto después de la cena y bajó enseguida con el libro y se sentó en silencio en el lugar de siempre, donde podía oír lo que ellos conversaban en la otra sala.

– Según te dije, fui a ver a Daniel – comenzó María Alice.

– Por tu cara, ya sé que no conseguiste nada – respondió António

– Sí. Está determinado. ¡Habla con tanta seguridad de la culpabilidad de los Camargo! ¿Tú crees que podría estar diciendo la verdad?

– ¡Que Nada! Él está siendo engañado por algún aventurero.

– ¡Él tiene varias pruebas! Yo no sé. Me quedé en duda. El nieto del Dr. Camargo puede estar vivo realmente.

– Es mucha imaginación. Fuimos al entierro, ¿recuerdas?

– Con ataúd sellado. ¿Quién puede afirmar que el cuerpo del niño que estaba en ese ataúd era de Marcelo?

– ¡Pues fue reconocido por personas de la familia!

– Daniel dijo que solamente fue por el ama y por el chofer. El Dr. Camargo estaba conmocionado y los padres del niño también. No quisieron mirar.

– Claro que ellos deben haber reconocido a Marcelo. Es fácil decir eso porque ahora todos están muertos.

– ¿Y si no vieran correctamente? ¿Y si esa historia fuese verdadera?

¡Daniel puede tener razón!

– ¿Qué es eso, María Alice? ¿Fuiste a tratar de convencerlo y él terminó convenciéndote? Al parecer, Daniel está resultando ser un buen abogado. ¡Como eres ingenua! De hecho, creo que te dejaste engañar solo para justificar su comportamiento. ¿Crees que no te vi? Desde que se fue, no tienes la misma alegría de antes. Vives pensando en él. A veces te sorprendo mirándome de forma extraña. Tengo la impresión que me culpas que él se haya ido de la casa.

– No es nada de eso. Lamento que hay tomado esa decisión, siento su falta. Siempre ha sido mi orgullo. Y quédate sabiendo que no soy tan ingenua como crees. A veces puedo fingir que no sé, que no veo, porque me conviene, para no tener que tomar ninguna actitud y para llevar nuestras vidas adelante. Pero veo todo lo que sucede a mi alrededor.

António se movió en su sillón. ¿Qué quiso decir con eso? ¿Se estaría refiriendo a él?

– ¿Por qué estás enojada? ¿A qué te refieres con eso?

– Será mejor que nos quedemos por aquí. No me gusta discutir contigo. Somos personas educadas.

Él cambió de tono:

– No tuve intención de ofenderte. Es solo que Daniel casi logró convencerte de ese absurdo.

– No hables más de eso.

¿Él pidió dinero?

– Absolutamente. La oficina es sencilla, pero agradable, y estaba bien vestido, como de costumbre. Debo estar ganando lo suficiente para vivir.

– Dices esto solo para disgustarme. Sé que debe estar luchando con dificultades.

– No fue lo que me pareció. Vamos a cambiar de tema. Estoy cansada y voy a subir. María Alice salió de la sala, pasó junto a Lanira sin verla y subió a su cuarto. La chica esperó unos minutos y luego también subió a su cuarto. La actitud de su madre la sorprendió. Siempre pensó que ella y su padre vivían muy bien. Mientras tanto, ella sintió perfectamente el odio velado y la insinuación a algo desagradable entre los dos. ¿Qué sería? ¿Algo referente a la política? Lanira sabía que detrás de todo lo que él hacía había un juego de intereses, pero el tono que ella usara fue muy personal. ¿Habría algo que ella no sabía?

Su madre era muy cerrada y nunca hablaba de sus sentimientos. Lanira por primera comenzó a preguntarse cómo sería la mujer que se escondía detrás de aquella actitud siempre discreta, serena y elegante. ¿Qué habría debajo del barniz de las apariencias?

Por el otro lado, sabía que María Alice era perspicaz, mucho más inteligente que su padre, y si ella comenzaba a creer en Daniel, era muy probable que otras personas, incluso el juez, hicieran lo mismo.

A pesar de preocuparse con Gabriel, ella se sentía feliz de pensar que el hermano tenía razón, haciendo las cosas a su manera sin escuchar a nadie. Si su madre no era feliz con su padre y escondía su infelicidad, sujetándose a fingir solo para mantener las apariencias, estaba siendo cobarde, pagando un precio muy alto por la posición social que ocupaba. Por primera vez, pensó en su madre con tristeza. Ella no era nada de aquello que luchaba por aparentar. Estaba abrumada, oprimida, infeliz. ¿Hasta cuándo conseguiría ocultar sus verdaderos sentimientos? Lanira decidió mantenerse alerta y observar.

CAPÍTULO 11

Gabriel entró en casa aborrecido. El encuentro con Lanira en el restaurante lo trastornara. Él estaba enamorado de ella. Su bello rostro, su mirada inteligente, sus actitudes, diferente de las jóvenes que conocía, lo habían impresionado al principio y, luego, con la convivencia, se sintiera atraído, descubriendo finalmente que por primera estaba enamorado. Acostumbrado a ser muy mimado por las mujeres que circulaban a su alrededor disputando su preferencia, Gabriel siempre buscaba formas de escapar de ellas, a fin de garantizar su privacidad. Esto no sucediera con Lanira. Ella actuaba con naturalidad, sin los jueguitos y circunloquios, exponiendo francamente sus ideas.

Si no fuera por su actitud de aclarar que no quería enamorar él ya se hubiese declarado. A su lado, casi no resistía el impulso de tomarla sus brazos, besar su boca carnosa, preguntar si sentía algo por él.

Percibía que ella gustaba de su compañía, que a su lado se sentía a gusto, mirándolo con cariño y placer. Gabriel tenía esperanzas de conquistarla venciendo la barrera que ella había colocado.

Fue en la universidad que escuchó a alguien comentando el escándalo que involucraba a su padre. Inmediatamente compró el diario y lo que leyó lo dejó estupefacto. Nunca se llevara bien con su padre. Aunque trató de aproximarse, siempre terminaban sin entenderse. Gabriel admiraba apasionadamente a su madre. Cuando era niño, escuchara una conversación entre él y ella, y descubriera que no vivían bien, José Luís tenía negocios con los cuales su madre no estaba de acuerdo. Lo escuchara claramente amenazándola.

– Si abres la boca, nunca volverás a ver a tu hijo.

– ¡No harás eso! ¡No serías capaz!

– ¡Intenta desafiarme! Te garantizo que te arrepentirás.

– ¿Qué puedes hacer?

– ¡Sabes que tengo maneras de separarte de él! No me obligues a hacer eso. Si fueses razonable, continuaremos nuestra vida y nadie sabrá de nada.

Escondido detrás de la puerta, Gabriel escuchó al padre cuando salía mientras su madre lloraba abundantemente. Tenía miedo de ser castigado por su padre y no tuvo el valor de salir de su escondite. Pero desde ese día empezó a observar a su padre y se dio cuenta que no amaba a su madre como parecía. Frente a la gente cambiaba completamente, tratándola con cariño y deferencia. Tan pronto se quedaban a solas, casi ni se hablaban. María Júlia asumía ese rostro triste y Gabriel se dio cuenta que estaba sufriendo. Nunca tuvo el valor de hablar con ella sobre el tema, pero la rodeaba de amor, en un intento por compensar la frialdad de su esposo. El día en que los diarios publicaron las declaraciones a Daniel, Rubito y Alberto, su padre se encerrara en la oficina con su madre y Boris durante mucho tiempo. María Julia salió de allí pálida ahí, mientras que José Luís, con aire preocupado, había salido con Boris. Gabriel se acercara a María Julia, con el periódico en la mano.

– Mamá, ¿es esto cierto? – Ella lo miró asustada.

– ¿Crees que podríamos hacer eso? Gabriel vaciló.

– No sé. Tú no. Pero... papá...

Ella se acercó a él, colocando la mano en su brazo.

– Tu padre no haría eso. Olvida esa historia.

– En ese caso, ¿por qué están tan preocupado? Ustedes se quedaron en la oficina más de dos horas.

– Ya sabes cómo, un escándalo de esos es siempre preocupante. La maldad de las personas, los envidiosos van a tirar barro a nuestra familia. Tenemos que defendernos.

– Será fácil demostrar que esto es una calumnia. Ustedes deben tener todos los documentos o, testimonio de las personas, todo.

– Ya hace mucho tiempo de eso. Las personas que podrían testificar se dispersaron. Su padre hablará como Dr. Loureiro. Él inmediatamente le dará un pare en este asunto.

– ¿Por qué será que Daniel y Rubito se prestaran para este papel? Nuestras familias son amigas. ¿Hubo algún problema entre ustedes?

– Absolutamente ninguno. Tu padre hablará de inmediato con António y Ernesto para exigir que sus hijos retiren esta denuncia.

– ¿Quieres decir que es una calumnia?

– ¡Por supuesto! ¿Cómo puedes creer una cosa de esas?

Gabriel se calmó un poco; sin embargo, en la universidad los comentarios malintencionados lo incomodaban. Y Lanira, ¿qué estaba pensando? ¿Estaría del lado del hermano? ¿Le habría dado crédito a esa historia? Tenía ganas de hablar con ella, pero no tenía el valor. Decidió esperar y ver cómo se desarrollaban las cosas.

Pasados unos días, el periódico contó la historia de Alberto en detalle, y al leerla, Gabriel comenzó a juntar algunos recuerdos de su infancia. Muchas veces salía con su mamá con el pretexto de hacer compras, y ella iba a una oficina de correos donde enviaba un sobre para Inglaterra. Él leyera la dirección y ella le pidiera que no se lo contase a nadie.

— Ese será nuestro secreto — había dicho —. Nadie puede saber que escribí esta carta.

— ¿Por qué?

— Se trata de una amiga muy querido que vive en Inglaterra. Se peleó con nuestra familia, pero yo continúo relacionándome con ella. Necesita ayuda y yo le mando dinero. Si tu padre lo descubre, peleará conmigo. La odia. ¡Así que te pido que lo mantengas en secreto!

Gabriel se estremeció al recodar. ¿Y si en vez de esa amiga ella le enviase dinero para mantener al nieto del Dr. Camargo? No podía creer que su madre había participado en un negocio de esos, pero ¿por qué enviaría dinero a Inglaterra a escondidas del marido?

Sería mucha coincidencia.

Sabía que a María Júlia no le gustaba Boris. Sin embargo, soportaba su presencia. Él percibía como el ruso era entrometido y atrevido. Disfrutaba de regalías que ningún otro mayordomo que conocía tenía. Notara que hasta su padre contemporizaba con Boris, sometiéndose a sus caprichos.

Al pensar en ello, Gabriel sintió que aumentaban sus sospechas. Boris estaba en casa desde aquel entonces. ¿Tendría algo para ver con esa historia? ¿Su padre estaría siendo chantajeado por el criado?

A cada día sus sospechas aumentaban. La firmeza de los dos abogados que enfrentaban todo para apoyar ese caso lo hacía sospechar que tenían pruebas fieles y contundentes. Cada día notaba que su padre estaba más nervioso con el asunto y muchas veces se encerraba con Boris en la oficina por largo tiempo.

Si él tuviese la seguridad que su padre era inocente, habría enfrentado todos los comentarios sin preocupación. Pero, pensando en toda su culpabilidad, perdía todo el valor. ¿Cómo proceder si quedaba comprobada la culpabilidad de su padre?

Incapaz de soportar la situación, Gabriel congeló su matrícula y se alejó de la universidad. Su madre lloró, pero comprendió que él prefería esperar a que todo pasara para volver a estudiar. Gabriel se fue en el barco y durante más de quince días recorrió las playas de las pequeñas ciudades vecinas, fondeando aquí y allá para abastecerse, volviendo a su soledad. Hacía dos días que había regresado y recibido los mensajes de Lanira, pero no tenía el coraje para conversar con ella. ¿Qué le diría?

Su hermana, Laura, no ocultaba su rebelión por los dos abogados. Los llamaba envidiosos y oportunistas, queriendo hacer carrera con el sensacionalismo barato. Estaba segura que pronto serían desenmascarados y todo volvería a ser como antes. Aun así, había decidido dar un tiempo, no aparecer en público, para no tener que discutir con la gente, ni soportar su curiosidad.

María Júlia, al ver entrar a Gabriel con aire de preocupación, se acercó:

– ¿Qué pasó, Gabriel? Pareces aborrecido. ¿Te ocurrió algo?

– Nada de más. Estaba terminando de almorzar cuando Rubito, Daniel y Lanira entraron al restaurante.

– ¿Hablaste con ellos?

– No. Estaba al fondo y no me vieron. El restaurante estaba lleno y me hice como que no los vi. Luego salí.

– No fue agradable. Te gustaba salir con Lanira. ¿Estaban saliendo?

– No madre. Fue solo amistad. Ella cree que es muy temprano para enamorar.

– En ese momento llegué a pensar que estabas enamorado de ella. Tus ojos brillaban cuando hablabas de ella.

Gabriel suspiró, guardó silencio unos segundos y luego dijo:

– Ella me gusta. Es diferente a las jóvenes que conozco. Inteligente, alegre, tuvimos buenos momentos juntos.

– ¿Ustedes siguen saliendo? Ella te ha llamado.

– No. No es el momento. No sabría qué decirle.

– Es una situación embarazosa. ¿Es por eso que estabas triste? – Gabriel la abrazó con cariño:

– ¿Qué puedo hacer? Mientras esta situación no esté totalmente aclarada no sé qué hablar con ella. ¿Qué dice el Dr. Loureiro? ¿Qué medidas tomó para terminar con esto?

– Tu padre no fue a la audiencia, mandó al Dr. Loureiro. Él llevó los documentos que comprueban la muerte de Marcelo, y todo lo demás. Estamos a la espera de la decisión del juez. Definitivamente va a desestimar la demanda y cerrar el caso.

– ¿Estás segura?

– Claro. No hay nada que pruebe lo contrario.

– Madre, ¿y si no fuese así? ¿Si ese juez acepta el proceso? – María Júlia se estremeció:

– Eso no va a pasar. Nunca podrán demostrar que ese joven es Marcelo. Gabriel guardó silencio por algunos segundos. Finalmente, no pudo resistirse y dijo a quemarropa:

– Madre, ¿por qué enviabas siempre ese dinero a Inglaterra?

Ella se asustó:

– ¡Shh! No hables de eso, por favor. Tu padre no puede saberlo nunca, especialmente ahora.

– ¿Por qué?

– Él nunca estaría de acuerdo. Ya te lo dije, era para una amiga. Ella se peleó con nuestra familia. ¿Qué estás tratando de insinuar?

– Marcelo vivía en Inglaterra. ¿No era para mantenerlo que enviabas ese dinero?

María Júlia se puso pálida y se habría caído si Gabriel no la hubiese abrazado asustado:

– ¿Mamá qué te pasó? ¡Te ves pálida!

– ¡Por favor, hijo mío! ¡Nunca vuelvas a repetir eso! ¿Ya pensaste si alguien te escucha?

Tu padre nunca debe saber de eso. ¡Júrame que nunca se lo dirás!

– Lo juro. No le diré nada. ¡Cálmate! Siéntate en el sofá –. Ella se sentó y sujetando las manos de Gabriel, dijo nerviosamente:

– No vuelvas a repetir eso, te lo ruego. ¡Júrame que nunca volverás a tocar en el asunto!

– ¡Quédate tranquila! No voy a hablar con nadie.

– Júralo.

– Mamá, toqué este tema porque algunos recuerdos me están preocupando desde que comenzó esta historia. Me doy cuenta que hay algo que no sé y no quieres contarme. Necesito saberlo. Sea lo que sea que haya pasado, estaré de tu lado, haré lo que pueda para ayudarte. Pero necesito saber la verdad.

Todos estos años he observado tu sufrimiento. Sé que papá te ha amenazado, y siento que hasta Boris puede estar involucrado.

— Me asustas. No quería que mis hijos se involucraran en esta historia. Te lo pido, ¡mantente al margen!

— No puedo, mamá. ¿Por qué no me lo dijiste todo? ¿A qué le temes? ¿Este chico puede ser Marcelo?

María Júlia retorcía las manos, nerviosa cuando dijo:

— ¡Pensé que todo había terminado! ¡Dios mío! ¡Estoy siendo castigada!

— Entonces es verdad. ¿Marcelo está vivo?

María Júlia se puso de pie y lo miró a los ojos:

— ¡Prométeme que nunca más vas a hablar de eso aquí en casa! ¡Por favor! Te prometo que te contaré toda la verdad. Aquí no. Las paredes tienen oídos. Vamos, promételo.

— Está bien, lo prometo. Pero tienes miedo de contarme todo.

— Te lo diré, desde que cumplas mi pedido.

— ¿Cuándo?

— Tienes que esperar. Nadie puede saber lo que sabes algo, ¿entendido?

— Entendí. Podremos encontrarnos afuera y conversar. No aguanto más esperar.

— A veces es mejor no saber nada.

— Todo es mejor que la duda.

— Necesitamos estar en un lugar seguro, donde nadie nos pueda oír.

— Yo me encargo. Sé cómo arreglar todo.

— Me siento cansado...

– Estás abatido.

– Me voy al cuarto a arreglarme un poco.

Cuando se fue, Gabriel se sentó pensativo. Estaba claro que había un secreto y era muy probable que Marcelo estuviera vivo. La actitud de su madre no dejaba lugar a dudas. ¿Por qué su padre no sabía que mandaba dinero a Inglaterra? Estaba ardiendo de curiosidad por saber la verdad.

No creía que su madre fuera culpable. Era una mujer de principios. Si ella ayudara al esposo encubriendo esa farsa, fue por haber sido amenazada de alguna manera. Incluso, tal vez para salvar a los hijos. ¿No escuchara a su padre amenazarla con llevarse a sus hijos? Era difícil demostrar que un padre amenazara a su propia familia. ¿Sería verdad lo que había oído cuando era pequeño?

Decidió que ese mismo día lograría salir con su madre sin despertar sospechas. En la cena, comentó frente a todos que la estaba encontrando un poco desanimada, a lo que ella respondió:

– Estoy un poco enferma. No es nada.

– Necesitas de aire puro. Ya nadie puede respirar en este Rio de Janeiro. Mañana temprano daremos un paseo en bote. Quiero mostrarte algunos cambios que hice. Te garantizo que el aire de mar te hará bien.

– No puedo, hijo mío. Tenemos algunos compromisos.

– Tu salud es más importante. Suspende tus compromisos y vamos a pasear un poco. Te garantizo que te hará bien y que volverás más sonrojada y dispuesta.

– Gabriel tiene razón. Has estado muy deprimida. Un poco de aire puro te hará bien – añadió José Luís.

– Está bien, iremos.

– Así mismo, mamá. Pasaremos todo el día en el mar. Regresaremos al atardecer.

A la mañana del día siguiente, Gabriel se levantó temprano. Estaba ansioso, pero tuvo que esperar a que la madre cancelara sus compromisos. Eran más de las diez cuando finalmente salieron.

El chofer los dejó en el muelle, donde el barco estaba anclado. En la embarcación solo estaba el encargado de cuidar de todo, que muchas veces acompañaba a Gabriel en sus viajes, compartiendo el timón o haciendo mantenimiento.

– Buenos días Juan – dijo Gabriel entrando al barco –. ¿Está todo en orden?

¿Podemos zarpar?

– Buenos días, si podemos. Buenos días, doña María Júlia.

– Buenos días, Juan.

– Estoy feliz de tenerla a bordo.

– Mi mamá necesita respirar un poco de aire fresco. Vamos a pasear durante todo el día, ¿hay comida?

– Sí hay. Podemos ir hasta Angra. Me gustaría prepararle un rico almuerzo para doña Júlia.

– De acuerdo, Juan, por ahora, demos un paseo.

Era un barco muy hermoso, con dos camarotes debajo y una hermosa sala de estar arriba, en medio de la cubierta. María Júlia guardó la bolsa en la cabina, se cambió de ropa. Hizo todo mecánicamente. No quería dar a percebe cuánto estaba nerviosa.

Gabriel le sirvió a su madre un refresco, colocó bandeja con bocadillos, tomó un vaso de cerveza, se sentó a su lado en la pequeña saleta diciendo:

– Relájate, mamá. Mira qué hermoso día.

– Es verdad. Tengo tanta angustia que ni me di cuenta.

– Quería traerte aquí para renovar tus energías. No me gusta verte triste, decaída. Sea lo que haya sucedido, estaré a tu lado. Haré todo lo posible para que estés bien.

María Júlia suspiró:

– Gracias, hijo mío. Cuanto más amor me das, más me arrepiento de lo que hice. Puedes estar seguro que estoy siendo severamente castigada por mi debilidad –. Gabriel sujetó las manos frías de su madre, apretándolas con fuerza:

– Yo estoy aquí, mama. De tu lado. Listo para defenderte de todo.

– Gracias, hijo mío.

– Ahora habla.

– ¿Estás seguro que Juan es digno de confianza?

– Absoluta. Donde está no puede oírnos, e incluso si lo hace, te puedo garantizar que haría todo por ayudarnos. No es solamente uno empleado, es un amigo dedicado.

– Está bien. ¿Qué quieres saber?

– Todo. Desde el principio. ¿Te casaste por amor?

– No. Pero tu padre era un hombre guapo, galante y atento, y yo acepté. Más no es de nuestra vida que quiero hablar.

– Me doy cuenta que ustedes no se llevan bien.

– Esa es otra historia. Vine aquí para hablar de Marcelo.

– ¿Qué pasó realmente? ¿Ese joven puede estar diciendo la verdad?

María Júlia miró a su hijo en agonía. Le era muy difícil hablar de ese asunto.

– Me gustaría mucho que me perdonaras y olvidaras el asunto. Él sacudió la cabeza negativamente.

– No puedo, mamá. Sea lo que haya sucedido, ya te dije que estaré de tu lado, te daré mi apoyo, pero que quiero la verdad. Tengo derecho a saber. ¿A qué le temes?

– No es por mí que temo. Me incomoda percibir tu animosidad con tu padre.

– A él no le interesa, mamá. De hecho, nunca se interesó por lo que siento.

– Es porque tú lo ignoras.

– No estamos aquí para hablar de mi relación con papá. Sabes que no estoy de acuerdo con la forma en que te trata en la intimidad. Me alejo para no discutir con él en relación a ti, para no crearte incomodidad. Pero ahora no se trata más de nuestra intimidad. Se están ventilando en público hechos graves y no puedo contemporizar. Tengo que conocer la verdad, aunque ella sea dura, para poder preservar nuestra dignidad. No puedo cerrar los ojos y fingir que no pasa nada –. María Júlia guardó silencio unos instantes y luego dijo:

– Pensé que todo había terminado. Nunca imaginé que después de tantos años la vida nos vendría a pedir cuentas.

– Entonces es verdad. Ese joven podría ser el propio Marcelo.

– Así es, hijo mío. Y tu padre nunca podrá descubrir mi participación en esta historia, o terminará conmigo.

Gabriel se puso de pie y la abrazó amorosamente.

– Nunca permitiré que te toque, sea lo que hayas hecho. Estoy aquí para defenderte. Puedes contar conmigo incondicionalmente.

– Gracias, hijo mío – dijo con una voz que la emoción embargaba –. Yo sé que puedo contar contigo. Te diré todo. De hecho, no puedo soportar seguir manteniendo este secreto.

Conmovida, María Júlia comenzó su historia:

– Como ya sabes, siempre traté a nuestros empleados con respeto y consideración. Tan pronto nos casamos tuvimos una empleada que nos sirvió durante algunos años. Vino a nuestra casa cuando tenía quince años. Era dedicada y me gustó mucho. Sin embargo, se enamoró de uno de los amigos de tu padre que frecuentaba nuestra casa. Sin pensar en nada, se entregó y quedó embarazada. Él pertenece a una familia muy importante y, por supuesto, le exigió que se hiciera un aborto. Pero María se negó y la familia de él, cuando se enteró, pasó a amenazarla, exigiéndole que deje en paz a su hijo. José Luís estaba muy irritado, mantenía buenas relaciones con esta familia, no se contuvo y exigió que María abortara. Presionada, ella me buscó pidiendo ayuda y yo, condolida, le di dinero para que huyera. Ella se fue a Petrópolis y yo la ayudé hasta que nació el niño y ella pudiese trabajar. El niño nació unos días después de Marcelo. Era un niño lindo. Ella consiguió un empleo en una fábrica y siguió viviendo. José Luís descubrió que yo la ayudaba y se puso muy molesto conmigo. Fue él quien una noche respondió a una llamada de María desesperada. El niño se había caído desde una ventana en el segundo piso, donde ella vivía y había muerto. No tenía dinero para el entierro.

Era de noche y yo estaba conmocionada, decidí viajar a Petrópolis parar ayudarla. José Luís no quería, pero yo le dije que iría de cualquier manera, ordenó a Boris que me llevara. Yo estaba molesta, siempre pensé que él me vigilaba, pero, en esas circunstancias, lo que quería era ver a María y hacer lo posible para ayudarla.

Nos fuimos. Llegamos allá, el cuerpo del niño aun no había sido liberado del hospital. Boris fue a verlo y no me dejó entrar, diciendo que cayera de cara contra unas piedras y había quedado completamente irreconocible. Traté de consolar a la mamá y cuando amaneció logramos liberar el cuerpo para el entierro.

Cuando salimos me sorprendí. Quien nos estaba esperando era el carro del Dr. Camargo con Alberico, el chofer. María estaba tan abatida que no nos dimos cuenta. En vez de ir a la casa de María, fuimos directamente a la mansión de los Camargo. José Luís nos estaba esperando en la entrada, lo que me sorprendió mucho.

La familia estaba de vacaciones de verano en Petrópolis, como hacían todos los años. Marcelo estaba dormido, los padres habían ido a Rio a una recepción. En casa estaba solamente Eleuteria, el ama de Marcelo y Alberico el chofer.

Entramos y no me contuve:

– ¿Qué estamos haciendo aquí? ¿Qué está pasando?

– Tengo un plan que voy a poner en acción. Estoy cansado de estar en segundo plano mientras ellos disfrutan de lo bueno y mejor. Mi padre siempre me decía que había sido perjudicado por el tío António en la herencia familiar. Llegó en el momento de recuperar, con intereses, lo que me pertenece.

– Pregunté asustada:

– ¿Qué vas a hacer?

– Me encargaré de todo y tú vas a cerrar esa boca. Si la abres, te arrepentirás.

– ¿Dónde está María?

– Le di un tranquilizante y está durmiendo. Estaba muy nerviosa. Cuando se despierte estará mejor.

– ¿Y el entierro?

– Déjamelo a mí. Será el funeral más grande que hayas visto. Con todo de primera.

– Yo estaba cansada. Había pasado la noche en vela y decidí descansar un poco. El tío António nos ofrecía la casa cuando queríamos, así que fui a una habitación de invitados y me acosté tratando de dormir un poco.

No pude. Estaba muy tensa. Escuché voces en la habitación contigua, me levanté y corrí o escuché.

Alberico y Eleuteria conversaban.

– Es aceptar o no. Esta es la oportunidad de nuestras vidas. El niño ya murió. No vamos a matar a nadie – dijo Eleuteria.

– No lo sé, no. Será una tragedia. El Dr. António es loco por el niño. Va a sufrir mucho. No es justo hacerle esto – respondió Alberico.

– Que nada. Los ricos pronto lo olvidan. Eso pasa. ¡Y nosotros nos haremos ricos! Sin decir que nuestra fortuna nunca terminará. Tendrán que pagar para mantenernos con la boca cerrada Vas a poder comprar esa casa que te estaba gustando. ¿Ya lo pensaste?

– Me quedé asustada. ¿Qué es lo que estaban tramando? Le costó, pero Eleuteria convenció a Alberico.

– Llevaremos a Marcelo a la casa de doña Diva. Cuando ella viaja, me deja las llaves para regar las plantas y cuidar de sus pajaritos.

– ¿Qué vas a hacer con él? No quiero que le pase nada malo.

– No van a hacer nada. Solo van a desaparecer con él.

– Desaparecer, ¿cómo?

– No lo sé, hombre. No me interesa.

– Estaba horrorizada. Fui a buscar a José Luís, estaba reunido con Boris a puertas cerradas. Entré en la habitación contigua y traté de escuchar lo que decían:

– Todo estará bien, ya verás – dijo Boris.

– No sé, no. Estoy preocupado con mi esposa. Nunca aceptará una cosa de esas. Puede irse de boca.

– Ella siempre hace lo que quieres. Usa el mismo argumento de siempre. Ella se quedará callada. Después, va a disfrutar de todo también. Será un cómplice y nunca abrirá la boca.

– Sí. Tienes razón. Pero ¿qué pasa con el niño? ¿Qué haremos con él?

– Es mejor acabar con él.

– No, eso no. Es un niño. Me repugna hacer eso. Lo llevaremos a un lugar de donde nunca podrá salir.

– Pero ya tiene cuatro años. Habla y nos puede delatar. Lo mejor realmente es acabar con él. Para vencer es necesario tener coraje. Ya acordé con Eleuteria y Alberico, que se llevarán a Marcelo a una casa cuyos dueños viajaron y ella tiene la llave. Allá veremos quién se encargará de deshacerse de él.

– No quiero que nadie más se involucre. Nadie más puede conocer nuestros planes.

– ¿Y en cuanto a María?

– Va a dormir por algún tiempo. Cuando despierte, le informaremos que enterramos al niño.

– Ella querrá saber dónde. Puedo conseguir eso en un cementerio local. Solo necesito su nombre completo.

– Tenemos el certificado de defunción.

– Me quedé conmocionada. Me di cuenta que la vida de Marcelo corría peligro. Pero aun no había entendido qué querían. Esperé a que Boris saliera de la sala para que no sospecharan de mí y me acerqué a José Luís.

– Quiero saber lo que estás tratando de hacer.

– No es necesario. Solo necesitas quedarte callada.

– Estoy metida en esto y tengo derecho a saber.

– Tienes razón. Vas a tener que cooperar. Marcelo acaba de morir en un accidente de carro. El cuerpo quedó irreconocible. Eleuteria y Alberico van a ser testigos y yo voy a dar el certificado de defunción. De casualidad llegamos hoy a Petrópolis y nos enteramos de la tragedia. Intentamos ayudarlo, pero la muerte fue instantánea. Se golpeó la cara contra las rocas.

– ¡Eso es una locura! ¡Él está vivo!

– Vamos a enterrar el cuerpo del hijo de María como él.

– Eso nunca saldrá bien. ¡Es un horror! ¿Ya pensaste en el dolor de la familia? ¿Qué esperas ganar con eso? Con su muerte no heredas nada. ¡Todavía están Cláudio y Carolina! ¡Solo una cabeza enferma podría pensar una cosa así!

– Te callarás y harás todo correctamente, o ya sabes lo que te va a pasar.

Gabriel no se contuvo:

– ¿Por qué te domina de esa manera? ¿A qué le tienes miedo?

– Se trata de un secreto de mi familia que no puedo revelar. Prefiero morir a que alguien se entere.

– ¡Por eso, estuviste de acuerdo con él en hacer lo que quería!

– Sí. Estuve de acuerdo. Solo Dios sabe lo horrible que fue. Hicieron todo de tal manera que nadie sospechó nada. Estaba atormentada. Sabía que Boris era perverso y yo temía por la vida de Marcelo. Después del entierro del cuerpo como si fuera de Marcelo, busqué a Alberico sin que nadie lo supiera. Le gustaba mucho del niño.

– Tienes que ayudarme. Marcelo corre peligro. Tenemos que salvarlo.

– Doña María Júlia, no quiero llevar eso en la conciencia. Basta con lo que ellos hicieron.

– ¿Sabes dónde está?

– Sí. Pero ellos pueden sacarlo de allá.

– Tenemos que actuar rápido. Si me ayuda, no te arrepentirás.

– ¿Qué quiere hacer?"

– Salvar a Marcelo. Llevarlo lejos, donde nadie le pueda hacer daño.

– Déjalo en mis manos.

– Entonces él dijo que se comprometió con Boris en matar al niño, con la intención de protegerlo. Recibió dinero por ello y se alegró de poder engañarlos. Lo escondió de todos durante unos días. Yo, alegando un shock nervioso, convencí a José Luís, que quería quedarme algún tiempo en el convento de las hermanas donde me eduqué y él estuvo de acuerdo de buena gana. Temía que no pudiera soportarlo y terminase echando todo a perder. Concordé con ellas con el pretexto de ver a una amiga enferma en Inglaterra, me ayudaran a preparar el viaje sin contarle a mi familia.

– Esta es la misma historia que me contabas cuando enviabas el dinero.

– Eso. Alberico me ayudó llevando a Marcelo al aeropuerto a tiempo para la hora de embarque. Hicimos todo de una manera que nadie desconfió. Lo dejé en el mejor colegio de Inglaterra, recomendando una educación esmerada. Era lo mínimo que yo podía hacer por él después de haber aceptado ser parte de aquella infamia.

– ¡Le salvaste la vida!

– Gracias a Dios. Después de todo, eso es lo que me reconforta. Le envié dinero durante muchos años. Ya estaba en la universidad cuando en Boris descubrió que yo estaba remitiendo ese dinero y José Luís me presionó para saber por qué y para quién yo lo mandaba. Estaba aterrorizada. Si ellos supiesen lo que yo había hecho, sin duda me castigarían. Suspendí la remesa del dinero. Yo había dejado un mensaje para que nunca volviese al Brasil. Ahora veo que no lo tomó en cuenta.

Gabriel, pálido agarraba las manos de la madre, apenado. Ella se arriesgó para salvar la vida de Marcelo.

– Madre, él tiene el derecho a reclamar su herencia. Ustedes le robaron todo, el amor de la familia, los bienes, incluso el país. Tengo la impresión que nadie va a impedir ahora que la verdad aparezca. ¡No podrás hacer nada! ¿Y María? ¿Qué pasó con ella? ¿Tomó conocimiento de lo que sucedió?

– No. José Luís, con el pretexto de salvarla, la ingresó en un hospital psiquiátrico donde le hizo sonoterapia durante un mes. Salió de allá devastada, visitó la tumba en Petrópolis cuya lápida lleva el nombre de su hijo y desapareció.

– ¿Sabes dónde está?

No. Desapareció. Ya no volví a escuchar de ella.

María Julia tomó las manos de su hijo apretándolas con fuerza y mirándolo emocionada:

– ¿Estás decepcionado de mí, hijo mío?

– No madre. Fuiste una víctima más que un culpable. Solo no entiendo por qué te sometes a esto. Conozco tu noble corazón, tu postura ética, tus buenos sentimientos. ¿Qué secreto es ese que te acobarda de esa manera, haciéndote soportar una situación tan en contra de tus principios?

– Lo siento, hijo mío, pero no estoy lista para hablar de eso.

Solo quiero ayudar. Estoy y estaré siempre a tu lado. Te amo incondicionalmente ¿Por qué no confías en mí?

– Quizás algún día. Ahora no puedo hablar. Estoy agotada.

– Estoy pensando... una desconfianza me comenzó a incomodar.

– ¿Qué fue?

– La muerte de Marcelo no fue suficiente para que papá recibiera la herencia. El tío António estaba vivo y estaban su hijo y su nuera, quienes eran herederos directos. ¿Qué es lo que tenían en mente cuando hicieron eso? Será...

María Júlia se sobresaltó, cubriendo la boca de Gabriel como una mano:

– No digas eso. Esta sospecha me ha estado molestando toda mi vida. Recuerda esto, no quiero pensar que pueda ser verdad.

– Seguro mamá. Cuando ellos planearon ese fraude, también pensaron en eliminar a los otros herederos.

– No, hijo mío. ¡Sería demasiado!

Sería una coincidencia pensar que todos los tres morirían en menos de dos años.

– José Luís no sería capaz de eso. ¡Es médico!

– Un médico tiene muchos recursos para terminar con quien quiera. Fue médico del tío António.

María Júlia zambulló la cabeza entre las manos, devastada. Gabriel siguió pensando en voz alta:

– Claro. Habría sido fácil acabar con la salud de alguien que ya estaba deprimido –. María Júlia levantó la cabeza:

– Pero, ¿y los otros dos? Murieron en un accidente de barco en Italia. Tu padre estuvo conmigo en París y nunca se ausentó.

– Y Boris, ¿dónde estaba?

– Viajó con nosotros a Europa.

– ¿Estuvo todo el tiempo con ustedes?

– No. Tenía algunos amigos rusos y se fue a pasar un tiempo con ellos.

– ¿Consigues recordar si él estaba fuera cuando ocurrió este accidente?

– Déjame ver... sí, lo estaba. Crees que él...

– Bien podría estar ausente para "manejar eso." ¿Qué tipo de accidente fue?

– El motor del barco explotó y se incendió. La policía revelara que fue un cortocircuito en la parte eléctrica –. Gabriel sujetaba las manos de su madre diciendo pálido:

– Madre, esta situación es muy sospechosa. Si ellos cometieron esos crímenes tenemos que averiguarlo.

– Eso no. Si eso fuese verdad, ¿qué será de nosotros? Podemos ser considerados como cómplices. Yo sabía que

Marcelo estaba vivo y me quedé callada. Podría ser arrestada por eso. No quiero ir presa. Prefiero morir a pasar esa vergüenza. Tu nombre y el de tu hermana estarían siempre en el barro. La sociedad no perdona.

– Madre, no importa lo que piense la sociedad. Mi conciencia no consigue callar frente a esta sospecha.

– Promete que no harás nada. Vas a olvidarte de todo y punto.

– No puedo, mamá.

– Es solo una sospecha. No podemos llevar eso adelante.

– Una sospecha muy justificada. Tanto es así que encaja perfectamente entre los hechos. Mientras tanto, estoy de acuerdo en que antes que nada tenemos que descubrir la verdad.

– Eso es imposible. Boris es peligroso. Ten cuidado, tu vida está en peligro.

– Lo que no podemos hacer, es quedarnos a merced de un asesino, que en cualquier momento quiera matarnos para salvar su pellejo.

– Hijo mío, nunca debí habértelo dicho.

– Por el contrario, madre. Ahora los estaré vigilando para defenderte.

– Prometo que no harás nada sin hablar conmigo antes.

– Lo prometo. No pretendo hacer nada más. Solo mirar e investigar. Si todo lo que imagino es verdad, papá también está en las manos de ese marginal. Ya sospechaba que Boris estaba haciendo algún chantaje. Nunca había visto ningún mayordomo con tantas regalías y hacer lo que él hace. Virtualmente domina sobre todo y todos. Ni tú haces lo que quieres dentro de tu propia casa.

– Si yo pudiese ya lo habría despedido. Pero tu padre no quiere ni escuchar hablar de eso.

– Claro. Teme que se vaya de boca.

– Pensando en ello siento o corazón oprimido. Dios mío, ¿a dónde nos llevará esta desgracia?

– No será la comprometiéndonos con los errores que ellos hicieron que nosotros nos vamos a librar. Creo que es hora de decir basta e ir por el otro lado.

– ¡¡No estás pensando en hacer eso!!

– No mamá. Lo que yo quiero a hacer es ir para el lado que es cierto y justo. Me oprime quedarme confabulando con su malicia.

– A mí también.

– En ese caso, voy a investigar. Se todo lo que sospechamos fuese verdad, tomaré medidas.

– ¿Qué piensas hacer?

– Ir a vivir mi vida lejos de aquí. Tú, Laura y yo podríamos ir a vivir en otra ciudad y salir de la vida de los dos.

– ¿Y separarnos de tu padre? Nunca estará de acuerdo.

– No importa. Nos iremos de igual manera. No podrá hacer nada.

– Será un escándalo. No podemos hacer eso. Toda la sociedad hablará.

– Nuestra felicidad vale más que las calumnias de los ociosos. Madre, si ellos cometieron estos crímenes, ¿cómo puedes vivir con este peso en el corazón? No me siento capaz. Has sufrido a su lado durante todos estos años. No te quejas, pero yo sé. ¿Por qué querrías continuar una relación que solo te causa dolor?

María Júlia abre las manos con fuerza. Había infinita tristeza en su voz cuando dijo:

– Si pudiera, hace mucho lo habría hecho. Desafortunadamente, no es posible hacerlo –. Gabriel iba a replicar, pero ella continuó:

– Nunca te gustó tu padre, ¿verdad? Desde pequeño no lo soportas. Él ha hecho un esfuerzo por ganarse tu estima, pero nunca tuvo éxito. ¿Por qué?

– No puedo explicarlo. Su cercanía me causa una sensación desagradable. No tememos afinidad –. Hizo una ligera pausa, abrazó a su madre con cariño y continuó:

– Es diferente contigo. Me gusta estar a tu lado, sentir tu aroma y besar tu rostro, abrazarte. Nos comprendemos –. María Julia presionó a su hijo en sus brazos con amor:

– Tú eres mi tesoro. Por mí, nunca te enterarías de estas cosas.

– No soy ingenuo. Yo crecí. Soy un hombre, quiero estar pendiente de ti, defenderte como te mereces, cuidar de tu felicidad. Sea lo que suceda, nunca te dejaré.

Los dos permanecieran en silencio, abrazados, sintiéndose bien dentro del cariño que los unía.

CAPÍTULO 12

Daniel entró en la oficina eufórico.

– Elza, lo conseguimos. El juez aceptó nuestro pedido –. Rubito apareció en la puerta de su oficina

– ¿De verdad? ¿Leíste el dictamen?

– Lo leí. Estableció un plazo para la presentación de las pruebas en el tribunal para su análisis.

– ¡Dios mío! Finalmente. No podía soportarlo más. Tenemos que avisar a Alberto, se llenará de alegría.

– Voy a llamar a Lanira.

– Haz eso. Ahora tenemos que seguir adelante. Si Jonás obtiene esas pruebas, estamos hechos.

– ¿Él dio noticias?

– Por ahora no. Voy a llamarlo para contarle la novedad y saber cómo van las investigaciones.

– Si él hubiese conseguido las pruebas, ya nos habría avisado.

– Sí. Pero no cuesta nada intentarlo.

A la hora del almuerzo, cuando hablaban con Alberto, apareció Lanira:

– Vine a almorzar con ustedes para celebrar.

– Insisto en pagar ese almuerzo – dijo Alberto.

– No puedo irme ahora. Reservé con un cliente. Vayan ustedes – respondió Rubito.

– De ninguna manera. Sin ti no hacemos nada – dijo Lanira.

– En ese caso, yo invito la cena, donde quieran.

– Pretendía salir con Marilda – respondió Rubito –. Ella está con una amiga que vino del extranjero y quedamos en cenar juntos.

– Si no te importa, podemos llevarlas con nosotros. Queda a mi cuenta – sugirió Alberto.

– No tendremos libertad para hablar de nuestros asuntos – comentó Daniel.

– Vamos a conversar ahora. Por la noche podremos ir a un alegre, bailar y escuchar música. Necesito relajarme, aliviar la tensión – dijo Alberto.

– Buena idea – dijo Lanira –. Ustedes han trabajado mucho y de ahora en adelante tendrán que hacer todavía mucho más. ¿Marilda es hija del Dr. Edmundo?

Daniel respondió:

– Sí. Le está revolviendo la cabeza a Rubito.

– Ella le revuelve la cabeza a la mayoría de los muchachos de Rio de Janeiro. Es muy bonita, elegante, pero muy reservada. Nunca conversé con ella – dijo Lanira.

– Es muy agradable. Nos hemos encontrado algunas veces como amigos – aclaró Rubito.

– Di la verdad – dijo Daniel sonriendo.

– Estoy diciendo. Por ahora somos amigos.

– Bueno, me gustaría mucho – dijo Alberto –. Creo que sería bueno aparecer públicamente. Justo ayer, en la empresa donde trabajo, un amigo del director quería conocerme.

Cuando fui presentado dijo: "Yo era amigo del Dr. Camargo. Usted me recuerda mucho a él. Su sonrisa, su manera de ver, caminar estoy impresionado." Mi abuelo tenía muchos amigos. Era querido, admirado. Esta semejanza es la prueba que realmente soy Marcelo.

– Creo que tienes razón. De hecho, muchos amigos míos me pidieron conocerte, se mueren de curiosidad. Muy bien. Hablaré con Marilda. Si ella está de acuerdo, iremos. Marilda estuvo de acuerdo y acordaron cenar en un club. A las ocho, Daniel estaba buscando a Lanira en casa. No entró para no encontrarse con su padre. Mandó avisar con la criada y María Alice se quedó mirando detrás de la cortina cuando Lanira, linda en su vestido verde oscuro, salió y se metió en el carro. Su marido aun no había llegado. Daniel podría haber entrado a abrazarla. Sentía el corazón oprimido.

Esta situación era insostenible. Sentía rabia de su esposo. No tenía moral para expulsar al hijo de casa. Era un hombre de apariencia. Por fuera, intachable; por dentro, lleno de hipocresía. Estaba cansada de tolerar esta relación con su secretaria. Todo Rio de Janeiro sabía que eran amantes. Ella fingía ignorar en un intento de preservar su dignidad. Pero se sentía humillada, deprimida, devaluada. ¿Hasta cuándo lo soportaría?

Tenía una hija para casar. Requería mantener las apariencias para no perjudicarla. Después, mientras fingía no saberlo, no estaba obligada a tomar ninguna medida. Era una víctima y ellos eran los culpables.

Esperaba que Daniel ganara ese caso solo por ver la cara de António. Él se había puesto contra el hijo, en el lado equivocado. Si eso sucediese, ciertamente buscaría a Daniel para elogiarlo y disfrutar de su éxito.

Ella suspiró angustiada. Se sintió sola y deprimida. ¿Cómo sería su vida cuando Lanira se case y deje la casa? ¿Dónde encontrar las fuerzas para mantener un matrimonio fallido como el suyo? Entonces las lágrimas estuvieron a punto de caer y María Alice reaccionó. No quería que ninguno de los criados la vieran llorar. Respiró profundo, cogió una revista y se acomodó en el sofá intentando leer.

Cuando Daniel y Lanira llegaron al club, Alberto ya estaba allí, muy elegante. Lanira se sorprendió:

– ¡Cómo estás elegante! – comentó.

Él sonrió y ella se dio cuenta que, aun sonriendo, sus ojos seguían tristes.

– Para salir con ustedes, realmente tenía que estar lo mejor posible. Estás hermosa como siempre – Daniel las miró sorprendido. Había visto una chispa de admiración en los ojos de Alberto y estaba un poco inquieto. ¿Estaría interesado en Lanira? No le gustaría que ella se involucrase con él. Se arrepintió de haber accedido a esta cena, pero Alberto había adoptado un perfil bajo y Daniel se tranquilizó. Solo estaba siendo educado. El lugar era lindo y hermoso. Iluminación discreta, música en vivo, ambiente refinado y agradable. Algunas parejas bailaban en la pista.

– ¡Qué bueno estar aquí! – Comentó Lanira.

– ¿Bailamos? – Preguntó Alberto.

Ella aceptó y salieron a bailar mientras Daniel se quedaba escuchando la belleza del *blues* y tomando su aperitivo. Estaba tan absorto en sus pensamientos que solo percibió la llegada de Rubito, acompañado de las dos jóvenes cuando él lo tocó levemente en su hombro. Se levantó de inmediato, saludando a Marilda.

– Quiero presentarte a mi amiga Lídia Vasconcelos.

Daniel clavó los ojos en ella y la sangre huyó de sus mejillas. ¿Estaría soñando? La mujer de su sueño estaba frente a él. Más joven, pero el mismo cabello dorado, los mismos ojos verdes. Aturdido, balbuceó:

– ¿Cómo dijiste?

– Esta es Lídia, mi amiga de la infancia.

Daniel respiró profundo tratando de dominarse. ¡El mismo nombre! ¿Estaría enloqueciendo?

– ¿Qué pasa? – Rubito se sorprendió –. ¿Parece que viste un fantasma?

– No. Nada. Disculpen, estaba distraído. Encantado de conocerte – dijo extendiendo la mano que ella apretó mirándolo a los ojos.

– ¿Nos conocemos de alguna parte? – Preguntó con admiración. Daniel se estremeció:

– No. No lo creo.

– ¿Has estado en New York? Viví allá durante muchos años.

– Conozco New York, pero no tuve el placer de conocerte allá.

– Tengo la sensación de conocerte.

Ellos se sentaron. El corazón de Daniel latía aceleradamente. ¿Qué le estaba pasando? ¿Por qué el destino ponía a su lado a esa mujer que era como la de su sueño? Ella dijo que lo odiaba. ¿Y si fuese verdad la historia de vidas pasada? ¿Y si la Lídia de sus sueños realmente existiese y hubiese reencarnado?

Intentó disimular su preocupación y conversar normalmente; no obstante, las preguntas continuaron en su mente, sin encontrar respuesta. Se habían sentado, y después de pedir las bebidas, Rubito y Marilda se fueron a bailar. Daniel se quedó solo con Lídia. Se sentía emocionado. Él era un hombre de sociedad, acostumbrado a socializar con jóvenes y educadas. Estaba muy cómodo con ellas y tenía un control total sobre sí mismo. Sin embargo, frente a esta, no sabía qué decir ni qué hacer.

Ella estaba hermosa con su vestido plateado, mostrando las perfectas formas de su cuerpo, y usaba un delicado y agradable perfume que Daniel aspiraba encantado. Trató de reaccionar. Estaba exagerando. Era solo una coincidencia. Intentó conversar:

– ¿Cuantos años viviste en el exterior?

– Salimos del Brasil, cuando tenía siete años y regresamos ahora. Nos quedamos quince años. Mi padre es diplomático y ha servido en el Itamarati. Ahora consiguió su transferencia al Brasil. Mi mamá quería mucho volver. Tenemos familia aquí.

– Es difícil después de tantos años. Dejaste amigos y puede que hasta algún amor por allá.

– Dejé amigos, sí. Pero cuando me toque la nostalgia voy hasta allá. Por ahora necesito ambientarme aquí. Después de tanto tiempo, ya nadie me conoce.

– Marilda mantuvo la amistad.

– Sí. Es que nuestras familias son muy amigas. Ellos nos visitaban y Marilda pasaba las vacaciones en mi casa.

Ellos continuaron conversando y Daniel llegó a olvidar las dos parejas que bailan mirándolos sorprendido cuando volvieron a sentarte a la mesa y la conversación se generalizó. Rubito solo tenía ojos para Marilda, mientras que Alberto y Lanira bailaban con animación.

– Para quien fue educado en Inglaterra bailas samba muy bien – comentó ella. Alberto sonrió.

– Creo que está en la sangre. A pesar de vivir lejos, siempre estaba interesado en todo lo que se refería al Brasil. Me encanta nuestra música.

– ¿Qué piensas hacer cuando termine el caso?

– Cuando gane y tenga en mis manos los bienes de mi abuelo, tengo la intención de hacerme cargo de todo como a él le gustaría que lo hiciese.

– Hablas de él con él si siempre hubieras estado con él.

– Lo aprecio mucho. Después, él siempre estuvo conmigo, incluso cuando yo no sabía nada sobre el pasado.

– ¡Hablas de eso con tanta convicción!

– Es difícil de explicar. Pero sé que sigue ayudándome, protegiéndome, amándome y eso me conmueve.

– ¿No es tu necesidad de cariño lo que te hace crear esta ilusión para escapar de tu soledad?

– No. Lo he visto varias veces y sé que está conmigo. Una ilusión es pensar que quien muere termina. La vida continua y tengo pruebas de ello.

– Este es un tema delicado. Poca gente cree eso.

– Te equivocas. Muchos creen, pero no lo dicen por miedo a los prejuicios sociales.

– Podría ser así. Nuestra sociedad tiene muchos prejuicios. Las apariencias son lo que importa. Lo verdadero se niega, se oculta, hasta el punto que llega un momento en el que nadie más sabe cómo distinguir lo falso de lo verdadero.

– Cuando decidí reclamar mis derechos, pensé en eso y consideré que también ayudaría a desenmascarar esa hipocresía.

– Sí, has sacudido la vida de mucha gente. Incluso terminé entrando en el anda, como los santos.

¿Tú? ¿Porque tu hermano salió de casa?

– No. Por Gabriel. El hijo de doña María Júlia. Éramos amigos muy cercanos. Después del escándalo él cortó relaciones conmigo.

– ¿Eran enamorados?

– No. Pero apreciaba más su amistad. Es un muchacho inteligente y culto, muy diferente a los mojigatos que andan por ahí.

– ¿Estás enamorada de él?

– No. Aprecio más su amistad.

– Un escándalo de esos alcanza a toda la familia. Los hijos no son culpables de lo que hicieron sus padres. Creo que ni siquiera sabía nada. Cuando decidí presentar la demanda, sabía que sería inevitable. ¿Te habló sobre el tema?

– No. Simplemente se alejó, sin decir palabra. Cuando llamo, nunca está. Me gustaría haber conversado con él, decirle que continúo apreciando su amistad y que esperaba que él supiese separar las cosas.

– Él podría estar conmocionado, avergonzado.

– Sí. Daniel dijo lo mismo.

Rubito hablaba con Marilda mientras bailaban:

–Muy bonita tu amiga. Daniel estaba en estado de shock –. Marilda sonrió:

– Ella no solo es bonita. Tiene otros atributos. Estoy segura que su presencia marcará una época en todo Rio de Janeiro. Ya lo estoy viendo. Dentro de poco los admiradores no la van a dejar en paz.

– Daniel tendrá que ser rápido.

– Solo está siendo amable. De hecho, tiene fama de ser siempre amable, pero huye por completo sin envolverse.

Cuando volvieron a la mesa, Rubito no se contuvo:

– ¿Ustedes no bailan?

Daniel hizo una mueca y miró sorprendido a su amigo. Se había olvidado completamente del lugar donde estaban. Estaba siendo poco elegante con la joven.

– Estábamos conversando –. Volviéndose hacia ella:

– ¿Te gusta bailar?

– También me gusta conversar – respondió ella con una sonrisa –. No te preocupes. Si quisiera bailar, te lo habría dicho.

Daniel se quedó sin piso. Las jóvenes que conocía jamás habrían dicho eso. Marilda sonrió con un brillo malicioso en la mirada.

– En Nueva York las costumbres son muy diferente. Las mujeres son más naturales, dicen lo que quieren sin rodeos.

– Daniel desea cumplir con el protocolo social.

– Conmigo no es necesario. Mi concepto de respeto es otro y va más allá del formalismo de salón. No estábamos de humor para bailar, ¿por qué deberíamos haber hecho eso?

– ¿Siempre eres así de franca? – Preguntó Daniel.

– Lo soy. Hago las cosas a mi manera, como me gusta –. Lanira llegó con Alberto y la conversación se generalizó. Pasaba de las tres cuando decidieron retirarse. En el carro con Lanira, Daniel estaba pensativo. Ella estaba sorprendida:

– Estás tan callado... ¿No te gustó la cena?

– Al contrario, fue una velada muy agradable.

– Pues no parece. Estás como esa cara extraña...

– La vida está jugando conmigo. Aun no volví de la sorpresa. No parece haber sucedido. Lídia es la mujer que se me ha aparecido en sueños.

– ¿Qué? ¡Tengo escalofríos! ¡Dios mío, esto es algo de otro mundo!

– Solo puede ser una coincidencia. Cuando la miré, no supe qué decir. Hasta su nombre es el mismo. En el sueño se llamaba Lídia.

– Nos están pasando algunas cosas extrañas. Alberto jura que ve el alma de su abuelo cerca de él. Sueñas con la chica antes de conocerla. Solo eso puede tener una explicación sobrenatural. Mañana mismo hablaré con la tía Josefa.

– No sé si debemos...

– Claro que sí. Es demasiada coincidencia, ¿no crees?

– Bueno, no niego que sea intrigante.

– El otro día hablé con ella y le pedí que nos dejara asistir a una sesión espírita. Pero me cambió de tema, alegando que a mamá no le podía gustar.

– En eso tiene razón. Ella nunca estaría de acuerdo.

– Ella no necesita saberlo. Somos adultos para decidir lo que queremos hacer o no hacer. Además, en casa de la tía Josefa, ¿qué nos puede pasar?

– Es verdad. Intenta convencerla e iremos.

– Invitaremos a Alberto y Rubito.

¿Para qué?

– Están interesados en estos asuntos. Entonces, si el abuelo de Alberto está realmente con él, va a tener una oportunidad de comunicarse. Tengo curiosidad por ver cómo es eso.

– Conversa con la tía Josefa. Dile que estamos muy interesados en estudiar este tema. Estoy seguro que estará de acuerdo.

Se despidieron. Daniel se fue a casa, se acostó, pero no lograba conciliar el sueño. No conseguía olvidar el rostro expresivo de Lídia. Y al acordarse de ella, su corazón latía acelerado. Ella lo atraía intensamente. ¿Estaría impresionado por el sueño? No era posible estar enamorado de alguien que acababa de conocer. Pero a pesar de luchar contra ello, sentía que quería estar con ella, abrazarla y tenerla junto a él. Fue de madrugada cuando, vencido por el cansancio, finalmente se durmió.

El siguiente día en la oficina, Rubito no pudo contenerse:

– Confiesa, te quedaste sin aliento cuando conociste a Lídia. Nunca te he visto tan emocionado.

– ¡Y claro, ella es la chica que se me aparecía en sueños! – Rubito parecía asustado:

– ¿Estás seguro? Ella acaba de regresar al Brasil.

– Lo sé. Esto es está intrigando mucho. Estoy seguro que era ella. ¡Hasta tiene el mismo nombre!

– Hablemos con Julito.

– Decidí ir a una sesión espírita en casa de la tía Josefa.

– Me gustaría ir.

– Si ella está de acuerdo, está bien. Lanira también quiso invitar a Alberto, por el caso de su abuelo.

El teléfono de Rubito sonó y él atendió. Era Jonás, que ya había llegado de viaje y tenía la intención de pasar por la oficina después del almuerzo.

Era un poco más de las dos de la tarde cuando entró en la sala en la que Daniel y Rubito estaban conversando.

– ¿Y entonces? preguntó Rubito.

Buenas noticias. Marilena está trabajando bien. Grabó una interesante conversación entre Eleuteria y Juan.

Animado, se dispusieron a escuchar.

– "Él no puede hacerme eso – dijo –. Estamos teniendo demasiada paciencia."

– "Alega que no puede despertar sospechas. Que, si alguien se entera del dinero que me manda, va a desconfiar. Que, por el momento, es también de mi interés quedarme callada. Insistió en decir que no olvide que estoy metida hasta el cuello en esta historia. Que, si hablo, me voy a arrepentir."

– "¡El perro puede decir que hiciste todo y que él no sabía nada! Ya sabes como es. Él tiene dinero, tiene poder, puede conseguirlo. Es tu palabra contra la suya. Creo que tenemos las manos atadas."

– "Eso no se va a quedar así. No le tengo miedo. Las cosas que sé sobre él valen mucho dinero. Pola me contó una parte."

– "¿Qué sabe Pola?"

– "Conversaciones que ella escuchó entre Boris y algunas personas. Quiere atarantarme, va a ver una cosa."

– "¿Qué sabes que yo no sé?"

– "Lo que él hizo con el nieto del Dr. Camargo fue poco, comparado con lo que hizo después" –. Ruido de un timbre. Jonás cortó la cinta.

– Terminó ahí. Fue bastante revelador, ¿no crees?

– ¿A qué se refería? – Preguntó Daniel, pensativo.

– Tengo mis sospechas – dijo Jonás –. Tengo experiencia. Un criminal, cuando tiene un objetivo, elimina todos los obstáculos del camino. Él quería la herencia. Había gente entre él y su objetivo. Así que los eliminó.

– ¿Crees que pudo haber matado a los padres de Marcelo? – Preguntó Rubito.

– Es probable. Cuando decidió hacer esa farsa con el niño, supo que necesitaba hacer algo más para lograr lo que quería. Y lo hizo. Es a eso a lo que Eleuteria se refiere.

– Por más increíble que pueda parecer, Jonás tiene razón – asintió Daniel.

– En este caso, no solo se trata solo de usurpación de la herencia, sino de asesinato – advirtió Rubito.

– Tenemos que investigar más. Si la evidencia aparece tomaremos las medidas apropiadas. La situación puede ser peor de lo que pensábamos. En cualquier caso, Marilena está funcionando bien – dijo Daniel.

– Mi intuición no falla. Dije que era inteligente. Ella seguirá investigando. También conversé con mi amigo mío de la policía internacional. Él tiene conocidos y quedó en investigar el accidente que mató a los padres de Marcelo.

– Eso será genial. Sabe que ahora no tenemos dinero para investigaciones importantes – Aclaró Rubito –. Cuando ganemos, todos serán recompensados.

– Mi amigo está investigando otro caso y una pista lo trajo hasta Boris, cuando le comenté que lo estábamos vigilando, se ofreció de inmediato a ayudarnos a cambio de la información que tenemos sobre Boris.

– ¿Ese caso tiene algo que ver con el nuestro? – Preguntó Daniel.

– Parece que no. Se trata de algo que hizo en Europa, antes de venir al Brasil. Mi amigo es agente internacional.

– Nuestro hombre es peligroso – dijo Rubito.

– Me di cuenta de eso desde que lo vi. Necesitamos precaución – dijo Jonás –. Marcelo tiene que estar protegido. Quitaron del camino todos los obstáculos a la fortuna que querían. Marcelo es ahora el único que falta.

– ¿Crees que podrían intentar algo contra Alberto? – Preguntó Daniel.

– Así es. Sería prudente tener a alguien protegiéndolo.

– No tenemos dinero para eso. Es muy caro – dijo Rubito.

– Háblale. No debe salir y caminar por la noche. Veré qué puedo hacer – dijo Jonás –. En cuanto a la cinta, guárdenla en la caja fuerte. Vamos a ver si conseguimos algo más.

Cuando Jonás se fue, Daniel comentó:

Jonás puede tener razón. Boris pudo haber causado ese accidente que victimó a los padres de Marcelo. Sabía de barcos, trabajó en uno.

Rubito estuvo pensativo por unos momentos, luego dijo:

– Estoy pensando en lo que Jonás dijo. Si ellos causaron el accidente del barco, ¿también provocaron la muerte del Dr. Camargo? Él también era un obstáculo.

– De esta forma, se completan todas las piezas del rompecabezas. Solo así lo que hicieron con el niño tendría sentido. Al reemplazar el cuerpo, ya habían decidido asesinar a los demás.

– ¡Qué horror, Daniel! Pero lo que dices tiene lógica. Solo entonces tendrían los resultados deseados. Lo que de hecho sucedió.

– ¿Cómo vamos a encontrar pruebas para meter a estas personas en la cárcel?

– Esta es la parte que nos corresponde.

– Investigaremos la muerte del Dr. Camargo.

– Jonás dijo que lo haría. Podemos recorrer los periódicos de la época –. Lanira tocó levemente, abrió la puerta, metió la cabeza y preguntó:

– ¿Puedo entrar?

– Entra. Llegaste en buen momento – dijo Rubito. Ella entró y después de abrazarlos fue diciendo:

– Vine a decir que la tía Josefa estuvo de acuerdo. La sesión es mañana a las ocho.

– ¿Puedo ir también? preguntó Rubito.

– Tú y Alberto.

Colocada a la par de los nuevos eventos, no se contuvo:

– ¡Dios mío! Las cosas pueden ser peores de lo que pensamos. ¿Creen realmente que él haya podido haber asesinado a toda la familia?

– La lógica apunta en ese sentido. Necesitamos pruebas – respondió Rubito.

– Ya pasaron muchos años. ¿Cómo piensan conseguirlas?

– Vamos a intentar – aclaró Daniel –. Si nuestras sospechas se confirman y conseguimos pruebas, las presentaremos en el tribunal.

Lanira estaba pensativa, luego preguntó:

– Una cosa me intriga en esta historia. Si ellos mataron a todo el mundo, ¿por qué no acabaron con Marcelo?

– Ya me hice esa pregunta – respondió Daniel –. El hecho es que doña María Júlia llevó al niño al colegio y lo mantuvo durante años, permaneciendo en el anonimato.

– Ella le dijo a la directora del colegio que la vida del niño estaba en peligro – recordó Rubito.

– ¿Ella habría hecho esto para salvarlo? En ese caso, ni el marido ni Boris lo sabían. Lo hizo por su cuenta – dijo Lanira.

– Y cuando ellos sospecharon por el dinero que envía todos los meses, dejó de enviar. Hace sentido, Lanira – dijo Daniel –. ¿Por qué no pensado eso antes?

– Siempre tuve de doña María Júlia una buena impresión. Fue un choque descubrir que era cómplice en esta historia. Pensando bien, si ella le salvó la vida a Alberto, comienzo a preguntarme: ¿ella habría sido cómplice o una víctima? – dijo Rubito.

– Ella estaba con ellos esa noche en que todo comenzó – recordó Daniel –, si ella fuese honesta no lo hubiese permitido. Se quedó callada, ayudó. No Rubito, ella es cómplice.

– En cualquier caso, se llevó a Marcelo e impidió que ellos lo mataran.

– ¡Caramba! No veo la hora en que todo se aclare. Es realmente una historia –. Lanira se despidió acordando con Daniel a recogerla en su casa la noche siguiente.

La noche siguiente, cuando Lanira bajó arreglada para salir, María Alice preguntó:

– ¿A dónde vas, Lanira?

– Saldré con Daniel. Quedó en pasar a las siete y media.

– ¿A dónde van?

– A la casa de unos amigos.

Antes nunca se salían juntos. Después que él se mudó ahora siempre salen juntos. ¿Estás enamorando a Rubito?

Lanira se rio de buena gana:

– ¿Rubito? Qué idea, mamá. No estoy enamorando a nadie.

– Pensé que estabas enamorando a Gabriel.

– Pensaste mal. Solo éramos buenos amigos.

– Él ya no llamó más. Debe estar resentido por Daniel. Al hablar de ello, ¿cómo está la situación del Dr. José Luís?

– No lo sé, mamá. No me involucro en el trabajo de Daniel. Salgo con ellos, porque me gusta su compañía. Escuché que un auto se detuvo, creo que llegaron.

Cogió el bolso que estaba sobre una silla y se fue. María Alice dijo:

– No vuelvas tarde. Mañana tienes clase temprano. Dile a Daniel que yo aun estoy viva. Él puede entrar cuando pase por aquí.

Lanira no respondió. Cuando subió al auto, Daniel preguntó:

– ¿Qué le dijiste a mamá?

– Que visitaríamos a unos amigos. Está intrigada con el hecho que estemos saliendo juntos. Preguntó por el caso de Alberto. Por supuesto que la despisté.

– Es mejor ser discreta – convino Rubito –. Por el momento, tenemos que tener cuidado de no perjudicar las investigaciones.

– No veo la hora para gritar la verdad a los cuatro vientos – dijo Alberto.

– Cálmate – aconsejó Rubito –. Tu tiempo llegará, si Dios quiere.

– Es que durante tantos años me sentí rechazado, sin una familia, sin un origen, que me emocionado mucho asumir mi lugar en la sociedad.

– Desafortunadamente, incluso si ganamos la causa, permanecerá sin familia – comentó Daniel.

– Es cierto – añadió Lanira –. Los más cercanos murieron, y los que quedaron son tus enemigos. Incluso si ganas, estarás solo.

– Un día todavía tendré mi propia familia. Te garantizo que sabré valorarla.

– Jonás está preocupado por ti. Cree que nuestros enemigos son muy peligrosos y harán cualquier cosa para sacarte del camino. Pidió que tengas cuidado, no caminar por lugares desiertos por la noche.

– Sé que pueden acabar conmigo – respondió Alberto –. Pero tengo confianza en la protección espiritual que recibo. Mi abuelo me protege y nada de malo me ocurrirá.

– Lo sé – objetó Rubito – pero a pesar de eso, nunca está de más tomar cuidado.

La casa de la tía Josefa, era un caserón viejo y sobrio, sin jardín, con ventanas altas que daban a la acera, con un marco de vidrio afuera y puertas de madera que se abrían hacia adentro. Una entrada lateral al garaje y el portón social, algunas gradas de mármol blanco y una pequeña terraza donde había una puerta principal.

Fueron recibidos con cariño por la tía Josefa, una mujer muy elegante, de cabello castaño, cortados corto, naturalmente ondulados, bonita, fresca, llena de clase. Besó a los sobrinos, fue presentada a los otros dos y los llevó a una sala donde ya había algunas personas a las cuales fueron presentados.

Hablaran unos minutos, llegó una persona más y finalmente Josefa se levantó diciendo:

– Pasemos a la otra sala. Estamos en la hora.

Ella los condujo a una sala donde había una gran mesa, cubierta con un mantel bordado y sobre ella una rica bandeja de plata con algunos vasos, una jarra de agua y algunos libros.

Además de los muchachos y Lanira, había seis personas más. Todos se sentaron alrededor de la mesa con Josefa en la cabecera.

– Antes de comenzar, debo aclararles a ustedes que vienen por primera vez, que permanezcan en silencio y nos ayuden con sus oraciones. Los espíritus que van a venir a hablar con nosotros, son personas como nosotros, ya vivieron aquí y ahora están viviendo en otro lugar, en un mundo diferente al nuestro. Para esto, vamos a recibirlos con naturalidad y respeto. Ellos pueden leer nuestro pensamiento, ver el interior de nuestro cuerpo, percibir las cosas que no vemos. Algunas personas son sensibles y pueden verlos, notar su presencia, hablar con ellos. Son los médiums. Los buenos espíritus vienen a nosotros para aclararnos y ayudarnos. Vamos a recibirlos con alegría y serenidad –. Ella apagó la luz y dejó encendida solamente una pequeña luz roja en una lámpara. Josefa explicó:

– La luz roja favorece que ellos se acerquen y puedan manipular el ectoplasma, que es la energía que posibilita que consigan efectos físicos. La blanca luz quema gran cantidad de energía y dificulta la comunicación.

Dijo una oración, solicitando la presencia de dos espíritus amigos. De repente, Daniel se sintió abrumado por una sensación muy agradable. A pesar de la sala cerrada, se sintió envuelto en una brisa ligera y suave. Al mismo tiempo, se sintió dominado por el sueño. Ni siquiera se dio cuenta que su cabeza colgó y se quedó dormido.

Lanira lo miró preocupada, pero Josefa, impasible, dijo:

– Continuemos orando.

Daniel se encontró en una sala muy espaciosa, amueblada con gusto, y un hombre de mediana edad, sentado detrás de un escritorio, estaba leyendo una carta con atención. ¿De dónde lo conocía?

Viéndolo entrar, el hombre se levantó diciendo:

– Hace mucho te esperaba. Me alegro que hayas venido. Siéntate, tenemos que conversar –. Daniel obedeció, fijando sus ojos en los suyos, preguntándose qué estaba pasando. Se sentó y continuó:

– Ahora recordarás el pasado. Te llamé aquí porque necesito tu ayuda. Hace muchos años escuchamos una intriga que nos causó mucha infelicidad. Tú expulsaste de tu casa a tu hijo adoptivo y yo te quité todos tus bienes. Más tarde no arrepentimos y el remordimiento es la mayor tortura que nuestro espíritu puede soportar. Queremos liberarnos de él, decidimos unir nuestras fuerzas para intentar restaurar nuestras vidas y recuperar todo el bien que perdimos. Tú, la mujer amada, yo, la familia y el respeto propio. ¿Entiendes lo que estoy diciendo?

Daniel quiso responder, pero no pudo articular una palabra. El otro continuo:

– Quiero que prestes mucha atención para recordar todo cuando vuelvas al cuerpo. Van a pasar muchas cosas. Ya has vuelto a encontrar a Lídia y los demás están a tu alrededor. Es necesario que no te dejes llevar por las emociones y que esta vez tengas sentido común para hacer lo que acordamos. Fue muy doloroso para mí haber soportado lo que soporté teniendo que creer que mi nieto querido estaba muerto, y luego, cuando llegué aquí, descubrir que había sido cruelmente engañado por la misma persona yo mismo había perdonado y deseado ayudar. Debo decir que fracasé en mi propósito de reajustar el pasado. No es posible querer hacer que los otros cambien solo porque tú estás dispuesto a perdonar sus errores y pretender olvidar. Confié en quién no estaba maduro para una vida decente y terminé aquí lamentando mi ingenuidad. Además, fui obligado a presenciar los crímenes que cometieron sin poder intervenir. Confieso que no me esperaba esto. Pensé que mi intención buena, mis propósitos en el bien, serían suficientes para hacerlos cambiar, pero no pude. Por varias razones, esta situación se ha complicado aun más. Cuando todo suceda, quería que te acordases de que, sea lo que sea, debes ayudar a María Júlia y Gabriel. Ellos necesitan nuestra ayuda.

Daniel, sorprendido, quiso fallar, pero no pudo.

– No estás consiguiendo responder, pero yo puedo leer tus pensamientos. Quieres saber por qué te estoy pidiendo esto. Porque siguen siendo víctimas de José Luís y ya son capaces de liberarse. Si quieres llevar a buen término este caso de Marcelo tienes que buscarlos a los dos y conversar.

Daniel pensó que nunca haría eso. Ellos no confiarán. El Dr. Camargo continuó:

– No juzgues las apariencias. Ellos están en problemas. Eres la puerta para su liberación. Te llamé aquí para pedirte que los ayudaras. Solo tú puedes hacer esto. No olvides: solo tú puedes hacerlo. Esa es tu parte. No lo olvides.

Daniel sintió como si estuviese cayendo. Su cuerpo estaba pesado. La luz de la sala se encendió y él abrió los ojos. La sesión había terminado y las personas lo miraron. Enderezó el cuerpo y trató de recordar dónde estaba. Las últimas palabras del hombre todavía resonaban en sus oídos.

Se pasó la mano por el cabello, y se movió nerviosamente en la silla. Un profundo suspiro salió de su pecho.

– ¿Desde cuándo percibes que sales del cuerpo? – preguntó Josefa con interés.

– ¿Salí del cuerpo? – respondió él, asustado.

– Saliste. ¿Desde cuándo sientes estas sensaciones? – repitió.

– Hace algún tiempo he tenido unos sueños raros.

– Raros, ¿cómo?

– Es mejor contarle – dijo Lanira.

– No, él no quiere, no es necesario. Lo que deseo es que Daniel perciba que tenía esa capacidad. Que puede dejar el cuerpo, encontrarse con gente, de este mundo y del astral, y recordar más tarde. ¿Qué pasó esta noche? No necesitas explicar, solo decir lo que pasó –. Daniel estaba un poco incómodo:

– Explicar yo mismo no sabría cómo hacerlo. Me dormí y soñé que estaba en una habitación donde encontré...

– ¿A quién? – preguntó Josefa con naturalidad.

– Bueno, por extraño que parezca, al Dr. Camargo –. Alberto se estremeció. Bien que él sintiera la presencia de su abuelo. Daniel continuó:

– Dijo cosas son extrañas que no entendí del todo. Dije que no me estaba recordando del pasado.

– Es natural. Estás reencarnado. No te preocupes por las explicaciones. Describe solo las palabras que escuchaste.

– No sé si deba. Él trató de un tema muy particular que involucra a otras personas y no me siento autorizado a hablar.

– En este caso – dijo Josefa –, es mejor que cojas una hoja de papel y escribas todo lo que recuerdes. No omitas nada. Es probable que muchas cosas que dijo las olvidarás mañana. Haz esto solo para fijar la memoria. Mientras tanto, pasemos a la otra sala a tomar nuestro café.

Mientras se estaban dirigiendo a la sala, Daniel cogió el papel y lápiz tratando de recordar lo que él había dicho. Fue fácil. Le pareció estar nuevamente en aquella sala y escuchar todo nuevamente. Escribió todo, dobló el papel y lo guardó en el bolsillo.

Aunque Marcelo, Rubito y Lanira tenían curiosidad por saber lo que el Dr. Camargo había dicho, tuvieron que esperar a que todos los presentes se despidan. Cuando se vieron a solas con Josefa, Marcelo preguntó:

– Ahora cuenta lo que te dijo mi abuelo.

– En ese caso, me voy a la cocina – dijo Josefa.

– Prefiero que se quede – dijo Marcelo –. Cuento con su ayuda para nuestra causa.

– Él tiene razón. Necesitamos de su opinión de quien entiende sobre el tema – concordó Rubito.

– La tía Josefa es perfecta para ayudarnos – confirmó Lanira. Daniel sacó el papel del bolsillo y finalizó:

– Lo más gracioso es que yo quería hablar y no podía, pero él sabía todo lo que estaba pensando y respondía. Llegó a hablar de Lídia. Eso me emocionó mucho. Me dijo que era una puerta para liberar a doña María Julia y a Gabriel. No lo creí, pero él lo confirmó varias veces.

– Yo sentía que doña María Júlia no podía ser cómplice – recordó Rubito.

– Yo aprecio mucho a Gabriel. Es una persona especial – declaró Lanira.

– Pero todavía no entiendo por qué yo. Él quiere que yo me acerque a ellos. Después que abrimos el caso en la corte, ellos están en contra mía. No van a confiar por más buena voluntad que tenga. Él lo pidió, pero no resultará.

– Si él lo pidió – intervino Josefa con voz firme –, es porque van a ayudar. Cuando los espíritus quieren, lo hacen posible. No lo dudes. Mantente atento. Cuando llegue la hora, no pierdas la oportunidad.

– Solo si fuese un milagro – dijo Daniel.

– Ustedes están aquí en una sesión, lo que ya es un milagro. ¡Daniel con esa mediumnidad! ¡Que belleza!

– Preferiría no tener que pasar por esas emociones. Me quedo inseguro, no puedo controlarlo.

– Es natural. Fuiste criado entre reglas y conceptos racionales. Tienes miedo de todo lo que tu cabeza no consiga explicar. Cuando se estudia mejor la naturaleza, se descubre el potencial del espíritu, sus posibilidades, percibirás la riqueza da la vida y como eres privilegiado por ya estar maduro para disfrutar de esos conocimientos.

Ellos continuaron conversando un poco más y acordaron volver la próxima semana y participar de otra sesión.

Esa noche, Daniel, acostado en su cama, recordando todo lo que había sucedido, percibió que la vida era mucho más que lo que él pensaba que fuese. El pasado, a pesar de olvidado, aun reverberaba en el presente. Actitudes antiguas aun se repetían atrayendo los problemas que no habían sido resueltos. Personas y nuevos hechos aparecían en su camino, desafiando sus emociones, forzándolo a revisar conceptos, modificando creencias, confrontando sentimientos. Pero a pesar de todo esto, sintió que era un camino sin retorno que, uno vez abierto frente a él, tendría que seguir.

CAPÍTULO 13

Alberto salió de la oficina de la empresa donde trabajaba y miró el reloj. Pasaba de las ocho. Tuviera una importante reunión con los miembros del directorio y, a pesar de cansado, se sentía muy satisfecho. Había sido promovido y más allá del buen salario había la posibilidad de progresar mucho.

Tenía ganas de compartir esta alegría con alguien. Pensó en Lanira. Ella lo atraía mucho. Bella, elegante, alegre, inteligente. Tenía todas las cualidades que él deseaba en una mujer.

Llegó a su apartamento diez minutos después y la llamó para invitarla a dar una vuelta.

– Voy a ir, solo que no puedo volver tarde. ¿Está bien?

– Sí. Estaré en tu casa en diez minutos.

Ella se fue a arreglar. Sus padres se habían ido a una recepción y no volverán hasta pasada la medianoche. Pretendía llegar antes para no tener que darles explicaciones. Sabía que no estarían de acuerdo en que saliese con Alberto, especialmente su padre, que lo tenía como impostor. Una vez en el carro con él, Lanira dijo:

– Hoy estoy como la Cenicienta. Tendré que volver antes de la medianoche –. Él rio alegremente. Ella continuó:

– Deberías reír más a menudo. Te ves mucho mejor sin ese aire de tragedia que acostumbras tener.

Es que estoy contento. Hoy fui promovido. Voy a poder comprar ese auto nuevo que quería.

– ¡Felicitaciones! Por eso querías salir.

– Sí. Quería compartir con alguien mi alegría. Siempre fui tímido, nunca tuve ganas de compartir mis pensamientos. Ustedes son mis únicos amigos.

– Debe haber sido difícil para ti haber vivido toda tu vida solo, sin familia.

– Así es. Durante muchos años creía que había sido rechazado por mis padres. Eso me hizo retraído, desconfiado. A pesar de todo, me sentí aliviado al descubrir la verdad –. Junto a Lanira, Alberto tenía ganas de hablar de su vida, de sus sentimientos. Su mirada como que penetraba en él de tal manera que se sintiera lo suficientemente seguro para hacer confidencias como no lo hiciera nunca antes.

Lanira sentía que él se posicionaba con sinceridad y eso la emocionaba. Sentía que podía confiar en él. Desde que comenzaran a ir todas las semanas a las sesiones en la casa de la tía Josefa, ellos se habían acercado más. La tía los invitaba para el té los domingos por la tarde o para conversar los sábados por la noche cuando reunía en casa a algunos amigos. Como Daniel no asistía y Rubito prefería salir con Marilda, solamente a Alberto y Lanira les gustaban esas reuniones en las que se podía hablar de todo, principalmente sobre temas espirituales.

Esa noche hablaron mucho, no solo sobre su trabajo, sino también de su manera de ver la vida. Al darse cuenta de su interés, que varias veces la tomó de la mano y tuvo la intención de abrazarla y besarla, Lanira decidió hablar.

– Realmente me gustas –dijo de repente –. Pero no estoy lista para enamorar.

– ¿Qué? – dijo sorprendido.

– Lo que escuchas. Me gustas, pero no tengo la intención de enamorar a nadie. Le tengo horror al matrimonio, por lo menos por ahora. Me doy cuenta que te atraigo. No quiero que termine nuestra amistad.

– ¿Quieres decir que, si quisiera ser tu enamorado, terminarías nuestra amistad?

– Si te enamoras, vas a querer controlar mi vida, insistir, y no va a ser posible que seamos amigos. Yo quiero mantener nuestra amistad.

Sin que ella lo esperase, Alberto la abrazó y la besó durante mucho tiempo en los labios. Tomada por sorpresa, Lanira sintió que su corazón se disparaba y un fuerte rubor subió a sus mejillas. Él la soltó, respiró profundo, la abrazó de nuevo y besándola apasionadamente. Lanira no supo qué decir. La sorpresa la había paralizado. Nunca nadie había hecho eso con ella. Se quedó sin aire y no pudo articular palabra. Alberto le estrechó la mano e iba a volver a besarla cuando ella logró decir:

– ¿Por qué hiciste eso?

– Porque no pude controlarme. Desde que te conocí, quise besarte.

– No debiste haber hecho eso. ¿No escuchaste lo que dije? No pretendo tener enamorado.

– Sé que no quieres tener enamorado, pero ¿qué puedo hacer? No pude mirarte sin besarte.

Mirándola a los ojos, tuvo la intención de besarla de nuevo. Ella lo empujó diciendo:

– Vámonos de aquí. Llévame a casa. No deberías haber hecho eso –. Él encendió el carro y la llevó a casa. Estuvieron en silencio durante todo el trayecto.

– ¿Estás molesta?

– Lo estoy.

– No hay razón – le tomó la mano y se la llevó a los labios con cariño –. No quise ofenderte. Fue más fuerte que yo. Incluso ahora siento un loco deseo de besarte de nuevo.

– Voy a entrar. Buenas noches.

Abrió el garaje y salió apresurada. Su corazón latía con fuerza y corrió adentro sin mirar atrás.

Alberto suspiró profundo. Ese beso lo dejara entusiasmado e íntimamente sintió que haría todo por tener a esa mujer. Arrancó el carro pensando en lo que haría para conquistar definitivamente el amor de Lanira. Iba tan distraído que ni siquiera se dio cuenta que estaba siendo seguido.

Cuando llegó frente al edificio de apartamentos donde vivía, colocó su auto en el garaje y esperaba el ascensor cuando, de repente, aparecen dos hombres enmascarados, colocando un revólver y agarrándolo. Uno de ellos le dijo:

– ¡Cállate de lo contrario morirás! Es un asalto –. Alberto sintió un escalofrío de miedo.

– ¿Qué quieren? Pueden llevarse el dinero.

– Nosotros te queremos a ti. ¡Vamos! ¡Camina!

Lo empujaran y uno de ellos inmediatamente puso una capucha en la cabeza de Alberto, quien, atarantado por la sorpresa, fue metido en un auto que arrancó a alta velocidad.

Se dirigieron durante algún tiempo en silencio, sin responder a las preguntas que Alberto escogió hacer de cuando en cuando. Por fin se detuvieron y fue sacado del carro.

Entraron en una casa y él sintió un fuerte olor a moho. Le quitaron la capucha y uno de ellos lo empujó al interior de una pequeña habitación, cerrando la puerta por el lado de afuera.

Alberto miró su habitación. Era una casa vieja. Había una ventana de madera, con rejas de fierro y candado. Una cama de soltero, una mesa de noche barata con una lámpara, el mismo olor desagradable de moho. Había otra puerta que Alberto abrió. Era un baño pequeño. En lo alto, una pequeña ventana, que la abrió inmediatamente para que entrara un poco de aire.

La noche fue calurosa. Alberto se quitó la chaqueta y la corbata, abrió el grifo del fregadero y se mojó la cara tratando de refrescarse un poco.

¿Qué serían esos hombres? Si era un robo, se habrían llevado su auto, su dinero, incluso subido hasta su departamento para robar. Pero no. Angustiado, se acordó del pedido de Jonás para que tuviera cuidado.

¿Por qué no lo escuchó? Estos hombres solo podían haber sido enviados por José Luís y Boris. Si eso fuera cierto, su vida corría grave peligro. Harían cualquier cosa para deshacerse de él. Si no lo mataran a quemarropa, fue porque tenían la intención de hacerlo de una manera que no despertara sospechas.

Trató de forzar la puerta del cuarto, pero no sirvió de nada. Él escuchara el ruido del carro saliendo. Ellos lo habían dejado solo. Fue hasta la ventana, pero no pudo abrirla. En su angustia, recordó a su abuelo. Se arrodilló al lado da la cama y rezó pidiendo ayuda. Solo Dios podría ayudarlo en esos momentos difíciles.

Lanira entró en casa nerviosa. Hasta entonces Alberto había sido comedido, respetuoso. ¿Qué lo llevara a besarla así?

A pesar de todo, ella sentía su corazón latir acelerado al recordar esos besos. Siempre se considerara inmune a la tentación y se reía cuando los muchachos le lanzaban piropos.

Debería haber reaccionado con más fuerza. Pero al mismo tiempo se estremecía recordando el brillo de sus ojos, el beso cariñoso en su mano. ¿Qué estaría sucediendo con ella?

¿Estaría haciéndose débil?

Se acostó, pero demoró para dormir. El recuerdo de los besos de Alberto no la abandonó y se inquietó, revolviéndose en la cama, tratando de encontrar una explicación a lo que estaba sintiendo. Al día siguiente Rubito fue a ver a Daniel diciendo:

– Estoy esperando a Alberto para hacer aquella reunión sobre esa audiencia y aun no aparece. Llamé a su oficina, no fue a trabajar.

– ¿Llamaste a su apartamento?

– No contesta nadie.

– Extraño. Nunca faltó a ninguna de nuestras reuniones. ¿Estás seguro que sabía que era hoy?

– Sí. Ayer hablé con él para confirmar.

– Voy a llamar a su apartamento nuevamente.

Daniel trató, pero el teléfono sonó, sonó y nadie respondió.

– Vas a ver que ya salió. Debe estar llegando pronto.

Pero llegó la hora del almuerzo y él no apareció. Rubito estaba preocupado.

– Voy a su casa.

– Voy contigo.

Llegaron al edificio donde Alberto vivía y hablaron con el portero. Él solo lo había visto irse a trabajar el día anterior.

– Fui a tocar a su puerta porque encontré la llave de su carro en el piso del garaje, cerca del ascensor. Pero nadie abrió. Como su carro está en el garaje, pensé que él debería haber salido con algún amigo y no percibió que dejó caer la llave –. Los dos abogados se miraron, asustados.

– ¿Estás seguro que su carro está en el garaje?

– Claro, ustedes pueden verificar.

Los tres bajaron al sótano y vieron el carro.

– El cuidador tiene las llaves de los apartamentos. Somos sus abogados.

Creemos que su vida corre peligro. Vamos a examinar el apartamento.

El cuidador inmediatamente abrió el apartamento, pero no había nadie.

– ¿Qué haremos? – Preguntó Daniel –. ¿Llamamos a la policía?

– Vamos a avisar a Jonás.

Desde allí, llamaron a Jonás para informarle de lo sucedido. En menos de media hora, estaba en el apartamento de Alberto con un investigador. Examinaron todo y no encontraron nada.

– Al parecer él no entró en la casa. Todo indica que llegó aquí, colocó el carro en el garaje y cuando iba a tomar el ascensor fue atacado y llevado a algún lugar – concluyó el investigador.

– Espero que no lo hayan matado – dijo Jonás –. Te lo advertí. Estamos tratando con asesinos de la peor especie.

Nosotros lo vigilamos, pero no siempre pudimos estar a su lado.

– ¿Qué haremos ahora? – Preguntó Daniel inquieto.

– Marcos avisará a su departamento para que inicien la búsqueda. Necesitamos fotos.

Ellos buscaran en el apartamento y encontraron algunas en un álbum.

La audiencia será en una semana. Fue por eso que actuaron – recordó Rubito.

– Si elige no aparecer, el trabajo se verá perjudicado – comentó Daniel.

– Si está muerto, ellos serán procesados. Esto lo prometo. Con las pruebas que tenemos, los pondremos en la cárcel – dijo Jonás.

– Si está vivo en alguna parte, lo encontraremos. Estos desgraciados están comenzando a irritarme. Después de todo lo que le hicieron de niño aun quieren acabar con él. Me voy a dedicar a esto, lo van a ver.

– Voy a redoblar la vigilancia en Boris. No podemos perder ni un minuto. El Dr. José Luís nunca haría nada personalmente. Boris es quien reparte las cartas por él. Nuestra atención debe a centrarse en él.

– Tienes razón, Jonás – asintió Daniel –. Su amante también tiene que ser vigilada.

– Yo me encargo – dijo Jonás –. Vámonos. No tenemos nada más que hacer aquí –. Le dio al cuidador una tarjeta, diciendo:

– Cualquier cosa extraña que suceda, llámenos. Cualquier pista puede ser una clave para salvar a Alberto.

Rubito y Daniel volvieron preocupados a la oficina. Daniel llamó a Lanira y le contó lo sucedido.

– Estuvimos juntos ayer hasta las once y media – dijo asustada.

– ¿Verdad? Sería bueno que vinieses hasta aquí para contarnos todo.

– Voy para allá. Puedes esperar.

En aquella tarde, María Júlia buscó a Gabriel.

– Quería que me acompañases a una visita a Carolina. Él la miró sorprendido, pero ella le hizo una pequeña señal y él respondió:

– Está bien. ¿Cuándo quieres ir?

– Ahora. Prometí ir antes de las cuatro –. Cuando se vieron en el carro, ella dijo:

– Tenemos que hablar. Estoy preocupada.

– ¿Ocurrió algo?

– Sí. Escuché a José Luís hablando con Boris. Pretenden resolver definitivamente el caso con Marcelo.

– ¿Cómo o así? ¿Dirá la verdad?

Nada de eso. Van a eliminarlo –. Gabriel detuvo el carro diciendo nervioso.

– ¿Un crimen? No podemos consentir esto. Tenemos que dar parte a la policía –. María Júlia agarró el brazo de su hijo diciendo angustiada:

– ¡Eso no! No vas a hacer eso.

Madre, no podemos permitir que le quiten la vida a una persona. Esto es un crimen y no estoy dispuesto a cargar con ese peso.

– Policía, no. De ninguna manera. Tememos que arreglarlo de otra manera.

¿Estás segura de lo que estás diciendo? ¿Qué fue lo que oíste?

– Estaban hablando en voz baja. No me vieron. Iba a la peluquería, llegué hasta el carro, pero cambié de idea, me volví y me senté en un sillón del pasillo a descansar un poco. La puerta de la oficina se abrió y estaban hablando. Boris dijo:

– "Él ya está encerrado allá. Tenemos que decidir qué vamos a hacer. Él no puede aparecer en la audiencia de ninguna manera. He estado leyendo los autos. Tienen innumerables pruebas. Tenemos que actuar con rapidez. Voy a hablar con Antunes y haremos todo de manera que parezca un accidente."

– "No quiero a nadie más involucrado. Puedes hacerlo todo tú mismo."

– "No es posible. Antunes me ayudó a atrapar al pato, no va a abrir el pico. Está más interesado en quedarse callado que nosotros. Además, le gusta mucho el dinero."

– "Ese es mi temor. Dinero. Puede que quiera chantajear, como Eleuteria."

– "Antunes no hará eso. Ya ha trabajado para nosotros e hizo todo bien. Acepta el dinero y punto. "Nunca nos chantajeó.

– "Está bien. Hazlo. Pero no quiero que nadie desconfíe."

– Entonces, hijo mío – concluyó María Julia –, salí de allí y me fui a esconder en la habitación.

– Madre, no cabe duda que pretenden acabar como el muchacho. Tenemos que ir a la policía. No podemos dejar que suceda. Estoy atónito. ¡Te amenazó! Quiere vengarse. Tememos que denunciarlo.

– Prométeme que no harás eso. ¡Por el amor de Dios!

– ¿Por qué le tienes tanto miedo, madre? ¿Hay algo que no me dijiste?

– Es que cuando la policía se entere de la verdad, iré presa como cómplice. Me quedé callada todos estos años.

– Conseguiremos buenos abogados. Fuiste coaccionada. Tuviste miedo.

– Aun así, no quiero que vayas a la policía.

Ella le apretaba el brazo desesperada. Viendo su aflicción, no insistió.

– Cálmate. Pensemos en otra cosa. No puedes dejarles saber que escuchaste su conversación. Tengo miedo que se vuelvan aun más contra ti. Vamos a calmarnos y pensaremos en otra solución.

– Eso sí.

– Mientras tanto, trata de calmarte. Intenta controlarte para que en casa nadie perciba nada.

Gabriel hizo lo que pudo para hacer que María Júlia estuviera más tranquila, mientras tanto él se sentía preocupado, angustiado.

– Sería bueno que fueras a la peluquería, porque al mismo tiempo nadie sospecharía de nada.

– No estoy con disposición para eso.

– Por eso mismo. Te hará bien y no despertará sospechas. Te dejaré allí y más tarde vendré a recogerte.

Después de dejarla en la peluquería, Gabriel entró al carro preocupado. Necesitaba hacer algo. Pero ¿qué? Su madre le tenía miedo a la policía. El objetivo era encontrar a Marcelo y liberarlo. Pero ¿dónde lo habrían llevado? Necesitaba averiguarlo.

Inquieto, no podía dejar de pensar, tratando de encontrar una solución satisfactoria. Le dolía la cabeza y cuanto más pensaba, menos encontraba la salida. Lo único que sabía era que no quería que se consumara ese crimen. Necesitaba hacer algo, pero ¿qué?

Eran más de las seis cuando recogió a su madre en la peluquería, y volvieron a casa. Él, recomendándole que estuviera tranquila, se fue al dormitorio. Necesitaba pensar, encontrar una alternativa. Necesitaba vigilar a Boris. Estaba en casa, estaría atento, no dormiría, si él saliera, iría detrás de él sin que se diera cuenta.

A pesar de eso, Gabriel era incapaz de calmarse. De repente, un temor lo asaltó. ¿Y si Antunes hiciera todo sin Boris, para no despertar sospechas? Se levantó del sillón y comenzó a caminar de un lado a otro de la habitación. Él no podía esperar. Un minuto podría ser demasiado tarde. Tenía que hacer algo.

Decidido, agarró el teléfono y llamó a Lanira. Poco después, ella fue al teléfono:

– ¡Aló!

– ¿Cómo estás, Lanira?

– ¡¡Gabriel!!

– Sí. Disculpa incomodarte, pero necesito hablar contigo con urgencia. Por favor.

– Está bien.

– Estaré allí en diez minutos. Gracias por atenderme.

– Estaré esperando.

Ella colgó y María Alice se acercó interesada:

– ¿Era Gabriel?

– Sí. Vamos a dar una vuelta. Él quiere conversar.

– Verás que se arrepintió y quiere reconectar la amistad.

– Podría ser, mamá.

Lanira no dijo que percibiera su nerviosismo. Su voz temblaba. ¿Qué era lo que quería? ¿Tendría algo que ver con Alberto?

Cuando pasó, ella ya lo estaba esperando en el portón. Salió del auto y después de saludarla, dijo:

– Vamos a dar una vuelta.

Ella se subió al auto y en el auto él dijo:

– Estoy muy angustiado y, en ese momento, la única persona que sentí que podía ayudarme eres tú. Entonces, a pesar de todo, decidí buscarte. ¿Aun sientes algo de amistad por mí?

– Claro. Debes recordar que llamé varias veces y fuiste tú quien nunca quiso atenderme.

– Me sentí avergonzado. Mientras tanto, hoy, y en mi angustia, no has salido de mi mente. Necesito que me ayudes. Quería ir a la policía, pero mi mamá no quiere de ninguna manera. Ella tenía miedo. Y yo no quiero que nada malo le suceda.

– ¿Sabe algo sobre la desaparición de Alberto?

– Sé lo suficiente para estar aterrorizado. Tenemos que hacer algo. Impedir que ellos cometan ese crimen.

– Tenemos que pedir ayuda a Daniel y Rubito. Solos no podremos hacer nada. Y es bueno que sepas, estamos Lidiando con criminales... –. Se detuvo por temor a lastimarlo. Él finalizó:

– Peligrosos. Nadie más que yo sabe eso. Antes no sabía nada, pero ahora que lo sé, no quiero de ninguna manera ser cómplice de ese crimen. Tenemos que impedirlo y no sé cómo. Es mejor no hablar con Daniel y Rubito. Ellos irán a la policía y todo se echará a perder. Mi mamá no lo soportará.

– No hay otra manera. Desafortunadamente, tu madre fue su cómplice y debido a eso no puedes dejar que otro crimen ocurra. Ella necesita reconocer eso.

– Ella no fue cómplice. Fue coaccionada por ellos. Amenazada. Arriesgó su vida para salvar de la muerte a Marcelo y se encargó de su bienestar mientras le fue posible.

– En ese caso, debería unirse a nosotros y no defender a ese hombre que, lamentablemente, es tu padre.

– Nunca nos llevamos bien. A pesar de las apariencias, él siempre maltrató a mi madre. Ella soportó todo. Siempre me pregunté por qué. Si ella hubiese querido separarse, yo la habría apoyado. Pero no lo sé, a veces creo que hay algún secreto que le impide hacer eso y que la obliga a soportar todo lo que él quiere.

– Podría ser. ¿Nunca intentaste descubrirlo?

– Mi mamá y yo nos llevamos muy bien. Ella me cuenta muchas cosas, pero cuando toco en ese punto, se retrae. Nunca conseguí nada.

– Rubito tenía razón. El otro día aventuró esta hipótesis.

– ¿En serio?

– Sí. Pero es difícil para nosotros saber cómo pasan las cosas realmente. Él siempre admiró a tu madre y tiene dificultad para aceptar que ella hubiese sido cómplice en esos crímenes.

– ¿Esos crímenes?

Lanira se mordió los labios. No deseaba que Gabriel se resintiese todavía más relatando las sospechas de ellos habían eliminado a toda la familia. Por eso dijo:

– Sí. Sacar a Marcelo de la familia, quitarle la herencia, etc.

– ¡Ah!

– Debemos buscar a Rubito y Daniel. Además, está Jonás, un detective privado, amigo nuestro que puede ayudarnos a averiguar dónde esconden a Alberto antes que sea demasiado tarde. Algo me dice que no podemos facilitar.

Gabriel estaba pensativo y Lanira continuó:

– ¿Qué podríamos hacer nosotros dos? Juntos podemos dividirnos. Jonás puede seguir a Boris.

– También está Antunes. Alguien debe vigilarlo.

– Te garantizo que harán todo discretamente. La policía no incomodará a tu madre. Él resolvió:

– Está bien. Algo tiene que hacerse. No me puedo quedar de brazos cruzados.

Lanira colocó cariñosamente la mano en el brazo de Gabriel:

– Te aprecio mucho Gabriel. Puedes contar conmigo pase lo que pase.

Él la miró emocionado, ojos brillantes, se acercó y la besó en los labios largamente. Lanira sintió que una fuerte emoción se apoderaba de su corazón. Lo apretó en los brazos con fuerza, retribuyendo el beso. Luego se separó diciendo:

– Vamos hasta la casa de Daniel. No podemos perder el tiempo.

Daniel los recibió sorprendido. Lanira fue diciendo inmediatamente:

– Gabriel necesita ayuda.

– Entren, por favor.

– ¿Rubito no está?

– No. Salió con Marilda. Siéntense, por favor.

Gabriel se sentó en un sofá mirando a Daniel sin valor para hablar. Estaba devastado y Lanira trató de ayudarlo.

– Él y doña María Júlia están desesperados. Ella escuchó una conversación entre Boris y el Dr. José Luís. Habla claro, Gabriel. Daniel hará cualquier cosa para ayudar.

– Eso es, Gabriel. Di lo que sabes. Nosotros queremos la verdad.

– La verdad – comenzó con voz temblorosa – solo me enteré hace poco, cuándo se produjo el escándalo y mi madre, perturbada, que contó cómo habían sucedido las cosas. Debo decir que ella no fue su cómplice e hizo todo para salvar a Marcelo y fue a través de la ayuda de Alberico, el chofer, que ella consiguió hacer esto. Ellos establecieron un plan y ella lo llevó a Inglaterra con la esperanza que algún día pudiese desenmascarar a los culpables y hacerlo volver a su familia. Pero con las muertes del Dr. Camargo y los padres de Marcelo, le impidieron hacer eso.

– ¿Por qué no fue a la policía? Si hubiera hecho eso, hubiese sido arrestada como cómplice.

– Esto es lo que todavía no entiendo, Daniel. Mi madre tiene mucho miedo de mi padre. Él la domina por completo. Nunca soporté la manera cómo él la trata en la intimidad. Nunca nos llevamos bien. Si aun no dejé la casa, fue para estar junto a ella y defenderla, principalmente de Boris, a quien no toleramos y que goza de todas las regalías, llegando a mandar en todos, incluyendo a mi padre.

– Tenemos información que es un aventurero de la peor especie – aclaró Daniel.

– Ayudó a tu padre en el caso de Marcelo y debe haber hecho muchas otras cosas. Es un sujeto peligroso. ¿Sabes algo sobre la desaparición de Alberto?

Daniel relató todo lo sucedido, terminando:

– Estamos desesperados. No podemos permitir que ocurra este crimen. Mi madre le tiene miedo a la policía. Lanira no se apartó de mi cabeza. Conocerla fue lo mejor que me ha pasado en la vida. Por esto, la busqué y ella me aseguró que puede ustedes pueden ayudarnos. Por mi parte, quiero colaborar. Haré cualquier cosa para salvar a Alberto, pero necesito proteger a mi madre. Ellos la tienen amenazada. Se descubren que ella escuchó todo y me lo contó, pueden maltratarla. Y eso no puedo permitirlo.

– Entiendo, Gabriel. ¿Tienes razón en cuanto al peligro que están corriendo? ¿Podrías salir de casa con ella, viajar a algún lugar, sin que ellos sospechasen? Así, estarían protegidos.

– Me gustaría verla lejos de ellos. No sé si ella va a aceptar. Laura no sabe nada y si deja la universidad va a despertar sospechas. No nos gustaría dejarla sola con ellos, principalmente por Boris. Es capaz de todo. En cuanto a mí, prefiero estar cerca y tratar de aclararlo todo. Sea lo que sea que tenga que enfrentar a la justicia, es mejor que ese sentimiento de vergüenza, culpa y complicidad.

– Lo más urgente es descubrir el paradero de Alberto. Los minutos son preciosos teniendo en cuenta que pueden actuar de un momento a otro – dijo Daniel. Cogió el teléfono y llamó a Jonás, pidiéndole que fuera inmediatamente a su apartamento. Como era de esperar, Lanira preparó un café y Daniel trató de calmar a Gabriel, que estaba muy nervioso.

Jonás llegó quince minutos después e inmediatamente llamó al investigador que acompañaba el caso y le pidió que vigilase a Antunes. Cuando colgó el teléfono, ponderó:

– Ese malandrín de Antunes ha estado engañando a la policía durante muchos años. Creo que llegó la hora de colocarlos tras las rejas. Si lo atrapamos en el acto, no tendrá como escapar. El desgraciado tiene la espalda caliente. Importantes políticos lo protegen porque si abre el pico, muchas cabezas pueden caer, por lo que dicen los rumores...

– En ese caso será inútil encerrarlo. Pronto estará libre de nuevo – Daniel concluyó.

– No si tenemos evidencia concluyente. El secuestro es un delito, y si lo atrapamos con la boca en la botella, no habrá influencia de ningún "padrino político" para liberarlo –. Dirigiéndose a Gabriel, Jonás continuó:

– Fuiste valiente, muchacho. Te garantizo que no te arrepentirás de habernos buscado.

– Haré todo lo posible para salvar a mi madre. En toda esta historia, ella ha sido una víctima más. En cuanto a mí, estoy dispuesto a ayudar. Quiero salvar a Alberto y devolverle lo que le pertenece por derecho. No quiero nada de ese dinero que fue conseguido de forma ilícita.

Jonás lo miró asombrado. Y no se contuvo:

– ¿No tienes miedo de ser pobre? Siempre has vivido en el lujo.

– Soy joven y puedo trabajar, empezar mi vida con dignidad. Estoy seguro que podré mantener a mi madre y a mi hermana.

Lanira aproximó y sujetó la mano de Gabriel, presionándola con fuerza. Tenía los ojos húmedos. Daniel también se sintió conmovido con la actitud digna que él conseguía asumir en un momento tan difícil como el que estaba enfrentando. Se le acercó, lo abrazó y le dijo:

– Tienes todo nuestro respeto. Estamos orgullosos de contar con tu confianza. Puedes estar seguro que haremos todo lo posible por defender a doña María Júlia. Además de la ayuda profesional, me gustaría ser tu amigo.

Gabriel retribuyó el abrazó a Daniel, sintiendo que se le humedecían los ojos. Hizo un gran esfuerzo por contener las lágrimas.

Jonás se aclaró la garganta tratando de esconder la emoción y dijo con voz que intentó por hacer firme:

– Tu ayuda nos será de gran ayuda. Quiero que vigiles a Boris, trata de escuchar todo lo que él habla con tu padre, o por teléfono, etc. Cualquier novedad, comunícate con nosotros. Te daré los números de contacto a los que me puedes llamar a mí o a Marcos. Si no estamos, puedes dejar el mensaje. Cuídate. Ellos son peligrosos. Ahora me voy –. Después que Jonás se fue, Lanira dijo:

– Necesitamos llamar a la tía Josefa. Ella puede ayudarnos –. Girándose hacia Gabriel, continuó:

– Ella hace sesiones de espiritismo en su casa. Nosotros hemos estado asistiendo. Es una persona de mucha fe. Alberto asegura que el espíritu de su abuelo lo ha acompañado y ayudado. Podemos intentar hablar con él. Quizás nos diga dónde está Alberto.

– ¿Crees que esto es posible? – Preguntó Daniel. Gabriel respondió:

– Sí es posible, él puede responder.

– ¿Crees en los espíritus? – Dijo Lanira sorprendida –. Nunca me dijiste nada.

– Solo lo hablo cuando la gente lo menciona. Este es un tema delicado y controvertido. Solo para los que entienden.

– Parece que eres uno de ellos –. Daniel estaba asombrado.

– Desde niño he sido testigo de los seres de otras dimensiones. Cuando era adolescente, mi sensibilidad aumentó y me sentí muy perturbado. Pasaba de la euforia a la depresión, me sentía mal sin que los médicos puedan diagnosticar la enfermedad. Por fin, conocí a una persona que me ayudó mucho explicando lo que me estaba sucediendo, indicándome libros serios para el estudio de la materia. Eso me ayudó y conseguí equilibrarme. Sé que todos somos bombardeados por energías de personas que están a nuestro alrededor y también por los espíritus de los que ya murieron. Tuve innumerables pruebas. Vamos a hablar con tu tía. La ayuda espiritual es fundamental en un caso como el nuestro –. Daniel sacudió la cabeza y sonrió. Esa fue una noche de sorpresas.

– Son más de las diez. ¿No es demasiado tarde para hablar con ella? – objetó.

– No – respondió Lanira –. La tía Josefa nunca duerme antes de la medianoche.

– En ese caso, hazlo – concordó Daniel.

Lanira llamó a Josefa para prepararla para colocarla a la par de los últimos acontecimientos.

– Hoy mismo voy a llamar a los médiums y pedir oraciones. El momento es de fe y confianza. Mañana es el día de nuestra reunión. También trae a Gabriel. Siento que ese joven está realmente impresionado. Vamos a confiar en Dios, para que todo salga bien.

Lanira acordó hacer lo posible para asistir a la sesión la noche siguiente. Gabriel recordó:

– Tal vez tenga que quedarme en casa vigilando los pasos de Boris. ¿Será que él salió hoy?

– No, te preocupe con eso ahora. Boris está siendo vigilado. Si él salió, fue seguido. En cuanto a Antunes, necesitamos vibrar parea que él no haya hecho nada hasta ahora que nos buscaste y Marcos puso a una persona para seguirlo.

– Mejor me voy ahora. Vamos, Lanira, te dejaré en casa.

Se fueron y Daniel se sentó pensativo en el sofá. La vida tenía sorpresas y se preguntó a sí mismo lo que estaba por venir. Se acordó de la primera sesión en la casa de la tía Josefa, cuando el Dr. Camargo le pedirá que proteja a María Júlia y Gabriel. Él no había atendido a su pedido, ni fuera a buscarlos, pero terminó siendo buscado. ¿O el espíritu del Dr. Camargo tendría algo que ver con eso? Eso era algo muy probable.

No podía dejar de pensar en Lídia y en las emociones que su presencia le causaba, en los misteriosos sueños que tanto lo impresionaban y principalmente en el sentimiento de amor que, aunque Daniel hiciera mucho esfuerzo para reprimir, se obstinaba en acelerar su corazón cuando pensaba en ella.

Se levantó y buscó el papel donde escribió las palabras que le dijera el Dr. Camargo. Con él en sus manos, se sentó en el sofá y lo leyó de nuevo. Conforme Gabriel había dicho, María Júlia debería ser víctima de su esposo para que el Dr. Camargo intercediera a su favor.

Debería ser inocente y, en este caso, él debería defenderla de allí en adelante. Pensó en el espíritu Dr. Camargo y le pidió ayuda a que encontrara la manera más adecuada para hacer eso.

CAPÍTULO 14

Gabriel llegó a casa preocupado. Buscó a su madre.

– ¿Estás bien?

– Preocupada como tú. ¿A dónde fuiste?

– Te lo cuento después. ¿Está todo en paz aquí?

– Sí.

María Julia le hizo una pequeña señal para que no dijera nada. Ella vivía atormentada. Boris siempre descubría todo lo que decía o hacía dentro de la casa. A veces sospechaba que había puesto en su habitación una especie de micrófono solo para vigilarla. Sabía que ella no estaba de acuerdo con lo que ellos hacían. Sabía que ella era su enemiga y que quería verlo de espaldas.

Gabriel asintió levemente, tomó un papel del cajón y escribió:

– "Ven a mi habitación por la noche cuando todos estén durmiendo. ¿Tenemos que conversar?" – Ella leyó, asintió con la cabeza y arrugó el papel y lo guardó en su bolsillo.

– ¿Ya cenaste?

– No, pero no tengo hambre.

Pero María Júlia insistió para llevarlo al comedor, donde le preparó un refrigerio, obligándolo a comer. Hablaran de asuntos triviales y después cada uno se fue para su cuarto. Fue pasadas las dos de la madrugada, cuando María Júlia buscó a Gabriel en su cuarto. Acercándose a la cama diciendo suavemente:

– Gabriel.

– Estoy despierto, mamá. No puedo dormir.

– Hazte a un lado. Voy a acostarme a tu lado –. Después de acomodarse, le pidió:

– Cuéntame todo.

En pocas palabras Gabriel le dijo a María Júlia todo lo que había hecho y ella se asustó:

– ¡Hijo mío! ¡No debías haber hecho eso! Si ellos lo descubren, ¡ni siquiera sé qué harán!

– Era necesario, madre. No podemos estar de acuerdo con un crimen. Lanira es mi verdadera amiga y Daniel es un buen hombre. Entendió nuestra situación y nos ayudará. Jonás es detective privado y amigo de la policía. Ellos harán todo discretamente –. María Júlia se sorprendió. Temblaba y se frotaba las manos, angustiada.

– Cálmate, mamá. Hice lo que tenía que hacer. No nos pasará nada. Yo sé. Dios nos ayudará. Estamos del lado del bien.

– La vergüenza o descrédito... Nuestro nombre en el barro...

– Desafortunadamente, no es culpa nuestra. Siempre hemos sido buenas personas. Es mejor soportar la maldad ajena que practicarla. Solo le pido a Dios que todavía haya tiempo para salvar a Marcelo y que no tengamos que lamentar y cargar el peso de este crimen –. María Julia rompió a llorar y Gabriel la abrazó fuertemente, tratando de consolarla:

– Mamá, no te pongas así. Todo va a salir bien.

— Tendremos que salir de esta casa, devolver el dinero, soportar la vergüenza, la pobreza. No sé si resistiré viéndolos a ustedes pasar por todo eso.

— Por supuesto que resistirás. Superaremos este difícil momento. Soy joven, fuerte, puedo trabajar. Te garantizo que no te faltará nada.

— ¡Soñé para ti un futuro brillante!

— Lo sé, mamá. Pero con paciencia y honestidad llegaremos allí. Estoy seguro que todo pasará y que los tres reconstruiremos nuestras vidas. Nos podemos mover a otra ciudad, otro país, vamos a vivir felices y libres. Nuestra conciencia estará en paz. Vamos, no llores más. ¿Quieres que sospechen? Cuento con tu ayuda. Llegamos a tiempo para liberarnos de Boris y las maldades de mi padre.

María Julia suspiró profundamente. Apretó a Gabriel en los brazos y dijo:

— Pase lo que pase, acuérdate que te amo mucho y siempre hice todo lo posible para verte feliz.

— Lo sé, mamá. Yo también te amo y no me gusta verte sufrir. Vamos límpiate esas lágrimas y tratar de calmarte. Todo va a estar bien, vas a ver. Quiero que me ayudes a vigilar a los dos y me cuentes todo lo que observes. Después que salí, ¿notaste algo diferente?

— No. Boris fue a la habitación y José Luís fue a la clínica. Laura a su cuarto. ¿Qué pasará cuando lo sepa?

— Por ahora, vamos a dejarla fuera de esto. Es mejor ahorrarle el disgusto.

— Estoy de acuerdo. Fui a mi habitación, apagué la luz y esperé a que José Luís se retirara a su cuarto. Cuando todo estaba en silencio, vine para acá.

– Ahora, descansa. Intentaré dormir, vete. Quiero levantarme mañana temprano para observar. No olvides: cualquier cosa diferente, una llamada, una conversación entre ellos, avísame inmediatamente.

Se levantó, besó el rostro de Gabriel con amor.

– Duerme bien, hijo mío.

– ¿Estás más tranquila?

– Sí. Contigo a mi lado todo está bien.

– Siempre estaré a tu lado, pase lo que pase. Intenta descansar. Mañana es otro día.

Fue después que ella se fue tratando de no hacer ruido, Gabriel se levantó, entreabrió la puerta y se quedó mirando el corredor, hasta que su mamá entró a la habitación y cerró la puerta. Cuando iba a acostarse, nuevamente sintió sed y en la oscuridad fue hasta la cocina para tomar agua. Notó que había luz en la habitación de Boris. ¿Qué estaría haciendo a esa hora de la madrugada?

Necesitaba saber. Encostó el oído en la puerta y escuchó que conversaba por teléfono, pero por más que se esforzaba no lograba entender lo que decía. De puntillas, abrió la puerta de la cocina, dio la vuelta al jardín hasta la ventana de la habitación de Boris y colocó el oído en la veneciana.

– Tienen que hacerlo bien, hecho – decía –. Nadie puede sospechar nada. Como resultado de la audiencia, van a sospechar José Luís. Esto no puede ocurrir. Tiene que parecer un accidente –. Hizo una pausa, y luego continuó:

– Lo sé... lo sé... Está bien. Voy a ayudar. Bien que podrías hacerlo todo tú mismo. De todos modos, por el dinero que estamos pagando... No... no. Yo no quiero que nadie más se meta en el juego. Lo sé... lo sé... Está bien. Mejor que sea el fin de semana. Por supuesto... es verdad. Estaré allí para conversar.

Puedes esperar. No me llames acá. Ya sabes cómo es. No es conveniente. Ella está muy nerviosa. Tenga cuidado, todo se puede ir al agua. Lo sé... Pero solo como último recurso. De acuerdo. Lo haré, sí. Ahora voy a colgar.

Él escuchó el ruido al colgar el receptor y a continuación, apagó la luz. Tratando de no hacer ruido, Gabriel se fue al dormitorio, cerró la puerta, el corazón latiendo con fuerza, era evidente que estaban hablando de Alberto. Se sintió aliviado. ¡Él estaba vivo! Había tiempo para salvarlo. Inmediatamente llamó a Jonás, quien respondió con una voz de sueño. Dio un salto cuando se dio cuenta que era Gabriel.

– Tengo noticias. Escuché una conversación de Boris al teléfono. ¡Alberto sigue vivo!

– ¡Buenas noticias! Cuenta todo.

Gabriel dijo y Jonás anotó todo y garantizó:

– Con seguridad conversaba con su cómplice, Antunes. Serán vigilados todo el tiempo. Vamos a atraparlos. Buen trabajo, Gabriel.

– Mi madre está muy nerviosa.

– No puede dejar que noten nada. ¿Entendido? Es fundamental para nuestro éxito y para la seguridad de ustedes.

– Yo sé. Puedes confiar, ella sabe cómo controlarse muy bien delante de ellos.

– Está bien. Cuídate. Intenta descansar. Guarda tus fuerzas. Él no hará nada por ahora. Y cuando salga, lo estaremos siguiendo.

– Es verdad. Buenas noches.

Buenas noches.

Gabriel colgó y respiró hondo. Se estiró en la cama, pero estaba tenso. Las emociones de las últimas horas no lo dejaban relajarse. Necesitaba serenar su espíritu. Se acordó de Dios y cerrando los ojos, comenzó a rezar pidiendo ayuda.

Poco a poco se fue calmando y ya casi se estaba durmiendo cuando vio a un hombre de mediana edad al lado de su cama mirándolo con cariño. Trató de abrir los ojos, pero no lo consiguió:

– Estoy fuera del cuerpo – pensó.

El hombre se le acercó y le dijo con voz firme:

– Gracias, Gabriel. Dios te bendiga.

Emocionado, Gabriel se acordó de la foto del Dr. Camargo que había visto en la oficina que le había pertenecido y que su padre vendió cuando tomó posesión de la herencia. ¡Era él!

– ¡Ayúdanos, por favor! – Gabriel preguntó en pensamiento.

– Cálmese. Estoy muy agradecido con María Júlia por todo lo que hizo por Marcelo. Confía en Dios. No temas.

Gabriel trató de hablar y abrió los ojos, encendiendo la luz del velador. El Dr. Camargo había desaparecido. ¿Habría soñado? ¿Estaría tan preocupado por lo que estaba pasando que estaba fantaseando?

Su imagen regresó a su memoria y Gabriel sintió que estaba allí para inspirarle confianza y decirle que estaba satisfecho con lo que hiciera. Respiró aliviado. Agradeció a Dios por la ayuda que estaba recibiendo, se acostó nuevamente y esta vez se durmió.

A la mañana siguiente se despertó asustado. Miró su reloj y se levantó de inmediato. Eran más de las diez. Se arregló rápidamente y bajó preocupado. María Júlia lo esperaba en el comedor.

– Siéntate, hijo mío, voy a pedir que sirvan el café.

– Se me hizo tarde. Quería levantarme temprano –. Dándose cuenta en presencia de Boris en la otra sala, agregó:

– Acepté ir al club con unos amigos.

– Quizás todavía tengas tiempo.

– No lo sé... vamos a ver.

Bebió el café hablando de asuntos triviales. Gabriel tomó un papel, un lápiz y escribió:

– ¿Notaste alguna novedad?

María Júlia leyó y dio una leve señal negativa con la cabeza.

– Hoy es un día fresco y tranquilo. Estoy pensando en dar un paseo, quizás ir de compras. Llegaron novedades a la Casa Cintra.

– Pues yo me quedaré en casa. Hace calor y estoy con pereza. Si el tiempo continúa así de bueno, quizás mañana salga en el barco.

Aunque atento, Gabriel no notó nada diferente durante todo el día. Eran más de las seis cuando llamó a Lanira para saber a qué hora deberían ir a la casa de Josefa.

Pasó por la casa de Lanira para recogerla y María Alice al verlo quedó un poco aprensiva. Con el esmero que Lanira se vistiera, sospechaba que ella estaría interesada en Gabriel. Si hubiera sido antes, habría sido feliz, pero ahora, con el escándalo, todo era diferente. Era cierto que el doctor José Luís seguía siendo bien visto, a pesar de todo, y la mayoría de la gente prefería fingir ignorar la demanda que se desarrollaba en los tribunales. Al principio, ella tampoco creía en esa historia, pero después que hablara con Daniel, y que el juez aceptara la demanda inicial, pidiendo pruebas, ella sintió que su confianza se desvanecía.

¿Y si él era realmente culpable? ¿Y si las pruebas que Daniel poseía fueran convincentes y el juez las aceptase como verdaderas? En ese caso, o José Luís desacreditado, preso, obligado a devolver toda su fortuna, sería aborrecido por la sociedad. No tenía ninguna duda al respecto. Gabriel, además de pobre, estaría cubierto de vergüenza. No, no quería que su hija corriera el riesgo de enamorarse de él. Esta relación podría traerle futuras molestias. Buscó al esposo, que estaba sentado en la sala, leyendo con gusto un discurso que debía pronunciar en la tarde siguiente. Alicia lo reescribiera y era magistral. Sabía valorar sus dotes de oratoria, así como las frases de efecto que conmovían al público.

– António, estoy preocupado por Lanira.

Sin levantar la vista de la lectura, António respondió:

– ¿Por qué?

– Deja un momento de leer. Tenemos que conversar.

– Estoy estudiando mi discurso. Es muy importante.

– Lo sé. Pero la felicidad de Lanira lo es mucho más.

– ¿Qué? – Esta vez la miró sorprendido.

– Salió con Gabriel. Reanudaron su amistad.

– No estoy entendiendo. ¿A dónde quieres llegar?

– Estaba pensando. Si José Luís fuese condenado, además de pobre, podría ser arrestado y caerá en desgracia. Lanira no puede involucrarse con su hijo.

António la miró con incredulidad:

– ¿Qué te pasó? ¿Me vas a decir que entraste en la fantasía de Daniel? José Luís es víctima de la ambición de un falsificador. Estoy seguro de eso. Todos en nuestro círculo dicen eso.

– No lo sé. Daniel me aseguró que tiene pruebas contundentes, además el juez aceptó su demanda, lo que significa que todo puede ser verdad.

– ¿Aceptó la demanda? ¿Estás segura?

– Así es. Lanira me dijo que Daniel y Rubito estaban radiantes y la invitaron a cenar para celebrar.

– ¿Quién será ese juez? ¿Sabes el nombre?

– No. Pero, ¿qué importa eso? Ellos lo consiguieron, ¿no? ¿Ya pensaste que todo esto podría ser cierto?

– No. No lo creo. Desafortunadamente, todavía hay jueces cretinos en este país. Algún idiota que quiso aparecer en los periódicos gracias al nombre de José Luís. Solo puede ser eso. Mañana voy a llamar a Mendes y le pediré que interceda. Él es un juez.

– Yo pensaba que era bueno que no te envolvieras en el asunto. ¿Y si todo fuese verdad y fueses visto defendiendo a un criminal? ¿Has pensado alguna vez en lo malo que sería para tu prestigio? El populacho con seguridad se va a poner del lado del "pobre joven", huérfano, expoliado, sin familia... Es una historia a medida para la gentuza.

– ¿Realmente crees que él puede ser culpable?

– No sé. Pero, por las dudas es mejor esperar a que estas cosas se aclaren. Nunca pensé que la justicia aceptaría su demanda. Ahora puede pasar cualquier cosa. Es aconsejable no aparecer tomando partido.

– Sí, en eso tienes razón. Nunca se sabe lo que puede pasar. La opinión pública adora estas historias en las que rico es villano. En uno de ellos, José Luís puede incluso entrar de chivo expiatorio.

– En cualquier caso, debes tener cuidado y esperar los acontecimientos. Mientras tanto, Lanira ya no debería salir más con Gabriel. Deberías hablar con ella.

– ¿Yo? ¡Ella nunca me escucha! Estas cosas de amores te competen a ti, que eres la madre. Es mejor hablar pronto antes que se involucren más.

– Lo intentaré.

Faltaban diez para las ocho cuando Lanira llegó con Gabriel a la casa de Josefa; saludó a los conocidos, abrazó a la tía, presentándole a Gabriel.

– Bienvenido, hijo mío – dijo, tendiéndole la mano.

– Gracias por permitirme participar en la reunión – dijo él después de retribuir al saludo.

– Acomódense por favor.

Llegaron Daniel y Rubito, acompañados de Marilda y Lídia. En aquella tarde, Rubito le pidiera a Daniel que le pregunte a la tía Josefa si las dos podrían acompañarlos. Daniel se sorprendió:

– Nos ocuparemos de asuntos personales y reservados. No creo que sea una buena idea llevarlas. Después, a mi tía puede que no le guste.

– Marilda me invitó a una reunión y le dije que estaba comprometido. Ahora estamos juntos, ella se puso celosa. Estaba enojada. Entonces le conté que era una sesión espírita. Fue entonces cuando aceptó, pero le dijo a Lídia que se puso emocionada. Ella acostumbraba asistir a sesiones y desde que llegó al Brasil no tenía a dónde ir. Ellos quieren ir con nosotros esta noche.

– No creo que sea una buena idea.

– En cualquier caso, llama por teléfono a tu tía y pídele permiso. Marilda tiene curiosidad, pero Lídia es una estudiosa de esos temas. Si tu tía dice que no, lo respetaremos.

Pero, por lo menos haz la consulta.

Medio contrariado, Daniel llamó a su tía, quien, para su sorpresa, accedió de inmediato. Además de ellos había seis personas más, y a las ocho en punto ya estaban todos sentados alrededor de la mesa. Josefa dijo una oración ligera y les pidió que se concentraran. Pronto una médium comenzó a hablar, saludando a los presentes y diciendo:

– Finalmente conseguimos reunirlos aquí esta noche. Hace mucho esperábamos esta oportunidad y queremos agradecer a Dios por permitirnos este encuentro tan esperado. Oremos porque la gracia divina es bendita y abundante en bondad y luz –. Continuó hablando, pero Daniel sintió una somnolencia incontrolable. Hizo un esfuerzo para reaccionar, pero no lo consiguió. Su cabeza cayó hacia adelante, se inclinó sobre la mesa y se quedó dormido.

Josefa pidió que siguieran rezando y que no se preocuparan con él. De repente, Daniel se encontró caminando por una calle diferente. Sentía el corazón abrumado, como si algo malo estuviese por suceder.

Llegando frente a una casa, se detuvo. Entró. Todo le resultaba familiar. Fue directamente al cuarto, donde buscó ansiosamente a alguien y no lo encontró. La cama de la pareja estaba vacía. Angustiado, se sentó en la silla y de repente recordó: Lídia se había ido para siempre. Él estaba solo con su dolor. ¿Qué hacer de su vida a partir de entonces? ¿Cómo aguantar la soledad en la casa vacía y triste?

Lágrimas corrían por su rostro. Se levantó y empezó a caminar de un lado a otro. Fue entonces cuando Alberto entró en el cuarto mirándolo enojado y diciendo:

– Tú fuiste el culpable de su muerte. Asesino. ¡Pagarás por todo lo que le hiciste!

Daniel pareció sorprendido. A pesar de vivir estos hechos, conocía perfectamente la situación actual y por eso preguntó:

– ¿Por qué me acusas? ¿Lo que pasó entre nosotros es parte del pasado? ¿Por qué soñé contigo, incluso antes de conocerte? ¿Cómo explicar lo que siento junto a Lídia?

Alberto desapareció de inmediato y Daniel fue transportado a una habitación luminosa y agradable. Miró a su alrededor y no había nadie. Se sentó en un suave sillón sintiendo una ligera y fragante brisa acariciando tu rostro.

Cerró los ojos y respiró encantado. Cuando los abrió, una mujer de mediana edad, rostro sereno, estaba frente a él. ¿De dónde la conocía?

– No lo recordarás – dijo ella.

– Te conozco.

– Es verdad. Tenemos poco tiempo. Aprovechemos eso.

¿Sabes lo que me está pasando? ¿Por qué tengo estos sueños?

– Son recuerdos de tus vidas pasadas. Por ahora no tienes como recordar todo.

– Siento que el cerco a mi alrededor se está apretando. Que necesito hacer algo importante, pero no sé lo que es.

– No se preocupe. Todo va muy bien. Confía en la vida, que siempre hace lo mejor. Lo importante es tratar de conectarte con lo espiritual.

– ¿Qué significa conectarse con lo espiritual? No soy religioso.

Nadie habla de religión. Hablo da esencia de las cosas. Hablo de dos valores eternos del espíritu. De conocer la fuerza inmutable que gobierna el universo. Estar en ella es estar seguro, conservar tu serenidad, recomponer tu camino de progreso, encontrar la felicidad y la paz.

– Ahora mismo estoy sintiendo una alegría que hacía mucho no había sentido. Tu presencia me está haciendo mucho bien.

– No es mi presencia, pero el encuentro de tu alma con la verdad espiritual. Este lugar es el paraíso, el nirvana, la felicidad eterna. Es la esencia divina que está dentro de ti que te puede dar esa alegría siempre que te refugies en ella. Por eso dije: confía en la vida y conéctate con tu yo espiritual. Este es el secreto que da serenidad y paz.

– Quería saber por qué me conmueve la presencia de Lídia y la de Alberto me oprime.

– Reflejos de un tiempo que ya pasó. Ahora ustedes están juntos nuevamente para experimentar renovación y progreso. No te dejes dominar por lo emocional. El pasado está muerto. Lo que sucedió en aquellos tiempos no va a suceder de nuevo. Por lo tanto, conéctate con lo espiritual. Si continúas viniendo aquí, vas a encontrar todas las respuestas que deseas. Ahora, vete. Recuerda; cuando sientas una emoción desagradable, repite esas palabras: el pasado se acabó. Lo que sucedió en aquellos tiempos no volverá a pasar. ¡Hoy todo es diferente!

Daniel se estremeció y despertó sintiendo aun el perfume encantador y la deliciosa sensación de aquella presencia.

– ¡No te vayas! – Imploró aun envuelto en la magia de aquel encuentro. Escuchando el sonido de su voz rompiendo el silencio de la sala a oscuras, Daniel respiró profundo un poco asustado.

– Agradece a Dios por el regalo que recibiste – dijo Josefa. Seguidamente hizo una ligera oración de agradecimiento y clausura de la sesión.

Las luces se encendieron mientras las personas comentaban entre sí algunas partes de la reunión.

Daniel se pasó una mano por el cabello diciendo:

– Disculpa, tía, me dormí. No escuché nada de lo que pasó aquí.

– Saliste del cuerpo. O más bien, te llevaron en espíritu a un lugar muy especial. ¿Cómo te sientes?

– Muy bien.

– Cuando llegaste aquí estabas angustiado, preocupado. Recibiste ayuda.

– Fue maravilloso. Nunca sentí una emoción igual. Ojalá nunca terminara.

– Te encontraste con una persona que te quiere mucho y te ha ayudado mucho.

– Es extraño, pero cuando la vi sentí que la conocía. ¿Cómo puede ser esto? Nunca la había visto antes.

– En esta encarnación, no. Pero ustedes son viejos conocidos de otras vidas.

– ¡Qué mujer! ¡Nunca conocí a nadie así!

– ¿Ella era bonita? – preguntó Lanira.

– Linda. Fue una mezcla de suavidad y energía; fuerza y delicadeza, que es difícil de explicar.

– Es un espíritu lúcido – aclara Josefa.

– ¿Tú la conoces? – Preguntó Daniel.

– Es una amiga espiritual que nos ha ayudado mucho. Su nombre es Norma –. La conversación se generalizó. Una señora sirvió un poco de agua de la jarra para cada persona y Daniel se quedó mirando asombrado las burbujas que había en su vaso.

– Es agua energizada – explicó Josefa sonriendo –. Bebe, te hará bien –. Lídia se acercó a ellos, diciendo:

– Quiero agradecerle por haber permitido mi presencia. Me sentía muy necesitada de esos encuentros espirituales. Me hace sentir nutrida.

– Estás vinculada a nuestro grupo. Me alegro que estés con nosotros – dijo Josefa. Daniel miró a Lídia y recordó la emoción que sintiera momentos antes, pensando en ella, como si hubiera muerto. Él quería abrazarla, decirle lo mucho que la echaba de menos y lo mucho que la amaba. Se contuvo. Ella no sabía nada. Lo consideraría un loco. Al darse cuenta de su mirada emocionada, Lídia puso su mano sobre el brazo de él preguntando:

– ¿Qué fue lo que viste cuando saliste del cuerpo?

– Norma dijo que volví en el tiempo y vi pedazos de mis vidas pasadas.

– ¿No nos lo contarás? – Ella preguntó.

Daniel se quedó sin piso. ¿Cómo hablar de lo que estaba pasando dentro de él desde que la conociera?

– No hubo recuerdos agradables. Sufrí por la pérdida de alguien a quien amaba mucho y al recordar sentí de nuevo todo el sufrimiento de aquellos tiempos. Con la ayuda de Norma, pasé del dolor a la alegría.

– Lo pregunto porque todo el tiempo en que estuviste dormido no conseguí desviar mi pensamiento de ti. Sentí que necesitaba ir a verte y decirte algo, que no sé qué es. Estaba ansiosa y solo de pensarlo siento una energía perturbadora –. Josefa los miró y sonrió. Luego aclaró:

– Daniel también pertenece a nuestro grupo astral, al igual que tú. No tengo ninguna duda al afirmar que ya se conocieran en otras vidas.

Daniel no dijo nada, pero sus ojos estaban brillantes. Ella se estremeció ligeramente y respondió:

– Cuando nos conocimos por primera vez, sentí que ya te conocía antes –. Lanira se acercó y le preguntó a su tía:

– No hablaron nada de Alberto. Vinimos a pedir ayuda.

– No mencionaron su nombre, pero el mensaje de la noche fue sobre la confianza. Estoy segura que ellos lo están cuidando. Mantengamos el optimismo y la alegría –. Gabriel, que se acercó, e intervino:

– A pesar de esto, estoy ansioso, preocupado. Mi mamá está pasando por un problema muy difícil. No revelaron nada relacionado con nuestro caso.

– Lo que quiere decir que están trabajando y que todavía no tenían nada que decir. Por lo que observé, tu madre está teniendo ayuda de una mujer de tez clara, cabello ligeramente ondulado, delgada, de piel clara y sonrisa dulce. No dio su nombre. Tu madre sabe quién es ella. En cuanto a ti, estás acompañado por el Dr. Camargo. A ese yo lo conocí bien. Él los estima mucho y está ayudando. Pidió que te diera el mensaje: que todo está bajo control. Pide que cooperen manteniendo pensamientos positivos.

Gabriel se emocionó. La actitud del Dr. Camargo al ayudarlos era una indicación segura que perdonara la debilidad de su madre manteniendo el secreto de la muerte de Marcelo, y no la culpaba.

— Él me está diciendo — continuó Josefa — que está muy agradecido a tu madre por haber salvado la vida de Marcelo. Que pueden contar con él y que hará todo lo posible para que sean felices.

Gabriel recordó la visión que tuviera, en la que le había dicho las mismas palabras. Sintió un nudo en la garganta y no consiguió responder. Lanira tomó su mano y la apretó con fuerza.

La gente se fue despidiendo y Gabriel se ofreció a llevarse a Lanira a casa. Después que ellos se fueron, Lídia se despidió diciéndole a Rubito:

— Pueden irse que voy a tomar un taxi.

— De ninguna manera — objetó —. Vinimos juntos y tendré el gusto de dejarte en casa.

Ella sonrió y estaba a punto de responder cuando Daniel intervino:

— Quien desea tener ese placer soy yo.

En ese caso, está bien — asintió Rubito, intercambiando una mirada disimulada con Marilda.

Cuando se vio sentado en el carro al lado de Lídia, Daniel respiró hondo. Su cercanía, su perfume, remecía sus emociones como nunca se acordaba de haber sentido frente a una mujer.

Ella le dio la dirección y él puso en marcha el carro, caminando lentamente.

— Tu tía Josefa es adorable. No recordaba cómo era ella.

— Mi madre es muy católica y nunca aceptó la creencia de la tía. Así, nos privó de convivir más con ella. Solamente ahora, debido a algunos acontecimientos especiales, fue que la buscamos.

– Tengo la intención de seguir participando en estos encuentros. La mediumnidad, cuando se ejercita con conocimiento, se convierte en una maravillosa herramienta de ayuda espiritual para quien la cultiva.

– ¿Tienes mediumnidad?

– ¿Cómo sucede?

– Intuición. Siento cuando debo o no hacer las cosas. Al conocer a las personas, sé si son confiables o no.

No me preguntes, porque no lo sé. Lo siento y punto. Nunca me equivoco. Siempre que siento lo que debo hacer y no lo hago, me arrepiento. Es difícil de explicar, pero es muy fuerte en mí.

– A veces, también tengo ese sentimiento, pero me controlo. Me educaron para racionalizar, para actuar de acuerdo con las reglas. Y a menudo lo que sientes ganas hacer es completamente en contra de todas ellas.

– ¿Nunca experimentaste actuar de acuerdo con lo que sientes? Daniel detuvo el carro y estacionó, mirándola a los ojos. Su cercanía, su perfume lo embriagaban, él no se contuvo:

– ¿Crees que puedo?

– ¿Por qué no?

Daniel no esperó más, lo abrazó con fuerza, al encuentro de su pecho, besándola en los labios. La emoción de su sueño reapareció, una mezcla de sufrimiento y alegría, de deslumbramiento y pasión.

Lídia retribuyó sus besos y durante algunos minutos ellos se besaron intentando controlar algo de la tremenda emoción que los asaltaba, asustados por intensidad con la que se sentían.

Entre un beso y otro Daniel dijo suavemente:

– Te amo. Nunca sentí esto por nadie.

Yo también te amo. Sé que eres el amor de mi vida.

Se quedaron abrazados sin hablar, apenas sintiendo la emoción fluir dentro de sus corazones, besándose de vez en cuando, olvidados de todo y de todos, teniendo solamente aquel sentimiento inmenso gritando por dentro.

CAPÍTULO 15

Gabriel se detuvo el carro frente a la casa de Lanira.

– Hablaste poco, estás pensativo. ¿No estás bien? – Preguntó ella.

– No niego que estoy preocupado. Esperaba que los espíritus hablaran más claramente de Alberto.

– Estás ansioso. La situación es muy delicada. También esperaba una respuesta más clara. Pero el Dr. Camargo está de nuestro lado ayudando. Eso me pareció muy bueno.

– Es verdad. Sin embargo, solo de pensar que Alberto puede ser asesinado y que nosotros no tenemos cómo hacer nada para evitarlo me pone nervioso.

Lanira puso su mano sobre el brazo de Gabriel con un gesto cariñoso:

– No te pongas así. Hiciste todo lo que pudiste. Te estás arriesgando para salvarlo. Necesita mantener la calma.

– Gracias, Lanira. Si no fuera por ti, hubiera cometido alguna locura –. Le pasó la mano por la cara con cariño:

– ¡Eres hermosa! ¡Tienes todo lo que aprecio en una mujer!

– Tú también. Es hermoso por fuera y por dentro –. Él la abrazó, apretándola de encuentro a su pecho.

– Cerca de ti siento paz. Desearía poder llevarte conmigo esta noche y quedarnos así, abrazados, sintiendo tu corazón latir junto al mío, el latir de tu cuerpo, tu cálido aliento o el delicioso aroma de tu cabello.

Gabriel comenzó a besarle el cabello, después su rostro, hasta encontrar sus labios entreabiertos.

– Lanira – dijo en voz baja – ven conmigo. Te necesito. Quédate conmigo esta noche.

Emocionada, ella retribuía los besos, apretándolo de encuentro a su pecho. Ella también quería quedarse con él, donde quiera que fuera, y que esa noche nunca terminara. De repente, encendió el carro saliendo a alta velocidad. Llegó al muelle donde estaba anclado su barco. Se detuvo y pegando a Lanira con la mano lo llevó al interior. Una vez allí, la abrazó, besándola repetidamente.

Sin pensar en nada más, la llevó hasta la cabina y juntos se entregaron al sentimiento que no podían contener.

Una hora después, uno acostado al lado del otro, Gabriel abrazó a Lanira besándola nuevamente en el rostro, diciendo:

– Perdóname. No pude contenerme.

– Vine porque quería. No tienes de qué culparte.

– Te amo. Cuando todo esto haya pasado, nos podremos casar –. Ella se sentó en la cama.

– Casarme no está en mis planes tan temprano.

– Tampoco había pensado en eso. Sin embargo, ahora...

– Soy adulta y lo suficientemente mujer para asumir la responsabilidad de lo que hice. No tienes que casarte conmigo por lo que pasó esta noche.

– Nunca tuviste una relación. Después, está tu familia.

– Olvídalo, Gabriel. No quiero casarme porque me desfloraste o porque mi familia puede averiguarlo. Si algún día me caso, tendrá que ser por amor y solo por amor.

– Te amo. Hablé del matrimonio por amor.

– No fue lo que me pareció.

– ¿Tú no me amas?

– Me gustas Esta noche me hiciste sentir emociones que nunca sentí. No sé si eso es amor. Simplemente no quiero que te sientas obligado a casarte conmigo debido a convenciones sociales. Eso no. Nunca me transformaré en una matrona, como hay muchas en este Rio de Janeiro. Muñecas sociales, al servicio de la futilidad y la intriga.

– Nunca serás una de ellos.

– Realmente no lo seré. No planeamos lo que sucedió esta noche. Vamos a dejarlo así. Necesitamos tiempo para percibir lo que realmente deseamos. Quiero ser feliz y estoy segura que lo seré. Si esa felicidad es a tu lado, bienvenida; pero si es en otro lugar, quiero descubrirlo.

– Eres una mujer diferente. Nunca he conocido a nadie como tú –. Ella sonrió feliz:

– Ahora vámonos. Son más de las dos. Tengo que encontrar la manera de entrar a mi casa sin que mi mamá perciba.

Ellos se vistieran y se fueron. Una vez en el carro, hicieron el recorrido sin conversar, cada uno inmerso en sus propios pensamientos. Cuando se detuvieron frente a la casa de Lanira, Gabriel tomó su mano diciendo conmovido:

– Gracias, Lanira. Estaba inquieto, nervioso, enfermo. Me devolviste la calma. Me estoy sintiendo mucho mejor.

Hiciste por mí esta noche el mayor bien que podrías haber hecho. ¡Te amo!

Ella sonrió y lo besó suavemente en la mejilla, saliendo del auto. En la puerta, se quitó los zapatos, metió la llave en la cerradura, abrió la puerta, se despidió y entró. Gabriel puso en marcha el carro y salió, sintiéndose tan bien como no se había sentido en muchos días.

La casa estaba a oscuras y Lanira no encendió la luz. De puntillas fue para su habitación. Se quitó el maquillaje, tomó una ducha y se acostó. Entonces recordó todo cuánto sucedió esa noche.

A ella le gustaba Gabriel. Pero casarse era otra cosa. Temía que, con el tiempo, él se transformase como su padre. Ella tenía horror de convertirse igual a su madre, una figura sin apariencia, sin emociones, representando un papel.

Con ella no sucedería eso. No quería confundir sus sentimientos. Gabriel la atraía físicamente. Era un hombre bello. Por ella quería saber por qué se entregara a él. ¿Fuera por amor o por deseo sexual? Las emociones se confundían dentro de ella y Lanira no podía percibir con claridad.

Sin embargo, sentía que actuara correctamente no había tomado ninguna decisión de compromiso. El tiempo diría la verdad. Era necesario dejar que sucediera. Habiendo decidido eso, se acomodó en la cama y se durmió.

Gabriel llegó a casa, entró sin encender ninguna luz, tratando de no hacer ruido. Una vez en el cuarto, cerró la puerta, encendió la luz y se preparó para dormir. Iba a acostarse cuando tocaron suavemente a la puerta.

Cuando abrió, María Júlia entró corriendo, cerrando la puerta detrás de ella.

– ¡Te demoraste! Te esperaba ansiosa.

– ¿Ocurrió algo?

– Boris se fue y no ha vuelto hasta ahora. ¿Será que fue tras Marcelo?

– Podría ser. Voy a llamar a Jonás. Tenemos que avisarle –. Cogió el teléfono y marcó. Respondió una voz de mujer. Gabriel dijo:

– Disculpe la hora. Necesito hablar con Jonás. Es urgente

– Salió a trabajar. ¿Tienes el otro teléfono?

– Lo tengo. Disculpe. Pensé que estuviese en casa.

Gabriel colgó, buscó su cuaderno de anotaciones, encontró el número y marcó. Esta vez, un hombre respondió y Gabriel preguntó por Jonás:

– No está aquí.

– Es urgente. Tengo que encontrarlo de inmediato.

– Deje el mensaje y veré qué puedo hacer.

– Dile que Boris salió.

– Más o menos a las nueve – completó María Júlia inquieta.

– A las nueve – repitió Gabriel. Y continuó:

– Él sabe de qué se trata.

– Está bien. Le daré el mensaje –. Gabriel colgó pensativo.

– ¿Y entonces?

– No lo sé, mamá. Puede ser que él esté tratando del caso en este momento.

– ¿Y si no lo estuviera haciendo? ¿Y si le hacen algo a Marcelo?

— No sirve de nada estar nerviosa ahora. Hicimos cuánto hemos podido hacer para prevenir esta tragedia. Es momento de confiar en Dios y esperar.

— No consigo quedarme tranquila. Estoy angustiada.

— ¿Papá está en casa?

— Él está durmiendo.

— Siéntate aquí, vamos a rezar. Es lo que podemos hacer ahora.

— Ya ni siquiera sé cómo se reza, Gabriel. Dios no escuchará a una pecadora como yo.

— No digas eso. ¿Por qué te subestimas? Tú deseas el bien tanto como yo.

— ¿Después de todo lo que he hecho?

— La culpa no va a ayudar en absoluto. ¿Por qué ver solo el lado malo? Arriesgaste tu vida para salvar a Marcelo. El espíritu del Dr. Camargo dice que está muy agradecido contigo y por eso nos está ayudando.

— ¿No está enojado conmigo?

— No mamá. Está de nuestro lado. Es por eso que confío en la ayuda espiritual. Estamos del lado del bien. Dios está con nosotros y los buenos espíritus también –. María Júlia no respondió. La emoción no la dejó hablar. Gabriel la tomó de la mano y con voz conmovida conversó con Dios, pidiendo ayuda para todos ellos y protección para Marcelo.

Las lágrimas caían de los ojos de María Júlia, tocada por las palabras de confianza del hijo. Cuando se calmó, ella se sintió aliviada.

— Gracias, hijo mío. Me siento mejor ahora. Creo que me voy a acostar. Tu padre puede despertar y sospechar.

— Así es, mamá. Intenta descansar. Voy a intentar hacer lo mismo.

Después que se fue, Gabriel se acostó e intentó dormir. El recuerdo de Lanira no salía de su pensamiento. ¡Qué mujer! A pesar de lo que sucediera entre ellos, ella rechazara el compromiso. Sentía que estaba enamorado. No quería perderla. Decidió que desde ese día en adelante haría todo lo posible para conquistarla definitivamente.

Daniel llegó a su apartamento pasada la una de la mañana. Lídia no le salía del pensamiento. Cuando recordaba sus besos, su corazón se desaceleraba y él se estremecía de placer. Se acostó, pero consiguió conciliar el sueño. Las emociones de esa noche fueron muy fuertes. Tuvo que rendirse a la evidencia. Algún día, en algún lugar, de alguna manera, había conocido a Lídia y la había amado.

¡La reencarnación! ¿Sería verdad? Era la única explicación posible para los hechos que estaban sucediendo en su vida. Ya había vivido antes con Lídia, amándola, sufriendo. Recordó la escena en la que moría, en su desesperación, y sintió una opresión en el corazón. Las palabras de Norma vibraron en su memoria:

— "¡Lo que sucedió en aquellos tiempos no pasará de nuevo!"

— Espero que ahora todo sea diferente. Si volviera a suceder, no podría soportar ese dolor. Tengo que calmarme. No puedo dejarme envolver por lo emocional. Fue lo que ella me recomendó.

Se acordó de la sensación agradable que sintió en esa habitación junto a Norma. Era así como le gustaría sentirse siempre. Se afirmó en el propósito de volver a las sesiones en casa de Josefa.

Rubito llegó intentando entrar sin hacer ruido y se fue a su cuarto. Daniel trataba de dormir cuando sonó el teléfono. Respondió:

– ¿Daniel? Soy Jonás. Atrapamos al pájaro con la boca en la botella. Todo está bien.

– ¿Y Alberto?

– Está aquí en la estación de policía dando declaraciones. Tienes que venir ahora. Hay algunas formalidades.

– Iremos inmediatamente. ¿Él está bien?

– Abatido, por supuesto, pero entero.

Daniel saltó de la cama y fue a ver a Rubito:

– ¡Despierta, Rubito! Jonás arrestó al hombre. Tenemos que ir a la estación de policía –. Rubito se levantó de un salto:

– ¡No digas! ¿Y Alberto?

– Está bien. Vámonos pronto.

Los dos se vistieron apresurados y se dirigieron a la estación de policía, donde Jonás los estaba esperando.

– ¿Y entonces? – Preguntó Daniel en cuanto lo vio.

– Está todo bien. Estamos formalizando la denuncia, la flagrancia. Alberto está dando declaraciones para la apertura de la investigación.

– Podemos verlo – preguntó Rubito.

– Claro. Son sus abogados. Vamos a entrar.

Jonás los condujo a una sala donde un comisario le hacía preguntas, Alberto respondía y el secretario anotaba. Viéndolos entrar, Alberto se levantó emocionado.

– Comisario, estos son sus abogados – aclaró Jonás. Después de las debidas presentaciones, Alberto los abrazó conmovido.

– Tenía miedo de no volver a verlos nunca más – dijo.

– Afortunadamente estás aquí – dijo Rubito abrazándolo.

– ¡Es un alivio verte, Alberto! – añadió Daniel uniéndose al mismo abrazo.

– ¿Qué paso? – Preguntó Rubito.

– El escribano va a leer las declaraciones que hizo Alberto, para que ustedes tomen conocimiento.

Él comenzó a leer y así tomaron conocimiento de cómo había sido secuestrado y llevado a la casa donde lo mantuvieron detenido.

– Él continuará la narración. Pueden sentarse –. Viéndolos acomodados, el comisario preguntó:

– ¿Llegó a ver la cara de alguien mientras estuvo en esa casa?

– Era siempre el mismo que aparecía de vez en cuando para traer el alimento. Pero siempre usaba una máscara. A pesar de eso, lo reconocí después que me liberarán. Voz suave, estatura, cabello, todo.

– ¿Cree que solo eran dos secuestradores?

– Creo que sí. No vi a nadie más. Hoy por la noche, escuché cuando llegaron. Hablaban en voz baja, yo no podía entender lo que estaban diciendo. Entonces escuché un fuerte golpe en la puerta principal y alguien gritaba: "¡Policía! ¡Abra en nombre de la ley!" Ellos arrastraron muebles, luego escuché pasos, porque corrían tratando de escapar. Mi corazón latía tan fuerte que parecía querer salir de mi boca.

Jonás intervino:

– Yo grité en la puerta principal, pero estaba casi seguro que intentarían escapar por la parte de atrás. Eso es lo que hicieron. Se fueron, pero mis hombres estaban escondidos y los arrestaron.

– Hicieron un buen trabajo – dijo el comisario.

– ¿Disculpe, doctor?

– Adelante, Néstor. Entonces, ¿qué averiguo?

– Bueno, uno es Antunes, nuestro viejo conocido. Esta vez, está retorcido. El otro es un extranjero. Le estamos creando una ficha. Trabajo para un tal Dr. José Luís Camargo de Melo.

– Enciérralos.

– Antunes exige que busquemos al senador Medeiros. Boris se indignó y dijo que estábamos equivocados. Niega participación en el secuestro. Llama al Dr. José Luís, alegando que trabaja como su secretario.

– Déjalos gritar y enciérralos. En cuanto a llamar a sus padrinos, lo veremos mañana. Esta vez Antunes está en problemas y ningún político puede ayudarlo. Al otro también. Fueron tomados prisioneros en el acto. No hay defensa.

Néstor se fue. O delegado comentó:

– Para ustedes, este hecho es concluyente. Vale como una confesión del Dr. José Luís sobre la herencia. Tuvieron mucha suerte. Ellos mismos se condenaron.

– A pesar de mi susto, ahora reconozco que fue bueno que haya sucedido – agregó Alberto.

– En un poco más de tiempo, ganarás esto. Felicidades. ¡Será una bomba en la sociedad! Pocos abogados tendrían la valentía para hacer lo que ustedes hicieron. He escuchado tantas cosas en su contra. Dijeron que solo aceptaron esta causa porque no tenían experiencia. Que nunca más harían carrera – dijo el comisario –. Estoy satisfecho con este resultado. Esas personas que abusan del poder, que pasan por encima de todo, que se valen hasta del delito para tener dinero, necesitan responder de sus actos.

– La ley resolverá el asunto. Ahora les toca a ustedes – dijo Jonás con satisfacción. Después de los trámites legales, Alberto finalmente fue liberado. Al salir de la estación de policía, le preguntó a Jonás:

– ¿Cómo descubriste dónde estaba?

– Bueno, después de Gabriel vino a nosotros, comenzamos a vigilar a Boris y Antunes más de cerca. Así, hoy por la noche, cuando Boris salió a reunirse con su cómplice, mis hombres lo siguieron. Sospecharon y me avisaron. Lo demás ya lo sabes.

– ¿Gabriel, hijo de María Júlia? ¿Nos ayudó? ¿Sabías algo?

– Su madre se abrió con él. Le contó todo lo que sucedió en el pasado. Estaba devastado y buscó a Lanira pidiendo ayuda. Ella lo aconsejó a buscarnos – explicó Rubito.

– Gabriel nos dijo que María Júlia no fue cómplice del marido. Tuvo miedo de ellos, pero aun así te salvó la vida. Querían matarte. Ella les tuvo mucho miedo – completó Daniel.

Entonces todo está más claro. Nunca entendí su actitud. ¿Por qué suspendió la mesada?

Boris se enteró y se lo contó a José Luís, ella, con miedo a que ellos descubriesen tu paradero e intentasen algo en tu contra, suspendió el envío del dinero.

– ¡Caramba! Ahora comprendo.

– Te dejaremos en casa. Necesitamos descansar. Son las cinco de la mañana – decidió Rubito.

– Es verdad. Hoy tendremos un día completo – convino Daniel.

– Nada antes del mediodía – añadió Rubito –. Necesitamos dormir.

– Eso es lo que voy a hacer ahora – dijo Jonás, despidiéndose.

– Nunca me olvidaré lo que están haciendo por mí – dijo Alberto en tono triste.

– Vamos – propuso Rubito.

Los dos dejaron a Alberto en casa y luego se despidieron después que lo dejaron dentro del apartamento. Estaban exhaustos, pero felices. Las cosas comenzaban a aclararse. Al día siguiente Lanira despertó con el sonido del teléfono. Todavía medio despierta, atendió:

– ¡Aló!

– ¡Aló! ¿Lanira?

– ¿Gabriel? ¿Ocurrió algo?

– Sí, ocurrió. Estoy preocupado. Boris no durmió en casa y hasta ahora no regresó. ¿A dónde habrá ido? ¿Será que Jonás recibió nuestro mensaje ayer?

Lanira saltó de la cama:

– No es recomendable hablar sobre este tema por teléfono. Será mejor que vayamos hasta el apartamento de Daniel. ¿Puedes venir aquí ahora?

– Estaré allí en diez minutos.

Lanira colgó y trató de arreglarse. Diez minutos antes de lo acordado, ya estaba en el comedor, después de mirar por la ventana de la sala y ver que Gabriel aun no había llegado. María Alice la miró admirada:

– ¿A dónde vas tan temprano?

– Son más de las diez, madre.

– No vi a qué hora llegaste anoche. Era más de la una y aun no estabas en casa.

Nos reunimos con Daniel y algunos amigos. Nos olvidamos de la hora.

– Toma tu café. Últimamente no te has alimentado correctamente. Vives distraída, en la luna.

Lanira se tragó una taza de café con leche y pellizcó un trozo de tarta, acababa de oír el claxon de Gabriel. Se levantó, tomó una bolsa y se fue.

María Alice la siguió inconforme:

– No dijiste adónde vas. ¿Otra vez con Gabriel? No me vengas a decir que están de enamorados.

Lanira se detuvo, la miró y respondió:

– No, madre. Solo nos estamos conociendo mejor.

– ¿Tenías que involucrarte con él justo ahora? ¿Ya pensaste si Daniel tiene razón?

– Daniel tiene razón, pero Gabriel no tiene nada que ver con las actitudes de su padre. Es muy bueno, de eso puedes estar segura.

– No me gusta que te estés relacionado con él. Es mejor terminar con esto antes que la situación se complique. Tu padre y yo no queremos verte envuelta con personas de dudosa reputación.

– Gabriel es una persona digna y fuera de cualquier sospecha, puedes estar segura de eso.

– Apártate de él. Será lo mejor para todos.

– No voy a hacer eso. Y te digo más: si un día decido que me gusta lo suficiente, me casaré con él.

María Alice se puso las manos en la cabeza:

– ¿Qué? ¿Estás pensando en casarte con él? Hablaré con tu padre hoy mismo.

– No me casaré con él, mamá. Solo dijo que si un día llegue a amarlo me casaré con él. Por ahora, ni siquiera estoy pensando en eso.

Ella se fue y cerró la puerta antes que María Alice tuviese tiempo para responder. Viéndola entrar en el auto de Gabriel y salir, retorcía las manos, angustiada.

Ella sufriera toda su vida para mantener las apariencias, para preservar a su familia, pensando en el futuro, de sus hijos. Se tragó a la amante del marido, su desinterés personal, bloqueado el corazón al amor y a sus deseos de mujer, todo en nombre de sus dos hijos, para los que se salvaran de la maledicencia.

Si Lanira hiciera un matrimonio desastroso, ¿de qué habría servido su sacrificio? Daniel se negará a seguir los pasos del padre y prefería confrontarlo, desobedecerlo, poniendo en riesgo o prestigio el nombre que utilizaba. Ahora Lanira los amenazaba con un matrimonio deshonroso. Angustiada, llamó a su marido. Necesitaba desahogarse.

Alicia respondió:

– ¿Doña María Alice? El diputado está en una reunión con el secretario general del partido. ¿Quiere dejar un mensaje?

María Alice perdió los estribos. ¿Para hablar con su marido tenía que pedirle permiso a su rival?

– Pásale la llamada. No pregunté con quién está ahora –. Alicia se sorprendió. Nunca la había visto salir de la clase habitual.

– Le pasaré la llamada – respondió con voz fría. Llamó a António y le dijo:

– Doña María Alice al teléfono.

– Estoy en una reunión, ya sabes. Dile que la llamaré más tarde.

– Mejor responder. Es urgente. Ella me parece nerviosa.

– Está bien. ¡Aló...! ¿Pasó algo?

– Sí. Necesitamos conversar con urgencia. Será mejor que vengas a almorzar en casa.

– ¿Esto es así de urgente? ¿No podemos esperar hasta la noche?

– No. Si no puedes venir, yo iré hasta allá. Tenemos que conversar.

– Tengo compromisos urgentes. No puedo almorzar en casa.

– En ese caso, pasaré allí. Hasta luego.

Ella colgó el teléfono y él, aunque quisiese convencerla de no ir, no tuvo otro remedio que desconectar. ¿Qué habría pasado?

María Alice llamó al chofer y se preparó para salir. Media hora después entraba en la oficina de António. De repente, sintió aumentar su enfado contra Alicia y su marido. Estaba cansada de fingir que ignoraba su relación y de reprimir sus sentimientos. La actitud de los hijos, que consideraba ingrata, había resaltado la inutilidad de su sacrificio. Sentía en el pecho la frustración de percibir que todos sus sueños de madre corrían el riesgo de naufragar. Ellos representaban su puerto de salvación, en el caos en que su vida se había transformado. Había trasladado a ellos todos sus sueños y ellos habían alimentado toda su sed de felicidad durante todos aquellos años.

¿Qué hacer ahora si todos sus sueños se desmoronasen? ¿Dónde asegurarse después que ellos la abandonasen? No. No podía consentir en perder tan bien a los hijos. Se había dedicado a ellos toda la vida y merecía que ellos estuviesen a la altura de sus expectativas. Si eso también estuvo mal, ¿qué le quedaría?

Entro a oficina de Alicia, al verla elegante, bonita y bien arreglada, sintió aumentar su rencor.

Alicia se puso de pie:

– Buenos días, doña María Alice. El diputado está como el Dr. Mendes. Siéntese un momento. Voy a avisarle que usted está aquí.

María Alice respondió al saludo con un leve asentimiento y respondió:

– No te preocupes.

Y con la cabeza en alto, se dirigió a la puerta de la habitación de su marido. Alicia intentó preguntarle:

– El diputado me va a regañar. Por favor. Déjame avisarle.

– Siéntate y no te metas. No necesito intermediarios para entrar a la oficina de mi marido.

Alicia abrió la boca y la volvió a cerrar. Se sentó y se quedó muda. ¿Qué habría pasado?

¿Lo habría descubierto todo? Le temblaban las piernas y viéndola entrar en la oficina de su marido y cerrar la puerta, se apresuró a beber un poco de agua y tratar de calmarse. Algo muy grave debió haber sucedido para que María Alice saliera de su clase acostumbrada y hubiese sido tan dura con ella.

Tenía ganas de salir corriendo de allí. Si ella conociese la verdad y le llegase a exigir satisfacciones, ¿qué le diría? No se sentía preparada para enfrentarla. Un agudo sentimiento de culpa la acometió. Tenía horror a las disputas y escándalos.

Al ver entrar a María Alice, António se levantó, sorprendido. Mendes se puso de pie gentilmente.

– ¡María Alice! ¿Por qué no me dijiste que habías llegado?

– No necesito de tu secretaria para hablar contigo –. Él se sonrojó sorprendido del tono que ella usara:

– Seguro... seguro... Conoces a Mendes, ¿no?

– ¿Cómo está, Dr. Mendes? ¿Estoy siendo inoportuna? ¿Interrumpo algo importante?

Él tomó delicadamente la mano que ella le extendía y la besó cortésmente.

– No interrumpe nada, señora. Su presencia es siempre un encanto. Ya habíamos terminado nuestra conversación.

– Menos mal – dijo.

– Ya me estaba despidiendo. Me encantó verla.

– Entonces estamos de acuerdo – dijo António.

– Así es. Mañana mismo te daré noticias.

Después que él salió, António miró a su mujer, que se había sentado en una silla frente a su escritorio.

– Ahora, ¿me puedes explicar por qué viniste de esta forma inusual e invadiste mi oficina sin respetar mi privacidad?

– Pensé que no tenía ningún problema en hablar contigo. Si tu secretaría estuviera aquí a solas contigo, habría llamado a la puerta antes de entrar. Pero como era un hombre...

Ante la sorpresa, António enmudeció. ¿Habría descubierto su relación con Alicia? Trató de ocultarlo:

– ¿Qué tratas de insinuar?

– Nada que no sepas. Pero lo que me trajo aquí tiene que ver con Lanira. Ella se levantó temprano y se fue con Gabriel. Cuando llamé su atención contestó que, si decide casarse con él, nadie va a impedírselo.

– ¿Cómo? ¿Dijo casarse?

– Así es.

Él se remeció en la silla tratando de entender. En cierta manera se sintió aliviado al desviar el asunto de su secretaria.

– Bueno... ¿ellos están de enamorados?

– Dijo que no, pero sospecho que las cosas están más avanzadas de lo que ella quiere mostrar.

– Estas exagerando. No te preocupes. Gabriel es hijo de una de las mejores familias de Rio de Janeiro.

– En vías de convertirse en una banda de ladrones –. António negó con la cabeza:

– ¿Eso te preocupa? Ese caso va a resultar en nada, ya verás. Si el loco de Daniel no le hubiese dado oídos a Rubito, no estaríamos en esa situación. ¿Dónde ya se vio? ¡Querer ser la mano de la justicia! Ellos se van a romper la cara, vas a ver.

– No es eso lo que parece. Lanira afirmó categóricamente que Daniel tiene razón. Ella ha salido mucho él y Rubito. Sabe exactamente lo que está pasando por allá.

– En cualquier caso, no veo motivo para tanto alarde, o para que pierdas la línea –. María Alice sintió que su irritación regresaba.

– ¿No ves? Pero yo me he preguntado últimamente si vale la pena continuar siendo una persona de clase, guardando las apariencias aun cuando se tiene el deseo de gritar y golpear a todo el mundo.

António se quedó boquiabierto. La mujer que tenía frente a él no era la que estaba acostumbrado a ver. Era otra, ojos brillantes de rencor, rostro contraído, boca arqueada en rictus de ironía. Trató de contemporizar:

– ¿Qué está sucediendo contigo? ¿Estás enferma? Nunca te había visto tan nerviosa.

Creo que es mejor concertar una cita con el Dr. Malheiros.

– No tengo que hacerlo. ¿De qué te admiras? El hecho de controlar mis sentimientos no significa que esté inmune a las emociones que brotan en mi corazón. Ya vivimos más de la mitad de nuestras vidas y es difícil percibir que no estamos yendo a ninguna parte. Que todos los sacrificios que hicimos fueron en vano, fueron inútiles. No pasaron de ilusiones sin sentido. Tengo miedo de despertar y descubrir que perdimos el tiempo, que toda nuestra vida fue un error, un salto al vacío, una inutilidad.

António se asustó al ver su rostro decidido, abatido, su cuerpo curvo al peso de sus propios pensamientos.

Se le acercó pasándole el brazo por la espalda intentando consolarla. María Alice permaneció sentada, pareciendo no registrar su actitud, que no sabía qué decir. De repente, ella se levantó, lo miró y notó que ella recuperaba la actitud de siempre.

– António, tienes que hablar con Lanira y exigirle que deje de ver a Gabriel.

Él no pensó que era prudente contradecirla.

– Veré o qué puedo hacer. Hoy por la noche iré más temprano a casa y conversaremos. ¿Quieres que te acompañe a casa?

– ¿Para qué? Ya dije lo que tenía que decir. No quiero interrumpir tu día de trabajo. El chofer me está esperando.

Ella se levantó y se fue. Pasó por Alicia sin siquiera mirarla. Tan pronto como ella cerró la puerta detrás de ella, la secretaria fue a ver a António. Ella estaba pálida:

– ¿Y entonces? ¿Qué fue lo que dijo?

– No mucho. Quería hablar de Lanira –. Alicia respiró hondo.

– Tuve la impresión que me iba a agredir. Nunca la vi de esa manera. Creo que ella sabe todo sobre nosotros.

Él balanceó la cabeza, pensativo, luego dijo:

– Podría ser. En cualquier caso, no habló directamente del tema.

– Creo que es mejor dar un poco de tiempo... Hablarnos solo aquí... –António la abrazó con cariño:

– ¡Qué absurdo! Ella no sabe nada. Y si lo sabe va a fingir que lo ignora. Sé cómo ella piensa. Las apariciones en primer lugar.

– Puede ser, pero nos estamos arriesgando mucho. ¿Y si tus hijos lo descubren?

Moriré de vergüenza.

– Ni siquiera lo pienses. Has sido la luz de mi vida. Me has apoyado, dado muchas alegrías. No sabría vivir sin ti.

La apretó contra el pecho, besándola en los labios con amor. Ella se dejó llevar, sintiendo el miedo y la culpa dentro del corazón, pero sin ánimo de dejar la seguridad a la cual se había acostumbrado dentro de esos brazos amorosos y protectores.

CAPÍTULO 16

Lanira y Gabriel llegaron al apartamento de Daniel y tocaron el timbre con insistencia. Rubito abrió la puerta con cara de sueño.

– Disculpa, te despertamos – dijo Lanira –. Estamos preocupados porque Boris se fue ayer y aun no ha regresado a casa.

– No volverá pronto. Adelante – Entraran mientras Gabriel decía:

– ¿Sabes lo que pasó?

– Boris fue arrestado esta madrugada. Está todo bien. Alberto fue puesto en libertad –. Los dos aplaudieran de alegría.

– ¡Caramba! ¿Preso? – Preguntó Gabriel.

– ¿Dijiste que Alberto está bien? – Preguntó Lanira.

– Está todo bien. No tuvimos tiempo de avisarles. Llegamos a casa pasadas las cinco de la mañana. Vamos, hasta la cocina. Voy a hacer un café y les contaré todo. Ellos se sentaron y mientras Rubito iba sirviendo el café les fue relatando los acontecimientos. Terminando:

– Como ves, tenías razón. Logramos salvar a Alberto y atrapar a esos gánsteres, gracias a tu ayuda. Él ya lo sabe y está muy agradecido.

– Voy a llamar a mi mamá y darle la buena noticia. Ella va a estar aliviada y feliz –. Después de hablar con María Júlia, regresó a la cocina.

– ¡Al fin una buena noticia! Ella se sintió aliviada. Mientras tanto, no ha negado que, por otro lado, le preocupan las consecuencias. Sabemos que ahora toda la historia irá al público –. Lanira lo tomó de la mano, tratando de consolarlo.

– Estamos de tu lado – dijo.

– Nosotros también – asintió Rubito –. Haremos todo lo que podamos para protegerlos.

– En cualquier caso, estamos libres de Boris y del peligro que representa. Pero aun tenemos que enfrentar el deshonor de mi padre y mi familia.

– Por desgracia, en cuanto a eso no podemos hacer nada. Cometieron errores y ahora están cosechando las consecuencias de sus actitudes – comentó Rubito.

– Sé de eso. Cuando decidimos apoyarte, Alberto, sabíamos de las consecuencias.

– Ese es el mayor mérito de lo que están haciendo – dijo Lanira.

– No estoy cuestionando el mérito. Por el momento estoy más interesado en escapar con un mínimo de dignidad de toda esa inmundicia en la que nos metieron, proteger a mi madre para que sufra menos.

– Desafortunadamente, la situación es delicada. No podemos evitar su testimonio.

– Esto va a ser terrible para ella – pensó Gabriel con tristeza.

– Lo reconozco. Sin embargo, hay atenuantes. Si ella guardó silencio frente a las amenazas del marido, hizo todo lo posible para evitar un mal mayor. Siempre protegió la vida de Alberto. Puedes tener la seguridad que haremos todo lo posible para defenderla en el juicio y demostrar que no fue cómplice.

– El miedo que ella le tiene a Boris y a mi padre a veces me parece exagerado. Ellos tienen una enorme ascendencia sobre ella.

– Podríamos estar chantajeándola. Algo que ella no quiere revelar con lo cual ellos la dominan.

– Esa fue siempre mi impresión. Confirmaste lo que he sentido todos estos años. Pero cuando toco el asunto, ella me garantiza que estoy equivocado.

– Puede ser que ella no quiera contarte ni siquiera a ti mismo – dijo Lanira.

– Sea como sea, la próxima semana tendremos la audiencia en la que tu padre necesita presentar su defensa. Hoy mismo, formalizaremos los documentos como los últimos eventos y la acusación de secuestro para incluir en los autos. Además, el comisario inició una investigación, y como hubo una flagrancia, todo correrá muy rápido. Hoy por la tarde, mientras ingreso los documentos, Daniel acompañará el interrogatorio a los prisioneros. Nuestra causa ahora ha ganado mucha más fuerza.

– Me voy a casa a conversar con mi mamá. No sé cuál será la reacción de mi padre cuando descubra que sus cómplices fueron arrestados y lo echaron todo a perder.

– Puedes irte. Tengo la intención de quedarme aquí para ayudar en lo que sea necesario.

– El comisario va a notificar a tu papá para que se presente a la estación de policía y preste declaraciones una vez que Boris es su empleado.

Gabriel suspiró preocupado.

– No será nada agradable para él.

– Claro que no. Pero creo que él intentará mostrarse inocente de cualquier sospecha. Va a fingir que ignoraba todo. Decir que Boris perdió la cabeza por culpa de la calumnia que hiriera el honor de la familia que tanto ama y que lo acogió con tanto cariño. Va a lamentar y regañar al empleado frente al comisario delegado.

– Realmente creo que lo hará. Queda por saber lo que hará en casa, con mamá. Allá no suele ser tan cuidadoso. Quiero estar ahí cuando reciba la noticia.

– A esta altura es posible que ya la haya recibido. Boris quería que lo despertáramos en medio de la noche.

– Nadie llamó a casa hasta la hora en que me fui.

– El comisario dijo que prefería esperar y hacer primero algunas investigaciones –. Gabriel se despidió, se fue preocupado.

– Él está sufriendo mucho – consideró Lanira.

– Es un buen muchacho. Nunca podría estar de acuerdo con tal deshonestidad. Es difícil ver a una familia envuelta en tantos problemas.

Daniel entró en la cocina diciendo alegremente:

– Estaba pensando en llamarte.

– Gabriel estaba preocupado. Boris no durmió en casa y pensó que le hubiese pasado algo a Alberto. Vinimos para saber.

– Él se fue a casa. Quiere proteger a su madre – dijo Rubito.

– Veamos qué hará el Dr. José Luís.

– Intentará defenderse. Pero las pruebas que tenemos ahora son muy fuertes – añadió Rubito.

– Todavía sospecho que tendremos otras novedades en este caso. Pensé mucho al respecto. La muerte de los padres de Marcelo en un accidente en el exterior mientras estaban en Europa podría haber sido provocado. Además del caso de Alberto, también puede ver otros crímenes que con persistencia podremos descubrir.

Lanira se sorprendió:

– ¿Crees que esto es posible? ¿Habrían llegado a eso?

– Verás – aclaró Daniel – la muerte del niño no les daba la posesión de la herencia mientras el abuelo y los padres estuviesen vivos. Es muy sospechoso que en menos de dos años todos estuviesen muertos.

– El Dr. Camargo murió del corazón. Es lo que dice su certificado de defunción – recordó Lanira –. Estaba muy disgustado con la muerte del niño. Laura me dijo que no se alimentaba, se retiró de la vida social, nunca más fue el mismo.

– Me gustaría ver ese certificado de defunción – dijo Rubito –. De hecho, no solo el suyo, sino también de los padres de Marcelo.

– Es fácil. Simplemente vamos al cementerio y veamos la fecha de muerte. Luego, busquemos en el registro – añadió Daniel.

– Voy a pedirle a Jonás que vea esto – dijo Rubito pensativo –. Puede ser que tengamos alguna nueva pista. Vamos a incluir en los autos el domicilio de la niñera y sindicarla como cómplice de José Luís. Llegó la hora en que Eleuteria sea llamada a declarar.

– Va a ser una bomba – concluyó Lanira.

– Además de aquella cinta grabada, Marilena tiene algunas pruebas que Jonás nos dará para adjuntarlas al proceso – recordó Daniel.

– Sí, otras cintas que ella consiguió grabar las conversaciones de Eleuteria como su marido. Además, ya he preparado un *dossier* de los bienes que compró después de la muerte del niño.

En ese caso, creo que todo acabará más deprisa de lo que podríamos haber pensado – dijo Lanira con satisfacción –. Con la solución del caso, muchas cosas volverán a la normalidad.

– Sí. Alberto tomará posesión del nombre y la fortuna que le pertenece por derecho, nosotros habremos ganado credibilidad profesional y mejorado nuestra situación económica – dijo Daniel con satisfacción.

– Yo pretendo casarme. No tengo forma de escapar. Estoy enamorado de Marilda y ella ya dio el sí. Tan pronto como mejore la situación financiera, nos casaremos –. Los dos lo abrazaron con alegría. En los ojos de Daniel había cierta ansiedad. También estaría dispuesto a casarse con Lídia. Sintió que su amor por ella estaba emergiendo fuerte y profundamente. Más al mismo tiempo, había una sensación de miedo lo envolvía cuando pensaba en ello. ¿Por qué?

Lanira pensó en su envolvimiento con Gabriel. ¿Sería suficiente para casarse? ¿Gustaba lo suficiente de él como para renunciar a su libertad y asumir una familia? No. Sentía que no estaba preparada para eso.

Gabriel llegó a casa y fue directo al cuarto de su madre. María Júlia, viéndolo se levantó de la cama donde se acostara esperando a que volviese.

Preocupada, insomne, se levantará cuando Gabriel salió y no consiguió descansar. Con cada ruido, su corazón se aceleraba y ella temía el regreso de Boris. Cuando Gabriel llamó informándole que había sido arrestado, sintió un alivio inmediato, pero al mismo tiempo otro tipo de miedo la acometió. ¿Qué pasaría cuando toda la trama del pasado saliese a la luz? ¿Qué sería de su familia, del nombre respetado de los suyos? ¿Cómo sus hijos enfrentarían una situación como esta? Estaba tranquila respecto a Gabriel, pero ¿y Laura? Siempre fue muy inclinada a los círculos sociales, dando gran importancia a los apellidos y las posiciones de cada uno. Para ella, sería un drama sin solución.

¿Y si su secreto saliese a la luz? ¿Y si, descubriendo que ella ayudara al lado contrario, Boris decidiera hablar? ¿Cómo presentarse ante los hijos como frívola e infiel?

María Júlia retorcía las manos angustiada. Rezar era algo que ya no conseguía hacer. Solo pensaba en lo que podría pasar allí en adelante. Era muy bonito escuchar a Gabriel diciendo que trabajaría para ganarse la vida. Pero nunca antes había trabajado. Tendrían que enfrentar la pobreza y eso también la asustaba.

– ¿Y entonces? – Preguntó ella angustiada.

– Todo está bien, mamá. Alberto está a salvo, Boris y Antunes están detenidos. Ahora es solo esperar las consecuencias.

– Estoy muy nerviosa, hijo. ¿Qué nos pasará si tu padre va preso? Sin dinero, ¿cómo vamos a sobrevivir? Laura se rebelará, ella no es como tú –. Gabriel sujetó las manos frías de la madre tratando de calentarlas con su cariño.

– Cálmate, mamá. Estamos del lado correcto, por lo tanto, Dios está de nuestro lado, En medio del mal que nos rodea, tenemos que quedarnos en el bien a fin de protegernos. Encontraremos una forma para resolver nuestros problemas. No tengo miedo de nada. No quería cargar el peso de un crimen. Conseguimos evitarlo. Solo esto es motivo de alegría y gratitud. Ya sea lo que necesitemos enfrentar, estaremos juntos.

María Júlia abrazó a su hijo con cariño.

– Menos mal que te tengo a mi lado en este momento.

– ¿Cómo están las cosas aquí en casa? ¿Papá ya sabe que Boris fue arrestado?

– No lo sé. Jacira me dijo que tomó una taza de café y se encerró en la oficina, indicando que no quería que lo interrumpieran. Si alguien llamase, era para decir que no estaba.

– Voy a bajar a preguntar a Jacira si alguien llamó. Puede ser que el comisario aun no haya llamado. Él había decidido cuestionar a Boris antes de llamar a papá.

– Ahora que está arrestado, puedo hablar. Espero que todos sus crímenes se descubran y que nunca salga de la cárcel.

– ¿Sabe de algo que pueda ser incriminatorio?

– No. Durante esos años de convivencia, escuché y vi muchas cosas, pero podría probar nada. Espero que la policía pueda mantenerlo en prisión.

– ¿Piensas qué cometió esos crímenes incluso después que estaba en nuestra casa?

– Cuando lo conocimos ya era buscado por la policía rusa. En Alemania no podía entrar porque había una orden de arresto. Usaba un nombre y documentos falsos que falsificara con un traficante de drogas en Francia.

– ¡Aun así, papá lo trajo a ver en nuestra casa! ¿No crees que fue una ligereza de su parte?

– No lo hubiera traído si no estuviese atado a él por un negocio que hicieron juntos en Europa. Boris lo chantajeó y José Luís lo trajo. Entonces, creo que estábamos atados uno al otro por la complicidad, no solo por lo que habían hecho antes sino también por el caso de Marcelo. Ellos conspiraran juntos. Boris se llevó mucho dinero, pero prefirió quedarse aquí, como mayordomo, protegido por la respetabilidad de nuestro nombre.

– En realidad, nunca fue un mayordomo. Siempre ordenó a nuestros sirvientes e incluso a nosotros. De hecho, a menudo me parecía que el patrón era él.

– Tienes razón. ¿Y ahora?

– No lo sé, mamá.

– Tu padre hará todo lo posible para liberarlo, para evitar que se vaya de boca y lo incrimine. Tengo miedo que cuando se dé cuenta que está perdido, quiera arrastrarnos a todos en su caída.

– Solo podrá arrastrar a cualquiera que cometió un delito. Nosotros no hicimos nada. Tú salvaste a Marcelo. No olvides eso. Él te está muy agradecido por todo lo que hiciste, costeando sus estudios, garantizando su seguridad. Él te defenderá, no tengas miedo.

Viéndola más tranquila, Gabriel descendió y fue a hablar con la empleada. Se enteró que una persona había llamado, hablado con José Luís y después de eso él se encerrara en la oficina diciendo que no quería ver a nadie.

– ¿Quién llamó?

– No sé. Era una voz de hombre. Cuando le pregunté quién era, tu padre, que estaba tomando café, escuchó e inmediatamente vino a atender sin dejarme hablar más. Me mandó salir y no escuché nada más.

Gabriel subió a la habitación de su madre pensativo. ¿Habría sido el comisario quien llamara? ¿Qué estaría haciendo su padre encerrado en la oficina sin querer atender a nadie?

– Alguien llamó a papá – dijo Gabriel tan pronto entró en la habitación –. Después de eso, se encerró en la oficina.

– ¿Habría sido Pola?

– No. Era la voz de un hombre. Los dos están presos. Solo puede haber sido el comisario. ¿Por qué será que se encerró allí?

– Debe estar examinando todo y destruyendo cualquier documento o prueba que pudiera incriminarlo. Guarda muchos documentos en su caja fuerte. Nunca supe cuáles.

– No sirve de nada querer destruir los papeles. Boris fue arrestado en flagrancia. Los abogados de Alberto tienen muchas otras pruebas en su contra.

– ¿Qué haremos ahora?

– Nada. Tenemos que esperar.

– No quiero que tu padre sepa que colaboramos en la prisión de Boris.

– Cuando la justicia nos llame para declarar en el proceso, sabrá de qué lado estamos. María Júlia retorció las manos, nerviosa:

– Espero que ese tiempo demore bastante.

– ¿A qué le temes? Boris está bajo arresto y seguramente estará detenido por mucho tiempo en la cárcel.

– Él no tendrá ningún reparo en arrastrarnos a todos en su caída. Es malvado y vengativo.

Gabriel sujetó las manos de su madre, apretándolas con fuerza.

– No hicimos nada malo. No debes tener miedo de nada.

– José Luís lo hizo.

— Desafortunadamente. Tendrá que responder por eso. No vamos a poder evitar que él sea detenido.

— ¡Dios mío! ¡Lo que todavía tenemos que pasar!

— Sea lo que sea, estaremos juntos, enfrentaremos la situación con la cabeza en alto. Tú vas a ser beneficiada por las declaraciones de Alberto y de la protección de los abogados. Estoy seguro que estarás libre de todo.

— No es por mí que tengo miedo. Pienso en Laura. Ella no es como tú. No tiene la estructura para aguantar el descrédito social, la pobreza.

— Significa que tendrá que aprender los verdaderos valores de la vida. Tiene la cabeza llena de ilusiones, se aferra a las apariencias.

— Ella sufrirá.

— Se volverá más fuerte, más madura. Eso es lo que quiere la vida —. Algunos golpes a la puerta interrumpieran el diálogo. Gabriel fue a abrir y José Luís estaba ahí frente a ellos.

— Necesito hablar contigo, María Júlia, a solas.

— Ya estaba saliendo, papá.

Gabriel se retiró, José Luís entró y fechó la puerta, mirándola seriamente.

— ¿Sobre qué estaban conversando?

— Sobre los problemas de Gabriel con la enamorada. No sé si lo sabes, pero él ha estado saliendo con Lanira y parece que se están gustando.

— ¿Y tenía que ser justamente con ella cuyos hermanos me están demandando? El repentino interés de esta chica por Gabriel es por lo menos sospechoso. Me di cuenta que en los últimos tiempos él no se separa de ti. Está siempre circulando, observando todo lo que haces.

— Por lo que sé sobre esta chica, ella no sabe nada al respecto. ¿Te olvidas que el diputado expulsó a su hijo de la casa? Gabriel está preocupado por mi salud. Me ha acompañado al médico. Mi presión no va muy bien.

— Espero que eso sea todo.

— ¿Qué más podría ser? Gabriel no sabe nada sobre el pasado.

— Mejor para él seguir ignorando. Pero el asunto que me trajo aquí es otro. Boris se metió en un problema y fue arrestado por la policía.

— ¿Qué fue lo que hizo?

— Nada de más. Salió con Antunes, creo que para hacer algo de algún diputado. No sé bien. Como es nuestro empleado el comisario me llamó citándome a declarar. Quiero que durante mi ausencia no salgas de casa por nada.

— ¿Por qué?

— Estos abogados me están irritando mucho. Es posible que quieran complicar nuestras vidas. Si ellos aparecen por aquí, no atiendas ni dejes que nadie atienda. Cuida que ni Gabriel ni Laura los reciban.

— Ustedes están en problemas. Es posible que tengan pruebas en tu contra –. José Lui sujetó el brazo de María Julia, apretándolo con fuerza. Sus ojos brillaron rencorosos cuando respondió:

— Evidencia que no tienen. Ahora, si intentas algo en mi contra, puedes estar segura que sabré cómo actuar.

— No me involucrarás en tus asuntos. Sabes muy bien que nunca tuve nada que ver como tus fraudes.

— Será difícil demostrar que no eres mi cómplice. Si caigo, no estaré solo. Tú y tu hijo irán conmigo.

– Deja a Gabriel fuera de esto. No sabe nada.

– Depende de ti. Cuida que esos abogados de medio pelo no consigan ninguna prueba, de lo contrario ya verás.

– Déjame en paz.

– Quiero que cierres toda la casa y que los criados no atiendan a nadie hasta que regrese. Esa orden se extiende a Laura y Gabriel. Voy a salir ahora. Cuida que todo se haga como quiero.

– Está bien.

María Julia se quedó observando desde la ventana y cuando el carro de su marido partió, ella fue a ver a Gabriel para darle la noticia:

– Él quiere que la casa permanezca cerrada hasta que regrese de la estación de policía. No quiere que recibamos a nadie, sea quien sea. Laura está en la casa de una amiga y me olvidé de decírselo.

– Mejor llamarla y pedirle que se quede allí hasta la noche. Según se desarrollen las cosas, yo mismo paso por ahí para recogerla. Creo que será mejor que no se meta en esto.

– Es mejor, por lo menos por ahora. ¿Qué le diré?

– Inventa alguna excusa. Voy a llamar a Lanira y contarle cómo están las cosas.

– José Luís sospecha de tu amistad con Lanira.

– Algún día tendrá que saber la verdad.

– ¡Que no sea ahora!

– A veces pienso que tienes algún secreto y él te chantajea.

– No se trata de esto. Son muy crueles. Me temo que intenten algo contra ustedes.

– ¿Crees que papá podría dañar a sus propios hijos?

– No lo sé. Estoy confundida. A veces no sé lo que digo –. Gabriel la abrazó, tratando de consolarla.

José Luís llegó a la estación de policía y fue encaminado hacia el comisario. Después de los saludos, él dijo:

– Me informaron que mi mayordomo se encuentra detenido en esta comisaría, juntamente con otro hombre. ¿Qué fue lo que pasó?

– El otro es Antunes. ¿Usted lo conoce?

– Lo conozco apenas de vista, un ex policía tiene ese nombre. ¿Será el mismo?

– Es el mismo. ¿Boris trabaja para usted?

– Sí. Ese es el nombre de mi mayordomo.

– Ellos fueron arrestados en flagrancia durante el acto de secuestro –. José Luís se puso de pie y exclamó:

– ¡No puede ser! Debe haber algún error. Boris trabaja para mi familia hace muchos años y siempre ha sido un trabajador ejemplar.

– No sé cómo consiguió ese milagro. Le pedí a la policía internacional su expediente y puedo asegurarle que es un peligroso aventurero responsable de algunos delitos en el exterior. José Luís se sentó nuevamente diciendo con voz que intentó mostrar calmada:

– Hasta donde yo sé, sufrió mucho durante la guerra. Toda su familia fue asesinada. Quedó desequilibrado y cometió algunos errores. Se arrepintió. Cuando lo conocí, estaba regenerado. Puedo garantizarle que durante los años que vivió en esta casa, se portó bien. Estoy seguro que su ficha en Brasil está limpia.

– Estaba, doctor. Antes de cometer secuestro. Quiero enfatizar que ordené iniciar una investigación y decreté la prisión, una vez que se le encontró en flagrancia. Usted tendrá mucho trabajo para demostrar lo que dice en la corte.

– No entiendo por qué cometió este desliz. No tiene problemas con el dinero.

– Boris no hizo esto por dinero. Estaba tratando de resolver un problema para el patrón; es decir, usted.

– ¿Mío? No tengo nada que ver con este caso.

– Secuestró a Alberto, que está emprendiendo acciones legales en su contra.

– No es posible que cometiera esta locura. Su dedicación no tiene límites.

– ¿Estaba siendo dedicado cumpliendo una orden suya?
– José Luís volvió a levantarse indignado:

– ¿Cómo se atreve a pensar una cosa de esas? Soy un médico. ¡Una persona de bien! ¡Nunca estaría de acuerdo con algo así! ¿Será que alguien le dará crédito a ese aventurero que está levantando esta calumnia? Mi nombre y el de mi familia están por encima de cualquier sospecha.

– Para la policía solamente las pruebas tienen valor. Y confieso que este secuestro ha agravado enormemente su situación ante la justicia.

– Usted está depreciando mi inteligencia. ¿Piensa que sería tan idiota al punto de secuestrar a este muchacho e incriminarme?

– No pienso en nada. Apenas estoy hablando de la situación. El muchacho que fue víctima presentó su testimonio en el que contó que fue amenazado varias veces. Estaba seguro que tenían la intención de matarlo.

– Eso es mentira. Se está beneficiando de la situación, pretendiendo incriminarme. ¿Usted no se da cuenta de lo que pasó? Boris es muy dedicado. Mi mujer y mis hijos están avergonzados por toda la publicidad que rodea al caso y están sufriendo mucho. Boris no pudo soportar ver mi tristeza con el sufrimiento de ellos. Solo puede haber sucedido eso. Sin decirme nada, decidió darle un susto a ese muchacho para renunciar a esta demanda. Nunca tuvo la intención de matarlo, estoy seguro de eso.

– Si fue solo eso, usted tendrá que demostrarlo en la corte. Debo aclarar que están fichados y será muy difícil liberarlos.

José Luís lo miró a los ojos mientras decía:

– Si usted fuese comprensivo, podemos resolver esto ahora. Sabré recompensar su generosidad.

Sin desviar la mirada, el comisario respondió:

– No se trata de mi comprensión. Se trata del cumplimiento de la ley. En lo que dependa de mí, le garantizo que será cumplida. Será mejor que usted busque un buen abogado, porque los abogados de Alberto están muy bien respaldados.

– Me gustaría hablar con Boris.

El comisario llamó a un subalterno y ordenó que condujese a José Luís a una sala y trajesen al prisionero.

Una vez a solas con Boris, José Luís sacó un papel del bolsillo, en el cual le escribió algunas palabras y se lo mostró a Boris: "Pueden estar escuchando. Mantente Firme. No digas nada. Voy a sacarte de aquí."

En voz alta, fingía estar sorprendido, reprendió al mayordomo por su actitud, pero al mismo tiempo sabía todo lo que había hecho en exceso de celo. Entrando en la farsa, Boris lloró, dijo estar arrepentido, confesó haber hecho todo sin conocimiento del patrón. José Luís prometió conseguir un buen abogado.

Cuando salió se encontró con Alberto, Daniel y Rubito, que conversaban con el comisario. Ignorando su presencia, simplemente le dijo al comisario que enviaría un abogado para que se ocupara del caso y salió.

Daniel y Rubito leyeron las declaraciones de José Luís que el escribano anotó.

– Está tratando de salvar su pellejo – comentó Daniel.

– Con las pruebas que tenemos será difícil – respondió Rubito.

– Para ganar el caso, necesitan que esas pruebas sean convincentes. Su familia tiene prestigio y es muy respetada – recordó el comisario.

– Te garantizo que esta vez se hará justicia – dijo Daniel.

– Él trató de comprarme. Debo pensar como muchos que todos los comisarios son corruptos. Estaré encantado de mostrarte lo equivocado que está.

– Afortunadamente, hay muchos policías honestos. Estos no siempre aparecen en los noticieros – comentó Rubito.

– Y luego – preguntó Daniel – ¿Boris agregó algo a su declaración de ayer?

– No. No creo que diga nada más – respondió el comisario.

– Por lo menos mientras piense que está protegido por el patrón – comentó Rubito.

– Seguro – concordó el comisario –. Sabe que su jefe tiene interés en liberarlo para protegerse. Menos mal que fue en flagrancia, de lo contrario no tendría cómo decretar la detención preventiva. Él tendría que esperar a la sentencia en libertad.

– En ese caso podría escapar – comentó Alberto.

– Bueno, nos vamos, Dr. Marques. Si hay algo nuevo, llámame. De lo contrario, estaremos aquí mañana por la mañana – Rubito se despidió del comisario extendiéndole la mano.

De vuelta en la oficina, estudiaron los próximos pasos. Hicieron una petición para que se incluyera en los autos del proceso, denunciando a Eleuteria como cómplice de José Luís y pidiendo que fuese llamada a declarar. Adicionaran también a los autos copia de la denuncia de ocurrencia registrado en la estación de policía sobre el secuestro de Alberto y la detención en flagrancia de los involucrados, y la denuncia contra José Luís como autor intelectual.

Aquella misma tarde ellos ingresaron los documentos en la corte pidiendo que fueran anexados a los autos del proceso.

Un abogado presente cuando Daniel registró los documentos se interesó y descubrió lo que ellos contenían. Al principio, los otros defensores no estaban tomando muy en serio a los dos jóvenes. En el ínterin, cuando lograron abrir el proceso, se interesaron más, principalmente, por involucrar a personas de prestigio social. Por eso, cuando uno de ellos apareció contando las novedades, los comentarios se dispersaron como una bomba. Aquel secuestro era casi una confesión. El Dr. Eugene Loureiro, abogado de José Luís y fue contratado para liberar a Boris fue a buscarlo en casa esa noche. Encerrados en la oficina, pronto fue diciendo:

– ¡Lo que ustedes hicieron fue una locura! En el foro no se habla de otra cosa. Secuestrar a este muchacho fue tu más grande error.

– Eso fue cosa de Boris. Yo no quería nada de eso.

– No tienes que negarlo, José Luís, Boris me lo contó todo. Es un hombre peligroso. Necesitamos ser muy hábiles. Él puede echarlo todo a perder.

– Él está mintiendo. Quiere aprovechar la situación para salvar su pellejo.

– En cualquier caso, la situación es grave. Los comentarios están hirviendo. Muchos de los que no creían en tu culpabilidad en el caso de Marcelo, cambiaron de opinión. El juez puede ser influenciado. Ya sabes cómo es.

– Estoy siendo víctima de la estupidez de Boris. Nunca debería haberle hecho nada a ese chico.

– Más lo hicieron. Lo hiciste y estabas envuelto hasta el cuello.

– Soy un hombre de bien. Respetado. Nadie va a creer que estoy involucrado en esto.

– Este hecho es una prueba muy sólida en tu contra. Mañana leeré el proceso y estudiaré los documentos que se han acumulado y que provocaran tantos comentarios.

– Falta una semana para la fatídica audiencia y hasta entonces necesitamos encontrar una manera de demostrar que soy inocente.

– ¿Cómo?

– No tienen pruebas contra mí. Será mi palabra contra la de ellos.

– Ellos tienen mucha evidencia que se añadió al proceso. Y ahora el secuestro.

— Están tratando de destruirme, quedarse con mi dinero. Este muchacho es un aventurero —. Eugênio lo miró con seriedad. Se quedó en silencio por unos segundos, luego dijo:

— Estaría más tranquilo, si me dijeras toda la verdad.

— Eres mi amigo, mi abogado. Necesitas confiar en mí —. Eugênio negó con la cabeza:

— No lo sé. Ese muchacho se parece mucho con el Dr. Camargo. Mi madre tiene una foto de familia en la que aparece muy joven, en una fiesta en su casa. Confieso que me sorprendió por su similitud.

José Luís se movió inquieto en su silla.

— Es un impostor.

— ¿Tienes una foto de tu tío más joven?

— No.

— He pensado en este caso. Estoy empeñado en tu defensa en los tribunales. Soy un profesional Tú me contrataste y pretendo hacer justicia a tu confianza. Sin embargo, si no me dices la verdad, corro el riesgo de ser sorprendido por pruebas para las cuales no estoy preparado, y entonces mi defensa será ineficiente. Por tu propio bien, te pido que confíes en mí y me cuentes la verdad. ¿Fraguaste documentos y sacaste a Marcelo del camino para quedarte con la fortuna?

— Si digo que sí, ¿me seguirás defendiendo?

— Claro. Soy tu abogado. Te debo lealtad. Espero tu lealtad también. Sabiendo toda la verdad, estaré mejor preparado para tu defensa.

— Está bien. Tienes razón. Lo que ellos dicen es verdad.

— Ahora, me vas a contar todo lo que sucedió en esa época. Recuerda los hechos con cuidado. Necesito saber con qué ellos pueden contar, cuáles son las armas que ellos tienen.

Eugênio pidió papel y, mientras José Luís contaba los hechos, tomaba notas, preguntando algunos detalles de vez en cuando.

Cuando José Luís mencionó el chantaje de Eleuteria, Eugênio no se contuvo:

– Este es el punto débil del proceso. Si esta mujer que decide hablar...

– No lo hará. Es muy ambiciosa y no querrá perder el dinero que recibe cada mes.

– ¿Cómo se hace ese pago?

– En efectivo, para no dejar ninguna prueba.

– Aun así, esto es peligroso.

– No lo creo. Ella es cómplice. Participo de todo. Si habla, se complicará.

– No sabes lo que puede hacer una persona cuando está bajo presión. La policía presiona de todas maneras.

– Ya no vive aquí, en Rio y nadie, a no ser Boris o yo, sabe dónde está. De esta manera, no corremos ningún riesgo.

– Espero que eso sea cierto. Si ella se aparece y confiesa, estarás perdido. No podré hacer nada.

– Eso nunca va a pasar. Estoy seguro.

Bueno, debo irme. Mañana iré al foro a ver el proceso y volveré a estudiar las próximas medidas.

– La audiencia es la semana que viene. No me gustaría ir. Tú, como mi abogado, puedes representarme.

– Puedes alegar un problema de salud, pero no creo que sea bueno hacerlo. Ya faltaste a la primera audiencia y al juez no le gustó. Parece desacato a la justicia o miedo de enfrentar el problema. En ambos casos, solo te perjudica, tienes que ir, mostrarte interesado en brindar aclaraciones. Demostrar que no tienes nada que temer.

— Está bien. Voy a ir.

— Es mejor así. Mañana, tan pronto tenga el proceso, vendré a buscarte para trazar la defensa.

— ¿Crees que lo conseguiremos?

— No puedo decir nada antes de leer las alegaciones de los opositores y saber cuáles son las pruebas que presentan. Puedo decir algo mañana.

Después que el abogado se fue, José Luís se encerró en la oficina y hundió la cabeza entre los manos. ¡Todo parecía ir tan bien! Nunca imaginó que después de tantos años Marcelo aparecería vivo. Estaba seguro que Alberico había hecho el trabajo, según lo acordado. ¡Pagara mucho dinero por ello!

Se levantó y comenzó a caminar de un lado a otro por la sala, nervioso. Si Alberico no hubiese muerto, acabaría con su vida. Boris no perdía a los cómplices de vista y loe contara que el chofer muriera en la miseria en un asilo en São Paulo. De repente, quedó claro en su cabeza. María Júlia nunca estuvo de acuerdo con lo que habían hecho. La había obligado a aceptar, a callar, pero en sus ojos siempre había un reproche. Fuera ella quien indujera a Alberico a salvar la vida de Marcelo. Ella lo mantuvo escondido en Inglaterra. Las constantes remesas de dinero a ese país sirvieron para sustentar a Marcelo, ¿por qué no pensó en eso antes?

Apretó sus dientes en ira. Ella era la culpable por estar en esa situación. Siempre con cara de víctima, llorando a escondidas. Mirándolo como si fuera un monstruo. Por supuesto, frente a los demás representó su papel de esposa a la perfección, pero en privado lo repudiaba. La condena que se leía en sus ojos lo irritaba. Hacía mucho había dejado de tener relaciones sexuales con ella. La amaba con pasión. Hiciera todo pensando que ella iba a entender sus motivos y agradecer la fortuna que él conquistara para que la familia pudiese disfrutar del lujo y del placer.

Pero no. Ella lo repudiaba, mostrándose horrorizada con lo que hiciera, lo despreciaba. Fue penoso mantener relaciones con él. Esta situación lo había llevado a la desesperación. Cuanto ella más lo repudiaba, más la deseaba, haciendo su vida un infierno. Loco de celos, la vigilaba constantemente. Sin embargo, su conducta era ejemplar. Nunca tuviera motivos para dudar de su fidelidad.

Viéndolos juntos en sociedad, nadie podía imaginar el infierno que estaban viviendo. Él buscaba otras relaciones en un intento de ablandar ese sentimiento, pero fue inútil. La pasión aun continuaba.

Se pasó la mano por el pelo en un gesto desesperado. Podría haber sido muy diferente si ella no hubiera interferido. Marcelo era el último de la familia. Con su muerte todos los obstáculos habrían salido de su camino y ninguna amenaza colocaría en riesgo su seguridad. José Luís apenas podía controlar su odio. La culpa era solo de ella. Había sido muy paciente todos estos años. Era el momento en que María Júlia pagara por todo lo que le había hecho sufrir. Si fuese sancionado por eso, no iría solo. Sabría cómo arrastrarla en la caída. Esa sería su venganza y su compensación.

CAPÍTULO 17

De regreso a la oficina, después de ingresar los documentos del caso contra José Luís, Rubito preguntó:

– Esta noche voy a cenar con Marilda y Lídia. ¿Vienes con nosotros?

– No, gracias.

– ¿Por qué? Me parece que ustedes están interesados el uno en el otro. ¿Estoy equivocado?

– No. Lídia me interesa mucho. Tanto es así que tengo que pensar antes de encontrarme con ella nuevamente.

– ¿Pensar? En el amor, cuanto menos pienses, mejor –. Daniel suspiró pensativo después respondió:

– Tengo que tomar una decisión al respecto.

– Te estás tomando esto demasiado en serio. Ustedes se conocen hace poco tiempo. ¿No sería mejor convivir un poco más para poder decidir qué hacer?

– Gracias por la invitación, pero hoy no.

– Ella va a estar triste. Marilda dijo que está muy interesada. Solo habla de ti desde esa noche en que la llevaste a casa.

– Fue maravilloso. Ninguna mujer me emocionó tanto como ella. Por esto, antes que consiga complicar más, necesito ir con calma.

– ¡Hum...! Creo que ya estás más que involucrado. ¿Y si ella pregunta?

– No te preocupes. Voy a llamarla y conversar.

– Está bien. Me voy ahora. Mañana tendremos un día ocupado.

– Vendré temprano.

Después que Rubito salió, Daniel se dejó caer en una silla, pensativo. Lo que estaba pasando con él era algo muy extraño. Si fueron los sueños tan dolorosos que tuviera con Lídia, se habría entregado a esa relación sin pensar en nada más. Había alrededor de ellos un misterio que, cuanto más pensaba, más se sentía intrigado. ¿Tendría que ver realmente con vidas pasadas como decía la tía Josefa?

Necesitaba saber más al respecto. Quizás ella pudiese aclarar eso. Tomó el teléfono y llamó.

La criada atendió y él pidió para hablar con su tía. Después de los saludos él preguntó:

– Tía, estoy confundido por lo que me está pasando. Me gustaría hablar contigo. ¿Podrías atenderme?

– Por supuesto, hijo mío. Cuando quieras.

– Estoy inquieto. ¿Puede ser hoy mismo?

– Claro. Ven a cenar conmigo y conversaremos.

Él colgó satisfecho. Necesitaba entender lo que le estaba pasando. ¿Por qué tantas emociones, tanta angustia y miedo? La voz de Alberto llamándolo de asesino lo incomodaba. La escena por la muerte de Lídia lo hacía temblar de dolor y temor. Esto no era normal. Tenía que resolver ese misterio.

Cogió el teléfono y llamó a Lídia. Ella respondió amablemente. Después de los saludos, Daniel dijo:

– Rubito me invitó a cenar con ustedes hoy por la noche. Desafortunadamente, tengo un compromiso y no podré ir.

– Qué pena. Si es así, cenaré en casa.

– Espero que no se prive de ese placer por mi culpa.

– No es por eso. Creo que se sentirán mejor estando solos. Tienen mucho de qué hablar. Si fueras tú, sería diferente, no estaría incomodando. Tenía muchas ganas de encontrarte después de aquella noche. Ahora, pensando mejor, creo que para ti no fue lo mismo.

– Fue más de lo que piensas. Siento ganas de correr hasta ti y apretarte en mis brazos, besar tu boca, sentir tu cuerpo junto al mío. Te amo, Lídia. Creo que te amé incluso antes de conocerte.

– Sin embargo, me doy cuenta que me evitas. Esperé a que me llamaras al día siguiente, al otro y nada. Ahora te niegas a salir conmigo. Sé sincero. Me gustas.

Confieso que nunca sentí tanta emoción en un beso. Noté que también te emocionaste, pero puedo estar equivocada. Es posible que solo te hayas emocionado, como quedarías al entrar en contacto con cualquier mujer.

– No digas eso, por favor. Estoy siendo honesto. Nunca he sentido por ninguna mujer lo que siento por ti. Pero ese sentimiento es tan intenso que me asusta. Tengo miedo de asumir y sufrir.

– Yo prefiero arriesgar. El miedo inhibe y nos hace infelices. Solo los que se atreven alcanzan la felicidad.

– Tienes razón, Lídia. Si yo fuese a hacer lo que estoy sintiendo ahora, iría corriendo hasta allí y te cubriría de caricias. Pero siento que es necesario contenerme por el momento.

— Tengo la impresión que algo te incomoda y te reprime. ¿Qué es?

— Por ahora, ni yo mismo sé. Necesito pensar, encontrar una clave para los sentimientos conflictivos que están dentro de mí. Te pido un poco de paciencia. No me juzgues indiferente. Eres muy importante para mí. Puedes estar segura de eso.

— Está bien. Te creo. Tienes todo el tiempo del mundo para evaluar y comprender lo que sucede dentro de tu corazón. Siento que estás siendo sincero. Agradezco su actitud honesta. Cuando sientas que ha llegado la hora de buscarme para conversar, ven a verme.

— Gracias, Lídia.

Después de colgar, Daniel todavía se quedó pensando por unos momentos. Todo en Lídia lo emocionaba. Su voz, su manera de expresarse, el recuerdo de los momentos que habían disfrutado juntos hacían su corazón latir con más fuerza. La certeza que era correspondido lo impulsaba a ir corriendo a su lado.

Se controló. Sentía que antes de entregarse a esa relación, era necesario encontrar las respuestas a lo que le sucedía. La Tía Josefa lo esperaba y tal vez lo ayudase a comprender. Fue con placer Daniel recibió el afectivo abrazo de la tía y le informó lo que estaba sucediendo con el caso de Alberto.

— Gracias a Dios, hijo mío. Sabía que no le pasaría nada malo. El Dr. Camargo está siempre a su lado protegiéndolo.

— Espero que nos ayude a ganar esta causa.

— Llegó a la hora de la justicia. Todo va a salir bien.

— Eso espero. Tía, he estado angustiado. Muchas preguntas confunden mi cabeza.

– ¿Qué te incomoda?

– Sueños extraños y mis sentimientos por Lídia.

– Ya te lo dije, hijo mío. Tienes recuerdos de algunos hechos de tus vidas pasadas.

– Se vuelve confuso. Siempre fui racional, equilibrado. Pero ¿cómo haber soñado con Alberto y Lídia antes que yo los conociera?

– No sé lo que pasó con ustedes en el pasado. Pero si la vida los unió nuevamente despertando emociones mal resueltas, renovando sentimientos, llamándolos a una situación de conflicto interior, es que están en la hora de crecer, de dar un paso hacia adelante, identificar la acción provocadora de los problemas del pasado, para que, modificándolos, ustedes obtengan resultados mejores y más felices.

– Sin saber lo que sucedió se hace difícil.

– Estás equivocado. Si prestas atención a las emociones que sientes, podrás identificar lo que te incomoda. De allí, hay solo un paso para ver cuáles actitudes tuyas ocasionaron los resultados desagradables.

– Esos sueños son tan dolorosos. Alberto me llama asesino. Dice que maté a Lídia, mientras tanto estoy desesperado porque se está muriendo y no puedo evitarlo. Por supuesto que no la maté. Al contrario, sufro mucho para prevenir que ella muera. Después, siento mucho dolor, nostalgia, soledad. Es difícil de explicar.

Lo que me parece que los tres están íntimamente conectados con otra vida. Se separaron conservando agravios mutuos, problemas mal resueltos. A la naturaleza no le gustan las cosas inconclusas. Él los está reuniendo para superar este conflicto.

– Esa noche cuando salimos de aquí, llevé a Lídia a casa. No pudimos resistir la atracción que sentimos uno por el otro y nos besamos con ardor. Sentí que la amo y que soy correspondido. Pero al mismo tiempo, al pensar en llevar adelante esta relación, un miedo terrible me ahoga como si algo horrible fuese a suceder. Entonces trato de dominar mis sentimientos y alejarme de ella.

– Te estás atormentando por nada. ¿Aun no ves que tú, Lídia y Alberto están unidos por la fuerza de las cosas? De nada sirve huir, es necesario enfrentar. ¿No recuerdas lo que Norma te dijo esa noche? "Lo que sucedió en aquellos tiempos, no va a suceder de nuevo."

– Es verdad. Ella dijo eso.

– Entonces. Y debido a ese temor, viviste experiencias dolorosas, sufriste, pero hoy será diferente. Ustedes cambiaron, maduraron. Y si estás teniendo este desafío es porque ya estás en condiciones de superarlo.

– ¿De verdad lo crees?

– Claro. La vida es justa y bondadosa. Nunca pondría en tu camino una situación en la que estuvieses determinado a perder. Naturalmente, tendrás que esforzarte, enfrentar tus miedos, envalentonarte. Pero si haces eso, vencerás.

– Va a depender de mí mismo.

– Así es. Todo en tu vida solo depende de ti. Dios está dentro de cada uno, a la espera que la persona camine, perciba, quiera, conquiste su propio bienestar y su propia felicidad.

– Todos quieren ser felices. ¿Por qué hay tanto sufrimiento en el mundo?

– Debido a las ilusiones, a la vanidad, al miedo de cuidar de uno mismo. Hay en nuestra sociedad una inversión de valores tan grande que solo podría resultar en lo que dio. La gente corre, se atropellan para cuidarse de los otros y abandonan su propia alma. Así generan los conflictos, las depresiones, las enfermedades, incluso la infelicidad.

— Las religiones enseñan que debemos trabajar en favor de los otros. Amar al prójimo como a sí mismo.

— Dado que las personas no se aman, ¿cómo pueden amar al prójimo? Todavía están muy lejos del amor verdadero. Lo que se ve en el mundo es el bien por obligación, por el miedo a ir al infierno, y poder ganar algunos puntos frente a la sociedad y a Dios. Sin embargo, su alma está abandonada, sin consuelo, sin alegría, sin cariño, sin cariño ni amor. ¿Cómo alguien puede ser bueno sin sentir amor? ¿Cómo alguien puede dar a los otros lo que no tiene? Y es por eso que la violencia, la crueldad andan sueltas por el mundo.

— Así es, tía. Por haber observado eso, nunca me interesó la religión. Nuestros conocidos viven predicando el amor al prójimo, pero se entregan a la mezquindad, a la deshonestidad. En todas partes he visto el desorden con todo lo que es de interés público. Incluso parece que lo que es de la comunidad no es de nadie. Puede destruirse.

— Eso es falta de amor. Este la mayor herida de la humanidad. El amor presupone el esmero, trabajo bien hecho, el placer de cooperar, el respeto por el bien común.

— El gobierno no coopera.

— No es un problema del gobierno. Es un problema de cada uno. Lo que pasa en la sociedad es el reflejo de lo que pasa en el corazón de las personas.

— Pero todos pregonan el bien y las buenas acciones. Desde la escuela escucho hablar de eso.

— Intelectualmente, todos saben, pero son raros los que intentan hacerlo. Se hunden en la incredulidad. Con el pretexto de prevenir, resaltan el mal; pensando en valorar la ciencia, se sumergen el materialismo, terminan frustrados y deprimidos, inseguros y alienados.

– Conozco a varias personas así.

– Nuestra sociedad está triste e infeliz.

– Es difícil arreglar eso.

– Nada es difícil cuando la vida lo quiere. Y ella trabaja para eso todo el tiempo.

– ¿De qué forma?

– Haciendo que cada uno coseche los frutos de sus actitudes. Si la violencia y la crueldad reflejan la ausencia de amor de los corazones, el dolor, las tragedias, las enfermedades son medios que utiliza la vida para concienciar, abrir las conciencias y mostrar los valores verdaderos. Estoy segura que algún día todos aprenderemos.

– Hablas con una certeza que me gustaría tener. Me he sentido inseguro, incapaz de lidiar con mis acciones. ¿Cómo puedo recuperar el equilibrio?

– Escuchando atentamente, observando tus sentimientos. El conflicto surge cuando te reprimes y no actúas de acuerdo a lo que sientes. Incluso ahora reconoces que estás enamorado de Lídia, y quieres estar con ella, intercambiar caricias, expresar tu amor Mientras tanto, en lugar de hacer esto prefieres cuestionar lo que sientes, con el pretexto de evitar una frustración que ni siquiera sabes que vendrá. He allí lo que te está desequilibrado en este momento. Serías muy feliz si estuvieras a su lado que preguntándote lo que esa relación te puede traer.

– Pero siento ese miedo.

– No lo dudo. Pero estoy segura que no viene de su alma. Ella quiere ser feliz y está dispuesta a pagar el precio. El miedo es siempre un resultado de la represión interior. De cómo te violentas, sofocando tu verdadera naturaleza, quizás para encajar en un modelo que la sociedad estableció como cierto. Rompiste un poco con eso cuando te atreviste a defender a Alberto en los tribunales. Pero nunca conseguiste vencer tu prejuicio contra la espiritualidad. Es difícil para ti aceptar lo que viste y sentiste en sueños como recuerdos de tus vidas pasadas.

– Reconozco que es muy difícil.

– Es por eso que no puede seguir el consejo de Norma, separar el pasado del presente.

– Está todo mezclado en mi cabeza.

– Ese es tu error. No es la cabeza la que decide tu caso. Ella está demasiado llena de racionalidad de ideas y reglas que aprendiste de la sociedad. Crees que necesitas resolver tus emociones por medio del razonamiento. Que esto es tener sentido común. Que hacer lo que sientes puede ser malo. No confías en ti mismo. Simplemente crees lo que te dijeron que es mejor.

– Soy reacio a entrar en una ilusión. Necesito ser racional, sensato.

– Es verdad. Pero nunca lo lograrás sofocando tus sentimientos.

– Mi vida transcurría normal. De repente, nuevas y fuertes emociones comenzaron a surgir dentro de mí. Eso me asusta. No puedo entenderlo.

– De nadad sirve querer explicar los sentimientos a través del razonamiento. Las emociones tal vez puedan ser entendidas, pero los sentimientos no. Surgen y no tienen explicación. El amor, las afinidades y preferencias, las vocaciones son manifestaciones del alma. Cuando intentas reprimirlas te anulas, te deprimes y creas conflictos, te empobreces.

– ¿Cómo diferenciar las emociones de los sentimientos?

– Las emociones son reacciones de los pensamientos, reflejan la manera como ves y juzgas determinados hechos. Los sentimientos, no. Ellos vienen del alma. Simplemente aparecen y se expresan. Se reflejan en el cultivo de lo bello, no el esmero por hacer las cosas, en el cariño y la ternura por todo y por todos. Es el placer exteriorizado. Cuando amas y expresas libremente ese sentimiento, tu carisma envuelve todo lo que tocas y el placer, la alegría que sientes hace tu felicidad.

– Debe ser maravilloso poder sentirse así.

– Sí. A veces, en algunos momentos, todos ya nos sentimos así. Necesitamos aprender a mantener continuamente ese estado de ánimo.

– Quieres decir que las emociones desagradables que he sentido, este miedo de entregarme al amor de Lídia, ¿no representa un presentimiento? ¿Una predicción del futuro?

– No. Si fuese verdad, Norma no te hubiera aconsejado que dejaras de lado el pasado. Quiero creer que pasaste por problemas dolorosos en otra vida, junto a Lídia y Alberto. Conservaste fuertes impresiones de esos eventos.

– ¿Incluso después de haber nacido de nuevo y olvidado ese pasado?

– Aun así. Mantienes en el inconsciente el registro de todos aquellos eventos, y cuando algo recuerda ese tiempo, las impresiones dolorosas reaparecen.

– Eso tiene lógica. En ese caso, tía, ¿qué hacer para mejorar?

– Haciendo exactamente lo que tienes miedo. Enfrenta tus miedos. Si lo haces, descubrirás que nada de lo que temías sucedió. Las impresiones dolorosas desaparecerán a medida que las buenas y agradables se vayan verificando.

– ¿Realmente crees que seré feliz al lado de Lídia?

– No lo sé. Dependerá de ustedes. Pero teniendo en cuenta los sentimientos que percibo en ambos, creo que todo va bien.

Daniel suspiró aliviado:

– Al escucharte hablar así, me siento mejor.

– Presta atención, date cuenta cómo entras en el miedo del pasado. Cuando eso suceda, repite la frase que Norma te enseñó: "Lo que pasó en aquellos tiempos no volverá a pasar."

– Empiezo a entender por qué dijo eso.

Josefa sonrió y Daniel notó que se veía más hermosa cuando sonreía. No se contuvo. Se levantó y la besó ligeramente en el rostro.

– Gracias, tía. Solo no entiendo una cosa...

– ¿Qué?

– ¿Por qué pasé tanto tiempo sin venir a tu casa para disfrutar de tu compañía?

– Todavía puedes recuperar el tiempo perdido. Ven siempre. Ahora vamos a cenar. Debes estar con hambre.

Daniel se puso de pie, ofreciéndole galantemente el brazo para guiarla al comedor. Pasaba de las once cuando Daniel regresó a casa. La conversación con la tía le hiciera muy bien.

– Me gustaría hablar con Lídia, abrir su corazón – Cogió el teléfono y la llamó. Reconoció la voz tan pronto ella atendió:

– Disculpa llamar a esta hora. ¿Te desperté?

– No.

– Acabé de llegar, pero no quería acostarme si desearte unas buenas noches, decirte que te amo y que en este momento me gustaría estar a tu lado. Necesitamos conversar. ¿Puedo ir allí mañana por la noche?

– Claro.

– Pasaré a las ocho.

– Estaré esperando. ¿Te sientes mejor?

– Sí. Estuve en la casa de la tía Josefa. Nuestra conversación me ha hecho mucho bien.

– Ella es maravillosa.

Los dos continuaran conversando y pasaba de la medianoche cuando Daniel finalmente colgó y se preparó para ir a la cama. El día siguiente sería de mucho trabajo y necesitaba estar muy bien.

Por la tarde del día siguiente, el Dr. Eugênio buscó a José Luís en casa y se dirigieron a la oficina. Después de cerrar la puerta y sentarse frente al abogado le preguntó con ansiedad:

– ¿Y entonces? ¿Qué descubriste?

– La situación es mucho peor de lo que suponía. Lo que temía sucedió. Ellos pidieron las declaraciones de Eleuteria en el proceso.

José Luís se levantó de un salto:

– ¿Cómo? ¿Ellos saben sobre ella?

– Sí. Lo saben todo. Incluyeron en los autos la dirección de Eleuteria y unas declaraciones firmadas por el chofer donde confiesa el fraude.

– Voy a avisarle y hacerla desaparecer.

– No será posible hacer eso. Investigaron todo, los pagos que Boris le hizo a Pola y ella depositaba en el banco a nombre de la niñera. Las propiedades que ella compró después de dejar el trabajo. Está todo documentado. Debo decir que será muy difícil hacer frente a estas pruebas.

José Luís hizo un gesto de desesperación, pasándose la mano por el cabello y caminando de lado a lado. Finalmente se detuvo frente al abogado diciendo:

– ¡Esto no puede ser verdad! Tenemos que encontrar una forma. ¡Necesitas encontrar una solución!

– De la manera que están las cosas, solo veo una.

– ¿Cuál? Habla, haré cualquier cosa.

– Llama a Alberto y llega a un acuerdo con él.

– ¡Eso es imposible! Nunca haré eso. Sería como confesar.

– Es la única manera que veo para evitar la vergüenza, incluso hasta la cárcel. Podemos llamarlo y tratar de persuadirlo para retirar la demanda, incluso a decir que estaba equivocado.

– Él nunca aceptará eso.

– El dinero tiene un gran poder. Si le ofreces la mayor parte de tu fortuna, él aceptará. A las finales, lo que él mismo debe estar queriendo es el dinero. Así también evitaremos que comparezca en la audiencia y tendremos otra oportunidad de negar todo ante el tribunal.

– ¿Crees que haría eso?

– Lo creo. Si me autorizas, buscaré a sus abogados para una reunión.

– Con aquellos dos, no. No querrán aceptar. Están en busca de notoriedad. A ellos les interesa ganar la causa. Es con Marcelo con quien debes negociar secretamente.

— Lo intentaré. Lo buscaré hoy mismo.

— Haz eso y luego me llamas. Conforme hables con él, tendré que reunir mis papeles y ver de cuánto podré disponer para darle a este aventurero.

— Haz eso. Te garantizo que hoy mismo resolveremos este asunto.

— Muy bien. Estaré esperando tu respuesta.

Eugênio salió y se dirigió al apartamento entre Alberto, donde fue informado por el portero que estaba trabajando y que no sabía a qué hora volvería. Por ello, el abogado decidió esperarlo en la puerta del edificio donde trabajaba. Tan pronto como Alberto salió, se presentó diciendo:

— Soy el abogado del Dr. José Luís, me gustaría hablar con usted en un lugar discreto.

— Voy a llamar a mis abogados para ver si todavía están en su oficina, podemos ir allá.

— No. Lo que tengo que hablar es solo con usted. Podemos tomar algo en un bar.

— Hay una panadería en la esquina.

Una vez acomodados en una mesa discreta, pidieron refrescos y cuando se vieron a solas Eugênio fue directo al asunto:

— Vengo de la casa de mi cliente. Está muy afectado por esta situación. Quiere proponer un trato.

— ¿De qué forma?

— Está muy arrepentido de lo que hizo en el pasado. De hecho, está enfermo. Reconoce que usted tiene razón. Que está reclamando a lo que tiene derecho. Mientras tanto, su familia no sabe nada. Dice que prefiere morir antes de contarles todo. Particularmente, puedo decir que está tan desesperado que me asusta. Si no llegamos a un acuerdo con usted, estoy seguro que terminará con su vida.

– Él no pensó en nada cuando lo hizo lo que hizo.

– Es verdad. Estaba loco. Pero ahora está arrepentido. Quiere reparar el mal. Le devolverá toda la fortuna.

– ¿A cambio de qué?

– Retirar la denuncia ante el tribunal. No seguir adelante el proceso. No ir a aquella audiencia. Él quiere salvar a la familia. No le importa perder el dinero, que después de todo no le pertenece, pero por lo menos quiere que su nombre quede limpio. Para salvar a sus dos hijos. Es vergonzoso. Ahora cree que su esposa va a morir de disgusto si esta historia se confirma –. Alberto no respondió inmediatamente. Quedó pensativo, callado. Eugênio esperó unos momentos para hacer sus preguntas:

– Entonces, ¿acepta?

Alberto lo miró y se levantó, diciendo con ojos brillantes de tanta indignación:

– Usted cree que después de todo lo que pasé, de vivir toda mi vida lejos de mi país, sin nadie, de haber sido privado de la compañía de mi familia, del sufrimiento de mis padres y mi abuelo considerándome muerto, ¿yo haría un acuerdo como ese? Después de haber pasado humillaciones e incertidumbres buscando mi verdadera identidad mientras él disfrutaba tranquilamente del producto que nos había robado, ¿yo pensaría en salvarlo de la vergüenza de asumir la responsabilidad de sus actos? Nunca haré con él ningún tipo de acuerdo. Él debe ir a la cárcel, pagar por los crímenes que cometió. Yo quiero mi nombre de vuelta, limpio, como siempre fue. Dígale eso, doctor.

Alberto se alejó y el abogado sacó el pañuelo del bolsillo para limpiarse el sudor que le corría por la cara. Reconocía que la situación era difícil para su cliente y comenzó a arrepentirse de haberse metido en ese caso.

Cuando lo aceptó, nunca imaginó ni por un momento que José Luís era culpable. Sea por los jóvenes abogados que no merecían su confianza, sea por la fama de persona de bien que el médico disfrutaba ante la sociedad, él pensó que sería fácil ganar esa causa, a la lo cual no le dio mucha importancia.

Sabía que los ricos, los famosos de la sociedad, eran víctimas de las artimañas de los que querían sacarles dinero.

Había juzgado mal y ahora se veía involucrado en una causa a la que la opinión pública le estaba dando inmensa importancia. Además de perderla, sería visto como el defensor de un enorme estafador.

No estaba cómodo. Si nada saliese al público, haría cualquier cosa. Ya habrá pasado por situaciones delicadas y lo había hecho bien. Lo que no podía era ver su nombre asociado a una bellaquería de esas públicamente.

Hablaría con José Luís para que buscase otro abogado. Él declinaría el caso y estaría fuera. Punto.

Llegó a casa y llamó a José Luís, y apenas respondió, dijo de inmediato:

– No aceptó. Ni siquiera quiso escuchar los detalles. Insistió en usar el nombre de la familia y no está dispuesto a perdonar lo que le hiciste.

– ¿No trataste de convencerlo? He estado haciendo los cálculos, puedo darle mucho dinero. Incluso tus honorarios serán altos.

– No sirve de nada. Él realmente no quiere. Estaba tan enojado que casi me agredió. Salí de allí pasando un mal momento. No lo sabes, pero soy cardíaco. Mi presión sanguínea debe haber subido. Mañana iré a ver a mi cardiólogo. Ni siquiera sé cómo aparecerme en público.

– ¡Quieres abandonarme! Es eso.

– No. Soy tu amigo. Pero la verdad es que estoy enfermo. Te sugiero que busques otro abogado lo antes posible.

José Luís colgó el teléfono enfadado. Estaba consumado. Frente a los hechos, no tenía ninguna esperanza de salir de esto. Pero él había planeado lo que iba a hacer si todo eso sucediese.

Mientras que el Dr. Eugênio fue en busca de Marcelo, él evaluara todo el dinero con el que podía contar y trazó un plan en caso de Marcelo rehusase la propuesta. Todavía había un período de dos días para poner este plan en acción.

Su cabeza dolía y estaba tratando de controlar su ira. No sería hecho prisionero ni viviría en la pobreza. Nadie le pondría las manos encima.

Al día siguiente, cuando Daniel llegó a la oficina, ya encontró a Alberto.

– Tenemos novedades – dijo Rubito tan pronto entró –. El abogado de José Luís buscó a Alberto para llegar a un acuerdo.

– ¿En serio?

Fue Alberto quien respondió:

– Sí. Quiere darme dinero con la condición que renuncie a la demanda. Me dio ganas de golpearlo.

– Y tú no aceptaste – tornó Daniel.

– ¡Claro que no! Quiero tener mi identidad, usar el nombre que tengo por derecho. Quiero colocar todo en sus respectivos lugares. Mi abuelo siempre me dice eso.

– ¿Hablas con él? – Preguntó Rubito.

– Sí. Siento su presencia y lo que piensa al respecto. Siento que todavía se angustia por lo que nos pasó. Deseo que él pueda estar en paz.

– Lo hiciste muy bien. Esta propuesta indica que José Luís está desesperado. Sabe que perderá por la causa, que puede ser arrestado. Más aun con Boris en la cárcel – dijo Daniel.

– Cuando Boris descubra que su cómplice no va a defenderlo, va a tirarle toda la responsabilidad sobre él para tratar de disminuir su pena. José Luís lo sabe – dijo Rubito.

Siguieron hablando para ultimar algunos detalles para la audiencia pública de allí a dos días. Casi a la hora del almuerzo, apareció Jonás:

– Tengo noticias. Marilena me dijo que Eleuteria ya fue notificada y se quedó aterrada. Habló con su esposo para no aparecer en la audiencia y viajar al extranjero.

– ¡No podemos dejar que haga eso! ¡Su testimonio es fundamental! – Dijo Daniel preocupado.

– Ella lo intentó, pero no lo consiguió. Hablé con el comisario y dio alerta a la Policía Federal, dando los datos a la pareja. No podrán sacar pasaporte. Fueron excluidos.

– Gracias a Dios – dijo Rubito –. Pero puede que no aparezcan y se escondan en el interior del país.

– Nada de eso va a suceder. Están siendo vigilados. Mis hombres me informan de todos sus pasos. Después, Marilena está atenta. Si ellos no se presentan a brindar sus declaraciones, la policía los buscará. Ya lo arreglé todo. El comisario está interrogando a Boris, pero ya pidió la apertura de la investigación, ya que fue atrapado en el acto. Les traje este documento para que lo adjunten a los autos.

– Excelente. Ya relatamos ese hecho y lo juntamos al proceso. Este documento lo convierte en incuestionable – dijo Rubito satisfecho.

– En ese interrogatorio, ¿dijo algo más? – Preguntó Daniel.

– Sabes cómo es... Es hábil y no se deja agarrar fácilmente. El comisario está contando con su protección, en caso cuente la verdad. Pero él está arisco. Niega todo. Dice que hizo todo porque no soportaba ver el sufrimiento de la familia de su patrón. No pretendía hacerle mal a Alberto. Solo asustarlo.

– Cuando me amenazaron no estaban jugando. Estoy seguro de que, si ustedes no me hubiesen encontrado, ellos me hubiesen matado.

– La policía lo sabe. Si no lo confiesa por las buenas, ellos tienen otros métodos. Les garantizo que va a hablar – dijo Jonás.

– El comisario puede hacerle creer que José Luís lo abandonó – dijo Rubito.

– Eso es difícil, porque José Luís le dijo a su abogado que se encargara de su caso y afirmó que iba a hacer todo lo posible para liberarlo – informó Jonás.

– Él es astuto. Sabe que mientras Boris sienta que está haciendo todo por ayudarlo no dirá nada – respondió Daniel.

– En cualquier caso, es solo cuestión de tiempo. A la vista de tanta evidencia, no hay manera de dudar – dijo Jonás –. Pronto todo se solucionará. Ustedes van a ganar la causa.

Alberto bajó la cabeza para ocultar el brillo de algunas lágrimas que intentaba evitar dejar caer. Los otros tres se miraron, sintiendo el reflejo de aquella emoción y, en ese momento, guardaran silencio. Ninguno de ellos tenía ganas de hablar.

CAPÍTULO 18

En la víspera de la audiencia, Daniel y Rubito trabajaran todo el día, revisando los puntos importantes. Si el juez aceptase las pruebas, además de determinar que Alberto fue reconocido como Marcelo Camargo de Melo y legítimo o heredero de todos los bienes de la familia, instauraría proceso penal contra José Luís inicia con base en la investigación policial por secuestro y en las pruebas en los autos.

Daniel llegó a casa después de las ocho. Aunque cansado, estaba listo para una ducha rápida, se arregló y fue a encontrarse con Lídia. Habían acordado cenar juntos.

Después de hablar con la tía Josefa, Daniel se sentirá menos preocupado. Lo que sentía por Lídia nunca había sentido por nadie. Estar a su lado era tan placentero que decidió olvidar sus temores. Al final, toda esa historia podría simplemente ser una fantasía en su cabeza. Pero, aun así, aunque fuera cierto que habían vivido otras vidas, las palabras de Norma decían para confiar en el presente, porque lo que pasó en ese momento no se repetiría.

La noche anterior habían salido juntos y conversaron mucho sobre los sentimientos que los unían. Se sentía feliz y alegre. Esta causa le daría credibilidad profesional y dinero. El entusiasmo de Rubito hablando de su matrimonio con Marilda lo estimuló a hacer lo mismo. Las cosas comenzaban a mejorar y él hacía planes para el futuro. La cena transcurrió agradable, después fueron al carro. Daniel se detuvo en una calle tranquila y desierta. Intercambiaron besos, juramentos y caricias, hablando de sus sentimientos. Era pasada la medianoche cuando Daniel llegó a casa. Rubito ya se había recogido. Se preparó y se acostó. El día siguiente sería decisivo y quería estar de buen humor. Ensimismado en sus pensamientos con Lídia se durmió. Se encontró entrando en la misma casa donde estuviera en sueños, buscando a Lídia. La encontró en la sala, pero no estaba sola. Alberto estaba a su lado, sosteniendo su mano.

Daniel sintió celos agudos apretando su corazón. Se arrepintió de haber adoptado a su ahijado cuando su padre murió. Entonces era un niño, que Lídia ayudó a criar con mucho cariño.

Ella no tuviera hijos y se había dedicado al niño con amor. Daniel creía que ella lo mimaba en exceso, pero ella se disculpaba diciendo que él no tenía familia y que por lo tanto necesitaba protección y cariño.

Ahora tenía diecinueve años y cada día se apegaba más a Lídia. Daniel venía notando ese apego con preocupación. Ese día se dio cuenta que su actitud no era la de un hijo. En sus ojos había admiración de un hombre por una mujer. Loco de celos, se escondió y trató de escucha lo que hablaban. Él decía:

– Madrina, no puedo soportar más que este sentimiento. Siento que es más grande que yo.

– Cálmate, hijo mío. Estás confundiendo las cosas. Llamas amor a lo que simplemente es gratitud, amistad. Pronto encontrarás una buena muchacha que te ame de verdad y te darás cuenta que no todo pasó de una ilusión.

– ¡No me llames hijo! Soy un hombre que siente y que mi corazón late por ti. ¡Di que me amas como yo te amo! Déjame mostrarte cuánto te quiero y cómo puedo hacer tu felicidad.

Alberto sin reprimirse la abrazó e intentó besarle los labios. Ella luchaba para soltarse. Daniel no se contuvo más. Entró a la habitación sosteniendo a Alberto, sacudiéndolo y diciendo:

– Miserable. ¿Cómo te atreves a hacer eso? Nosotros te criamos con amor. Yo te protegí cuando te quedaste sin un níquel. Pagué tus estudios, te di dinero, te hice nuestro único heredero. ¡Te traté como a un hijo!

– Mentira. La vida no les dio hijos y ustedes me pagaron para satisfacer ese deseo. Ustedes necesitaban de alguien para ser una familia y yo vine a llenar ese vacío –. Daniel lo miró indignado:

– ¿Qué estás diciendo? ¿Después de todo lo que hicimos por ti? ¿Después del amor y el cariño con el que fuiste criado?

– Yo me enamoré de ella desde el primer día. Cada vez que la abrazabas casi moría de celos. Cuántas veces, pensando en lo hacían a solas en el dormitorio, llamé a la puerta diciendo que tenía miedo...

– Cállate – dijo Lídia –. No sabes lo que estás diciendo. Esto no puede ser verdad.

– Es cierto – le aseguró Alberto, mirándola con ojos de adoración –. Yo sé que también me amas.

– Ni una palabra más – gritó Daniel –. Reúne todas tus cosas y vete de esta casa. No quiero verte nunca más.

Lídia abrazó a Daniel llorando y diciendo:

– No hagas eso. Está trastornado. No puedes botarlo. No tiene a dónde ir.

– Después de lo que dijo, no voy a tolerar más su presencia aquí. Tiene quince minutos para salir de esta casa para siempre.

– Realmente no quiero quedarme más aquí. Pero volveré. Voy a salir, trabajar y volver para buscarte. Tengo la seguridad que irás conmigo. Subía las escaleras corriendo mientras Lídia lloraba y pedía:

– No lo dejes ir. Por favor. No puedo verlo marcharse así. Angustiado, Daniel la tomó del brazo con fuerza:

– ¡Lo amas! ¡No quieres que se vaya porque estás enamorada de él!

– Ustedes están locos. No es nada de eso. Ustedes se tienen que entender. Todo esto es un malentendido. Por favor no lo dejes ir.

Alberto volvió sujetando una maleta y Lídia al verlo le dijo nerviosa:

– No te irás. No te dejaré salir. Esto es una locura.

– Me tengo que ir. No soportaría más verte a su lado. Pronto vendré a buscarte para estar juntos para siempre.

Ella intentó sujetarlo, pero él agarró la maleta y salió golpeando la puerta. Lídia se acercó a Daniel diciendo:

– ¿No harás nada para impedir que se vaya? ¿Vas a dejarlo ir?

– Ya se ha ido y nunca más lo dejaré entrar en esta casa.

Lídia palideció. Sus ojos se cerraron y ella cayó pesadamente al suelo. Daniel corrió asustado. Ella no parecía estar respirando. La levantó y la colocó en un sofá. Sintió una gran opresión en el corazón y muchas ganas de llorar.

Se despertó angustiado y sudando frío. Se levantó, y fue a tomar un vaso de agua y bebió algunos tragos. Dentro de su corazón estaba seguro que había vivido esa escena y su repetición hizo regresar el miedo que sentía.

¿Sería realmente verdad? ¿Alberto había sido su ahijado y fuera criado como un hijo? ¿Se habría enamorado de Lídia como dijera? Sintió que cada día más ya se estaban juntando las piezas de ese rompecabezas.

¿La impresión dolorosa que Alberto le causara cuando lo conociera seria debido a ese pasado? Se pasó la mano por el cabello, preocupado. ¿Y si Alberto se enamorase nuevamente de Lídia? Si en aquel tiempo él fue pobre y mucho más joven que ella, ahora la situación había cambiado.

Dentro de poco sería rico, tendría un nombre importante y era un poco mayor que ella. Si él se enamorase de ella nuevamente, podría ser un serio competidor para su amor.

¿Y ella? ¿Cómo reaccionaría? ¿El cariño que sintiera por él habría cambiado? Daniel se volvió a acostar, pero no pudo dormir. Se removía en la cama y esas escenas no salían de su pensamiento.

La angustia volviera y se sentía atormentado. Decidió reaccionar. Eso podía ser solo algo de su cabeza. ¿Quién garantizaría que sucediera lo mismo? Por mucho que trató de negar la veracidad de su sueño, sintió que ya había vivido esa situación. Así que decidió. Hablaría con la tía Josefa y le gustaría asistir a la próxima sesión espírita en tu casa. Quizás encontraría las respuestas que estaba buscando.

José Luís, después de colgar el teléfono, se encerró en la oficina caminando de un lado a otro, preocupado. No tenía otra salida. Reconoció que había sido derrotado. Todo por culpa de María Júlia.

No pagaría solo por lo que hizo. Para ella era cómodo fingir que estaba más apenada, pero por todos esos años había disfrutado de la comodidad y del dinero que él había conseguido. Su plan estaba hecho y su decisión, tomada.

Nadie le pondría las manos encima. Dado que este proceso llegara a los tribunales, él fuera colocando dinero en el extranjero para cualquier eventualidad. Solo quedaron las propiedades y la empresa del viejo Dr. Camargo, de la cual sacó lo que pudo.

Lo tenía todo preparado, incluidos dos pasajes a Roma. Una vez allá, tomaría otro rumbo y estaba seguro que nadie podría encontrarlos. María Júlia estaría de acuerdo. Tenía cómo obligarla.

Ella solo sabría todo al momento de embarcar. No podría correr ningún riesgo. En los últimos tiempos Gabriel estaba mucho con ella. José Luís sabía que él haría cualquier cosa para impedirles dejar el Brasil. Fue a sus aposentos, arregló una maleta de mediano tamaño. No quería tener problemas con el equipaje. El dinero que estaba afuera permitiría comprar lo que fuera necesario. En cuanto a María Júlia, la haría empacar lo estrictamente necesario. Después que le comunicase su decisión se quedaría a su lado todo tiempo para evitar que ella lo delatase.

Estaba seguro que ella estaría en contra de esa fuga. A pesar de la relación entre ellos hacía mucho tiempo estaba comprometido, no quería dejarla. Una vez lejos y totalmente dependiente de él para todo, sería más dócil.

A la hora de la cena, lo tenía todo listo. Saldrían esa misma noche. El vuelo saldría al amanecer. Había tiempo para todo. Fue con placer que después de la cena vio salir a Gabriel. Laura estaba en casa de una amiga y no volvería hasta el día siguiente. Por lo tanto, estaba libre para hacer lo que había planificado.

Eran más de las once cuando José Luís golpeó en el cuarto de María Júlia, que se disponía a dormir. Viéndolo, ella se estremeció:

– ¿Qué deseas?

Él entró, fechó la puerta, dijo con voz firme:

– Prepárate, tenemos que salir.

– ¿Salir? ¿A esta hora?

– Sí. Vamos a viajar.

– ¿Viajar? ¿A dónde?

– Nos iremos lejos hasta que esta ola pase.

– No iré contigo, José Luís, me quedaré y afrontaré lo que pase.

– Eres mi cómplice y te pueden arrestar si te quedas.

– Eso no importa. Huir, no lo haré. Será peor. Lo mejor es que te quedes, entregar a Marcelo todo lo que tiene derecho y punto.

José Luís miró enojado cuando dijo:

– Si no te hubieses metido salvándole la vida a aquel niño, hoy no estaríamos pasando por esta contrariedad.

– Estamos pasando por esto por tu culpa. Nunca estuve de acuerdo con lo que ustedes hicieron.

– Pero disfrutaste de todo hasta hoy.

– Sabes que me callé por otra razón.

José Luís se le acercó, mirándola a los ojos con determinación y ordenó:

– Recogerás algunas pertenencias y nos iremos. Tenemos media hora para salir de aquí.

– Si quieres vete, yo no iré contigo.

La sujetó del brazo con fuerza diciendo entre dientes:

– ¡Sí que lo harás! ¡Ahora mismo! Vamos, deprisa. No tenemos mucho tiempo.

– Deja que me quede. Nunca nos amamos. Nuestro matrimonio fue un error, no quiero dejar que Laura y Gabriel asuman solos el peso del escándalo. Necesito quedarme con ellos, apoyarlos.

– Ellos que se las arreglen. Son adultos. No podemos esperar a que nos arresten y perdamos todo. Esto, no.

– Que hagas eso con Gabriel, lo entiendo. Nunca lo soportaste. ¡Pero con Laura! ¡Ella es tu hija!

Por un momento, un destello de emoción pasó por los ojos de José Luís, pero se controló.

– Luego, la mandaré a buscarla. Tengo los medios para eso –. María Júlia lo miró, respirando hondo y decidió:

– Haz lo que quieras, pero no iré.

Él sacó un revólver del bolsillo, apuntó y dijo:

– Es mejor que obedezcas. No te voy a dejar aquí sola, para que te entregues a ser ese conquistador barato. Él ahora está libre. Si no me quieres acompañar, acabo con tu vida. Un crimen que más o menos ya no importa ahora. Después escribo una carta diciendo a todos contándole toda la verdad a Gabriel. Necesita saber qué clase de mujer es su madre –. María Júlia se puso pálida. Los ojos de José Luís eran fijos y determinados. Sabía que él cumpliría lo que estaba diciendo. Necesitaba contemporizar.

– Está bien – concordó ella con la voz apagada –. Yo iré. Ahora sal que debo vestirme.

– Me alegro que te hayas decidido. Pero tendrás que soportar mi presencia. Voy a esperar. Solo saldremos juntos de aquí.

María Júlia se da cuenta que no tenía otra alternativa. Trató de obedecer. Con manos temblorosas buscó una maleta y comenzó a arreglar algunas cosas. Él con su mirada seguía todos sus gestos.

Gabriel salió para encontrarse con Lanira. Ellos necesitaban conversar. Después de lo que pasara entre ellos, ella lo estaba evitando. Él estaba arrepentido de haber perdido la cabeza esa noche. No por haberse comprometido y ahora sentir que necesitaba casarse con ella. La amaba, casarse con ella era un premio. Pero estaba el otro lado del asunto. Después que la verdad saliera a la luz, él sería pobre y, con el nombre sucio. Ciertamente, la familia de ella, importante y de la mejor sociedad, se opondría al matrimonio.

¿Sería justo para ella un matrimonio con él en esas circunstancias? Sabía que si ella lo amase de verdad no se importaría con nada de eso. De hecho, ella siempre lo apoyara, porque sabía que él era inocente en toda esa historia.

Si no se casaba con ella, perdería a la única mujer que amara y aun se quedaría con la conciencia pesada. Si ella aceptaba, estaría arrastrándola a una vida dura, que ni él mismo no sabía cómo sería. Todavía estaban su madre y su hermana, que necesita ayudar a mantener. Tan pronto como Lanira entró al carro, se dio cuenta que Gabriel estaba angustiado. Después de los saludos, se desahogó:

– Menos mal que viniste, Lanira. Pensé que ya no querías más salir conmigo.

– Si eso fuera cierto, te lo habría dicho pronto. Me pareces nervioso. ¿Sucedió algo malo?

– Busquemos un lugar tranquilo para charlar.

Gabriel detuvo el auto en una calle tranquila y Lanira trató de ponerlo más cómodo:

– ¡Hum...! Estás con una cara...

– Estoy preocupado con lo que pasó entre nosotros. Actué mal.

– Yo no estoy arrepentida.

La miró con ojos brillantes y respondió:

– ¿En serio? ¿No pensaste que abusé de tu amistad, de tu confianza?

Lanira le pasó la mano suavemente por su cara, acariciándolo.

– No. Siempre sé lo que quiero. Y te quería en ese momento –. Él la abrazó, sintiendo el agradable aroma que emana de ella y la besó en los labios con cariño. Luego dijo:

– Y ahora, ¿ya no me quieres más?

– Yo te quiero. Me gustas. Siento placer en estar a tu lado, intercambiando caricias, en besarte.

Bajó la cabeza triste. Ella continuó:

– ¿Qué pasó? ¿No crees que es bueno que me gustes?

– Lo que dijiste hizo que mi corazón se acelere de alegría. Es todo lo que quería escuchar de tus labios.

– Entonces, ¿por qué estás triste?

– Por la situación. Estamos en vías de perder todo, hasta el nombre honesto de nuestra familia. Mi padre va a ser detenido, tendremos que enfrentar a la opinión pública, que, tú sabes, no perdona a nadie. Los mismos periodistas que siempre nos elogiaron, comieron en nuestra mesa, luchaban para conseguir una invitación a nuestras fiestas, van a hacer escándalo del para algo más grande de lo que es.

– Tienes que ser fuerte. Ahora es el momento de unirse y enfrentar la verdad.

– Su opinión no me preocupa. Mi padre hizo lo que hizo, merece ser considerado responsable de las consecuencias. Lo que me duele es ver la angustia de mi madre y de Laura, que todavía no sabe nada. Ella es tan orgullosa de su linaje...

– Ustedes no tienen la culpa de lo que hizo tu padre.

– Pero todos pagaremos por eso. No tengo miedo a la pobreza ni tampoco a trabajar. Estoy seguro que encontraré la manera de ganar el sustento de los míos. Lo que me entristece es pensar que no puedo ofrecerte nada. Quería que te casaras conmigo, que te quedaras conmigo por el resto de tu vida, pero no podría pedirte ese sacrificio. Tu familia nunca lo consentiría. Tampoco tendría cómo sacarte de tu hogar, de tu comodidad, y sin un nombre honorable que ofrecerte.

Lanira estuvo callada por unos momentos, luego respondió:

– Mira, Gabriel, el matrimonio aun no está en mis pensamientos. Nos estamos gustando, tenemos el placer de estar juntos, lo que pasó entre nosotros fue maravilloso. Todavía me estremezco cuando recuerdo esos momentos. Me gustaría repetirlos. Mientras tanto, manda la prudencia que nos sepamos contener.

– Es mejor así, por lo menos por un tiempo.

– No te angusties pensando en lo que no fue. Actuamos por el corazón. Vamos a guardar con cariño esos momentos. Le daremos tiempo a este tema. Ahora tienes problemas de gran importancia que resolver.

– ¿No querrás salir más conmigo?

– No entendiste. Dije que vamos a darle un tiempo a ese asunto de matrimonio y controlar nuestras emociones. Saldré contigo todas las veces que quieras. Te estás comportando con mucha dignidad en toda esta historia. Deseo apoyarte de todas las formas –. Él tomó su mano y la besó con cariño:

– Gracias, Lanira. Cuanto más te conozco, más te admiro. Pase lo que pase a partir de ahora, recuerda que te quiero mucho. Estoy siendo sincero. En mi tendrás siempre, además de todo mi cariño, un amigo dedicado.

– Lo sé – dijo en voz baja, apretando con cariño la mano con la que él sujetaba la suya.

María Alice se paseaba de un lado a otro en su sala de estar. Se sentía angustiada, triste. Le dolía el pecho y ya se tomó un tranquilizante en vano. Cogió uno nuevo de la carta que arrugara y volvió a leer:

"Mientras estás en casa tapando el sol con un dedo, tu esposo se deleita con aquella secretaria en la suite de un hotel de lujo en São Paulo. La semana pasada le obsequió un anillo de esmeraldas. Consulta con la joyería y te quedarás asustada con el precio. ¿Hasta cuándo serás cómplice de esa falta de vergüenza con el dinero público? Si tienes un poco de dignidad como parece, denuncia y termina esta vergüenza, no seas tolerante con esa inmundicia, ¡¡¡Reacciona!!!"

Estaba sin firma. María Alice se indignó toda la vida había hecho posible para mantener la dignidad de la familia, y ahora el comportamiento vergonzoso de su marido ya era de dominio público.

Mientras él fue discreto, ella se había callado para mantener unida a la familia, creyendo que era una aventura y que luego acabaría con esa inquietante situación. Mientras tanto, esto no estaba sucediendo. Él, cada día parecía más apegado a Alicia. Ahora, la gente estaba sabiendo y eso era insoportable. Estaba siendo considerada como connivente, como una cobarde.

Tenías que hacer algo al respecto. Pero ¿qué? A lo largo de su vida, se sometiera a la sociedad, a las reglas, a las conveniencias.

¿De qué le había servido eso? Solo consiguiera convertirse en una esclava en la carrera de su marido. "La política exige esto", "La sociedad quiere aquello", "Tenemos que obedecer las reglas", "El votante tiene prioridad."

Esa carta demostraba que el elector ya sabía lo que estaba detrás del "buen comportamiento" de António. Las personas ya estaban abriendo los ojos y no se dejaban engañar más por el fingido de su marido.

María Alice sintió que estaba en el auge de su indignación. Todas las cosas a las que había renunciado durante años para entrar en las reglas del marido pasaron por su cabeza y por primera vez comenzó a cuestionar:

¿Qué estaba haciendo con su vida? Si el sacrificio de sus aspiraciones como persona no fue suficiente para preservar el ambiente familiar, ¿habría valido la pena?

No. Se anulara en vano. El hijo, para poder hacer lo que quisiera en la vida tuvo que dejar la casa paterna. Lanira no parecía dispuesta a ser como ella. Hacía mucho percibiera que su hija, en vez de valorar los sacrificios de su madre, la miraba con cierta complacencia. La trataba con delicadeza y respeto, pero María Alice se dio cuenta que Lanira estaba aterrorizada de algún día ser como ella.

Se sentía sola, muy sola en ese momento. Todos los que amaba, de una forma u otra, se habían alejado de ella.

Se sentó en una poltrona y no le importó cuando las lágrimas corrieron por su rostro. Las dejó caer como si lavaran su amargura. Ella se sintió cansada. Muy cansada. Ya no tenía fuerzas para fingir ni para sofocar su propio corazón oprimido y decepcionado.

Se permitió quedarse allí, revisando toda su vida, y poco a poco se dio cuenta claramente cómo fue sepultando sus sentimientos, sus sueños, sus aspiraciones. Había sido una joven llena de vida, de alegría, de bondad en el corazón.

Ella deseaba hacer de su vida algo bueno, tener una familia amorosa, un esposo justo, honesto y trabajador. No consiguiera nada de eso. El marido que era un político mentiroso, lleno de negociaciones ilícitas, mantenía a la amante frente a todos y de su propia familia, viajaba con ella. Se colocaba como un gran hombre y era un dictador familiar, vanidoso, un deshonesto. Ella estaba de acuerdo con todo eso. ¿Qué lograra para sí misma? Nada. El vacío del corazón, la soledad, y ahora incluso la fama de cómplice de sus bellaquerías. María Alice nunca lo había visto tan claro. Tampoco se dio cuenta del tiempo que pasaba y se sobresaltó cuando Lanira entró a la sala diciendo sorprendida:

– ¿Sigues despierta, mamá? ¿Sucedió algo? María Alice enfrentó a su hija de frente. Lanira continuó:

– ¡Mamá! ¿Qué pasó?

María Alice tomó una resolución. Se puso de pie, tomó la mano de Lanira y dijo:

– Siéntate aquí, hija mía. Quiero hablar contigo. Lee esto –. Cogió la carta y se la entregó a su hija. Lanira lo cogió y conforme fue leyendo su fisonomía iba mostrándose preocupada. Cuando terminó, miró a su madre diciendo:

– Es una carta anónima. No debes darle importancia a eso.

– Puede que sea anónimo, pero es cierto. Sé desde hace mucho tiempo que tu padre es el amante de Alicia.

Lanira abrió la boca y la cerró nuevamente. Su madre estaba diferente. No supo cómo responder. María Alice continuó:

– Estoy decidida. Tendré una larga conversación con tu padre. Si no modifica su manera de ser, voy a dejarlo.

Lanira abrió los ojos admirada. La firmeza de María Alice demostraba que hablaba con seriedad. Nunca la viera de esa manera. Sus ojos eran más brillantes, más humano y más firmes.

Ella se puso de pie, se le acercó o le dio un abrazo y dijo:

– Tienes razón. Tienes todo el derecho de hacerle esa pregunta.

– Gracias, hija mía, por apoyarme. Siempre supe que, para mantener la dignidad de la familia, tenía que ocultar mis sentimientos, valorar las apariencias, pero estaba equivocada. Ahora que lo sé, nunca más lo haré. Quiero ser verdadera. Quién esté a mi lado tendrá que respetar lo que siento y creo que sea justo.

Lanira se emocionó. Por primera vez, María Alice hablaba de sus sentimientos y su sinceridad tocó su corazón. Se Acercó a ella, besándola en la cara diciendo:

– Me alegra que hayas despertado. Eres una mujer maravillosa. Digna, inteligente, honesta, elegante. Nunca entendí cómo podías soportar las trivialidades de un mundo de apariencias donde todos mienten y así nadie confía en nadie. Tienes todo el derecho a enfrentar lo que sientes y poner un basta a esta situación embarazosa.

– Gracias, hija mía, por el apoyo.

– Pase lo que pase, estaré de tu lado.

María Alice la abrazó. En ese momento, sintió que ya no estaba sola.

– Cuando tu padre regrese pasado mañana, tendré una conversación definitiva con él. Ahora hablemos de ti. ¿Estás enamorada de Gabriel?

– Él me gusta.

– En otros tiempos no habría mencionado el asunto, pero no puedo sepultar más mis sentimientos. Esa relación con él me preocupa.

– ¿Por qué? Gabriel es un buen muchacho, correcto y lleno de cualidades.

– Sin duda alguna. Pero por lo que Daniel me ha comentado, su padre está *ad portas* de la justicia. Además de perderlo todo, lo pueden arrestar.

– Gabriel me propuso matrimonio. Pero ahora, durante estos eventos, espera discretamente a que todo se resuelva. Todavía hoy y me dijo que me ama, porque no tiene el valor de casarse conmigo porque no tiene nada que ofrecerme.

– Es lo que se puede esperar de un buen muchacho.

– No es debido a su situación familiar que no resolví aceptar su pedido. Si yo estuviese segura que lo amara, me casaría con él de todos modos. Para mí, las cualidades del corazón, los valores que tiene son más importantes que todo eso. Él no sabía nada de los fraudes de su padre, no tiene culpa de nada. Cuando todo haya terminado, tendrá que recomenzar la vida. Y si yo percibo que lo que siento es amor, me casaré con él.

– Piénsalo bien, hija mía. Estás acostumbrado a la comodidad, al lujo, será difícil afrontar una vida de pobreza.

– Te casaste por conveniencia, como un hombre fino, culto, rico, poderoso, ¿y qué obtuviste?

María Alice bajó la cabeza sin saber ni qué decir. Lanira continuó:

– Es mi padre, pero todos reconocemos que su comportamiento demuestra que está carente de verdaderos valores, de la ética de honestidad y respeto por los compromisos que asumió. En estos momentos, para todos nosotros, sería más importante reconocerle buenos sentimientos, seríamos mucho más felices si él estuviese a nuestro lado, amándonos y siendo verdadero, que teniendo todo lo que tenemos y recibir una carta como estas, principalmente porque hablar de verdades que no podemos refutar.

María Alice sintió que nuevamente las lágrimas caían por sus mejillas y ella las dejó correr sintiendo que Lanira estaba hablando la verdad. Preferiría mil veces tener menos posición, menos dinero, menos nombre en la sociedad, pero ser más feliz, teniendo un marido honesto, interesado en el bienestar de la familia y de la sociedad, honrando el mandato que la gente le confería. Después de unos segundos de silencio, María Alice se enjugó el pañuelo sobre los ojos y consideró:

– Estás siendo dura, pero tienes toda la razón. De nada sirve lo que piensen los demás si por dentro estás angustiada, infeliz, deprimida.

– Créeme, madre: cuando me case será como alguien que yo ame de verdad, alguien que yo pueda respetar, que me respete, que sea sincero y verdadero.

– Tienes razón, hija mía. Las cualidades y el carácter valen más que cualquier otra cosa.

– Por lo tanto, madre, no te preocupes sobre mi relación con Gabriel. Él tiene esas cualidades. Te voy a contar algunas cosas para que percibas como él es noble y sincero. Daniel, Rubito y yo tenemos mucha admiración por él.

María Alice la miró sorprendida. ¿Daniel y Rubito? Lanira se sentó junto a su madre y empezó a contarle todo lo que sabía del caso, desde el principio. Como ella ayudara a Daniel a establecer la oficina, el secuestro de Alberto, la prisión de Boris. No omitió ningún detalle.

María Alice escuchaba con interés. En su corazón, brotó un sentimiento de orgullo y admiración. Cuando Lanira terminó, consideró:

– Estoy orgullosa de ustedes. De hecho, Gabriel es un joven digno. Si quieres saber frente a lo que me contaste, no creo que María Júlia hubiera sido cómplice en esta estafa.

– Nosotros también lo pensamos. Sin embargo, no podemos olvidar que ella guardó silencio sobre los hechos. Ante la justicia, ella también es muy responsable.

– Esto hace más importante el hecho que ella haya cooperado con ustedes, a pesar de saber que puedes ser arrestada como cómplice del marido.

– Y sin mencionar que ella le salvó la vida a Marcelo. Daniel y Rubito, incluso Alberto harán todo lo posible para ayudarla a liberarse.

– Fue muy agradable haber hablado contigo. Me siento más tranquila y más valiente para hacer lo que quiero.

– Hay una cosa más que necesito decirte.

– ¿Qué?

– Hemos estado yendo a la casa de la tía Josefa.

– ¿Josefa? ¿A hacer qué?

– Hemos frecuentado sus sesiones de Espiritismo –. María Alice se levantó sobresaltada:

– ¿Qué? Eso es demasiado peligroso.

– Al contrario. Ha sido muy bueno para nosotros. Nos ha dado paz, bienestar. Cuando estuvimos preocupados y la vida de Alberto corría peligro, fue allá que encontramos ayuda y consuelo.

María Alice se dejó caer en la poltrona nuevamente, sin saber qué decir. Le parecía que de repente se enfrentaba a otra realidad. Todo estaba diferente.

– ¿Daniel y Rubito también van?

– Van y les encanta. Se llevaron a Marilda, que es la enamorada de Rubito. Tienen la intención de casarse pronto.

– ¿Y Daniel? ¿También está saliendo con alguien?

Lanira sonrió y había un brillo malicioso en sus ojos cuando respondió:

– Está derretido por Lídia, una amiga de Marilda que vivía en Estados Unidos y que ahora ha vuelto a vivir al Brasil. Pero no sé si están juntos.

– ¿Crees que es serio? Daniel nunca estuvo interesado en ninguna chica.

– No sé. Lo que vi es que es diferente cuando está a su lado. Rubito cree que él está realmente enamorado.

– ¿Cómo es esa joven? ¿Tú la conoces?

– Sí. Tiene clase, cultura, es muy bonita y agradable. Para ser honesta, me gusta –. María Alice exhaló un suspiro de alivio:

– Menos mal. Deseo que ustedes sean muy felices –. Lanira abrazó a su madre diciendo:

– Sí, lo seremos. ¿Te sientes mejor?

– Sí. Definitivamente esta conversación me hizo muy bien. Me mostró que aun estoy viva y que tengo tiempo de participar con ustedes de las alegrías de la vida.

– Así es como se habla. Siento que por primera vez estamos juntas y que así nos quedaremos a partir de ahora.

María Alice besó el rostro de su hija con dulzura y respondió:

– Bendita hora que esta carta me mostró la verdad.

– Bendita hora en que decidiste enfrentar tus medios y buscar tu verdad. Eso marcó la diferencia.

CAPÍTULO 19

Gabriel llegó a la casa pensando en la conversación que tuviera con Lanira. Sabía que ella estaba diciendo la verdad. Si lo amase, se casaría con él en cualquier situación. Subió las escaleras y llegó a la habitación de su madre. No obtuvo respuesta. Giró el pestillo, pero la puerta estaba cerrada con llave. Se quedó preocupado. Ella nunca cerraba la puerta con llave mientras él no estaba, al menos después que arrestaran a Boris.

Él nunca se iba a acostar hasta que viera cómo ella se sentía. Llamó varias veces sin obtener respuesta. Algo había pasado. Tal vez ella se hubiese sentido mal y no había tenido tiempo de llamar a nadie.

Las habitaciones de los empleados estaban fuera de la casa. Viendo que no conseguía respuesta, fue hasta el cuarto de la criada y tocó la puerta varias veces. Esperó a que ella abriera la puerta, asustada.

– ¿Qué pasó? ¿Ocurrió algo?

– Sí, Jazilda. ¿Tienes la llave de la habitación de mi madre?

– No. Doña María Júlia nunca cierra la puerta con llave cuando tengo que limpiar.

¿Sabes dónde están las llaves de reserva de la casa?

– Creo que en la oficina del Dr. José Luís.

Sin esperar más, Gabriel fue al despacho de su padre, abrió la puerta y empezó a buscar. Como no las encontró, fue hasta el cuarto de su padre y tocó a la puerta. Sin obtener una respuesta, giró el mango. Afortunadamente, estaba abierto. Pero José Luís no estaba allí. La cama, estaba tendida, sin usar. Gabriel miró el reloj. Pasaba de la una. ¿A dónde habrían ido? Los cajones del escritorio estaban cerrados con llave. Angustiado, Gabriel sintió que se le oprimía el corazón. ¿Qué habría pasado?

La criada se había vestido y apareció en la puerta mirándolo curiosa. Viéndola Gabriel le pidió:

– Ayúdame, Jazilda. Aquí ha ocurrido algo grave. Siento que la vida de mi madre corre peligro.

– ¿Y el Dr. José Luís?

– No está. Ayúdame a buscar la llave de su habitación. Tenemos que abrir esa puerta lo antes posible.

Ella empezó a buscar. Gabriel se fue a la cocina, cogió un cuchillo, se acercó al escritorio e intentó abrir los cajones. Finalmente lo consiguió. Las llaves no estaban allí. Fue abriendo los otros y finalmente encontró una caja llena de llaves. La cogió y fue a la habitación de María Júlia, probando una a una. Finalmente la encontró, giró y la puerta se abrió. Sin embargo, la habitación estaba vacía. María Júlia había desaparecido.

– No puede ser – dijo Gabriel con nerviosismo –. ¿Has visto algo? ¿Viste si salió con mi papá?

– No lo vi, señor. Después de la cena ayudé a arreglar la cocina y nos fuimos a acostar. Va a ver que salió con el Dr. a dar una vuelta. Pronto estarán de regreso – respondió queriendo calmarlo.

Gabriel no sabía qué hacer. Si hubiese sucedido algo, ella no habría salido sin dejarle una pista. Comenzó a buscar. Abrir los cajones, revisó todo, no encontró nada.

Fue al baño, abrió el cajón del maquillaje y encontró un pedazo de papel escrito con lápiz negro. Lo tomó y leyó:

"Gabriel, tu padre está huyendo y obligándome a acompañarlo. Él está armado. Habló de ir al aeropuerto. No sé para donde vamos. Así que en cuanto pueda te escribiré."

Se notaba que ella usará ese recurso como medida extrema. Necesitaba hacer algo. Pensó en la policía. Llamó a Jonás orando para que él atendiese. Cuando escuchó su voz al otro lado del cable, siento un poco de alivio:

– Jonás, soy Gabriel. Mi padre se escapó y se llevó a mi madre con él. Tememos que hacer alguna cosa. Temo por la vida de ella.

– ¿Cómo lo supiste?

– Mi mamá me dejó una nota en el baño escrito con crayones. Dice que está armado y habló de ir al aeropuerto.

– Está bien. Ahora mismo me voy a comunicar con los aeropuertos. Veamos si conseguimos atraparlos.

– Está desesperado y enojado con ella. Puede que quiera vengarse. Tengan cuidado. Tiene un arma.

– Tendremos cuidado. Mantén la calma. Sé cómo hacerlo.

– Creo que voy a la estación de policía. Estoy muy nervioso.

– Mejor quedarse ahí. Ella puede encontrar una manera de comunicarse contigo. Si yo consigo alguna noticia, te aviso.

– Está bien.

Jazilda se acercó a Gabriel diciendo:

– Te haré un té. Estás pálido. Verás que no pasó nada y pronto estarán de vuelta.

– No quiero nada. Puedes irte a acostar.

– Está bien. Si me necesitas, me llamas.

Ella salió y Gabriel pensó en Lanira. ¿Estaría durmiendo? Cogió el teléfono y llamó. Ella respondió:

– ¿Gabriel? ¿Qué pasó?

– ¿Te desperté?

– No. Estaba hablando con mamá y ahora me iba a la cama –. Gabriel le contó lo sucedido y terminó:

– Hablé con Jonás y a esta hora ya está tratando de localizarlos.

– ¿Le avisaste a Daniel?

– No. Debe estar durmiendo. No podrá hacer nada a estas horas.

– Es verdad. Pero si es necesario, llamémoslo. Estoy pensando en algo.

– ¿En qué?

– Llamar a la tía Josefa.

– Es tarde. No vamos a molestarla. ¿Sabes lo que pienso? Podríamos hablar con los buenos espíritus y pedir ayuda.

– ¿Estás segura?

– Voy a colgar y rezar aquí. Tú haz lo mismo.

– Quiero que me prometas algo. Después de rezar, si no puedes dormir vuelve a llamarme.

– Por mucho que tenga ganas de quedarme conversando contigo, no lo haré. Necesitas dormir, y luego mi madre podría querer comunicarse y tengo que tener el teléfono disponible.

– Entiendo. Pero quiero que sepas que estaré pensando en ti. Estoy segura que todo saldrá bien. Cualquier noticia, llámame a la hora que sea.

– Llamaré. Un beso, gracias.

Lanira se fue e iba a acostarse cuando María Alice abrió la puerta de la habitación preguntando:

– ¿Llamada a esta hora? ¿Quién era?

– Gabriel.

En pocas palabras Lanira le dijo lo que había sucedido, a lo que María Alice comentó:

– También voy a rezar por ellos. La fe cuando es sincera es muy poderosa. Quién sabe yo también pueda aprender cómo hacer eso.

Lanira sonrió y se acostó. A pesar de dos problemas como sus padres, ella sentía que ellos estaban teniendo una oportunidad de cambiar y mejorar su manera de vivir. Gabriel se estiró en la cama, junto al teléfono en la habitación de la madre y rezó pidiendo ayuda espiritual. A pesar de eso, se sentía inquieto. ¿Por qué la había dejado? Para abandonar todo y huir, su padre habría perdido toda esperanza de revertir la situación. Él era orgulloso. Nunca aceptaría la humillación, el descrédito, la prisión. Planeara la fuga y sin duda tenía recursos en el extranjero. ¿Cómo no pensara en esa posibilidad? ¿Por qué arrastraría a María Julia con él en contra de su voluntad? Quizás en un intento de incriminarla también, de compartir la responsabilidad.

Sintió una onda de amargura contra él. Nunca se habían llevado bien. No había ninguna afinidad entre ellos. Desde muy temprano Gabriel hizo todo lo posible para escapar a su compañía. Percibía claramente cuánto controlaba a su madre, asfixiándola con sus demandas, usándola para representar en la sociedad el papel del esposo ejemplar, el padre de familia extremado. Sabía que todo era una simulación.

Siempre que podía, atormentaba a María Júlia, cuya pasividad siempre lo dejaba irritado. ¿Por qué no reaccionaba? Claramente se dio cuenta que ella tenía miedo del marido. Ella, una mujer fuerte y determinada en muchos sentidos, solo con él se anulaba y se volvía pasiva. Varias veces cuestionara esto con ella, pero al darse cuenta que se entristeció mucho después de esta conversación, él se contenía.

Las horas fueron pasando, el día se despejó, y ninguna noticia. Gabriel se levantó y comenzó a caminar a través de la habitación. Jazilda apareció en la puerta diciendo:

– ¿Alguna noticia?

– Nada. ¿No notaste nada ayer después que me fui? ¿No escuchaste ninguna conversación entre ellos, ni viste cuando se fueron?

– No. Doña María Júlia se acostó poco después de la cena. Ayudé a Dermina con la cocina. El Dr. José Luís estaba en su oficina. Llamé a la puerta y pregunté si necesitaba algo, como siempre hago antes de irme a dormir.

– ¿Qué hora fue eso?

– Como a las diez.

– Él abrió la puerta; es decir, ¿estaba allí?

– Sí. Como siempre. Me dijo que me podía acostar y que no necesitaba nada.

– ¿Notaste algo diferente en él?

– No. Fue como siempre. Entonces vi que todo estaba cerrado y me fui a dormir. Estaba cansada y pronto me quedé dormida. Me desperté cuando llamaste a la puerta –. Gabriel suspiró pensativo. Jazilda continuó:

– Te quedaste despierto toda la noche. Prepararé un buen café.

– No tengo hambre.

– Si ha ocurrido algún accidente con ellos, tienes que estar firme. Necesitas alimentarte –. Gabriel la miró, pero no respondió. Ella se fue y él miró el reloj, eran casi las siete. El teléfono sonó y contestó de un salto. Era Lanira:

– ¿Alguna noticia?

Nada. Estoy muy afligido. ¿Qué estará pasando?

– Voy a llamar a Daniel.

– Haz eso. Jonás me pidió que me quedara aquí. No estoy aguantando más. Necesitamos hacer algo más.

– Yo me encargo. Voy a hablar con Daniel. Irá tras Jonás para averiguar cómo están las cosas.

Lanira colgó y llamó a Daniel y le informó lo que estaba pasando. Él dio un salto de la cama diciendo:

– ¿Por qué no me avisaron?

– Gabriel le dijo a Jonás. Ya debe haber tomado medidas. Le pidió a Gabriel que se quedara en casa. Doña María Júlia podría llamar.

– Avisaré a Rubito. Iremos inmediatamente a la estación de policía para ver qué medidas se tomaron.

– Estaré en casa de Gabriel. Está muy nervioso. Teme por la vida de la madre.

– Frente a lo que sabemos puede que tenga razón. Un hombre que hizo lo que él hizo con un niño, es capaz de cualquier cosa.

– Cuando estés en la estación de policía, llama a casa de Gabriel. Estaremos esperando. Aunque no tengas ninguna novedad. Necesita saber que ustedes se están moviendo.

– Es verdad. Puedes esperar.

Daniel colgó el teléfono y despertó a Rubito, contándole lo sucedido. Decidieron acudir de inmediato a la estación de policía.

Cuando llegaron el Dr. Marques ya había llegado. Al verlos, se les acercó diciendo:

– Parece que el pájaro alzó vuelo. Jonás me llamó temprano.

– ¿Sabes si él consiguió alguna pista?

– Todavía no. Solo sé que movilizó a algunos hombres y están investigando. ¿La audiencia no es hoy?

– Sí – respondió Rubito.

– Para ustedes fue lo mejor. ¿Qué mayor confesión que huir?

– Obligó a su esposa a seguirlo contra su voluntad. Estaba armado – aclaró Daniel.

– Van a ver que es cómplice. Puede que se estén preocupando sin motivo.

– No, no lo es. Estamos seguros que es inocente. Ella fue una víctima de su marido y estuvo amenazada por él todo el tiempo. Su hijo está muy preocupado. Garantiza que la madre está en peligro – completó Rubito.

– Si ella no es cómplice, realmente lo está. Sabe demasiado.

– Sería bueno volver a interrogar a Boris. Él esperaba que su jefe lo defendiese. ¿Cómo reaccionará cuándo sepa que se fugó? – recordó Daniel.

– Buen punto. Voy a presionarlo un poco.

– Él sabe todo sobre el Dr. José Luís – dijo Rubito –. Hasta parece que él era el que comandaba al patrón. Mandaba y hacía lo que quería en la casa.

– Chantaje. Voy a tratar de eso. Mira a Jonás llegando –. Jonás entró en la sala y viéndolos fue diciendo:

– Ellos desaparecieron. Nadie los vio. Miré todas las listas de pasajeros, de los vuelos que habían salido después que estuvimos allí. Nada. Puede ser que aun no hayan viajado.

– Podría ser que usó pasaportes falsos – dijo Marques.

– Pensando en ello, ya me puse en contacto con Interpol. Necesitamos fotos de los dos. Quedé en proporcionárselas.

– Voy a llamar a Gabriel y le pediré – dijo Daniel.

– Haz eso. Enviaré un hombre a recogerlas.

Daniel llamó a Gabriel, quien respondió al primer timbre.

– ¡Aló!

– Gabriel, hasta ahora nada. Desaparecieron sin dejar rastro. Jonás necesita dos fotos de los últimos años para rastrearlos.

– A lo mejor salieron del país – dijo nervioso –. Conozco a mi padre. Él no se arriesgaría a quedarse aquí después de haber tomado una actitud como esa.

– Es posible que viajara con una identidad falsa. ¿Crees que tendría cómo hacer eso?

– Claro. Voy a buscar en su oficina a ver si descubro alguna pista.

– Consigue las fotos. Eso es urgente.

– Está bien. Sé dónde hay algunas. Puedes mandarlas a recoger.

Daniel colgó prometiendo que llamaría con cualquier novedad. Jonás conversaba con el comisario:

– Démosle un apretón al tramposo. Daniel, que se acercó, advirtió:

– Gabriel dijo que sabe dónde están las fotos. Puedes mandar a recogerlas. También dijo que hará una búsqueda en su escritorio.

– Voy a mandar a alguien que pueda ayudarlo en esa búsqueda. Ahora veamos cómo reacciona Boris ante la traición de su cómplice.

Marques ordenó que llevaran al ruso a una sala donde se realizaban los interrogatorios. Jonás entró con él mientras Rubito y Daniel escuchaban en otra habitación la conversación que estaba siendo grabada. Escucharan al comisario decir:

– Tengo una mala noticia para ti.

Boris miró y no respondió. Marques continuó:

– Creo que es mejor comenzar a colaborar. Tu jefe se escapó anoche llevándose a su mujer bajo la amenaza de un arma. Desapareció. Creemos que haya viajado al extranjero. Te abandonó.

– Ustedes están mintiendo. Yo no creo en nada de eso.

– Llamamos a su abogado, quien respondió que no tiene nada más que ver con él y mucho menos contigo. Se retiró del caso.

– Eso no es cierto. Quiero hablar con mi abogado ahora.

– Te daré gusto. Aquí tienes un teléfono. Puedes llamar –. Boris tomó el teléfono que el comisario puso sobre la mesa y marcó.

– Quiero hablar como el Dr. Eugênio... soy un cliente.

– ¡Aló!

– ¿Doctor Eugênio? Soy Boris. Quiero que venga aquí ahora. El comisario me está contando una historia y no la creo.

– Lo siento mucho, Boris, pero ya no soy el abogado del Dr. José Luís. Me retiré del caso.

– ¿Y yo?

– Del tuyo también. Consigue otro. Estoy fuera.

– ¡No pueden hacer esto conmigo!

– Cuando acepté el caso, no sabía nada al respecto. Ustedes mintieron. Tengo un nombre honesto a vigilar y no me puedo envolver en un caso tan desastroso como este. Que la pases bien, Boris. Hazme el favor, de no llamar a mi casa nunca más.

Boris colgó o llamó con las manos temblorosas. Por mucho que trató de controlarse, fingir, su rostro estaba pálido, había un brillo de resentimiento en sus ojos.

– ¿Me crees ahora? – Dijo Jonás.

– Estás solo para cargar con toda la culpa. No hay nadie que te defienda. Te quedarás muchos años en la cárcel. De hecho, levantamos tu expediente y vimos que cometiste varios delitos utilizando otras identidades. Te llegó la hora de responder por tus crímenes.

Boris apretó los dientes con ira. Ese perro cobarde había escapado sin pensar en él. Tenía que pagar muy caro esta traición.

– Si confiesas todo lo que sabes sobre el Dr. José Luís, buscaremos un abogado para ti e intentaremos reducir tu condena.

– ¿Cuándo desapareció?

– Ayer por la noche.

– Debió haber viajado al extranjero.

– No estaba en la lista de pasajeros – dijo Jonás.

– Tenía pasaportes falsos.

– ¿Sabes a nombre de quién?

– No. Él sabe dónde conseguir uno y debe haber hecho eso. Él siempre piensa en todo. Planea en detalle y se prepara cuidadosamente para que nada salga mal. A estas horas ya deben estar llegando a otro país.

– ¿Por qué estás tan seguro? – Preguntó el comisario.

– Siempre fue su plan. Si un día, cuando estallaran las cosas, saldría del país con una nueva identidad y nadie lo encontraría jamás.

– Necesitas cooperar y contar todo lo que sabes. Tenemos que encontrarlo.

– Él solo tiene una debilidad: su pasión por su mujer. Siempre dijo que eso lo llevaría a la locura.

– La obligó a ir con él – dijo Jonás.

– Él dejaría todo, excepto a ella. Además, ella sabe mucho.

– Gabriel cree que está en peligro. ¿Crees que sería capaz de maltratarla?

– Él se pone furioso cuando ella lo desprecia. Es capaz de cualquier cosa en ese momento. Nunca debió haberla llevado con él. Tan pronto como él se descuide, ella lo denunciará. Ella es apegada a los hijos y le tiene mucha cólera. Es ella quien va a echar todo a perder. ¡Bien hecho! Siempre le dije que no debería confiar en ella. Que debía separarse. Dejarla sigue su camino. Si hubiese hecho esto cuando se lo dije, nada de esto habría ocurrido.

– Ahora es demasiado tarde para detener esto. Estás perdido. Será mejor que cuentes todo lo que sabes.

– Lo he dicho todo.

¿Te acuerdas de Alberico y Eleuteria? – Preguntó Jonás.

– ¿Qué pasa con ellos? Alberico era el chofer y ya murió, lo sé. En cuanto a Eleuteria, era la niñera del niño, desapareció desde que él murió. Ya no volví a escuchar de ella.

– Deja de ser mentiroso – intervino el comisario –. La audiencia del caso va a ser hoy por la tarde. Si quieres que haga algo a tu favor, empieza a hablar la verdad.

– Fue bueno saber que Eleuteria fue notificada por el juez para aparecer en la audiencia de hoy – intervino Jonás.

Boris se movió inquieto en la silla:

– ¿Cómo así? ¿Saben dónde ella está?

– No solo lo sé, sino que tengo pruebas contra ella. Boris se levantó enojado:

– ¡No puede ser! Estás intentando engañarme.

– ¿Por qué estamos perdiendo el tiempo con él? – Dijo el comisario a Jonás –. Vámonos.

Los dos hicieron un movimiento para irse. Boris no se contuvo:

– Esperen. ¿Qué pruebas tienen contra ella?

– Todas – respondió Jonás –. Investigamos su vida desde que salió de los Camargo. Tendrá que demostrar en la corte como consiguió tanto dinero. Además, habla mucho como su marido. Tememos algunas grabaciones de estas conversaciones que son muy claras. También tenemos todos los depósitos en efectivo que le llevabas a tu amante Pola y ella depositaba en la cuenta de Eleuteria todos los meses.

Boris tembló y estaba pálido. En ese momento se dio cuenta que estaba perdido. Ellos sabían de todo. Había sido traicionado por José Luís, estaba solo en ese lío. De repente,

Boris fue acometido por un acceso de ira. Su rostro pasó del pálido al rojo y sus ojos fusilaban llenos de odio. Gritó nerviosamente:

– ¡Ellos me las pagarán! ¡Si caigo, me los llevo a todos conmigo! No perdonaré a nadie, ni a la mujer intocable, responsable de nuestra desgracia.

– Habla. Cuéntalo todo. Tal vez pueda disminuir tu pena – tornó el comisario. Jonás se acercó a él y mirándolo a los ojos dijo con firmeza:

– Sabemos quién ayudó a crear la identidad falsa para el niño, pero Eleuteria le dijo a su marido que fuiste tú quien mató a los padres del chico en ese accidente.

– ¿Ella dijo eso? ¡Ella me las pagará! Es buenos saber que no fui yo quien lo hizo, fue él quien planeó todo en los más mínimos detalles. Yo solamente conseguí las personas a hacer todo. Pero quien envenenó al Dr. Camargo fue él. ¡Fue él! Él mató a su propio tío para quedarse con la herencia. Yo no hice nada. Solo cumplí lo que él me ordenó para salvar mi pellejo. Créanme. Él me chantajeaba. Yo cometí algunos errores en el pasado, y él lo sabía. Me vi obligado a hacer lo que me ordenaba. De lo contrario, dijo que me iba a denunciar. Sería arrestado y quizás expatriado a Rusia. ¡Tenía miedo!

– Ten en cuenta que todo lo que dijiste aquí fue grabado. Voy a ordenar sacar una copia de esta confesión y la firmarás ahora mismo.

Boris se estremeció y los miró asustado:

– ¿Por qué no me dijiste que me estaban grabando?

– Eso no importa ahora. Dijiste lo esencial. Te viste obligado a cumplir con todo lo que ordenó tu jefe, si fuiste amenazado, esta confesión te servirá para atenuar tu culpa.

A un gesto del comisario, uno de los policías que custodiaba, tomó a Boris del brazo, invitándolo a volver a la celda.

Jonás y Marques salieron satisfechos, y se fueron a la sala contigua, donde estaban Daniel y Rubito.

– Salió todo bien – dijo el comisario –. Después de hoy, Boris no podrá negar nada. ¡Qué trama! ¡Varios crímenes!

– Hace mucho tiempo que desconfiábamos que el cambio de identidad del niño era solo una parte de la verdad. Solo la muerte del niño no le daría a José Luís la posesión de la tan codiciada fortuna. Necesitaba ir más lejos. ¡Y lo hizo!

– ¡Envenenó al Dr. Camargo! – dijo Rubito admirado.

– ¡Eliminó a los padres de Marcelo! ¡Murieron en un horrible accidente!

¡Todo fue planeado por ellos!

– Llegó la hora de aclarar todos estos crímenes – garantizó Jonás con satisfacción –. Esta historia conmocionará a la alta sociedad de Rio de Janeiro. ¡Ustedes serán los héroes!

– Estoy preocupado con su captura. ¡En cuanto bomba explote, la prensa lo publicará en titulares! Si se entera, tal vez quiera vengarse de doña María Júlia. En mi opinión ella fue una víctima – dijo Daniel.

– Gabriel me dijo que a menudo pensó en la posibilidad que su madre estaba siendo chantajeada por su marido. Ella estaba aterrorizada cuando pensaba que desobedecería sus órdenes – recordó Rubito.

– Si él está haciendo eso, lo vamos a descubrir. Siento que llegó la hora de la verdad y que toda esta historia se desentrañará – aseguró Jonás.

– ¡Corazonada de policía! – comentó el comisario, sonriendo –. Pueden creerlo, nunca falla.

– Alberto necesita enterarse de todo – dijo Rubito –. Necesitamos verlo para preparar nuestras medidas para la audiencia de hoy por la tarde. Puede que Eleuteria no comparezca.

– Mis hombres la están vigilando de cerca. Si se ve tentada a huir, mis hombres la arrestarán – informó Jonás.

– Me gustaría tener una copia de la confesión de Boris – pidió Rubito –. Se la entregaré al juez durante la audiencia y le pediré que después que tome nota, la incluya en el proceso.

– Creo que con eso ustedes definitivamente ganaron esta causa. Solo faltan las decisiones legales – dijo Jonás.

– Luego de la confesión, haré una investigación completa sobre la muerte de los Camargo, solicitaré la apertura de una investigación para levantar los hechos y sancionar a los culpables – completó el comisario.

– Mientras tanto, continuaré investigando su paradero – tornó Jonás. El escribano entró y le entregó al comisario algunas hojas de papel. Las tomó y leyó:

– Está todo aquí. Ahora voy allá para que firme.

– Déjame hacer eso – pidió Jonás – Quiero hablar un poco más con él a solas. Tengo la impresión que pueda ayudarnos a encontrar a nuestro hombre.

– Es una buena idea – coincidió Daniel –. Él mintió cuando dijo que estaba siendo amenazado por el Dr. José Luís. Hasta donde yo sé, fue al contrario. Él hacía y deshacía en la casa del patrón y todos hacían lo que él quería, incluso el dueño de casa. Gabriel nos lo dijo varias veces.

– Es astuto. Incluso en la crisis de odio en la que se encontraba, consiguió una manera de tratar de salvar el pellejo. Lo animé a que se abriera, pero nunca creí en esa pieza. Se trata de un criminal calculador y malvado. Conozco su tipo. Todo cuidado con él es poco – tornó el comisario.

El investigador que fue a buscar las fotos de la pareja entró y entregó al comisario un sobre grande, que abrió y colocó las fotos sobre la mesa.

– Puede escoger las que quiera. Voy a mandar a hacer copias para distribuir a los compañeros. Jonás eligió una de cada uno y respondió:

– Voy a reproducir estas fotos para nuestro equipo y nuestros contactos en el extranjero.

– Me gustaría que Boris firmase esta confesión para irnos pronto. Ya no podemos esperar más – pidió Rubito.

El comisario respondió:

– Voy contigo, Jonás, recojo la firma y salgo. Tú te quedas y con él. Los dos fueron y en unos minutos Marques regresó mirando a los dos abogados con satisfacción:

– Listo. Él estuvo un poco reacio, quiso leer, pero al final terminó firmando. Voy a sacar copias para ustedes.

Algunos minutos después ellos salieron llevando el precioso papel en la carpeta. Según lo acordado, Alberto ya debería estar en su oficina esperando las últimas medidas antes de la audiencia. Pasaba del mediodía y no habían tenido tiempo para almorzar.

– Vámonos – – dijo Rubito –. Pediremos que a Elza nos compre una merienda.

Al escuchar los detalles de la confesión de Boris, Alberto palideció y no pudo ocultar su emoción.

– Siempre sospeché de la muerte de mis padres; sin embargo, nunca pensé que mi abuelo fuera envenenado. Esta revelación me sorprende y me entristece. ¿Qué tipo de hombre es ese que fue capaz de tanta maldad?

– Es difícil de decir – respondió Daniel –. Tratándose principalmente de un médico, con reputación de ser caritativo, hombre de bien, educado. Siempre fue respetado en la mejor sociedad de Rio de Janeiro. ¡Era amigo de mi familia! Mi padre tenía para él una deferencia especial.

– Tanto es así que debiste salir de casa cuando decidiste asumir mi causa.

– Para ver cómo los engañaron – dijo Rubito –. Mi familia también me presionó para que abandonara el caso.

– Me alegro de haberlos elegido. Ahora puedo decir que fue el espíritu de mi abuelo quien me ha acompañado y aprobó esa elección. Él sabía que podía contar con su competencia y honestidad.

Pueden estar seguros que no olvidaré lo que están haciendo por mí. No solo en cuanto a los honorarios, sino también con mi amistad y gratitud. Tienen en mí un cliente para siempre.

– Espero que no haya más crímenes por resolver – bromeó Daniel.

– Pero tendré que asumir los negocios y la gestión de la fortuna. Ustedes me ayudarán a hacer eso.

– Está bien – asintió Rubito –. Ahora trabajemos. Pronto tendremos que ir a la audiencia. El tiempo es corto.

– Voy a llamar a Gabriel y Lanira. Contarles cómo están las cosas.

– ¿Ella está con él? – preguntó Alberto con interés. Daniel estaba al teléfono y Rubito respondió:

– Sí. Fue a darle un apoyo.

– Ya me di cuenta que a él le gusta ella. ¿Están juntos? – Rubito lo miró con curiosidad y respondió:

– No oficialmente. ¿Por qué? ¿También estás interesado en ella?

– Confieso que me atrae. ¿Crees que tengo una oportunidad?

– No sé. Lanira es una incógnita para mí. Siempre fue muy cortejada, pero nunca la vi decir que le gustaba alguien. Solo se refiere a Gabriel como amigo.

– No sé qué decir. Sus ojos brillan cuando se fijan en ella.

– Ya me di cuenta. Pasan mucho tiempo juntos. Ella dice que le gusta la compañía de Gabriel. Pero volvamos a lo que importa. Tenemos poco tiempo.

Daniel llamó a la casa de Gabriel, quien respondió al primer timbre. Al escuchar la voz de Daniel, preguntó:

– ¿Alguna novedad?

– Sí. Logramos la confesión completa de Boris.

– ¿Qué fue lo que dijo?

– Ahora no hay tiempo. Tenemos la audiencia en un rato. Cuando regrese, pasaré por tu casa y conversaremos mejor. En cuanto a tu madre, todavía no tenemos nada nuevo. Jonás ya recibió las fotos y las va a distribuir a todos. Está tratando de arrancarle a Boris una pista probable. Ahora debo irme. En cuanto termine la audiencia, iré a tu casa.

Daniel colgó y se quedó pensando en la situación de Gabriel. No tuvo el coraje de decirle por el teléfono el alcance de los delitos que su padre había cometido. Sabía que estaba deprimido y preocupado, no quería perturbarlo aun más. Personalmente, con calma, revelaría la verdad. Gabriel colgó el teléfono y Lanira preguntó:

– ¿Y entonces?

– Boris confesó, y creo que esto resuelve el caso de Alberto, Daniel y Rubito. En cuanto a mi madre, todavía nada.

Lanira tomó su mano, apretándola tiernamente y diciendo:

– Mantén la calma. La tía Josefa dijo que reuniría a los médiums y haría a una corriente espiritual. Quedó en llamar si tuviese alguna orientación.

– En una hora de estas, solo Dios puede ayudarnos. Confiemos y esperemos.

– Boris confesó y ciertamente no perdonó a nadie. Él odiaba a tu madre porque ella estaba siempre en contra de todo lo que hicieron.

– ¿Qué podría valer una palabra suya contra el propio Alberto? Él está agradecido con tu madre. Ella le salvó la vida y lo sustentó, le dio una buena educación, pagó sus estudios y solo no le dio un título universitario porque se lo impidieron. Después, tiene a Daniel y Rubito garantizando que harán todo para defenderla. Incluso Jonás está de su lado.

Gabriel suspiró profundo e iba a responder cuando Laura, entrara en la habitación, mirándolo asustada:

– ¿Qué están haciendo en el cuarto de mama? ¿Qué está pasando aquí? Jazilda me dijo que papá y mamá desaparecieron, que la policía estuvo aquí. ¿Por qué no me dijiste nada?

Gabriel tomó a su hermana del brazo y la hizo sentarse. Respiró profundo y respondió:

– Voy a contarte todo. Desafortunadamente, estamos viviendo una tragedia.

– ¿Pasó algún desastre con ellos? Habla pronto. ¿Qué hace Lanira aquí?

– Lanira nos está ayudando.

– Creo que después que Daniel está luchando contra nuestra familia, ella nunca debería entrar en esta casa.

– Lanira no es culpable de lo que nuestro padre hizo. Él sí lo es, responsable de todo lo que estamos pasando ahora. Apuntó con un arma y obligó a mamá a seguirlo. La policía los está buscando. Boris está en la cárcel y confesó toda su culpa y la de papá. Él puede ser arrestado en cualquier momento.

Laura, pálida, se pasó la mano por el cabello mientras movía negativamente la cabeza:

– ¡Yo no lo creo! ¡Esto no puede ser verdad! Todos ustedes están equivocados. Es una calumnia. Tú no puedes creer en una cosa de esas.

– Laura, ,me gustaría que no fuese verdad. Desafortunadamente lo es. La policía descubrió todo. La niñera que ayudó a montar la farsa, la confesión de Boris, y como si no fuese suficiente, la fuga de papá cuando vio todo perdido y que todo saldría a la luz.

Laura se echó a llorar y Gabriel la abrazó con cariño diciendo:

– Laura, estamos juntos. No te culpes de nada. Él hizo lo que hizo, pero nosotros somos personas de bien. Levantaremos la cabeza y saldremos adelante. Tenemos que afrontar esta situación con valentía. Dios tiene que ayudarnos.

Lanira los miró emocionada. Las lágrimas rodaban por sus mejillas y ella las dejó caer, mirándolos abrazados, sin saber qué decir para consolarlos. Aquel momento difícil era suyo y ella respetaba su dolor. Esperaba que cuando todo pasase, pudiesen rehacer sus vidas y continuar.

CAPÍTULO 20

Eran más de las seis cuando Daniel llegó a la casa de Gabriel. Lanira todavía estaba allí tratando de consolar a Laura, que entrara en una terrible depresión. Para ella, era difícil soportar la idea de la vergüenza, la pérdida del lugar destacado que ocupaba en la sociedad, del dinero y del poder.

Hubo momentos en los que volvía a decir que todos estaban engañados y que su padre se presentaría con pruebas para desenmascarar toda la farsa que se estaba gestando contra él.

En esos momentos, Gabriel intentaba convencerla de la inutilidad de preservar esta ilusión. Él tenía pruebas que todo lo que Alberto afirmara en corte era cierto. Cuando Daniel entró en la habitación donde estaban los tres, ella lo miró con rabia y gritó:

– ¿Qué estás haciendo aquí? ¿Viniste a regodearte en nuestra vergüenza?

¿Presumir del barro, que está tirando de nuestra familia?

Sorprendido, Daniel no respondió. Fue Gabriel quien dijo:

Cállate, Laura. Tú no sabes nada. Mamá corre peligro, pero Daniel está tratando de ayudarnos a encontrarla.

– Ella nunca correría peligro al lado de papá. ¡Todos ustedes están locos!

– Ella recién se entera ahora y todavía está en estado de shock – dijo Gabriel. Volviéndose hacia Laura, continuó:

– Mejor que vayan a su habitación. Tengo que hablar con Daniel.

– No. Quiero quedarme y escuchar todo lo que van a decir. Tú creíste todo porque no te gusta papá. Sé que estás enojado con él.

– No sabes lo que estás diciendo. Si quieres quedarte, quédate, pero si no te quedas callada te saco de la habitación. El asunto es muy serio y no tenemos tiempo que perder. Siéntate, Daniel, y dinos lo que tienes que decirnos. ¿Tienes alguna noticia sobre ellos?

– Por ahora no. Jonás está intentando. Estuvo conversando con Boris, quien le dio algunas informaciones. Algunos datos sobre cuentas bancarias en el extranjero y sobre quien le proporcionó los pasaportes falsificados. En este momento Jonás ya debería haber hecho contacto con el falsificador. Por lo menos ya debe saber el nombre que ellos deberían estar usando.

Laura, atenta, no se perdía nada de lo que decían y empezó a sentir que pasaba algo realmente grave. ¿Todo eso sería verdad?

– ¿Cómo fue la audiencia? – preguntó Lanira con interés.

– Bien, llevamos la confesión de Boris y ciertamente eso dio la fuerza para resolverlo todo. Como anticipamos, Eleuteria no apareció y así Jonás tuvo una excusa para arrestarla. La policía la traerá de São Paulo, por lo menos para dar declaraciones. El juez quedó muy impresionado por la confesión de Boris. Estudiará los autos y dictaminará sentencia en cuanto al reconocimiento de Alberto como Marcelo Camargo. Luego, va a abrir un proceso penal de todos los hechos relacionados con la confesión de Boris. Simplemente espera la conclusión de la investigación policial para eso.

– ¿Ella quedará presa? preguntó Gabriel.

– Por poco tiempo. Aun no tenemos como arrestarla. No tiene culpa demostrada y aunque la tuviese es rea primaria. Pero eso no es importante. Durante el proceso, su culpa será probada y tendrá que enfrentarse por lo que hizo.

– Si está libre, puede intentar escapar – dijo Lanira.

– No lo conseguirá. La policía vigila sus pasos. Sería detenida si intentase salir del país.

– ¿Cómo consiguieron la confesión de Boris? – Preguntó Gabriel.

– Cuando supo que su jefe había escapado, llamó al abogado. El Dr. Eugênio abandonó el caso, alegando que cuando lo asumió no tenía conocimiento de la culpabilidad del cliente. Dado que la evidencia es contraria a los hechos que su cliente le dijera, él se consideraba en su derecho de recusar el caso y a continuar defendiéndolo. Estaba listo para subestimar el poder notarial. Entonces Boris tuvo un ataque de ira. Se sintió traicionado, abandonado, y lo contó todo.

– ¡Y ustedes le creyeron! – Gritó Laura enojada –. Él sí, es culpable. Papá se escapó por miedo a él. Les garantizo que quien lo hizo todo fue él.

– No se merece la confianza de nadie – intervino Gabriel –. Pero nunca haría todo esto solo. ¿Qué fue lo que contó?

– Su confesión superó nuestras expectativas. Dijo cosas muy graves, que en caso se confirmen, le darán al caso nuevas dimensiones.

– ¿Qué fue lo que dijo?

– Como sugirió Laura – respondió Daniel – puede que esté mintiendo para vengarse del Dr. José Luís, por lo tanto, esperaremos las investigaciones policiales.

– Estás tratando de salvarnos –. Gabriel se volvió, preocupado –. Sé que Boris es peligroso, pero también sé que actuaron con un trato. Puede que esté diciendo la verdad. ¿Qué más confesó?

– Dejemos eso para más tarde. Es lo mejor.

– No, Daniel. Tenemos el derecho a estar informados de todo. Por favor. Dinos la verdad.

Daniel respiró hondo y luego decidió:

– Está bien. Dijo que el accidente que mató a los padres de Marcelo fue provocado y que la muerte del Dr. Camargo no fue natural.

Gabriel se dejó caer sobre una silla sin encontrar palabras para contestar. Lanira intervino:

– Es solo una hipótesis. Boris no merece crédito.

– Todo es posible – dijo Daniel –. En cualquier caso, la policía investigará. La verdad aparecerá.

Gabriel se pasó la mano por la frente en un gesto desesperado. La situación podría ser peor a lo que imaginara.

– ¡Tantos crímenes por la posición, por el dinero! ¡Y pensar que mi madre está en sus manos! Tememos que encontrarla. Cada minuto puede ser precioso.

– Boris dijo que él estaba obsesionado con doña María Júlia. No tendrá el coraje de hacer nada en su contra – dijo Daniel.

– Solo sé que toda su vida la ha atormentado. Lo que dices puede ser verdad, pero cuando pienso que ella está junto a él contra su voluntad, huyendo, siento una opresión en el pecho. Es como si ella estuviera corriendo un peligro inminente.

– Cálmate – le pidió Lanira – Pronto serán encontrados y ella estará de regreso, ya verás.

Laura los miró, pálida, sin saber qué decir, en qué creer. Aquello solo podría ser una pesadilla. Pronto estaría despierta y todo sería como antes.

Daniel se puso de pie diciendo:

– Necesito irme. Si tengo novedades, llamaré. ¿Te quedas, Lanira?

Solo un poco más. Mamá me espera. Papá está viajando y ella se siente muy sola. Has estado muy ocupado. Pero si puedes, ven a verla. Ella estará muy feliz.

Daniel miró a su hermana con sorpresa. Ella nunca se incomodara en hacerle compañía a su madre. Pero no dijo nada. Se despidió y se fue. Esa noche pretendía encontrarse con Lídia. A pesar de su angustia cuando pensaba en Alberto, él estaba dispuesto a seguir los consejos de la tía Josefa y entregarse al amor completamente.

Alberto llegó a casa pensativo. Al final estaba consiguiendo todo lo que deseara en la vida. Pronto dejaría de ser el hijo de un padre desconocido y una madre soltera y asumiría su nombre real. Tendría dinero, sería respetado.

Mientras tanto, a pesar de todo el esfuerzo para llegar hasta allí, no se sentía plenamente realizado. Había un vacío en su pecho que parecía difícil de llenar. ¿Quién le devolvería los días de convivencia familiar que perdiera o la calidez de su abuelo querido, la compañía de un grupo de amigos que nunca tuvo?

Sería rico, respetado, pero ¿sería feliz? ¿Podría reconstruir su vida, olvidar la tragedia que victimara a sus seres queridos?

Durante años alimentó la esperanza desenmascarar a sus enemigos, a recuperar lo que le fuera robado, pero ahora, que no tenía nada más por qué luchar o por esperar, ¿qué sería de su vida?

La tan esperada victoria no le proporcionara la anhelada alegría. Al contrario, en aquel momento sintió que la tristeza se apoderaba de su alma, y, poniendo su cabeza entre sus manos, dejó que las lágrimas corriesen por sus mejillas libremente. Él lloraba por la pérdida de los seres queridos, los años de orfandad y sin cariño ni acogimiento, en los momentos de incertidumbre y duda, que a pesar de querer olvidar aun lo herían.

Pensó en Lanira. Le gustaría tenerla ahí, en ese momento. Había tanta vida en ella que a su lado él se renovaba. Quería vivir, estar a gusto con la vida. ¿Estaría enamorada de Gabriel?

Qué bueno si él pudiese estar con ella, compartir sus sentimientos y sus incertidumbres. Nunca se sintiera en condiciones de confiar sus problemas a nadie, pero con ella era diferente. A su lado todo se modificaba.

Cogió el teléfono y llamó a casa de Lanira. María Alice contestó. Ella no estaba ahí. Alberto colgó desanimado. Ella estaba al lado de Gabriel. Ni siquiera se interesaba de hablar con él sobre la audiencia.

Intentó reaccionar. Se sentó en su sillón favorito, apagó la luz y se quedó en la penumbra. Se sintió solo en aquel momento importante en su vida. Se recostó y poco a poco se fue relajando.

De repente, notó una claridad frente a él y vio el espíritu de su abuelo. Quiso hablar, pero no pudo. Sus ojos lo miraban con inmenso cariño. Se acercó, pasando suavemente la mano sobre su cabello. Entonces él dijo:

– ¿Por qué estás atormentado, hijo mío? Ahora que todo se está resolviendo en tu vida y vas a tomar un rumbo definido, es hora de ser feliz. No dejes que el pasado te atormente. Él está muerto y nunca más volverá. De aquí en adelante vivirás una nueva vida. ¿Por qué escoges la tristeza y la infelicidad? Se acabó todo. Dentro de poco, los culpables estarán respondiendo por sus acciones ante la justicia de los hombres y de Dios. No permitas que ese doloroso aguijón del pasado lastime tu corazón y perturbe tu vida. Perdona. Olvida. Libérate del dolor. Deja que el pasado se aleje.

Alberto pensó:

– Me gustaría olvidar ¡Cómo sería bueno si por lo menos pudieras estar aquí conmigo! ¡Me estoy sintiendo tan solo!

– No te permitas envolverte por el victimismo. Observa cómo has sido protegido por la vida. Ante los criminales de la peor especie, tu vida fue salvada. Tuviste estudios, conviviste con gente buena y educada, aprendiste muchas cosas. El patrimonio que me esforcé por dejarte, ahora se colocará en tus manos. Eres joven, sano. Tienes una vida provechosa y feliz por delante. No destruyas tus posibilidades lamentando el pasado.

– Boris confesó que el accidente que mató a mis padres fue provocado por ellos. ¡Que José Luís te envenenó! ¿Cómo olvidar lo que hicieron?

– Quien está en contra de la vida solo atrae la infelicidad. Ellos comienzan a experimentar los resultados de sus actitudes. Tú no hiciste ningún daño. No te envenenes como su maldad. Libérate de ella, perdonándolos.

– ¿Cómo puedo hacer eso? Yo los amo y no me conformo con lo que les hicieron.

– Me gustaría que supieses que en el universo no existe víctima. Cada uno responde por las elecciones que hizo.

– ¡No estoy de acuerdo! Ellos son malos.

– Aun lo son. Pero podrían haber elegido a otras personas para practicar sus males. ¿Por qué nos escogieran? ¿Por qué la vida permitió que ellos nos alcancen?

– No lo sé...

– Porque todos necesitábamos enfrentar este desafío, esa difícil experiencia. De ella, todos estamos extrayendo un conocimiento extremadamente precioso. Por lo tanto, aceptemos lo que la vida nos da y tratemos de sacarle provecho.

– Es difícil...

– Solo tienes que querer. Todavía tienes que proporcionar declaraciones en la corte, pero todo será aclarado. Llegó la hora de la verdad. Nada ni nadie podrá impedirlo, pero necesito pedirte que no te dejes envolver por el odio ni la venganza. Los criminales son prisioneros de su propia maldad. Entrega tus resentimientos, tus heridas a Dios y después de ese juicio intenta olvidar. Te garantizo que así podrás disfrutar de una vida feliz y armoniosa durante un largo período de tiempo.

– Me siento muy solo.

– No será siempre así. Si te mantienes en el bien, gente sincera y amiga vendrán a tu encuentro. Depende de ti.

Las lágrimas corrían por el rostro de Alberto y dijo:

– ¡Qué noble eres! Después de todo lo que te hicieron, ¡todavía tienes fuerzas para perdonar!

– Ese es el secreto de mi paz. Hace mucho dejé de luchar con la vida o con las personas. Cuando me lastimo con lo que ellas hacen, trato de descubrir cuál actitud mía está atrayendo esas cosas que no me gustan. Sé que la causa debe estar en mí. Cuando salgo del equilibrio, suceden cosas desagradables. Cuando regreso al equilibrio, todo a mi alrededor también vuelve al bien.

– Estoy desequilibrado, nervioso. ¿Cómo puedo estar bien?

– Olvidando el mal, sea de quien sea.

– No me puedo omitir. Tendré que acusarlos en los tribunales.

– Tendrás que hacerlo. Es cuestión de ser verdadero. Pero hazlo sin odio. Relata los hechos y deja que la justicia haga el resto. Si lo consigues, te sentirás muy bien. Toda tu angustia pasará. Nadie puede quedar equilibrado conservando la herida, la rabia, la sensación de injusticia en el corazón.

– Es eso es lo que estoy sintiendo. Esta injusticia me duele.

– El sentimiento de injusticia aparece por nuestra incapacidad para conocer la verdad integral de los hechos. Piensa en eso y no te aventures a juzgar. Cuando estés más maduro y ese conocimiento llegue, estoy seguro que estarás feliz de haber perdonado y olvidado. Sin embargo, recuerda una cosa: cada uno solo da lo que tiene. No esperes de los demás lo que aun no tienen para dar. Por lo tanto, no exijas lo imposible y comprende. Aquellos dos todavía están engañados, despreciando los verdaderos valores de la vida. Ciertamente, deben quedar recluidos para no perjudicar a nadie más. Allí tendrán tiempo para pensar y renovar sus valores; mientras tanto, ese es su problema. Tú no tienes la culpa de nada y no debes cargar con el peso de esos crímenes. ¿Entendido?

– Sí, entendí. Lo intentaré.

– Ahora voy a intentar ayudarte. Piensa en Dios con el firme propósito de renovar tu mente. Pídele que te ayude a olvidar el pasado y a estar solo en el bien.

Alberto respiró hondo y obedeció. El espíritu del abuelo le colocó la mano en la frente y rezó. Su pecho se iluminó y una luz suave los envolvió. Mientras rezaba, esa luz creció hasta iluminar toda la habitación.

A medida que las lágrimas continuaban cayendo por las mejillas de Alberto, su angustia se fue desvaneciendo y ellas cesaron. Él comenzó a sentirse muy bien. Una brisa leve y fragante lo acariciaba y él la aspiraba gratamente.

Entonces escuchó una voz de mujer diciendo:

– ¡Hijo mío! ¡Dios te bendiga!

Alberto abrió los ojos para tratar de ver quién le estaba hablando, pero no vio a nadie. Su abuelo había desaparecido.

De repente, todo su malestar había pasado. En lugar del vacío en el pecho, sintió una alegría placentera y la sensación que no iba a pasar nada malo. Pensó en Lanira. No podía considerarse derrotado por Gabriel todavía. Envuelto por los problemas que lo colocara como prioridades en su vida, no quiso involucrarse afectivamente con nadie. De allí en adelante, todo podría cambiar.

Dentro de poco, tendría todo el tiempo del mundo para conquistarla. En ese instante percibió cuánto quería eso.

Al día siguiente, por la mañana, Daniel y Rubito fueron a la comisaría. Marques le contó que dejara a Eleuteria pasar la noche en la cárcel alegando que ella debía permanecer allí a la espera del momento en que el juez la escucharía.

No consiguiendo su libertad, su esposo quedó en traer un abogado al día siguiente y todavía no había llegado.

– ¿Ya la has interrogado? – Preguntó Rubito.

– Lo intenté. Pero ella se niega a hablar antes de ver a su abogado. No puedo hacer nada –. Fue Daniel quien preguntó:

– ¿Le enseñaste la confesión de Boris?

– Sí. De roja se puso pálida, aterrada.

– No podrás detenerla por mucho tiempo – dijo Rubito.

– Con respecto a la audiencia, no. Pero puedo hacer retenerla un poco más para que brinde declaraciones. Está la investigación que estoy formalizando en la que aparece como sospechosa.

– Deberíamos aprovechar la oportunidad para hablar con ella antes que llegue su abogado – comentó Daniel.

– Pueden ir. Pero no creo que logren nada.

Los dos entraron en la sala donde estaba Eleuteria y se presentaron como los abogados de Marcelo Camargo. Ella tuvo un ligero sobresalto que ellos percibieron, pero no dijeron nada. Fue Rubito quien habló:

– No sirvió de nada que no te presentases a brindar declaraciones en el proceso. Tenemos evidencia que fuiste tú quien simuló ese accidente y sustituyó el cuerpo del niño. No sirve de nada quedarte callada, esperando a tu abogado. Alberico nos contó todos los detalles antes de morir, y ese documento está registrado en notario; además, tu casa estaba bajo control policial. Todo lo que tú y tu esposo conversaban quedó gravado. Así que no lo niegues. Tu culpa está comprobada.

– Eso no es cierto – dijo con una voz que trató de mostrar tranquila –. Me están engañando.

– Vinimos a conversar porque si confiesas todo, podremos ayudarte y disminuir tu pena – contrarrestó Daniel.

– Eso es lo que quieren. Lo sé. Están perdiendo su tiempo.

– Quién está perdiendo el tiempo y agravando su situación, eres tú. Boris ya ha confesado y Marcelo está determinado a ir hasta el fin de la investigación de los hechos. El juez ya ordenó a la policía abrir las investigaciones, porque además de lo que le hicieron a Marcelo hay otros tres delitos. El Dr. Camargo fue envenenado; los otros dos asesinados. Si no cuentas la verdad, también responderás por todos ellos. Nunca más saldrás de la cárcel – dijo Rubito.

Eleuteria se tambaleó y ellos pensaron que se fuese a desmayar. Pero respiró, profundo y logró permanecer en la silla.

– Como sabes, el Dr. José Luís se escapó, o el Dr. Eugênio renunció a defenderlos; por lo tanto, están solos. Si no encuentran a José Luís, solo tú y Boris pagarán por todos estos delitos, mientras él está en el exterior, libre – explicó Daniel. Fue la gota de agua. Eleuteria comenzó a gritar llena de ira:

– ¡Ese desgraciado! Bien que yo no quería. Fue él a quien me tentó, me ofreció todo ese dinero y me rendí. Siempre he luchado con la vida. Estaba cansada de ser pobre. ¡No sabía que iba a matar a toda la familia de Marcelo! Pensé para sustituir el cuerpo del niño no era tan grave. Nadie mató al niño, se cayó de la ventana y murió. Fue un accidente. Solo intercambiamos la identidad del cuerpo y simulamos el accidente de carro. No puedo pagar por delitos que no cometí.

– Sabías que tenía la intención de eliminar a toda la familia. Confiesa – presionó Rubito.

– ¡No! ¡Yo no lo sabía!

– ¿Cómo o no? ¿Cómo sabes quién se quedaría con una fortuna si sus familiares estuvieran vivos? Y por supuesto, cuando hubo el cambio de cuerpos, ¡él ya planeaba asesinar a los otros! – Daniel concluyó.

– No. Tampoco me pueden culpar por eso.

– No, no somos nosotros quienes te estamos culpando. Fuiste cómplice de ellos. Serás igualmente responsable ante la justicia – recordó Rubito.

De la ira, Eleuteria pasó a la desesperación. Juntó las manos y suplicó:

– ¡Por favor! ¡Ayúdenme! Les juro que no sabía nada. Pensé que el Dr. Camargo se estaba muriendo de tristeza. El Dr. José Luís dijo que fue del corazón. Yo vi el certificado de defunción.

– Firmado por él – dijo Daniel.

– Sí. El Dr. Camargo se atendía con él.

Daniel miró a Rubito y comprendieron cómo sucedió. Por supuesto, como su médico, fue fácil para el Dr. José Luís favorecer la muerte del tío. No tuvieron ninguna duda que Boris había dicho la verdad. Los tres fueron realmente asesinados. Rubito continuó:

– Y el accidente que mató a los padres de Marcelo, ¿cómo fue?

– De eso no sé nada. Leí en los periódicos que el barco en el que estaban explotó. No tuve nada que ver con eso. Fue en otro país y yo estaba en el Brasil.

– Pero el Dr. José Luís, su esposa y Boris estaban en Europa – dijo Daniel.

– Podría ser. No me acuerdo.

– Trata de recordar. Serás interrogada por la policía y por el juez cuando vayas a juicio. Si omites algo, si tratas de encubrir a tus cómplices, serás tan culpable como ellos – insistió Rubito.

– ¡No sé! Ya dije que estaban lejos, fuera de Brasil. Ni siquiera sé dónde.

– Boris debió haberte contado como fue – sugirió Daniel.

– Ustedes no conocen a Boris. Nunca habla de nada. Si sabe quién cometió ese crimen, nunca lo dijo. Siempre me prohibió hablar del cambio de los niños. Dijo que, si yo abría mi boca, él y el Dr. José Luís terminarían conmigo.

– Si quiere disminuir su pena, obtener algún beneficio, simplemente diga la verdad. No escondas nada. La policía tiene pruebas cómo todo sucedió realmente

Cualquier mentira puede perjudicarte y aumentar tu pena. Por eso, te aconsejo que confieses al comisario toda tu participación en esta historia. Es lo mejor que puedes hacer.

Rubito guardó silencio. Dos hombres acaban de entrar en la habitación. Eleuteria se puso de pie y se aferró a ellos mientras decía:

– ¡Juan, estoy perdida! Ellos conocen a todos los hechos. ¡Quieren que confiese!

– Cálmate – respondió Juan, abrazándola –. No vas a hacer nada. Este es el Dr. Nicanor de Andrade, tu abogado. Solo harás lo que él te diga.

El abogado se acercó a los dos muchachos mirándolos seriamente y diciendo:

– Ustedes no pueden obligarla a hablar sin un abogado. Puedo denunciarlos por obligar a mi cliente a hablar contra su voluntad.

– Nosotros somos los abogados Marcelo Camargo, el niño que ella ayudó a ser considerado muerto cuando sustituyó la identidad del cadáver de otro niño – explicó Rubito, y continuó:

– Usted está recién entrando en el caso y tal vez ignore los detalles. Su cliente está siendo acusado de tres asesinatos, fraude y usurpación del legítimo heredero del Dr. António Camargo de Melo.

Nicanor se sorprendió y respondió:

– ¿Ustedes están seguros de lo que están afirmando? No fue eso lo que me dijeron.

– Puede informarse con el comisario – aclaró Daniel –. Sugerimos que Eleuteria confiese la verdad pronto y no intente engañar a la justicia porque la policía tiene en sus manos todas las pruebas irrefutables de los delitos cometidos por ella y sus cómplices.

– No sabía que pretendían matar a toda la familia – gritó Eleuteria sonrojándose –. Si ellos hicieron eso, no tengo la culpa.

– Te aconsejamos a decir toda la verdad sin intentar encubrir a nadie. La policía sabe todo sobre ti, y si mientes, empeorará tu culpa. Estoy seguro que después de conocer la extensión del caso, como su defensor va a aconsejarle a hacer eso – dijo Rubito. Nicanor se pasó la mano por el cabello, lo miró tratando de averiguar quién decía la verdad, luego dijo:

– Está bien. Pueden dejarnos. Ahora ella se quedará bajo mis cuidados. Vamos a conversar, veré qué pruebas con esas, entonces volveremos al asunto. Ahora, por favor, salgan. Tengo que hablar con mi cliente.

Salieron y fueron hasta la sala del comisario, que, cuando los vio, preguntó:

– ¿Y, entonces?

– Ella habló. Tenía miedo por los otros delitos. Creo que dirá todo sin omitir nada – respondió Rubito.

– La aconsejamos a decir toda la verdad a la policía si quiere reducir su pena. Creo que su abogado le dirá lo mismo. ¿Qué más puede hacer contra tantos delitos? – Dijo Daniel.

– Tienes razón. Solo que necesitamos obtener más pruebas. Por ahora, solo tenemos la palabra de Boris y no es de fiar – añadió Marques.

– Estoy seguro que lo que digo es verdad. Ellos cometieron todos estos crímenes. ¿De qué serviría sustituir el cuerpo de los niños si había otros herederos? ¿Creen que no fueron asesinados? En menos de dos años, todos se fueron. Lo que por sí solo ya es una prueba – insistió Rubito.

– Es cierto. De hecho, también creo que las investigaciones conducirán a esto. Por ahora, encontrar al Dr. José Luís es fundamental. Con él en las manos y frente a tantas pruebas, obtendríamos una confesión completa. Entonces todo se resolvería – explicó el comisario.

– Tenemos que irnos – dijo Daniel levantándose –. Cualquier noticia, nos avisas, por favor. Gabriel está muy preocupado por la seguridad de su madre.

– ¿La esposa del Dr. José Luís? ¿Será que realmente está en peligro? El muchacho puede estar equivocado. Ella puede ser cómplice del marido – añadió el comisario.

– No lo creo. Él sabe lo que está diciendo. Ella sabe mucho y corre serios riesgos. Él puede sospechar que ella estaba ayudándonos. De hecho, fue con su ayuda y la de Gabriel que llegamos al paradero de Alberto. No olvidemos eso – recordó Daniel.

– Sí. De hecho. Si él se entera de eso, ella puede estar en peligro. Vayan en paz. Cualquier noticia, les llamo.

Lanira se levantó, se vistió y fue a desayunar. María Alice la estaba esperando.

– ¿Nadie llamó? – Preguntó.

– No hija. Bebe tu café. Allí hay aquel pastel que te gusta –. Ella se sirvió y María Alice se sentó a su lado. Lanira comentó:

– Deberías haber visto cómo se puso Laura cuando descubrió la verdad. Parecía un muerto vivo.

– Puedes entenderlo. Su mundo se derrumbó.

– Cuesta creerlo. Cuando vio a Daniel, estaba furiosa. Pero pronto Gabriel aclaró la situación.

– ¿Le dio crédito?

– No al principio. Más tarde, creo que las cosas se estaban aclarando en su cabeza. Incluso yo todavía no puedo entender esta historia del Dr. José Luís asesinando a toda su familia.

– Es difícil de creer. Él siempre un hombre ponderado, cariñoso, amante de la familia. Siempre participando en obras sociales.

– Apenas apariencias. Gabriel dijo que siempre atormentaba a su esposa. Era cruel e indiferente con los hijos.

– Estoy decepcionada con la sociedad. Una vida entera prestando culto a sus reglas, obedecí a este mundo de vanidad y putrefacción. Hoy no más tengo ganas de frecuentar los salones ni aparecer en las fiestas.

– Yo siempre lo supe. ¿Por eso no pensaba en casarme? No quiero ser parte de ese mundo.

– No digas eso. Todavía debe haber buena gente. No quiero perder toda la fe en la vida.

– ¿Sabes algo? Toda esta sucia historia sirvió para percibir el lado noble, el carácter de algunas personas. Para

Gabriel y su madre, la honestidad, la verdad, la justicia, la tranquilidad de consciencia están en primer lugar.

— Es verdad. No sé si yo tendría el valor de hacer lo mismo que ellos hicieron —. El teléfono sonó. La empleada respondió y llamó a Lanira, diciendo:

— Es para usted. Dice que es Alberto —. Ella atendió. Después de los saludos, dijo:

— Debes estar feliz. Al final, tu caso está resuelto.

— Sí. Finalmente parece que todo terminará. Me gustaría charlar contigo. ¿Quieres almorzar conmigo hoy?

— No sé... A todos nos preocupa la desaparición de doña María Júlia. Laura y Gabriel están inconsolables. Había pensado en ir allí.

— Entiendo. Claro. Ellos son tus amigos. Quería que supieses que me estoy sintiendo muy solo. A pesar de todo, no tengo a nadie para compartir mi victoria. Parece que ella no me dio todo lo que esperaba todos estos años.

Había tristeza en su voz y Lanira decidió:

— Está bien. Almorzaré contigo. Creo que tendré tiempo para todo. ¿A qué hora?

— Estaré en tu casa al mediodía. ¿Está bien?

— Mejor a las once y media. Estaré esperando —. Colgó y María Alice preguntó:

— ¿Cómo está Alberto?

— Es un joven que sufrió mucho, pero es agradable. Cortés y guapo. Rara vez sonríe, pero tiene una linda sonrisa.

— Por lo visto tendrá mucho éxito en nuestra sociedad. ¿Estará interesado en ti?

Por la memoria de Lanira pasó aquel beso que habían intercambiado. Sacudió la cabeza y respondió:

No. Nuestra relación fue ocasional.

– Saliste con él por un tiempo.

– Salimos, como amigos. No te pongas nada en la cabeza, porque simplemente quiere conversar un poco. Sentí una pizca de tristeza en su voz. Entonces acepté.

– No debe haber sido fácil para él pasar por toda esta experiencia y terminar descubriendo que toda su familia fue cruelmente asesinada.

– Fue lo que pensé. Me dijo que no tenía a nadie para celebrar esta victoria.

– Tiene razón. Él está solo.

– Tiene a Dios – respondió Lanira, seria –. Es joven, ahora puede hacer amigos, ser feliz.

– Nunca te vi hablar de Dios. No sabía que eras religiosa.

– No lo soy, pero como las sesiones en casa de la tía Josefa me enseñaron cosas que me hicieron pensar. Sé que la vida continua después de la muerte. También sé que la vida responde de acuerdo a nuestras actitudes. El bien es siempre el mejor camino.

María Alice parecía admirada.

– ¿Josefa consiguió mostrarte esto?

– Sí, madre. Ella es una persona extraordinaria. Quedarse a su lado es encontrar la sabiduría y la paz.

– Difícil de aceptar. Ella siempre fue algo excéntrica.

– Ustedes se dejaron llevar por el prejuicio y perdieron la oportunidad de disfrutar de su convivencia. Nosotros vamos allá siempre. No sabes lo que se perdieron.

Lanira subió a llamar y saber si había alguna novedad. María Alice se sentó en la sala de estar, tomó una revista, pero ni siquiera la abrió. Su pensamiento estaba lejos. Su hermana

Josefa, más de dos años menor que ella, siempre fuera una mujer alegre y relajada. Sin embargo, siempre estaba vendiendo cosas, hablando de espíritus, leyendo libros extraños. En casa, nadie la tomaba en serio.

Pero a ella no le importaba. Seguía siendo la misma. Cuando se casó, el marido tenía las mismas manías, y, además de hacer sesiones espíritas en su casa, recibían a personas que eran considerados brujos.

Por este motivo, María Alice se apartara de ella y nunca permitiera a los hijos esa convivencia. Una vez le había dejado eso muy claro, y luego nunca más se habían reunido. Sabía que Lanira tenía sentido común y que difícilmente se engañaba con las personas. Pero hablar eso de Josefa le parecía exagerado. Resolvió hablar con Daniel al respecto. Era más escéptico, tal vez tenía otra opinión.

Aunque a ella le gustaría encontrar la paz y olvidar su frustración. La vida se estaba yendo y arrastrando todo en lo que ella creía. Las ilusiones comenzaban a desmoronarse y María Alice sintió que no quedaría nada a lo que pudiera aferrarse.

Daniel se había ido, Lanira, cualquier día se casaría. ¿Qué le quedaría? ¿El marido infiel y deshonesto, ambicioso y fútil? De repente, se sintió enojada por la falsa situación en la que vivía. ¿Cómo llevar adelante su vida vacía?

Algunas lágrimas fluyeron y ella las dejó caer. Tenía que hacer algo. Era un mujer fuerte y decidida. No podría aceptar la destrucción de todo sin luchar. Pero, ¿qué hacer?

¿Cómo seguir adelante? ¿Dónde encontrar la paz del corazón nuevamente y la motivación para continuar?

CAPÍTULO 21

António llegó a casa al final de la tarde. María Alice aun estaba en la penumbra de la sala, pensando.

La carta anónima que recibió dos días había tenido el don de colocarla frente a frente a una realidad que ella pretendía ignorar. Después que Lanira salió con Alberto, ella se sentó allí y toda su vida, como en una película, pasó por sus ojos.

Recordó la joven hermosa, llena de ganas de vivir, los primeros años de matrimonio, las primeras desilusiones, la seguridad que su deber era preservar la familia, sobre todo, incluso de los propios sentimientos.

Pronto descubrió que en aquella sociedad la ingenuidad pagaba un alto precio, que muchas personas, detrás de la careta de la educación, eran capaces de traicionar, que la ambición, el juego de intereses hablaba más fuerte que la amistad.

María Alice comenzó a darse cuenta, como poco a poco fuera modificándose, entrando en el juego de la mayoría, valorando más las apariencias. De tanto sofocar sus sentimientos, de tanto colocar en primer lugar los conceptos de la mayoría, terminara convirtiéndose en un autómata, sin su propia voluntad, sin placer, sin entusiasmo.

Cuando entró António, vendiéndola en la penumbra en silencio, no se contuvo:

– ¡María Alice! ¿Estás bien?

Se levantó, encendió una lámpara y respondió:

– Sí, lo estoy. ¿Y tú?

El dio un aire de agotamiento.

– Más o menos. Estos viajes me cansan. Tener que discutir exhaustivamente, trabajar los fines de semana, ¡es muy agotador!

– ¿Por qué no dejas de viajar? – Dijo ella con voz tranquila.

– Por amor a la causa. Tengo que trabajar por nuestro país. Eso es por qué me eligieron –. Ella lo miró seriamente y respondió:

– Conmigo no tienes que fingir. No necesitas mi voto –. António se sorprendió:

– ¿Qué pasó? ¿Sucedió algo para que me trates así?

– Nada de nuevo. Todo sigue igual en mi vida, ¿y sabes algo? Quién está cansada, muy cansada, soy yo.

– ¿Cómo así? Te quedaste en casa descansando mientras yo trabajaba. ¿De qué te quejas?

María Alice no respondió inmediatamente. Ella lo miró con seriedad y luego dijo:

– De nada. ¿No vas a subir a descansar?

– Es una buena idea. Voy a ducharme y te relajarme un poco.

Después que él subió, María Alice volvió a sentarse en el sofá. De repente, sintió que él siempre fue el mismo. Durante todos los años de vida en común, ella intentara entrar en su juego, disimulando sus actitudes, diciéndose a sí misma que era un esposo dedicado al bien del país, un hombre ilustre, respetado y de bien. Ahora, la máscara de sus ojos había caído.

No solo por la traición de sus sentimientos de mujer, cambiándola por su secretaria, sino mucho más por la traición a los ideales que siempre predicó en sus campañas y nunca cumpliera ni las cumpliría.

Percibió que se imaginó que se casaría con un hombre noble, lleno de sentimientos elevados; en cambio, se unió a un egoísta, mentiroso y aprovechador del dinero público. La comprobación de esa verdad la sorprendió. María Alice sintió que surgía dentro de ella el deseo real de vivir una buena vida. No podía seguir sintiéndose inútil, sin objetivos. Pensamientos contradictorios pasaban por su cabeza, dejándola confundida e incómoda. Sentía que necesitaba reaccionar para no sumergirse aun más en la depresión y la tristeza. Pero ¿qué hacer?

Lanzarle una carta anónima frente a su esposo no resolvería nada. Él lo negaría y ella no estaba dispuesta a soportar su presunta indignación. Le repugnaba esa hipocresía. De repente, se decidió. Cogió el teléfono y llamó a Daniel. Él atendió:

– ¿Cómo estás, mamá?

– Bien, Lanira me dijo que ustedes estás ganando. Estaba muy feliz. Felicitaciones.

– Gracias. ¿Estás bien? Tu voz suena diferente. ¿Te ocurrió algo?

– Lo de siempre. Mi vida es muy aburrida. Pero no llamé por eso. Lanira me dijo que ustedes han estado frecuentando la casa de Josefa. Lanira hizo muchos cumplidos. Mi hermana siempre fue una persona extraña. ¿Lanira no estaría equivocada?

– No mamá. La tía Josefa ha sido una gran asesora para nosotros. Nos ha ayudado mucho con sus conocimientos espirituales. No tienes motivos para preocuparte. De hecho, deberías ir a verla. Estoy seguro que te haría mucho bien.

– Si lo dices, te doy crédito.

Continuarán hablando por unos minutos, y cuando María Alice colgó y tomó una decisión. Al día siguiente llamaría a Josefa y si ella lo permitiese, la visitaría. Necesitaba contarle a alguien sus problemas. Empezaba a pensar que ella era la persona correcta.

Lanira subió al auto de Alberto diciendo alegremente:

– Parece que estamos llegando al final del trabajo.

– Sí. Cuando todo termine, no sabré qué hacer con mi tiempo. Durante años, no tuve otra preocupación.

Ella sonrió y respondió:

– Seguro que encontrarás millones de cosas. Todo está a tu favor.

– Doy gracias a Dios todos los días por permitirme reanudar mi vida. Y sabía que estabas preocupada por Gabriel, pero aun así decidí llamarte.

– Una cosa no tiene nada que ver con otra. Gabriel es mi amigo y está sufriendo mucho con toda esta historia.

– Estaba asustado que fuese más que un amigo. Noté la forma en que te mira.

– ¿Me llamaste para hablar de eso?

– No realmente. De hecho, me siento muy solo. Mi victoria me hizo comprender que ella nunca me traerá de vuelta todo lo que perdí.

– El pasado se acabó y no hay remedio. Sería mejor si no dejaras que esas heridas disminuyeran la alegría de tu conquista. Hasta donde yo sé, estás poniendo todo en su verdadero lugar. Tu persistencia finalmente acabó por revelar los crímenes contra las personas de tu familia y los culpables. Sé que no es mucho. Preferirías que estuviesen vivos. Pero no tuviste elección.

— Realmente no la tuve. Me estoy sintiendo solo, pero no pretendo hundirme en la tristeza ni rebelarme. Lo que quiero es encontrar una forma de reaccionar, de entusiasmarme, seguir adelante, hacer algo que justifique que me está dando la vida. Sé que ella tiene un precio. Por lo que conozco de la espiritualidad, lo que nos pasa tiene una razón justa.

— Es muy noble de su parte reconocer esto.

— No se puede negar la verdad. Si no tuviésemos que pasar por todas estas terribles experiencias, ciertamente nos habríamos salvado. Sé que Dios no se equivoca ni castiga. Solo enseña lo que necesitamos aprender.

— Pensar así ayuda mucho.

— Alivia. Pero reconozco que, aun así, las heridas aun me deprimen. Hay momentos en los que me siento muy solo, sin rumbo, como si hubiese perdido la motivación para mover la vida hacia adelante. Parece una paradoja, pero es difícil de explicar.

— No, no lo es. Dar para entender. Durante tanto tiempo colocaste todas tus energías en lograr ese objetivo. Dejaste todo a un lado. Ahora que lo estás alcanzando, te das cuenta que todas las demás necesidades de tu espíritu quedaron abandonadas. Eso va a pasar. Estoy segura que pronto retomarás tu vida normal y todo se resolverá.

— Tienes razón. Desde que volví al Brasil, dejé a un lado todo sentimiento personal para poderme dedicar enteramente a ese objetivo. No hice amigos, no tuve tiempo libre ni enamoradas. No quería que nada me distrajera. Sabía que necesitaba toda mi energía para vencer.

Lanira sonrió y dijo:

– Mirándote, estoy segura que tendrás mucho éxito en este Rio de Janeiro. Basta querer. Cuando compres una mansión, ropa de moda, frecuentar algunos clubes, luego tendrás muchas mujeres a tu alrededor y amigos para escoger.

Él detuvo el carro. Habían llegado al restaurante. Después de sentarse a la mesa y de hacer el pedido, fue que él regresó al asunto:

– Lo que me dices es cierto. Y eso es lo que más me asusta.

– ¿Por qué?

– Quiero alejarme de gente interesada y falsa. Si quieres saber, creo que seguiré siendo un animal del monte en mi rincón.

– Así no podrás relacionarte bien. A mí tampoco me gustan ciertas personas ni sus futilidades. Pero generalizar es peligroso. Hay personas buenas, honestas y sinceras, como las que valen la pena convivir. Basta saber escoger.

– Lo sé. Daniel, Rubito y tú. Los dos como abogados han sido más formales. Pero cuando termine, seré feliz si me aceptan como amigo. En cuanto a ti, te confieso que siento más afinidad. Eres una persona verdadera. Dices lo que piensas. No tienes miedo de esos pequeños artificios que la mayoría de mujeres usan. Yo aprecio eso –. El camarero trajo la comida y estuvieron en silencio unos minutos. Después Alberto dijo:

– ¿Estás enamorada de Gabriel? – Lanira lo miró seriamente:

– ¿Por qué lo preguntas?

Dejó los cubiertos en el plato y mirándola a los ojos le respondió:

– Porque no puedo olvidar esa noche. El sabor de ese beso sigue quemando mis labios. Siento una gran atracción por ti y, no puedo negarlo, tengo muchos celos de Gabriel. Quiero saber si aun tengo una oportunidad.

– Entre Gabriel y yo no existe ningún compromiso. No niego que me gusta. Pero todavía no sé hasta qué punto.

Una sombra de tristeza pasó por el rostro de Alberto.

– Creo que llegué demasiado tarde. ¿Él ya se declaró?

– Me pidió en matrimonio, pero me negué.

– Así...

Aun no estoy lista para casarme. Tengo mis propias ideas sobre la vida familiar. No soy una mujer conformista como tantas otras. Quiero ser feliz, llevar la vida que me gusta, hacer lo que me parece que es bueno y ético sin que me importen las apariencias. En la sociedad esto es difícil. Entonces, no me casaré hasta que esté segura de mis sentimientos. El amor, la sinceridad son muy importantes para mí.

– Sabes lo que quieres, lo que es extraño en las chicas de hoy.

– La mayoría tienen la cabeza llena de ilusiones aprendidas en la sociedad. Esperan al príncipe azul y despiertan frustradas e infelices. Después llevan el matrimonio adelante con el miedo de confesar el propio fracaso. No quiero ser así.

– Nunca lo serás. Tienes ideas propias. En este caso...

– ¿Qué?

– Aun no estoy fuera de todo el juego. Vamos a brindar por eso – dijo sonriendo y levantando la copa de vino.

Cuando las copas se tocaron, Lanira no pudo evitarlo:

– Deberías sonreír más. Todo en tu rostro cambia cuando sonríes.

– Voy a intentarlo.

Después de hacer el brindis, Alberto no tocó más en el asunto. Empezó a hablar de Inglaterra, que consideraba como su segunda patria, y Lanira se interesó muy vivamente. Alberto era muy observador y un excelente narrador. Describió leyendas y costumbres y hasta algunas aventuras de la juventud. El tiempo pasó rápidamente, y cuando Lanira miró su reloj, eran más de las tres. Se asustó.

– Necesito irme.

– ¿Ya? Está tan bueno aquí.

– Es cierto. No sentí el tiempo pasar. Quiero saber si la policía encontró a los dos fugitivos. ¿No tienes que trabajar?

– Hoy es feriado en nuestra empresa. Están celebrando el aniversario de la fundación. Incluso hay una cena más tarde en la noche.

– ¿Tú vas?

Solo si me acompañas.

– Gracias, pero no puedo.

Él pagó la cuenta y se fueron. En el carro, Alberto dijo:

– Voy a pasar por la oficina de Daniel para ver cómo van las cosas. ¿Vamos allá?

Lanira pensó por un momento y respondió:

– Está bien. También quiero saber si hay algo nuevo.

Viéndolos entrar juntos, Daniel lo miró pensativo, pero los saludó con naturalidad.

– ¿Alguna novedad de los dos fugitivos? – Preguntó Lanira con interés.

– Aun nada. Parece que se evaporaron. Nadie consigue averiguar para dónde fueron –. El teléfono sonó y Daniel respondió:

– ¿Jonás? ¿Alguna novedad?

– Arrestamos al falsificador y lo interrogamos. Al principio lo negó, pero por fin dio el nombre y el apellido que colocó en el pasaporte de José Luís y su esposa. Dos hombres también están revisando las aerolíneas. Pronto sabremos a dónde fueron.

– Deben estar fuera del país.

– No estoy seguro. Además del pasaporte, el falsificador proporcionó otros documentos, que solo sirven para ser usados aquí.

– Quiere decir que todavía pueden estar aquí.

– Creo que es una posibilidad de remota. Él estaba con mucho miedo. Sabe que, por la extensión de sus crímenes, si es detenido nunca más saldrá. Debe haber deseado irse muy lejos.

– Es lo más probable. ¿Qué piensas hacer ahora?

– Si los nombres están en alguna lista de embarque, inmediatamente nos comunicaremos con la policía internacional. No descansaré hasta que pongamos las manos encima de ese criminal.

– Avísame si recibes otras novedades.

Daniel colgó y les contó cómo estaban las investigaciones. Después que acabó, Lanira dijo:

– Voy a llamar a Gabriel para darle la noticia.

– Ya me llamó hoy. Preguntó si estabas aquí.

– Iré a su oficina para hablar con él.

Ella se fue y Daniel notó la preocupación de Alberto y le preguntó:

– ¿Te preocupa algo?

– Sí. Siempre me pongo así cuando Lanira habla con Gabriel.

Daniel lo miró serio. Ya había notado que sus ojos brillaban cuando se fijaba en Lanira. No se sentía muy cómodo a su lado y desearía que no saliera con su hermana. No se contuvo:

– ¿Estás interesado en ella?

Alberto aguantó la mirada y respondió:

– Mucho. Si ella me ama, seré muy feliz.

– Ella es muy joven para un compromiso.

– Ni tanto. ¿Mi interés por ella te desagrada?

La actitud franca de Alberto lo dejó perplejo y te respondió:

– No se trata de esto. No niego que siento ciertos celos de mi hermana.

– Estoy siendo honesto –. Lanira volvió y se callaron.

– Laura no se encuentra bien y Gabriel está inquieto, nervioso. Se queda todo el tiempo al lado del teléfono. No creo que ni siquiera haya dormido bien. Atiende al primer timbre. Voy a tomar un taxi e ir hasta allí.

– Yo te llevo – dijo Alberto.

– No te preocupes.

Él iba a insistir, pero Daniel intervino:

– Déjala ir. Cuando se decide, nunca mira hacia atrás. Prefiero que vayas conmigo, hasta la estación de policía. Tenemos que hablar con Eleuteria. El comisario tiene un plan en mente y te necesita.

Alberto hizo un gesto de impotencia.

– Si es así, me rindo.

– Ya estoy yendo. Gracias por el almuerzo. Se saben de algunas novedades, llámennos allá –. Daniel lo prometió y ella se fue, dejando en el aire un suave aroma de su perfume.

Al llegar a la estación de policía, Daniel pronto se vio rodeado por varios periodistas. Todos querían conocer los detalles de las investigaciones en camino, involucrando la desaparición del Dr. José Luís y su esposa.

Daniel les pidió paciencia, diciendo que todavía se requería que la policía mantenga la reserva para no obstaculizar las investigaciones. Él prometió darles detalles tan pronto como se produjeran. El secuestro Alberto, quien decía ser Marcelo, el legítimo dueño de la fortuna, la detención del mayordomo de José Luís, la presencia de la niñera del niño en la comisaría siendo interrogada y principalmente la desaparición del médico indicaba que era culpable. Las informaciones se filtraran y se hicieron grandes en la prensa, teniendo algunos tabloides sensacionalistas publicando titulares llamativos y dramáticos. Les sacaron varias fotos a Alberto y Daniel cuando los vieron.

Entraron en la estación de policía y buscaron al comisario. Después de los saludos, Daniel consideró:

– Los periodistas están ávidos de noticias. ¿Crees que podemos hablar?

– Se quedan por aquí buscando novedades. No nos fue posible escondernos más. Creo que a esta altura ya podemos contarles la verdad – respondió el comisario –. La confesión de Boris es prueba suficiente.

– ¿De verdad crees que mataron a mis padres y a mi abuelo? – Preguntó Alberto.

– Así es. Aun considerando que no se puede confiar en Boris, yo creo que es verdad. La lógica nos conduce a esto. ¿De qué valdría alejarte solo a ti, si el dinero estaba aun en manos de la familia? Cuando José Luís hizo este plan, ya había pensado en acabar con todos los demás.

Alberto suspiró y se quedó pensativo. Fue Daniel quien añadió:

– Es difícil de creer que alguien pueda ser tan frío como para exterminar a personas de su familia por dinero.

– No me sorprende. En esta comisaría he visto de todo que hace mucho tiempo me hizo dudar de la bondad humana. Este es otro caso de crueldad entre los muchos que he visto.

– Yo mismo, después de lo que hicieron conmigo, nunca imaginé que habían cometido estos crímenes. Como ellos murieron todos en poco tiempo, confieso que algunas veces esa idea pasó por mi cabeza, pero al mismo tiempo la consideré imposible. Es triste tener que reconocer que esta tragedia le pasó a mi familia. Me siento solo. A pesar de haber ganado esta causa que era toda mi expectativa, la sensación de pérdida está muy viva dentro de mí.

– Puedo entender – dijo Marques –. Pero, por otro lado, si no hubieses llevado adelante tus investigaciones, nunca los hubiéramos desenmascarado. Seguirían disfrutando del nombre, el dinero y el poder que expoliaron.

– Dios salvó tu vida para que pudieses cumplir esta misión – dijo Daniel y los otros dos lo miraron admirados.

Marques consideró:

– Algunas personas creen en el crimen perfecto. Muchos le ellos la policía nunca consigue develar, permanecen ocultos de las leyes de los hombres. Pero ¿sabes qué? También creo que Dios tiene su manera de hacer justicia.

Alberto bajó la cabeza, pensativo. Sabía que, si descubriera muchas cosas, fue con la ayuda del espíritu de su abuelo. Esperaba que también lo ayudase a continuar cuando todo esto termine.

– Les pedí que me vieran aquí – continuó Marques – porque quiero que Alberto hable con Eleuteria. ¿Conseguirás recordar algo por ese tiempo?

– Recuerdo algunas caras, algunas cosas de aquel tiempo, pero detalles, no.

– Vamos hasta allá. Veremos qué pasa.

El comisario los condujo hasta la sala donde la niñera estaba detenida. El marido y el abogado estaban con ella. El comisario entró y dijo:

– Hay una persona que quiere verla.

Ella levantó la cabeza y sus ojos se encontraron con los de Alberto, que estaba al lado del comisario. Su rostro palideció, comenzó a temblar y no pudo articular palabra.

Alberto se le acercó, la miró y le dijo:

– ¿Cómo estás, Teia?

Ella se tambaleó y se aferró a la silla. Su abogado la obligó a sentarse.

– ¿Quién eres tú? ¿Qué está pasando aquí? – Preguntó.

– Ella sabe quién soy yo. Me reconoció, a pesar de no nos hemos visto en muchos años. La última vez yo tenía cuatro años, ¿no es así, Teia? ¿No era así que yo te llamaba?

– Yo... – tartamudeó o ella – no sé... No quiero verte. Vete.

– ¿Cómo pudiste hacer eso conmigo? ¿No te das cuenta del mal que le hiciste a los míos y a mí?

Ella levantó las manos como para alejarlo de su frente y gritó:

– Yo no quiero. Vete. Estás muerto. Alberico aseguró que habías muerto. Ese maldito.

– Cállate. No digas nada más – intervino el marido, asustado.

– No necesitas responder nada – intervino su abogado.

– Usted está obstruyendo la justicia – adujo el comisario –. Sepa que todo lo que dijo fue grabado. Ella tiene el derecho a confesar. Ella acabó de reconocer a este joven como siendo Marcelo, el niño cuya fortuna ella ayudó a expropiar.

– Ella está abatida emocionalmente. Nunca fue arrestada en una comisaría. De hecho, aquí está habiendo un abuso. Ella fue detenida indebidamente.

– Hay una orden judicial. Ella no apareció para prestar declaraciones. Se le detuvo por eso.

– En cualquier caso, no tiene que decir nada, ni hablar con nadie. Solo presentarse ante el juez.

– Yo quise hablar con ella – declaró Alberto –. Quería ver si podía reconocerla. No solo la reconocí, sino que también ella me identificó. Ahora tendrá que contar claramente todos los detalles de cómo mataron a toda mi familia.

Eleuteria lo miró sorprendida:

– Yo no sé. Juro que no sabía que iban a hacer eso.

– Pero estuviste de acuerdo en que Alberico acabara con la vida del niño. ¿No es verdad? – Dijo el comisario mirándola a los ojos.

– Déjenme en paz. No diré nada más.

Marques guardó silencio unos segundos y luego dijo con voz tranquila:

– Estamos todos aquí ahora. Para la víctima, la culpable y los abogados. Aprovechemos este tiempo e intentemos aclarar mejor este caso. Se ella confiesa todo y facilita la acción de la justicia, esto será llevado en consideración. Su pena puede reducirse. Como su abogado, sabe que no hay otro camino. La evidencia es muy convincente, y negarla es imposible. Entonces, lo mejor que tiene que hacer es aconsejar a su cliente que diga la verdad y que asuma su parte de la responsabilidad.

Eleuteria miró a su abogado, quien consideró:

– Ustedes me contaron una historia diciendo que eran inocentes. Estoy viendo que no me dijeron la verdad. El comisario tiene razón. Es mejor contarlo todo. Yo prometo hacer lo que pueda para ayudarla.

Eleuteria rompió a llorar y se cubrió el rostro con las manos.

– No quise hacer eso. Me obligaron. Parecía algo simple y fácil. Hicieron todo, trajeron el cuerpo. Solo di mi consentimiento y sí, simulé el accidente. Yo no lo hice por maldad.

Alberto sintió que el estómago se le revolvía y salió de la habitación. Daniel habló con la defensa, que pedía que la liberasen hasta el día del juicio. Cómo era una rea primaria, ellos estarían de acuerdo mientras que ella firmara una confesión completa.

María Alice llamó a Josefa, quien respondiera rápidamente. Después de los saludos, dijo:

– Lanira y Daniel me dijeron que han estado en tu casa. Necesito mucho hablar contigo. ¿Podrías recibirme?

– Claro. Mi casa siempre está abierta para ti. ¿Te gustaría tomar el té conmigo esta tarde?

– ¿Hoy? Había pensado en ir mañana.

– ¿Tienes algún compromiso hoy?

– No.

– Entonces ven. Te estaré esperando.

Colgó y miró su reloj. Eran un poco más de las dos, había tiempo. António bajó como escaleras. Había tomado un baño y olía a lavanda. Estaba muy bien vestido. Viéndola, dijo apresurado:

– Qué vida la mía, nunca puedo descansar en casa.

– ¿Vas a salir?

– Me llamaron de la oficina. Tengo que ir ahí. Hay un problema impostergable que resolver.

María Alice no respondió. Las palabras de la carta anónima vinieron a su mente y ella sintió un apretón en su corazón. Necesitaba hacer algo para no explotar, sentía que no podía aguantar más esa situación.

Él se fue y ella ordenó al chofer que sacara el auto, se arregló y fue a la casa de Josefa. Sentía su pecho oprimido, mucha tristeza y un poco de vergüenza. ¿Cómo sería recibida? Después de todo lo que ella le hiciera, Josefa tenía todo el derecho de tratarla con frialdad. Si eso sucediera, se iría a casa sin decirle el propósito que la llevara hasta allá.

Josefa la recibió con cariño. La abrazó como si siempre hubiesen estado juntas, y esa actitud inesperada provocó fuertes sentimientos en María Alice Avergonzada, luchó para controlarse a sí misma.

Sentadas en la comodidad de la sala, teniendo en frente una taza de té y delicadas galletas, Josefa confió:

– Estoy muy feliz que hayas venido a verme. Eres mi única hermana y siempre te admiré.

– Qué amabilidad la tuya. Reconozco que tenía prejuicios contigo respecto a la religión. Daniel y Lanira me dijeron que han venido para acá y que los has ayudado.

– Ellos me vinieron a buscar. Sabes que respeto tus creencias.

– Lo sé. De repente sentí deseos de hablar con alguien en quien pudiese confiar. Me siento rodeada de personas indiferentes y falsas. Estoy experimentando algunos problemas delicados. No tenía a quién recurrir.

– Continúa – pidió ella.

– Descubrí que mi vida ha sido una decepción. Que la sociedad es falsa e interesada, que no hay amistad ni amor de verdad.

– Estás muy amargada.

– ¿Cómo no estarlo si todo en lo que siempre creí no pasaba de una mentira?

En esta etapa de mi vida, mis hijos ya no me necesitan, mi esposo no es el hombre que me gustaría que fuese. No tengo forma de seguir viviendo. Estoy sintiéndome deprimida, agotada.

La voz de María Alice era trémula y las lágrimas que ella intentaba contener caían por fin. Josefa sacó un pañuelo y se lo entregó a ella sin decir nada. Ella lo cogió y trató de secarse los ojos, pero fue inútil. Las lágrimas brotaban como cataratas y ella temblaba de vez en cuando era estremecida por los sollozos.

Cuando finalmente se detuvo, Josefa le ofreció té o le dijo con firmeza:

– Bebe. Te sentará bien.

Ella cogió la taza con las manos temblando y bebió algunos tragos. Josefa continuó:

– Bebe todo.

Ella obedeció y poco a poco se fue calmando. Colocó la taza sobre la mesita y dijo:

– Disculpa, no pretendía hacer una escena. Estoy fuera de control. Esto no acostumbra a pasar conmigo.

– No te critiques. Tienes derecho a llorar tus decepciones, a expulsar las energías que te oprimen.

– Tienes razón. Me sentía abrumada, engañada. Lo que más me maltrata es pensar en cómo pude engañarme tanto, cómo pude hacer de mi vida una cosa inútil y aburrida.

– No te culpes por nada. Todos nos engañamos. Y cada ilusión siempre trae dolor. La hora de la verdad, llega tarde o temprano. Mientras tanto, pienso que es mejor convivir con la verdad que con una mentira.

– Una verdad puede ser peor que una mentira. Por no admitirla, terminé sumergiéndome más en la falsedad y en el juego de la apariencia.

– Lo que todavía llamas de verdad sigue siendo una ilusión. Nos engaña el deseo que las personas amamos sean de la forma que nos gustaría que fueran. Esperamos que se comporten como queremos, deseamos lo que ellas no nos pueden dar. En este juego, no vemos el lado verdadero y perdemos hasta lo que ellas de hecho nos podrían ofrecer.

– En mi caso, eso no es todo. Sé perfectamente lo que António tiene para ofrecerme. Y esto ya no es suficiente. Después de muchos años de vida en común, lo miro y solo veo indiferencia, deshonestidad, vanidad, ansia de poder, irreflexión, falta de amor. He vivido engañada pensando que solo yo sabía que António era esto, pero descubrí que de nada servía mantener las apariencias pues ya todos saben tanto como yo como él es un falso y mentiroso.

– ¿No estás siendo demasiado dura con él?

– No. Él hace promesas electorales que nunca pensó en cumplir, usa el poder para beneficiar sus intereses personales, hizo de su secretaria una amante con la que desfila por todas partes y nunca se interesó mucho por los hijos. Recibí una carta anónima, llamando mi atención para la pasividad que he demostrado soportando esta situación.

– La gente se apresura a juzgar cuando el problema no les afecta.

– Lo reconozco. Pero hace mucho perdí el entusiasmo por vivir. Me he obligado a hacer las cosas, sin placer ni motivación. Es como si mi alma estuviese muerta. Eso me asusta. Me he estado sintiendo muy sola. Hay un vacío dentro de mi pecho que no consigo llenar.

Josefa le tomó las manos con cariño diciendo:

– Tu alma está más viva que nunca. Ella está llamando tu atención para lo que es verdadero y justo. Te estás dando cuenta de la precariedad de ciertos valores aprendidos en la sociedad. Estás madurando y percibes que hay sentimientos más importantes y verdaderos. Tu corazón se está abriendo, tienes sed de verdad. Las futilidades ya no sirven más, quieres cosas que alimenten tu alma, que a su vez te devuelvan tu dignidad. Quieres ser íntegra y fuerte.

– De hecho. Es eso lo que siento. Pero no es lo que soy.

– Eres lo que quieres ser. Si no te gusta como has sido hasta ahora, es solo querer cambiar. De aquí en adelante puedes ser como crees que debes serlo. La decisión es tuya.

– Hablas como si fuera fácil. No es así.

– Así es. Elige ser verdadera, haz de tu vida un libro abierto. Encara tus miedos y enfréntalos. Di lo que sientes y no te quedes esperando la recompensa de nadie. Recuerda que quieres satisfacer tu espíritu. No toleres nada en tu vida nada que te oprima. Valora tu dignidad.

– No puedo salir por allí diciéndole a los otros todo lo que pienso de ellos.

– Eso no es lo que dije. De hecho, decir lo que piensas de los otros no va a mejorar tu vida. Déjalos en paz. Cada persona es responsable de su propio destino, no tienes que cuidar la justicia del mundo. Dios siempre lo ha hecho muy bien, tienes que cuidar de ti misma. Dar fuerza a tus sentimientos. No aceptar situaciones que te opriman. Posicionarte y decir lo que te incomoda, sin culpa o resentimiento.

– Si hago eso, estaré solo. Todos me abandonarán.

– Te equivocas. Los que viven en la mentira ciertamente se alejarán. Pero los que se identifican con tu actitud, respetarán tu dignidad, tendrán el placer de aproximarse a ti. Y, en ese caso, te van a ofrecer sinceridad, amor, cariño, amistad. Nunca tuve niños, me quedé viuda, pero vivo rodeada de personas bondadosas y sinceras que me estiman y me respetan. Nunca me siento sola, créeme.

María Alice, solo atraerás a personas dignas a tu vida cuando valores tu propia dignidad.

– Dices cosas que nunca antes había escuchado. Confieso que me asustan un poquito más, pero al mismo tiempo me ha hecho mucho bien. Siento como si de repente tuviese una esperanza.

– Eso mismo. Estoy segura que aun verás la vida como ella realmente es. Una gran oportunidad para aprender, vivir y ser feliz.

– La felicidad es algo que no conozco.

– Estoy segura que ella está ahí, dentro de ti. Llegará el día en que la encontrarás. Es solo cuestión de tiempo.

Las dos continuaron conversando y María Alice se fue sintiendo cada vez mejor. La tarde fue finalizando, ellas continuaron charlando entretenidas y la penumbra del fin de la tarde y conspiraba transformando aquel momento, para ellas, en mágico e inolvidable.

CAPÍTULO 22

Daniel llegó eufórico a la oficina buscando a Rubito:

– Pasé por el foro antes de venir acá. El juez dictó sentencia favorable ¡Ganamos la causa!

Rubito saltó de su silla y gritó:

– ¡Viva! ¿Leíste la sentencia?

– Sí, la leí. Mandé sacarle una copia para nosotros. Aquí está. El juez reconoció a Alberto como Marcelo Camargo de Melo, legítimo y único heredero de todos los bienes de su familia que deben pasar a sus manos inmediatamente. Determinó la prisión de José Luís Camargo de Melo y pidió celeridad a la investigación policial para responsabilizar a los demás implicados, así como una completa investigación de las muertes de António Camargo de Melo, su hijo Cláudio y su esposa Carolina.

Rubito sostenía el papel con las manos trémulas. La emoción era enorme. Esta victoria representaba mucho para ellos en todos los aspectos.

– Después que llegué del almuerzo, la prensa llamó. Deben haber tomado conocimiento de la sentencia.

– Tan pronto como llegué allí, me di cuenta que había sucedido algo. Algunos colegas estaban más amables que de costumbre.

– Ahora somos famosos. Querrán acercarse.

– Tenemos que hablar con Alberto.

– Alberto murió hoy. Ahora solo existe Marcelo. Tenemos que acostumbrarnos.

– Es verdad.

– Tenemos que preparar la documento para que el reciba lo que le pertenece.

– Hacer un levantamiento de los bienes.

– Tememos mucho trabajo por delante. Necesitamos comenzar con la sucesión intesta del Dr. Antônio Camargo y un levantamiento de los bienes del Dr. José Luís. Él tiene hijos y quienes son herederos legítimos de todos los bienes que él posee que no provenían de la fortuna del Dr. Camargo.

Daniel estuvo pensativo por unos momentos, luego dijo:

– Hace más de un mes que se escapó y hasta ahora no tenemos ninguna noticia. Parece que se los ha tragado la tierra.

– El falsificador pudo habernos entregado los nombres equivocados que hizo para él. Incluso entre los bandidos hay un cierto código de honor al que obedecen y que les sirve como garantía que nunca les faltará el trabajo.

– Con los nombres que él dio, fueron comprados dos pasajes aéreos a Roma en aquella fecha. Pero hasta hoy nunca se usaron. Si fueron ellos, no viajaron. A menudo llego a pensar que murieron.

– Si eso fuese verdad, sería más fácil encontrarlos. Deben estar escondidos.

– Voy a llamar a Alberto o Marcelo. En primera instancia, deberá solicitar sus documentos de identidad.

– Este es el primer paso. Voy detrás de la sucesión intesta. Debe estar con José Luís.

– Habla con Gabriel y aprovecha para darle la noticia.

– Esta es una misión que no me gusta en absoluto. Veremos cómo reacciona.

– Él sabía que sería así. Será peor para Laura. Ella nunca aceptó los hechos. Vive en rebeldía. Si al menos apareciese doña María Júlia...

Ella podría delinear la situación y consolar a los hijos. A pesar de lo que sucedió, yo continúo pensando que ella es todavía otra víctima de la maldad de su marido.

Daniel llamó a Lanira y le contó las novedades. Ella guardó silencio por unos momentos. Él preguntó:

– ¿Escuchase lo que dije?

– Lo oí. Estoy contenta. Finalmente ganamos, pero estoy pensando en Laura y Gabriel.

– Yo también. Por eso te llamo. Rubito fue hasta allá en busca de unos documentos que vamos a necesitar y va a hablar con ellos. Sería bueno que estuvieses allí para darles fuerza.

– Está bien.

Colgó y María Alice, que escuchara parte de la conversación, preguntó:

– ¿Salió la sentencia?

– Sí. Alberto fue reconocido oficialmente como Marcelo.

– ¡Finalmente! ¡Daniel y Rubito tenían razón! ¡Vencieron!

– Voy a ver a Gabriel y Laura.

– ¿Quieres que te acompañe?

– No madre. Pueden sentirse incómodos en tu presencia.

Después que Lanira se fue, María Alice se sentó en la sala pensando en la cara que su marido pondría cuando se enterase. Menospreciara a los muchachos y ahora tendría que admitir que estaba equivocado. Nunca admitía sus propios errores. Era pretencioso y débil.

Habían pasado tres semanas desde su primera visita a Josefa y María Alice sintió que había cambiado mucho. Llegó allí desesperada, pensando que no había una solución para su vida, que de allí en adelante solo le quedaba la vejez, la soledad y la tristeza, y saliera completamente transformada.

Josefa le hiciera percibir que los hechos de su vida que tanto la angustiaban eran un resultado de las decisiones que había hecho, de las actitudes que tuviera y que, si las modificara, todo cambiaría.

En un principio, María Alice no creyera mucho en esas afirmaciones, pero sus palabras no abandonaron su pensamiento. Una vez en casa, pensando y revisando su pasado, vio claramente cómo bloqueara sus sentimientos y se convirtiera en una mujer fría, prisionera de las apariencias.

A partir de ese día, María Alice comenzó a ir a casa de Josefa después del almuerzo y se quedaban conversando el resto de la tarde. Ella expuso sus dudas y su hermana la esclarecía de tal manera que ella se rendía.

Entonces, poco a poco fue cambiando su forma de ser. Ya no sentía placer en dar las fiestas y el marido se quejaba que ella estaba diferente, que no se interesaba más por su éxito político.

Habiendo vuelto a casa antes que ella en algunas oportunidades, quedó intrigado porque ella no le decía a dónde había ido. Antes, él sabía todos sus pasos. La costurera, el peluquero, el dentista, la visita a las esposas de los amigos.

Si él no tuviese confianza absoluta en su honestidad, estaría preocupado con sus salidas. Por otra parte, sentía que su mujer no era más la misma. Había algo en su mirada que lo incomodaba; no obstante, ella continuaba tratándolo con la misma atención de siempre.

Le confió a Alicia:

– No sé qué es, pero María Alice no es la misma. Está diferente.

– Yo lo sentí. De la manera en que me habló ese día... tenía miedo que sospechara de algo.

Él sonrió y consideró:

– No es nada de eso. Ella está diferente. Vive abrazada a Lanira... Nunca fue eso. ¡Incluso salen juntas! Lanira es tan cuerda con ella que hasta me asusta.

– En cualquier caso, es mejor tomarlo con más cuidado. Si tus hijos lo descubrieron yo desaparezco. No lo soportaría.

– No seas tonta. Ni siquiera digas una cosa así. ¿Qué sería de mi vida sin ti?

Sin embargo, María Alice, a cada día que pasaba reconocía cuánto se había engañado todos esos años. Josefa la había hecho comprender que cada persona es lo que es y que no merece la pena atormentarse por las debilidades y los errores de los otros.

Comprendía que no estaba en sus manos modificar el temperamento de su marido. Solo él podría hacer eso, si quisiese.

Lo que necesitaba decidir era si quería seguir viviendo a su lado de allí en adelante. María Alice sabía perfectamente lo que podía esperar de él. Lo conocía tan bien que sabía exactamente lo que haría en tal o cual caso.

Comenzaba a pensar que tenía el derecho de escoger como deseaba vivir. Sus actitudes la incomodaban por estar en contra de sus principios. Su forma de hacer política era engañosa. Adulaba a las personas por interés, y ahora María Alice no se sentía más dispuesta a hacer eso.

Quería vivir de una manera más sencilla, más sincera, cultivar la amistad de las personas que le eran simpáticas y con las cuales se sentía bien. Las futilidades, los comentarios maledicentes, incluso los chismes de gente famosa le eran desagradables.

María Alice descubriera que tenía dentro de sí sentimientos elevados y sentía que ellos la alimentaban. No se contentaba más con las frases de conveniencia. El intercambio de cariño con Josefa le había hecho percibir que las relaciones podrían ser más sinceras. Que había buenas personas, confiables y dignas, con las cuales sería gratificante estrechar los lazos de la amistad. Aunque Josefa la invitó a participar en una sesión espírita, no estaba segura si quería eso. Lo que sabía era que no tenía ningún sentido contemporizar con su marido.

No se sentía con fuerzas para tomar una decisión. Josefa le había aconsejado que dejara que las cosas siguieran su curso normal. Esto era lo que María Alice estaba haciendo.

Esa noche, cuando el diputado llegó al final de la tarde, inmediatamente dijo:

– ¿Viste los periódicos? Este mundo está de patas para arriba. ¡Daniel ganó esta causa!

– Lo sé. Lanira fue a casa de Gabriel y Laura a consolarlos.

– ¿Lanira? ¿Cómo puede ser esto? Ellos la masacrarán.

– Desde que José Luís se escapó llevando a María Júlia, están inconsolables. Lanira los ha visitado –. António se sentó en el sillón de la sala de estar y se pasó la mano por el cabello:

– Nunca imaginé que lo podrían conseguir.

– La mentira tiene las patas cortas. La verdad siempre aparece.

António miró a su esposa un poco asustado. ¿Alicia tendría razón?

– ¿Sería que él era culpable? ¡Parecía tan buena persona!

– Las apariencias engañan. Por lo que sé, además de ladrón, es un asesino. Mató a toda la familia por el dinero.

– Estas exagerando. No lo creo. Solo porque desapareció, ahora todos lo acusan.

– Boris lo confesó todo. ¿No lo sabías?

– Pareces muy bien informada. ¿Por qué nunca me lo dijiste?

– No tuve ganas.

– Antes siempre me contabas todo.

– ¿Estás seguro? – António la miró con seriedad.

– ¿Por qué dices eso? ¡Tú eres mi esposa! – María Alice lo miró a los ojos y dijo con voz tranquila:

– Todavía lo soy, por lo menos, en el papel.

– No entiendo. De hecho, de un tiempo a esta parte estás cambiada. ¿Estás enferma?

– Nunca he estado tan bien. Ahora estoy volviendo a la normalidad.

– No parece. Siempre has sido sensata, reflexiva, ponderada, interesada en el bienestar de nuestra familia. Ahora dices cosas sin sentido, no eres más la misma, tengo la impresión que me estás observando. Eso me incomoda. Además, la semana pasada te negaste a ofrecer la cenar a los Andrade. Él es mi mano derecha con el electorado.

– No me gusta su conversación. Guillermina tiene la lengua más viperina y malvada de todo Rio de Janeiro.

– Tampoco muero de amor por ellos, pero hay que cultivar esta amistad. Él tiene un gran contingente de votos.

María Alice lo miró seriamente y dijo con naturalidad:

– Si cumplieses tus promesas electorales, no tendrías ninguna necesidad de él. Tendrías muchos más votos de los que él puede ofrecer.

António se levantó enojado:

– ¿Qué es esto? ¿Estás en mi contra?

– Por el contrario, estoy a favor. Fuiste elegido, pero nunca cumpliste ninguno de tus promesas de campaña. Si quieres actuar así, es un problema tuyo, pero si necesitas de los votos de los votantes y quieres cumplir el mandato que te dieron, por lo menos hay que cumplir lo que prometes.

– ¡No puedo creer que me estés cobrando! Tú, mi propia esposa. ¿Cómo puedes hacer conmigo? Solo puedes estar enferma.

– Estoy muy bien. Solo que me cansé de fingir, de soportar a personas desagradables, cuyas ideas me aborrecen, solo para ser amable contigo. Basta de mentiras de conveniencia. Ellas me deprimen y me hacen infeliz. Ya no quiero eso para mí.

– ¡No puedo creer eso! Creo que se debería programar una cita urgente como el Dr. Edilberto.

– Tal vez tú necesites un psiquiatra más que yo. Tú y tu secretaria de mentira.

– Alicia es una excelente secretaria. No seas injusta con ella.

– No pretendo implicarme en tu vida privada nunca más. Eres libre para escoger tu propio camino. Corteja a tus comensales como quieras, pero no cuentes más conmigo para eso. Ofrece tus fiestas en un club, lleva a tu secretaria para que te ayude, pero en mi casa no pisan más.

– Te estás precipitando. Sucedió algo. No puedes haber cambiado repentinamente de esa manera. Estás declarando una guerra y yo estoy por la paz.

– Te equivocas. Estoy trabajando en nombre de mi paz. Es diferente. Mientras tú vives como te gusta, yo me obligaba a representar un falso papel, sin placer ni dignidad. No pretendo obligarte a pensar como yo ni a hacer lo que yo hago. Vive como quieras. Pero estoy decidida a cambiar mi vida por otra cosa mejor, y eso nadie me lo va a impedir. Ahora es mejor que te vayas a dar un baño y luego serviremos la cena La semana previa antes que dicho.

António iba a responder, pero cambió de idea. Subió las escaleras para darse una ducha y, por más que quisiera no conseguía olvidar lo que María Alice había dicho.

Cuando Lanira llegó a la casa de Gabriel, Rubito ya estaba allí hablando con ellos en la sala. Al verla, Gabriel se puso de pie para abrazarla. Estaba pálido y más delgado.

– Parece que está consumado – dijo Gabriel tratando de sonreír. Laura lo miró y no dijo nada. Se veía que estaba molesta. Lanira se apresuró a abrazarla diciendo:

– Lo siento por ustedes.

– Esto tendría que pasar tarde o temprano – dijo Gabriel –. Lo que me preocupa es su desaparición.

– Tú solo piensas en mamá. Aun pienso que papá es inocente. Está siendo víctima de una trampa. En cualquier momento va a aparecer y demostrarles que están equivocados –. Gabriel abrazó a Laura y respondió:

– Ojalá fuera cierto, pero no lo es. Nuestro padre es culpable, lamentablemente. Quería que nos explicaras, Rubito, qué nos pasará ahora.

– Bueno, necesito hacer un aumento de todos los bienes de tu familia, así como los que recibió de la herencia del Dr. Camargo. Debo aclarar que Marcelo solo tiene derecho a lo que le pertenecía a su abuelo. Sabes que los bienes que tu padre tenía antes que eso son suyos.

– Hasta donde yo sé, no era rico – dijo Gabriel.

– Tenemos que valorizar todo. Como tu padre está desaparecido, me gustaría que me ayudases a encontrar esos documentos. Quizás estén en su escritorio. Si lo encontramos, la sucesión intestada del Dr. Camargo, será más fácil.

– No tengo idea de dónde mi padre guarda esos documentos. Podemos ir a la oficina.

Laura se levantó ella misma:

– Creo que está muy mal que permitas que él tenga acceso a los documentos de papá en su ausencia. Para eso, necesitaría un mandato.

– Cálmate, Laura – Rubito se dio la vuelta –. Si lo crees pertinente pueden invitar a otro abogado para que se ocupe de sus intereses y los represente en la corte.

– A papá le agradaba el Dr. Eugênio. Vamos a llamarlo.

– El Dr. Eugênio desistió del caso, Laura. Prefiero que Rubito y Daniel cuiden de todo.

– Pues yo no. Yo no quiero que se metan con los documentos de papá. Voy a buscar a un abogado de mi confianza. Por su culpa estamos pasando por todo esto. ¿Cómo puedes darles crédito, Gabriel?

– Si es así, es mejor esperar por la policía – dijo Rubito –. Podríamos hacerlo de una manera más amigable, amena... Saben como es, la policía viene con un mandato y siempre actúa de manera más dura.

– Laura, no seas una niña. Los investigadores ya miraron todo y no encontraron nada importante. Buscaron pistas de la fuga. Ahora necesitamos documentos. Vamos juntos a la oficina a ver lo que existe allí. No haremos nada sin que lo sepas.

– Está bien. Vamos allá. Pero Rubito no se llevará ningún documento sin que yo sepa.

– Mantén la calma. No tenemos ninguna intención de perjudicarlos. Vamos a cumplir la ley y hacer lo que es de derecho.

Fueron a la oficina y comenzaron a buscar. Gabriel había roto los seguros de los cajones del escritorio y todavía estaban abiertos. No encontraron ningún documento importante en ellos. Miraron los armarios y no encontraron nada de interés tampoco.

– Solo falta la caja fuerte, pero no sé la combinación – dijo Gabriel.

Rubito tomó el pomo de la puerta y giró. La caja fuerte estaba abierta y vacía. Estaba claro que José Luís no dejara ningún documento importante. Se preparó cuidadosamente para el escape y los guardaría en un lugar seguro.

– ¿Lo están vendiendo? – Laura estaba triunfante –. Él no tiene nada que lo comprometa. Hasta la caja fuerte estaba abierta.

– Él se llevó el dinero y lo que había en ella – dijo Gabriel.

– Bueno, busquen en su cuarto o en el resto de la casa, pero no creo que encuentren nada.

– ¿Y ahora? – Preguntó Gabriel.

– Tendremos que buscar en los registros inmobiliarios. Voy a buscar al Dr. Eugênio, él nos puede informar de eso.

– Me preocupa esta casa. Quizás tenía que entregársela a Marcelo. Me gustaría quedarme aquí algún tiempo más. Mamá puede dar noticias. Si nos mudamos, ella no sabrá dónde estamos.

– No te preocupes, Gabriel. Ni siquiera sabemos si esta casa está involucrada. Pero, aunque lo sea, aun va a demorar. Las decisiones legales necesitan un tiempo para ser cumplidas.

– Marcelo está muy agradecido por lo que tu madre hizo por él. Estoy seguro que hará todo para ayudarlos – dijo Lanira.

– Ustedes hablan de este aventurero como si fuese Marcelo.

Gabriel se acercó a Laura, puso como manos en sus hombros y la miró a los ojos diciendo con voz firme:

– Laura, necesitas aceptar que papá es culpable. Sé que es difícil para ti, que la imagen que tenías de nuestros padres se derrumbó. Pero no querer ver la verdad puede lastimarte aun más. Nunca te lo dijimos, pero mamá lo confesó todo. Me contó detalles sobre cómo le salvó la vida a Marcelo y se fue a Inglaterra manteniéndolo, sin que nadie lo sepa.

– Si lo que dice es verdad, ella lo sabía y se quedó callada. Es tan culpable como él.

– Ella fue amenazada, tuvo miedo. ¿Nunca notaste cuánto Boris mandaba en esta casa?

Laura no respondió, sus ojos se llenaron de lágrimas. Gabriel la abrazó con fuerza y continuó:

– Tenemos que encontrar a mamá. Estoy seguro que corre peligro –. Gabriel sacó un sobre de su bolso, lo abrió, recogió un papel que María Júlia le había dejado el día que se escapó y se lo mostró a su hermana. Lo leyó y volvió a abrazar a su hermano, diciendo angustiada:

– Y ahora, Gabriel, ¿qué será de nosotros?

– Pase lo que pase, estaremos juntos. Somos jóvenes, podemos trabajar, rehacer nuestras vidas de una manera clara y limpia.

– ¡Qué vergüenza! ¡Todos nuestros amigos nos despreciarán!

– Nosotros no hicimos nada. No somos responsables de lo que papá hizo. Aquellos que no sepan separar las cosas no merecen nuestra amistad. Ahora, Laura, vamos a saber quiénes son nuestros verdaderos amigos.

Laura miró a Lanira, cuyos ojos estaban llenos de lágrimas, y dijo:

– Disculpa, Lanira. No nos has abandonado.

– Ni los abandonaré. Pueden contar conmigo. Estaré a su lado para lo que sea necesario.

– Me tengo que ir ahora – dijo Rubito –. Pasaré por la comisaría e informaré al Dr. Marques que no encontramos los documentos aquí. Puede ser que todavía envíe a alguien a visitarlos. Quiero ver si evito eso.

– Gracias, Rubito. Aproveche la oportunidad para preguntar si apareció alguna pista.

– Jonás está trabajando en el caso. Él los encontrará.

– Y eso es lo que me importa. Si algo le pasa a mi madre, nunca me lo perdonaré.

– No tienes la culpa de nada.

– Se aprovechó de mi ausencia. Debería haberme quedado a su lado todo el tiempo. Nunca debería haberla dejado sola.

Rubito le tendió la mano a Gabriel diciendo:

– Si sé de algo llamo inmediatamente. Cálmate. De esa forma terminarás enfermo.

– Yo también lo creo. Voy a quedarme por aquí y cuidar de estos dos de verdad. Vas a ver que ni comieron – añadió Lanira.

– No tengo hambre – dijo Laura.

– Con hambre o sin ella, necesitan alimentarse. Voy a buscar algo y ustedes tendrán que comer.

Gabriel miró a Lanira y había tanta ternura en sus ojos que se estremeció. En esos días Gabriel evitara hablar de sus sentimientos con relación a ella. Nunca más tocó el asunto.

Por otro lado, Alberto la llamaba diariamente invitándola a salir. Junto a él, Lanira sentía bien. Poco a poco él se fue sintiendo más cómodo y perdió esa reserva que le era peculiar.

Cuando estaba a solas con ella se ponía alegre, comunicativo, delicado, mostrándose de una manera muy diferente del Alberto que había conocido en la oficina de Daniel. Poco a poco, Lanira fue percibiendo el lado romántico y cariñoso que intentaba ocultar cuando estaba con otras personas. A veces, ella se quedaba pensando cómo sería si aquella tragedia no hubiese amargado su vida.

Percibía que cada día parecía más interesado en ella. Sintió deseos de posicionarse, de evitar una relación. Pero al mismo tiempo su presencia a su lado la atraía. Si lo empujase lejos, estaba segura que él la dejaría. No quería que eso sucediera. La tragedia de su vida, lo convertirá en desconfiado y cerrado. Sentía que ella era la única persona con la que él comenzaba a mostrarse más confiado y abierto. Rechazar su afecto lo llevaría de regreso a sus viejas actitudes haciéndolo solitario e infeliz. Lanira estaba confundida. De un lado estaba Gabriel, experimentando un drama familiar. Sabía que no hablaba más de sus sentimientos debido a la situación. Estaba avergonzado de no ser capaz de ofrecerle un nombre limpio, ni una buena condición financiera.

Él tenía un alma noble y aunque se hubiese callado, Lanira sentía que cada día él la amaba más y más. La manera cómo la miraba o le hablaba era más convincente que las palabras.

A ella le gustaba mucho. Pero no sabía hasta qué punto. Era una mezcla de ternura y deseos de consolarlo. Le impresionaba el amor que sentía por su madre, y la manera correcta y valerosa con la que enfrentaba todo.

Con Alberto era una especie de desafío. Su personalidad la atraía fuertemente. Cuando él le contaba algo, ella se quedaba encantada, presa a sus palabras, a las expresiones de su rostro, a las emociones que se reflejaban en él cuando se entusiasmaba. Él la había besado algunas veces deseando mayor intimidad, pero Lanira lo esquivara delicadamente. Temía dejarse llevar por las emociones y confundir aun más sus sentimientos.

Pasó como Gabriel, no se arrepentía. Fue una buena experiencia. Pero con Alberto tenía miedo de involucrarse. No se sentía con fuerzas de tomar ninguna decisión. Por supuesto, si tuviese que escoger entre los dos, no sabría qué hacer. Necesitaba dejar el tiempo pasar para averiguarlo.

Rubito llegó a la comisaría y colocó al comisario a la par de su diligencia.

– Él tuvo tiempo para esconder todo tratando de frenar la acción de la justicia – dijo Marques –. No lo va a conseguir. Se dictó prisión contra Eleuteria. Para cerrar la investigación, solo falta el careo que haremos de ella con Boris; después de las declaraciones de Pola, su amante, que fue notificada. Ella vendrá hoy por la tarde e intento presionarla diciendo que ellos ya confesaron su participación.

– Me gustaría asistir.

– Puedes escuchar en la otra habitación. Yo no quiero que ella te vea.

Un policía llegó y les avisó que Alberto había pedido hablar con ellos.

– Hágalo entrar. Es bueno que se quede con Daniel y escuche también el interrogatorio –. Luego de los saludos, Alberto y Daniel se dirigieron al lugar indicado, donde ya había un operador y un policía para grabar todo. En unos momentos, se inició la conversación entre el comisario y Pola. Él alegó que no servía de nada negar, que Boris ya había confesado.

– No puede ser. No podría haber dicho una mentira.

– Afirmó que quien hacía los depósitos de dinero todos los meses en la cuenta de Eleuteria eras tú.

– Yo no niego eso. Pero realmente no sabía la verdad. Me dijo que era un subsidio que su empleador envió a una antigua empleada porque le prestara grandes servicios. Yo le creí.

– Te convertiste en cómplice de los delitos que ellos cometieron.

– Juro que no sabía nada. Él me pedía hacer eso alegando que no tenía tiempo para ir al banco, y yo lo hacía. Yo no tengo nada que ver con esta historia que ocurrió antes que yo conociese a Boris.

– ¿Hace cuánto tiempo que mantienes una relación con él?

– Quince años.

– En sus declaraciones dijo que eras su confidente.

– Me contó algunas cosas sobre la guerra, pero su jefe me contó de los negocios de su patrón.

Tocaron a la puerta y, a la orden del comisario Jonás, entró:

– Esta mujer miente – dijo con voz firme.

– No lo estoy. Juro que estoy diciendo la verdad.

– Estuviste con Boris en Italia cuando los padres de Marcelo murieron en aquel accidente de barco. O, mejor dicho, Boris se hospedó en el mismo hotel donde ellos se quedaban y tú fuiste unos días antes y te empleaste como mucama.

Pola estaba pálida y empezó a temblar. Jonás continuó:

– De nada sirve negarlo. Los descubrimos a todos. Es mejor que cuentes cómo planificaron la muerte de la pareja. ¿Quién fue que preparó el barco para la explosión?

Pola cerró la boca y mirándolos enojada dijo:

– Pueden hablar lo que quieran. No diré una palabra.

A partir de ahí, no respondió a ninguna pregunta. Marques ordenó que la llevasen detenida y la puso en una habitación cerrada. Daniel y Alberto buscaron a los otros dos:

– ¿Es cierta esta historia que contó? – preguntó Daniel a Jonás.

– Sí. Hace algún tiempo, hicimos contacto con la policía italiana pidiéndole información sobre este accidente. Mandamos fotos de José Luís, María Júlia, Boris y Pola. Descubrimos que, cuando ocurrió el accidente, Pola era mucama en el hotel donde Cláudio y Carolina se hospedaban. Era la encargada de arreglar sus aposentos. Fue ella quien ayudó a arreglar todas sus pertenencias para ser enviados a sus familiares en Brasil.

– ¡Es mucha coincidencia! – intervino Alberto, admirado.

– Es más que coincidencia. Es una prueba que el accidente fue provocado – añadió Daniel.

– ¡Aun así, hay más! La pareja era muy querida por los dueños del hotel. Iban para allá casi todos los años y mantenían relaciones de amistad con la pareja de propietarios. La comida era planeada por el dueño y cuando recibían a estos invitados, les hacía los platos que a ellos les gustaba. Terminaron recibiendo cariño y regalos. Intercambiaban cartas e incluso llamaron cuando estaban en el Brasil. Fue el dueño del hotel que, buscado por la policial internacional y enterado de lo que estaba sucediendo aquí, reconoció el retrato de Pola a pesar de estar más vieja. Él declaró que siempre había sospechado que el accidente había sido provocado.

– ¿Le dijo eso a la policía en ese momento? – Preguntó el delegado.

– Lo dijo. El barco era del hotel y estaba siempre muy bien cuidado. Se aventuró a formular la hipótesis de una bomba, pero los peritos no encontraron nada que lo pruebe.

– Si no fue una bomba, ¿qué pudo haber sido? – Preguntó Alberto.

– Estuve conversando con un mecánico especialista en motor de barcos y lo que él me dijo es que hicieron un corto circuito en la conexión eléctrica que solo se conectaría con el tanque de gasolina, al encender el motor, explotaría. Eso fue lo que hicieron.

– Después de tanto tiempo será difícil probarlo en los tribunales –. dijo el comisario.

– El dueño del hotel reconoció el retrato de Boris, diciendo que él se hospedara en el hotel un día antes del accidente. Él se acordaba porque Cláudio lo invitara a cenar en su mesa aquella noche, presentándolo como el mayordomo de su primo que cuidaba de sus negocios en Brasil.

– En ese momento mi abuelo ya había fallecido y ellos realmente cuidaban de los negocios familiares.

– No hay duda que planearon todo. Mataron a toda la familia – completó el comisario.

– Obtuve el certificado defunción del Dr. Camargo – continuó Jonás –. La *causa mortis* fue por paro cardíaco. Quien firmó fue José Luís.

– Estamos frente a asesinos peligrosos – comentó el comisario.

– Necesitamos encontrarlo – dijo Alberto –. Debe responder por estos delitos en la corte. No puede estar suelto.

– Desafortunadamente, todavía no tenemos ninguna pista. Ellos desaparecieron. Seguiremos buscando. Para mí es un caso de conciencia.

– ¿Qué vas a hacer para que Pola confiese? – Preguntó Daniel.

– Lo de siempre. No la dejaremos dormir ni descansar. La interrogaremos mil veces para presionarla hasta que sus nervios no aguanten más. Estoy seguro que sabe todo. Está queriendo salvar su pellejo, pero está embarrada hasta el cuello.

– Eso mismo. Ella terminará contándolo todo. Ahora tenemos que irnos. Si encuentran algo nuevo, llamen – dijo Daniel despidiéndose.

Ellos salieron. Daniel estaba con prisa. Pasaría por la oficina y luego iría a casa. Había quedado en encontrarse con Lídia a las siete y media. Ellos asistirían a una sesión en la casa de la tía Josefa.

CAPÍTULO 23

Unos minutos antes de las ocho, Daniel y Lídia llegaron a casa de Josefa. Después de abrazarla, fueron a la sala de reuniones. Sorprendido, Daniel vio que Lanira, Laura, Gabriel y Alberto estaban allí. Ellos se habían encontrado durante el día y nadie comentara la intención de ir hasta allá. Laura, abatida, miraba un poco asustada a los demás participantes sentados alrededor de la mesa y en el resto de sillas del salón. Nunca había asistido a una sesión espírita. Gabriel acostumbraba decirle a su madre que veía cosas, más ella nunca se detuviera a pensar en eso. No lo creía.

Tanto su hermano y Lanira insistieron en que ella acceda a ir con él. Gabriel le había dicho que los espíritus ven lo que pasa en la Tierra y que, si querían, podrían decir dónde estaban sus padres.

Una vez que llegaron, después de presentada a Josefa, Gabriel pidió ayuda para descubrir el paradero de sus padres. Quería saber si tu madre estaba bien. A lo que la dueña de la casa, dijo:

– Vamos a pedir con fe y confianza, y veremos lo que conseguimos.

– ¿Ellos te dirán dónde están mis padres? – Preguntó Laura.

– Solo si tuvieran la autorización de sus superiores.

– ¿Y si ellos no están dispuestos a dar? – Insistió Laura, pensando que esta respuesta sería una disculpa en caso que la información fracasase.

Josefa la miró fijamente a los ojos y respondió:

– Todo en el universo funciona de acuerdo a la divina orden. Cada evento tiene su razón de ser. Por eso, para interferir con este proceso, es necesario el permiso de quien conoce más que ellos, para no perturbar el desarrollo de las cosas. No siempre lo que deseamos es lo mejor para nosotros y para los demás implicados. La vida es más sabia de lo que podemos imaginar. Tiene sus propios caminos, más perfectos y adecuados que los nuestros. Aceptar los hechos que no podemos cambiar es prudente y sabio.

Laura guardó silencio y fueron conducidos a la sala. Cuando llegó Alberto, Laura intentó levantarse. Gabriel sostuvo su brazo diciendo suavemente,

– Siéntate y quédate quieta.

– No sabía que vendría este aventurero. Me voy. No me puedo quedar en la misma sala que él.

– Cálmate. Estas siendo injusto. Es él quien no podría querer estar con nosotros aquí. Al final, él fue el mayor perjudicado. Si él elige quedarse aquí a pesar de nosotros, también puedes quedarte –. Laura se mordió los labios y no respondió. ¿Todo aquello sería realmente verdad? ¿Su padre habría hecho tanto daño? ¡Si al menos pudiese estar segura!

Trató de superar la angustia. Quería salir corriendo de allí, gritar su decepción, su desilusión, pero se controló. No podía flaquear frente a extraños y especialmente frente a sus enemigos. Apretó la boca con más fuerza cuando vio entrar a Daniel con Lídia. Se sintió acusada. Trató de no demostrarlo. Ellos no tendrían el placer de verla sufrir.

Josefa Se sentó a la cabecera de la mesa, hizo una pequeña oración, escogió un libro y le pidió a Laura que lo abriera al azar. Ella obedeció y se lo devolvió a Josefa, quien leyó:

– La fe mueve montañas.

Después de leer un tramo del libro, Josefa habló sobre la fe, diciendo que ella es la fuerza que alimenta al espíritu. Que, si juntamos la fe en Dios a la sinceridad y a la pureza de nuestra alma, eliminaremos todos los obstáculos a nuestro progreso y felicidad. Sin embargo, la fe solo actúa con toda su fuerza en nosotros cuando estamos dedicados a la verdad y al bien. Los conceptos de verdad y bien están relacionados con la comprensión de cada uno; sin embargo, la verdad es absoluta y el bien es el bien. Ambos, independientemente de nuestro relativismo, que todavía puede estar lleno de engañosas ilusiones. Para destruirlos, la vida crea desafíos para que la consciencia descubra los valores eternos del espíritu. Cuando llegamos a este punto, es que la fe y la bondad tienen una fuerza irresistible que transporta las montañas.

Entonces las luces se apagaron, quedando encendida solo una pequeña lámpara azul. Una médium comenzó a hablar:

– Finalmente nos encontramos. Intenté hablar contigo, pero nunca me prestaste atención. Olvidaste nuestro trato. ¡Necesito que me ayudes! Creen que estoy muerta, pero es mentira. He gritado que estoy viva, pero parece que nadie me escucha.

– Estás viva – dijo Josefa – pero tu cuerpo murió.

– No lo creo. ¿Cómo puede ser esto? Soy la misma. ¿Por qué no me entienden?

– La vida continua después de la muerte al cuerpo. Moriste, pero tu espíritu vive.

– ¡Esto no puede ser verdad! Laura, háblame, di que ese accidente no me mató. ¡Yo estoy viva!

Laura se estremeció cuando su corazón se rompió. Sintió escalofríos en todo el cuerpo mientras en su mente aparecía el rostro de su amiga del colegio muerta en un accidente de auto dos años antes.

Asustada, sujetó la mano de Lanira, que estaba a su lado apretándola con fuerza. Al ver su angustia, Lanira le susurra al oído:

– Tranquila, Laura. Todo está bajo control. No tengas miedo –. La médium prosigue:

– ¡Soy joven, quiero vivir! ¿Por qué me pasó a mí?

– Oremos por ella – pidió Josefa a los presentes. Poco a poco, la médium dominó los sollozos y finalmente dijo:

– Ahora me estoy dando cuenta de lo que me está pasando. Me siento mejor. La pesadilla acabó. Gracias, Laura, por haberme traído hasta aquí.

– Vete en paz. Dios te ilumine – dijo Josefa.

Se hizo el silencio. Un poco después, otra médium comenzó a hablar sobre los desafíos de la vida que promueven la renovación espiritual de cada uno, colocándolos frente a frente con sus necesidades de progreso. Finalmente, destacó la importancia de la fe y la confianza en Dios. Cuando se calló, Josefa Fez hizo una ligera oración de agradecimiento y encerró la reunión. Cuando se encendió la luz, Josefa se acercó a Laura, ofreciéndole un poco de agua y le dijo:

– Bebe.

Laura obedeció y luego preguntó:

– Mencionaron mi nombre. ¿Estaban hablando conmigo?

– Sí.

– ¿Cómo puede ser si la persona que hablaba ni me conocía? ¿Cómo supo mi nombre?

– La médium no te conocía, pero el espíritu que se comunicó por su intermedio estaba contigo. Se trata de una joven de estatura mediana, con cabello castaño lacio, piel clara y ojos color miel. Murió en un accidente. Ustedes fueron muy amigas hace algún tiempo.

– ¡Milena! Mi amiga del colegio. Murió hace más de dos años en un accidente automovilístico. Ella era como dijiste. ¡Es extraordinario!

– Ella dijo que ustedes tenían un trato. ¿Recuerda?

– Me acuerdo. Firmamos un pacto de amistad. Estaríamos siempre en contacto. Me quedé muy conmocionada con su muerte. A pesar de la promesa, fui a su tumba, solo el día de su entierro, después nunca más volví. ¿Será que por eso ella dijo que no cumplí mi parte de nuestro trato?

– No. Ella estaba en un estado de semi consciencia. Ni siquiera sabía que estaba muerta.

– ¿Cómo puede pasar esto?

– Resistencia a los cambios. Miedo de percibir la verdad. Falta de conocimiento sobre la vida después de la muerte. Es común que suceda con personas muy apegado a la vida en la Tierra, a la familia o a los bienes que dejan.

– Dijo que yo la traje hasta aquí. ¿Cómo?

A pesar de estar perturbada, se dio cuenta que necesitaba ayuda. Buscó a la familia, pero nadie la escuchaba. Tú eras su amiga y confidente, estaba a tu lado tratando de hablarte. Sin embargo, hoy, aquí, fue esclarecida. Los amigos espirituales se acercaron a una médium, y cuando ella se vio envuelta en su energía, sintió como si estuviese en un cuerpo de carne. Pudo hablar a través de ella y ser escuchada. En esos momentos, recuperó la lucidez y logró comprender mejor lo que le sucedió.

– Ahora, ¿qué pasará con ella?

– Quedará bajo la protección y guía de los buenos espíritus, que la llevarán a un lugar apropiado.

– ¿No estará más a mi lado?

– No, por el momento no. Si algún día está bien, podrá visitarte.

– Prefiero que no lo haga. Sentí miedo –. Josefa sonrió levemente.

– Ella te aprecia. Nunca te hará daño.

– Lo sé. Pero prefiero que ella no venga. Sufrí mucho debido a su muerte. Tuve pesadillas en las que la veía toda ensangrentada pidiendo ayuda. ¡Fue horrible! Siempre que subía al carro, me acordaba del accidente y tenía miedo para conducir.

– Te quedaste impresionada, pero ahora pasará. Su presencia a tu lado, provoca esas emociones y pesadillas. Ella te pasaba toda la angustia y el miedo que sentía. Estoy seguro que esas impresiones desaparecerán.

– Menos mal –. Gabriel intervino:

– No dijeron nada sobre nuestro caso.

– No directamente – respondió Josefa –. Pero todo el tiempo pidieron que tuvieras fe continúes rezando. Están ayudando. Esperemos un poco más.

Alberto se acercó a Daniel y Lídia. De vez en cuando miraba a Lanira, sin el valor para acercarse, una vez que ella fuera con Gabriel. Daniel se despidió y se fue con Lídia. Alberto los siguió.

– Me gustaría hablar con Lanira, pero está con Gabriel. Puede que no sea oportuno – comentó cuando llegaron a la calle.

Lídia sonrió diciendo:

– Por lo visto estás celoso.

– Quizás – reconoció. Luego, al ver que Daniel, lo miraba seriamente completó:

– Me gustaría hablar contigo sobre Lanira. Desde hace algún tiempo estamos saliendo como amigos, pero confieso que me atrae mucho.

– Lanira es muy joven. Es aun temprano para pensar en eso – respondió.

– Ahora eres tú el que está celoso – bromeó Lídia –. Lanira es una mujer hecha y sabe lo que quiere.

– Nunca estuvo interesado en nadie – dijo Daniel queriendo dar por terminado el asunto, que le desagradaba –. Hasta hoy no quiso tener una relación con nadie.

– Lo sé – asintió Alberto –. Entiendo tu intención de protegerla. Pero te garantizo que mis intenciones son serias. Me gustaría que supieras que estoy dispuesto a conquistarla, y si ella me quiere seré muy feliz –. Daniel asintió ligeramente con la cabeza y enseguida se despidió de Alberto. Tan pronto salieron, Lídia fue directo al asunto:

– No fuiste muy amable con Alberto.

– Como cliente yo lo soporto, pero no lo quiero en mi familia.

– ¿Por qué? Me parece que es un buen muchacho. Su actitud hacia ti fue correcta.

– ¿Por qué lo defiendes? ¿Estarás de su lado?

Lídia lo miró sorprendida. Daniel nunca antes usara ese tono duro con ella.

– Disculpa, no quería involucrarme en asuntos que no me involucran – Daniel le tomó la mano y la besó, diciendo triste:

– Soy yo quien debe pedir disculpas. Fui grosero. Es que no me gustaría que Alberto fuese enamorado de Lanira. Eso me molesta, me deja nervioso.

– Vamos a olvidar el asunto. Al final, no debería haber dicho nada.

Gabriel, Lanira y Laura se quedaron un rato más hablando con Josefa. Laura se estaba sintiendo mucho mejor. La desconfianza desapareciera y diera paso a la curiosidad. Gabriel no quería estar fuera de casa por mucho tiempo.

– Tenemos que irnos. Tengo esperanzas que mamá llame.

Se despidieron, aceptando volver la semana siguiente. Llevaron a Lanira a casa y en el camino de regreso Laura llenó al hermano de preguntas sobre sus experiencias. Descubrió que Gabriel había visto al espíritu del Dr. Camargo, entre otros.

– Yo no quiero ver nada. Tengo miedo.

– Estas cosas no suceden por nuestra voluntad.

– ¡Dios me libre! No quiero tener nada que ver con almas de los muertos –. Gabriel se rio y consideró:

– No querías, pero Milena estaba a tu lado. ¿Crees que no querer es suficiente para que no suceda? Te equivocas. Ellos aparecen cuando pueden o quieren y no lo puedes evitar.

– ¿Y si ella se me aparece?

– Ella se fue, eso no sucederá. Pues yo quera mucho que el espíritu del Dr. Camargo viniese para darnos noticias sobre mamá. Yo no tengo miedo y estaré muy agradecido.

Una vez en casa, cada uno fue a su cuarto. Antes de dormir, Gabriel le rogó a Dios a que lo ayudase. Se acostó y durmió. Soñó que alguien lo perseguía, queriendo matarlo. Corrió tratando de ocultarse, intentó despertar, pero no pudo mover el cuerpo. Aterrado, vio la figura oscura de su perseguido entrando en su habitación, quiso gritar, pero su voz no salió. En pensamiento rezó pidiendo ayuda a Jesús. En ese momento, apareció en el cuarto una luz clara y enseguida el Dr. Camargo entró. Sus ojos brillaban como dos lámparas encendidas. Al verlo, la figura oscura, se encogió en un rincón, mientras que a un gesto del Dr. Camargo dos personas que estaban detrás de él se acercaron a la figura, la sujetaron y se la llevaron. Gabriel exhaló un suspiro de alivio. El Dr. Camargo se acercó a él y le colocó la mano en la frente, diciendo:

– Todo está bien ahora. Sigue orando con fe. Te estamos ayudando – Ansioso, Gabriel pensó en su madre, y antes de formular cualquier pregunta, espíritu dijo:

– Ella está protegida. Confía.

Él desapareció y Gabriel finalmente logró mover su cuerpo. Se levantó de un salto. Su cuerpo estaba cubierto de sudor. Fue a la cocina, bebió un vaso de agua y respiró hondo. Estaba seguro que el Dr. Camargo estuvo allí. Dijo que su madre estaba protegida. Respiró aliviado. En ese momento, sintió que no le iba a pasar nada malo. Conmovido elevó su pensamiento a Dios en agradecimiento.

Al día siguiente, temprano llamó a Lanira y le conté el sueño y terminó:

– Me siento aliviado. Estoy seguro que no le pasará nada malo a mamá.

– Podría haber dicho dónde estaban.

– Yo no creo. El hecho de ayudar, ya es difícil. Después, la vida tiene sus propios medios. Ellos saben que intervenir, en muchos casos, empeora la situación. Para esto solo lo hacen cuando tienen autorización de sus superiores. Pero él ya garantizó ayuda y protección, y eso ya es suficiente para mí.

– Tienes fe.

– La tengo, Lanira, la presencia de los buenos espíritus en mi vida ha sido constante. Sé que su protección es preciosa. Estoy agradecido con Dios por poder tenerlos a nuestro lado ahora. La presencia del Dr. Camargo me trajo alivio y esperanza.

– Me gustaría ser como tú. Yo creo, pero no con esa fuerza. ¿Y Laura está más tranquila?

– Sí. Se despertó menos abatida. Todavía está asombrada por la comunicación de Milena. No habla de otra cosa.

– Es natural. Está descubriendo la vida después de la muerte.

– Ella siempre fue indiferente a cualquier creencia.

Ellos continuaran conversando por algún tiempo más. María Alicia pasó por el pasillo y escuchó algunas palabras. Cuando Lanira colgó, ella entró al cuarto preguntando:

– ¿Fue Gabriel?

– Sí. ¿Crees que el espíritu del Dr. Camargo está ayudando a Gabriel?

– ¡No digas! ¿Será verdad? ¿Como lo sabes?

Lanira le pidió a su madre que se sentara a su lado y le contó los hechos de la noche anterior, el sueño de Gabriel. Cuando terminó, María Alice dijo:

– ¡Tengo la piel de gallina por todo el cuerpo! ¡Qué cosa! ¿No será que la persona que habló como Milena estaba fingiendo?

– De ninguna manera. ¿Por qué haría eso? Además, ninguno de los amigos de la tía Josefa que frecuentan las sesiones conocían a Laura y mucho menos a Milena. ¿Cómo podían hablar de cosas que solo Laura y ella sabían? Fue la primera vez que Laura iba allá.

– ¡Es increíble! Me acuerdo cuando Milena murió. La conocí. Era una chica hermosa. ¿Te acuerdas de ella?

– Vagamente, pero Laura aseguró que era igual como la tía Josefa la describió.

– Josefa siempre decía que veía espíritus. Nunca le creí. Pero ahora...

– Ella realmente los ve, madre.

– ¿Crees que conocía a Milena?

– No. A Josefa no le gustaba visitar las casas de nuestros amigos. Siempre fue contraria a las formalidades. Estaba siempre rodeada de personas que no eran de nuestro círculo. Mi madre se ponía muy enojada con ella. No creo que ella la conociera. Cuando se casó, Milena aun no había nacido. Entonces, ella se alejó de todos nosotros.

– Si ella no la conoció en vida y la describió a Laura, solo puede haberla visto ahora, como espíritu. ¿No crees?

– Eso es lo que me intriga. ¿Será que Josefa ve realmente espíritus?

– No tengo ninguna duda, madre. A menudo, después de las sesiones, ella describe algunos espíritus a las personas, dando el mensaje que solicitaron.

Es increíble. No sé qué pensar –. Lanira sonrió y respondió:

– Bueno, no lo pienses. Participa en una sesión y certifícate.

– Tal vez sí. He estado pensando mucho últimamente. Hasta ahora he llevado una vida fútil y sin placer. Estoy en busca de algo nuevo que me estimule a vivir. Estoy cansada de la falsedad de la gente, de los juegos que hacen para obtener lo que quieren, de las mentiras y la deshonestidad. Decidí no participar más en ese juego sucio. Quiero cambiar –. Lanira abrazó a su madre, diciendo seriamente:

– Me alegro que entendiste. Hace muchos que siento lo mismo. La tía Josefa es la persona correcta para que consigas lo que quieres. ¿Por qué no la buscas?

– Es lo que he hecho durante las últimas semanas. Ella ha sido muy amable conmigo; después de nuestras malas actitudes apartándonos de ella, me recibió y me ha tratado como yo siempre la hubiese respetado como debería.

– Ella es una persona maravillosa. Es por eso que has estado tan cambiada. Estás más viva, más interesada, perdiste aquel aire de indiferencia, te humanizaste. Estoy feliz por ti –. María Alice la miró a los ojos y dijo seria:

– Este cambio tiene un precio. Espero que tú y Daniel no me odien por ningún motivo.

– ¿Nosotros? ¿Por qué?

– Ver la verdad no siempre es agradable. A descubrir cosas y, después de eso, ya no soportas vivir engañado.

– ¿Estás hablando de la carta anónima?

– Estoy hablando de mi vida afectiva. Hace mucho que fue asfixiada. Mirar la verdad pueda sacar a la luz cosas que pueden cambiar radicalmente mi vida.

– Tienes derecho a elegir cómo quieres vivir. Nosotros no tenemos nada que ver con eso. ¿Estás pensando en separarte de papá?

– Todavía no pensé en eso. ¿Hace cuánto tiempo estoy queriendo descubrir mis verdaderos sentimientos? A veces siento miedo de lo que encontraré.

– Sé cómo es esto. En cierto modo, estoy en la misma situación. Entre Alberto y Gabriel, no sé qué cuál de los dos me gusta más. En este caso, mamá, creo que tenemos que esperar un poco más para que se aclare la situación.

– Tienes razón, hija mía. Vamos a esperar. ¿Cuándo será la próxima sesión de Josefa?

– El próximo martes.

– Creo que iré contigo.

Las dos siguieran conversando alegremente. António, quien esa mañana se había quedado en casa para estudiar mejor un discurso que pretendía dar poco después, pasó por el corredor, por la puerta entreabierta vio a las dos conversando y pensó:

– "¿Qué le estará pasando a María Alice? Las dos nunca intercambiaron más que algunas palabras. Ahora se quedan horas conversando. Ella ha estado intratable recientemente. ¡Era tan cooperativa! Alicia habló de menopausia. ¿Será eso? ¡Las mujeres están llenas de complicaciones! Necesitaba insistir para que ella fuera al médico. Quizás con un poco de hormonas ella volvería a ser como antes." Lo solucionaría más tarde. No podía desviar la atención de su discurso. Era muy importante.

Estaría hablando a técnicos, tendría que mostrar conocimiento y erudición. Afortunadamente Alicia había hecho una buena investigación sobre el tema.

¡Alicia! ¡Entró en su vida y cuidaba de todo! ¡A su lado se sentía seguro, fuerte, capaz! El seminario sería en Argentina. Después de la apertura y su discurso, estaría libre. No le importaba perderse los debates. Como representante del Brasil asistiría a las solemnidades de los días de apertura, daría su discurso el primer día y solo aparecería tres días después, para la clausura.

Después de su discurso, concedería varias entrevistas para que los periódicos se ocupasen de su participación en el evento. Garantizaría así su prestigio en el Brasil. De esa forma tendría unos días libres para caminar con Alicia. Pretendía llevarla a una casa de tango, bailar un poco y ver los espectáculos. El viaje estaba programado para la tarde del día siguiente. No tenía mucho tiempo para prepararse. Se encerró en su escritorio decidido a estudiar. Por la tarde del día siguiente, cuando António, ya con las maletas listas, fue a buscar a María Alice para despedirse, la encontró leyendo en el dormitorio. Se acercó y dijo:

– Vine a despedirme. Es hora.

María Alice cerró el libro y dijo con naturalidad:

– Buen viaje.

– Pareces molesta porque tenga que viajar.

– Te equivocas. Ya estoy acostumbrada a eso.

– Sabes que no voy por placer. Estoy cansado de estos viajes. Preferiría quedarme en casa, pero el deber me llama. Tengo que corresponder a los votos de mis electores.

– No tienes que fingir conmigo. No pretendo ser tu elector en las próximas elecciones –. Él se irritó:

– ¿Por qué estás tan agresiva?

– No tuve la intención. Pero te conozco bien. Discursear, presentarte, viajar con todas las regalías oficiales es lo que más te gusta hacer. Vas con gusto. No veo la razón para fingir; por el contrario, vas en buena compañía.

– ¿Qué estás insinuando?

– Nada que no se sepa.

– Francamente, eres intolerable. Bien que me dijeron: mujer en menopausia es triste. ¿Por qué no buscas un médico?

María Alice cerró el libro, se puso de pie y lo encaró firmemente:

– ¿Fue tu encantadora secretaria quien dijo eso?

Su rostro se coloreó de un rubor intenso. Trató de disimular el susto:

– ¡Estoy indignado! Estás hablando de una dama respetable y muy competente. El hecho que Alicia trabaje no te da ningún derecho a quejarte de ella.

– ¡Qué injusticia! Una secretaria perfecta y ejemplar. Vamos, António, no esperes demasiado. Pueden perder el avión.

– Definitivamente me voy. No sé qué está pasando contigo. Francamente. Ni siquiera es posible conversar más.

Él salió y María Alice se derrumbó en el sofá. Estaba indignada. Tanta falsedad la enojaba. Allá iba a él a representar el papel de padre de familia ejemplar, políticamente digno, hombre correcto, interesado en el progreso del país.

La verdad era otra muy distinta. Era como una sanguijuela del pueblo que decía representar y servir; mal marido, pésimo político, interesado solo en mantener su propio prestigio a toda costa.

María Alice sintió que había perdido el respeto por él. Fue difícil continuar conviviendo. A cada día, ella veía aumentar más y más la distancia que los separaba. Comenzaba a darse cuenta que no podía cambiar su vida y continuar cerrando los ojos para las desgracias del marido. Las dos cosas eran incompatibles.

Respiró profundo. Aun no existía el divorcio en Brasil. Convertirse en despechada era una falta de respeto a la sociedad. Casi siempre los maridos estaban por encima de las separadas y las esposas terminaban alejándose de ella por temor a la competencia.

A los hombres, todo les era permitido. Tener amantes era un *cliché*, un signo de masculinidad. Durante la separación, aunque el hombre fuese culpable; la mujer, de una manera u otra, siempre era responsabilizada.

Si quería liberarse de su esposo, tendría que enfrentar esta situación. Necesitaba evaluar bien hasta dónde lo soportaría. Estaba decidida a dar otro rumbo a su vida, pero ni siquiera sabía si estaba preparada para ser vista como una mujer fracasada, que no supiera mantener su matrimonio.

Además, estaban los hijos. Lanira todavía no se casaba. No tenía derecho a obstaculizar su futuro. Por lo menos tendría que aguantar hasta que ella se casase. Entonces pensaría nuevamente en el asunto.

Cogió el libro, se sentó y reanudó la lectura.

CAPÍTULO 24

999Jonás entró en la oficina del Dr. Marques en la delegación diciendo:

– Encontramos al animal.

El comisario se levantó – se mostró satisfecho y preguntó:

– ¿José Luís?

– Sí.

– ¿Dónde están?

En un pueblo cercano a Asunción, Paraguay.

– ¿Cómo lo descubriste?

Inicialmente dirigí la búsqueda hacia Europa, ya sabes: los pasajes para Roma, luego Estados Unidos, etc. Como había tenido que huir, imaginé que trató de irse muy lejos. Pero estaba equivocado. Fue un agente que trabaja junto a nuestra embajada en Asunción quien lo descubrió todo. Había visto las fotos una estación de policía. Escuchó a una mujer conversando en el mercado diciendo que estaba trabajando para un hombre muy distinto, que pagaba muy bien. Solo que no le permitía entrar más allá de la cocina, diciendo que su esposa estaba enferma de los nervios y que no podía soportar ver a nadie. Pidió mantener su secreto porque si los médicos la descubriesen la internarían. El agente sospechó de su historia y, cuando se fue, la siguió. Era una pequeña granja, en un pequeño pueblo a cuatro o cinco kilómetros de la ciudad. Se escondió entre los arbustos para observar. Quería ver quién era. No consiguió ver a nadie. Solo una mujer yendo y viniendo, lavando la ropa y extendiéndola en el tendedero. Eran ropas finas, lo que aumentó su sospecha. Se fue decidido investigar mejor. En ese momento no pensó en las fotos que había visto en la policía. Estaba más interesado en el contrabando, que era su especialidad. Regresó allí al día siguiente y decidió ver al hombre. Tocó a la puerta y la empleada fue a abrir.

– Quiero hablar con el dueño de casa.

– Él no atiende a nadie.

– A mí me va a atender. Abre la puerta. Soy de la policía.

– Él fue entrando tan pronto como la mujer, asustada, abrió la puerta. Apareció un hombre delgado, con barba y bigote, de modales educados y afables.

– ¿Qué es lo que desea? – Preguntó.

– Sus documentos y los de su esposa.

Los fue a buscar y los presentó. El policía verificó que estaban en orden.

– Quiero saber su ramo de negocios y por qué vinieran al Paraguay.

– Estoy aquí debido a mi mujer. Está muy enferma. Necesitaba alejarla de todos. Ellos querían que yo la internase, pero no tenía el coraje. Yo la amo mucho. Un médico me orientó y que estoy tratando de cuidarla.

– ¿Cuánto tiempo planean quedarse en el país?

– Depende del estado de la misma. Por suerte está mejorando. Poco a poco, pero lo está haciendo.

– Está bien. Gracias por la información.

Se retiró decidido a olvidar el asunto. El caso no tenía importancia, tenía otros más relevantes que resolver.

– ¿Cuándo fue descubrió la verdad? preguntó Marques.

Algunos días después. Acudió a la policía y casualmente el comisario tenía las fotos sobre la mesa. Yo había llamado y hecho un nuevo pedido de búsqueda. Viendo las fotos, el agente se acordó del hombre que visitara. A pesar que la barba y el bigote modificaban la fisonomía y los cabellos estar más cortos, los ojos, la forma de la frente e incluso la expresión del rostro eran muy similares. Le dijo al delegado y decidieron verificar. Salieron de la estación de policía, pasaron frente al mercado, la mujer estaba allí conversando con una amiga. El agente la abordó, preguntándole sobre la pareja.

– Las cosas no están bien allá, creo que ella empeoró – respondió ella, satisfecha por estar en evidencia frente a la amiga –. Hoy me mandaron arreglar todo porque ellos se van. No creo que vuelvan más. Dijo que yo puedo vivir en la casa que tiene el alquiler pagado por dos meses todavía. Eso son buenas personas.

Los dos se fueron inmediatamente y juntaron algunos hombres y fueron hasta allá. Estaba oscureciendo. Tocaron a la puerta, pero como no hubo respuesta, la derribaron. No había nadie. Subieron a la habitación y la puerta estaba con llave, como no hubo respuesta, también la derribaran. Sentada en la cama estaba una mujer pálida, delgada, pero que ellos reconocieron como siendo la de la foto. Al verlos comenzó a llorar. Uno de los tobillos estaba sujeto por una cadena y un candado a la cama. El comisario le preguntó:

– ¿Dónde está él? – Entonces ella respondió:

– Se fue. Tiene un avión fletado y volverá para buscarme. Esta vez quiere llevarme lejos. ¡Por favor! No me dejen. No quiero ir. ¡Quiero a mis hijos!

– Doña María Júlia sollozaba presa de una crisis nerviosa y el agente la abrazó recomendándole:

– Calma. Estamos aquí para ayudarla. Somos de la policía. ¿Cuál es su nombre?

– Gracias a Dios. Soy María Julia Camargo. Mis hijos me están buscando en el Brasil. Me amenazó de muerte, me obligó a seguirlo. Quiero ir a casa.

– La vamos a liberar y ayudar. ¿Tiene idea a dónde fue?

– No sé el nombre del lugar, pero estoy segura que volverá. Está loco. No quiere dejarme.

– En ese caso, vamos a preparar todo para cuando llegue – decidió el comisario.

– Ordenó que se ocultase el vehículo y borrar las huellas de su presencia. Liberó a María Julia de la incómoda cadena. Su tobillo estaba lesionado e hinchado. José Luís entró sin sospechar nada, en ese momento fue detenido. No tuvo tiempo para reaccionar. Está en la embajada a nuestra disposición.

– Es una gran noticia. Vamos a avisar a la prensa y mover todo para recibirlos.

– Voy a llamar a Gabriel. ¡Nunca he visto a un hijo tan amoroso!

– ¡Ni siquiera pareces ser hijo de ese canalla!

Jonás tomó el teléfono y llamó. Gabriel atendió inmediatamente. Él le dio la noticia y el muchacho se quedó mudo al otro lado de la línea.

– ¿Estás escuchando, Gabriel? Los encontramos. Tu mamá está bien. Todo está bajo control. Pronto estarán de regreso.

Gabriel respiró hondo, su voz desapareciera de su garganta, no pudo pronunciar una palabra. Finalmente, dijo en voz baja:

– ¡Finalmente! ¿Ella está bien?

– Sí. Fueron localizados en el Paraguay. Puedes celebrar. En unas horas para completar sus primeros trámites, estarán aquí.

– ¿Él va a regresar a casa?

– No. El comisario ya hizo la denuncia y consiguió una orden de prisión preventiva para él. Puedes estar seguro que esta vez no se escapará.

– Me gustaría ir a verla. Puedo conseguir un boleto ahora mismo.

– No necesitas. Ella está bajo los cuidados de la embajada y está siendo atendida muy bien. El doctor le dio un tranquilizante y está descansando. Su regreso no se retrasará mucho. Estará aquí en unas horas más.

– En ese caso, voy a preparar la casa para recibirla con flores y alegría. Estoy muy feliz. Gracias, Jonás, por todos. Has sido incansable. Dios te bendiga.

– Amén – respondió tratando de disimular la emoción.

Cuando Daniel y Rubito llegaron media hora después, algunos periodistas avisados por sus colegas del Paraguay ya estaban en la puerta de la comisaría y corrieron así que los vieron bajar del carro, tratando de conseguir informaciones. Pronto Daniel fue manifestando:

– Encontraran al Dr. José Luís y su esposa. Vinimos a enterarnos de los detalles. Tengan un poco de paciencia.

– Queremos saberlo todo – dijo uno.

– ¿Los dos quedaron arrestados? – Preguntó otro.

No. Solo él por secuestrar a su esposa y por no presentarse a la corte – aclaró Rubito.

Cuando caminaban con dificultades rodeados de ellos, Daniel garantizó:

– Vamos a enterarnos de los hechos y al salir les informaremos.

Entraron y allí se encontraron con Gabriel ansioso por más detalles.

Laura se había quedado en casa, nerviosa, sin saber qué hacer. Lanira estaba con ella cuidándola para que todo estuviese en orden para cuando María Júlia llegase. Mandó traer flores y le pidió a la cocinera hacer los platillos favoritos de la dueña de casa.

Fue con indignación que Gabriel se enteró los detalles de la detención de José Luís. No se conformaba con el hecho que su padre encadenara a su madre a la cama. Era el colmo de la maldad. Solo eso era suficiente para quedarse preso por mucho tiempo. Gabriel estaba ansioso por abrazar a la madre y asegurarse que ella estuviera bien.

El día transcurrió entre las medidas necesarias para el regreso de la pareja. La policía paraguaya redactó un boletín de ocurrencia dirigido a la policía brasileña, registrando todos los hechos, incluida la declaración de María Julia. Fueron varias llamadas, y Gabriel, después que conversó con su madre, se sintió más tranquilo.

Ya era de noche cuando el comisario le dijo a Gabriel:

– Vete a casa y descansa. Un avión especial saldrá de aquí pronto con dos agentes para buscarlos, pero solo regresará de allí a las seis o siete de la mañana. Ya sabes como es. Existe cierta burocracia.

– Prefiero esperar. No voy a poder dormir.

– También me iré a casa. Pero tan pronto ellos levanten vuelo nos van a avisar e inmediatamente te llamaré.

Gabriel terminó accediendo a irse a casa. Eran más de las diez cuando se llevó a Lanira a casa. Durante el trayecto iba callado. Lanira intentó hablar:

– Ahora todo se aclarará.

– Sí. No veo la hora para terminar con esta pesadilla.

– Ustedes necesitan ser fuertes. Todavía tienen el proceso. Sería bueno si pudieras viajar, alejarte hasta que todo haya terminado.

– Es imposible. ¿Te olvidas que mi mamá también está involucrada? Ninguno de nosotros va a poder alejarse de aquí.

Cuando el auto está frente a la casa de ella, dijo:

– Quiero agradecerte por lo que has hecho por nosotros. Has sido maravillosa. Pero de aquí en adelante, prefiero que te apartes. No quiero que te veas involucrada en este escándalo.

– Ya estoy involucrada, Gabriel. ¿Cómo puedes decirme algo así? ¿Crees que yo podría hacer algo así?

– Él sujetó las manos de ella, apretándolas con fuerza. Sus ojos estaban llenos de agua y su voz temblaba cuando respondió:

– Dios sabe cómo me gustaría que todo fuese mentira para decirte todo lo que va en mi corazón. Pero no puedo. El amor que siento por ti, me hace decir que nada más es posible entre nosotros. Mi padre será condenado, nuestro nombre ya está en el barro, nuestro dinero pasará al legítimo dueño. Soy pobre, desafortunado, ni siquiera tengo una profesión. No puedo arrastrarte a tal situación. Estoy siendo honesto.

– Estás tomando una decisión por mí, sin saber si estoy de acuerdo.

– Quiero preservarte. Pronto encontrarás a alguien mejor que yo, que te ame y pueda ofrecerte una vida digna y estable.

– No busco a nadie y mucho menos un matrimonio de conveniencia. De hecho, ni siquiera pienso en el matrimonio.

– Ya rechazaste mi pedido una vez. Quizás no me ames ni quieras quedarte conmigo. Pero todo cambió en mi vida. No quiero que ese barro en el que estamos sumergidos caiga sobre ti, perjudicándote.

– Quien decide mi vida soy yo. No te doy derecho a elegir por mí. Ve a descansar, lo estás necesitando. ¡Buenas noches!

Le dio un beso cariñoso en la cara y salió del carro. Gabriel apretó el timón con fuerza. Amaba a Lanira. Sentía que ella era lo más importante en su vida. Ella era joven e inexperta. Podría dejarse llevar por un sentimiento de pena y eso lo horrorizaba. Estaba decidido a salir de su camino de una vez. A partir del día siguiente los eventos se precipitarían.

María Julia, desanimada, prestó sus declaraciones en la comisaría, confirmando lo que había dicho en Paraguay. José Luís fue encarcelado y se encerró en el más absoluto mutismo. No quería decir nada sin un abogado. No le fue difícil encontrar uno que lo defendiese. El caso era de primera plana. Varios abogados se ofrecieron y él incluso pudo elegir. Estuvieron juntos durante horas para que pudieran enterarse del caso. Frente a los nuevos hechos, en base a la investigación policial, la procuraduría pública, interpuso un recurso para que la sentencia de reconocimiento de identidad de Alberto fuese suspendida hasta que se cumplieran todos los hechos involucrados se esclarecieran. Solicitaron a abrir un juicio penal contra José Luís como sospechoso del asesinato de Cláudio y Carolina. Por haber huido, José Luís no obtuvo un *habeas corpus*. Estaría encerrado hasta el día del juicio. María Júlia, abatida y nerviosa, sostenida por los dos hijos, se quedó en casa y no recibía a nadie, a excepción de María Alice y Lanira que vinieron a visitarlos, tratando de consolarlas, y los dos abogados, interesados en defenderla en el proceso. Eso molestó a António, que intentó de todas las formas posibles impedir que fuesen a su casa.

— ¡Esto es absurdo! ¡Ustedes mezclándose con ellos! Pueden ser vistas. ¿Ya pensaron qué horror? ¿Cómo quedo yo? No puedo permitir esto. Tengo un nombre que vigilar –. María Alice se encogió de hombros y dijo:

— María Júlia es mi amiga desde hace años. Ni ella ni los hijos tienen la culpa. Por el contrario, fueron víctimas de los delitos que José Luís cometió. Hacer eso sería condenarlas dos veces. No voy a cometer esta injusticia.

— No es posible hablar contigo. Tienes la intención de arruinarme. ¿Por qué me haces esto?

— No estoy haciendo nada en tu contra. Apenas estoy de acuerdo con mi corazón. Si eso te incomoda, lo siento, pero no cederé.

— Tu madre está perdiendo el sentido común — dijo volviéndose hacia Lanira –. No es más la misma. Parece otra persona.

– Te equivocas, papá. La de antes era alguien más. Ahora te enfrentas a la mujer real. ¿Aun no te diste cuenta? Ella está diciendo lo que siente.

– No todo lo que sentimos debemos decir. Hay reglas para ser seguidas, prioridades a considerar. Es una locura andar diciendo todo lo que quieres. Si yo hiciera, pronto alguien me internaría.

– Si hicieses eso – respondió María Alice – tal vez podrías percibir lo que hasta ahora aun no se veían. Quizás puedas conseguir revivir la dignidad y el respeto de las personas que tanto pretendes conquistar.

– ¿No te dije? No se puede hablar con ella. Me ataca sin motivo. Lanira, por lo menos tú ve si consigues convencerla a que atienda a mi pedido.

– No puedo hacer eso porque pienso como ella. ¿Qué argumentos tendría para convencerla? Echaste a Daniel de la casa porque decidió aceptar esa causa. Él enfrentó la situación y demostró que tenía razón. Hoy tiene un nombre como profesional y es posible percibir que es solo el comienzo de una brillante carrera que le traerá posición y dinero. Si hubiese obedecido tu orientación, ¿dónde estaría ahora?

– ¿Qué es esto? ¿Una rebelión organizada dentro de mi propia casa? ¡Dios mío!

¿Dónde estamos?

– Todavía estamos aquí. Ojalá que podamos seguir conviviendo educadamente – dijo María Alice.

– Siempre fue un hombre educado.

– En este caso no tenemos nada más que discutir. António, irritado, salió golpeando la puerta. Lanira comentó:

– Él nunca lo entenderá, mamá.

– Ese es su problema. No estoy haciendo nada que pudiera faltarle el respeto a nuestra familia o perjudicarlo. A pesar de todo lo que él hace, lo trato con respeto y consideración. Soy esposa fiel, cumplidora de mis deberes con mi familia. Sin embargo, no estoy más dispuesta a hacer cosas que me desagradan. Si él no puede entender esto, paciencia –.
Lanira abrazó a su madre diciendo:

– Tienes todo el derecho a preservar tus sentimientos. Nadie puede pisotearlos sin herir profundamente por su propia dignidad.

– Es así. Vamos. María Júlia ayer estaba muy abatida. Tengo la intención de animarla un poco. Tengo ganas de invitar a Josefa a que vaya a visitarla con nosotros, ¿crees que la recibirá?

– Yo creo que sí. A Gabriel le gusta mucho la tía Josefa. Si hablamos con él, seguro que lo aprobará y ella aceptará.

– Me doy cuenta que hay momentos en que María Júlia se queda muy angustiada, inquieta. Tengo la impresión que teme otra cosa.

– ¿No será tu impresión? Está nerviosa y es natural después de lo que ha pasado.

– Siento que hay algo más. ¿Te diste cuenta como ella siempre pregunta a los abogados lo que José Luís dijo en sus declaraciones? Hay mucha ansiedad en mis ojos. Creo que tiene miedo que él diga algo. ¿Será que él puede comprometerla aun más? ¿Tendrá alguna prueba de su complicidad?

– No. No tiene eso. El propio Alberto ha hecho declaraciones a su favor, contando como ella lo salvó y lo mantuvo durante todos esos años. Lo único que hay contra ella es el hecho que no acudió a la policía para denunciar a su esposo. Este es el punto más delicado que ella tendrá que enfrentar en este proceso.

— No lo sé. Para mí, hay algo que ella aun no ha contado. Pidamos a Gabriel que la convenza de recibir a Josefa.

— Tienes razón. La ayuda espiritual es muy importante en un momento como estos.

Gabriel conversó con su madre y la convenció de recibir a Josefa, quien le daría una ayuda energética y espiritual. Él siempre que regresaba de una sesión en su casa le contaba detalles, que debido a las videncias de Gabriel desde la niñez estudiara estos temas y no tenía dudas sobre la vida después de la muerte. Aceptó recibirlas por la tarde del día siguiente para un té con las dos amigas.

Los amigos espirituales de Josefa le habían informado que ella sería llamada a ayudar a esa familia. Debía aceptar, porque ellos estarían a su lado para hacer lo que fuese posible. Por eso, cuando la invitaron, aceptó de inmediato.

María Júlia la recibió con amabilidad, pero Josefa se dio cuenta cuanto estaba nerviosa e inquieta. Junto a ella, Josefa vio algunas figuras oscuras y después de media hora de conversación dijo:

— Me doy cuenta que está agotada, nerviosa y necesita una donación de energías positivas para sentirse mejor. Si gusta, yo puedo hacer eso.

— Me encantaría. Me siento muy débil.

— En ese caso, vamos a la otra sala donde podamos estar a solas y donde nadie nos interrumpa.

— Vayamos a mi cuarto.

Las dos subieran y una vez en el cuatro, Josefa sujetó las manos de María Júlia e hizo una oración con fervor, pidiendo a

Dios protección y ayuda para esa familia. A medida que oraba, María Julia rompió en un llanto convulsivo. Su cuerpo temblaba sacudido por los sollozos, y Josefa la invitó a abrir su corazón a Jesús, contándole todos sus temores y aliviando su alma. Después continuó orando y suplicando la ayuda de los buenos espíritus para que la paz y la armonía regresasen a ese hogar. Poco a poco, María Julia se fue calmando. Cuando ella dejó de llorar, Josefa todavía sujetando sus manos, preguntó:

– ¿Se siente mejor?

– Un poco. Me siento aliviada. Ya no puedo soportar el peso de mis actos pasados. Estoy al límite de mis fuerzas.

– No se atormente, María Júlia. El pasado se acabó. No deje que él continúe haciendo infeliz su vida. Olvide lo que pasó.

– No puedo. Cargo este maldito secreto que puede ser revelado en cualquier momento y yo prefiero morir antes que suceda.

– Enfrentar la verdad, siempre es la mejor alternativa. ¿A qué le teme?

– Llevo conmigo un secreto que me ha hecho infeliz toda mi vida.

– Tiene miedo de revelar un secreto y por eso ha arruinado su vida. ¿No sería más práctico acabar con ella y enfrentar sus miedos?

– No puedo. Involucra a otras personas.

– Vamos a rezar juntas y pedir ayuda a los buenos espíritus. Cierre los ojos –. Josefa soltó las manos de María Júlia y en silencio comenzó a orar mientras estiraba las manos sobre su cabeza e imaginaba la habitación llena de luz. Después, durante algunos minutos fue pasando lentamente las manos cerca de su cuerpo que se estremecía como si fuese tocado por cables eléctricos. Cuando Josefa terminó, le pidió:

– Abra sus ojos. ¿Cómo se siente?

– Mejor. Sentí un agradable calor recorrer mi cuerpo. Gracias por haber venido. Si tuviesen un poco más de tiempo, me gustaría conversar un poco.

– Claro.

María Júlia la invitó a sentarse al borde de la cama y se sentó a su lado. Después dijo:

– Siento que puedo confiar en ti. Necesito hablar con alguien para no explotar.

– Estoy escuchando. Continúa.

– Todo comenzó en 1929. En esa época yo tenía diecisiete años; me enamoré perdidamente de un muchacho. Familia importante de la sociedad, rico, bonito, me rodeó de atenciones. Al principio yo no sabía que estaba comprometido. No frecuentaba la alta sociedad. Mi familia era de clase media. Lo amé con todo el corazón y nos entregamos el uno al otro sin pensar en nada más.

Nuestros encuentros servían para aumentar mi pasión y él insistía en que huyéramos juntos. Mi padre era un oficial del ejército y de carácter muy fuerte. Exigía obediencia ciega de mi parte y de mis dos hermanos menores. Religioso, nos vimos obligados a rezar el rosario reunidos dos veces por semana y aun enfermos teníamos que asistir a la misa los domingos. Les estoy contando esto para que puedan entender cómo me educaron. Él tenía una vara de membrillo con la que nos corregía, no permitía la más mínima desobediencia a sus disciplinas. Trataba a los niños de la misma manera que trata a los soldados y sus subordinados.

Ustedes se pueden imaginar cómo yo estaba al descubrir que estaba embarazada de un mes. Busqué a mi amado y le conté. Fue entonces que él con tristeza que me reveló que ya era ya casado y con dos hijos. Estaba aterrorizada. Yo quería suicidarme. Él, atemorizado, prometió solucionarlo todo. Al día siguiente, me buscó a escondidas, como siempre, diciendo que no necesitaba tener miedo. Había resuelto el problema. Me llevó al apartamento de un joven que estaba en el último año de Medicina. Eran amigos, y cuando se enteró de nuestra situación, estuvo de acuerdo con ayudarnos. Ellos planeaban practicarme un aborto.

Estaba aterrorizada. Pero me aseguraran que no había ningún peligro, que sería fácil y que así todo se resolvería. Es así como conocí a José Luís. Cuando me conoció, pronto me di cuenta que estaba interesado en mí. Estaba devastada, no solo por lo que hacer eso, sino por saber que el hombre al que amaba y me había entregado estaba comprometido. Quería huir conmigo, pero no estuve de acuerdo. Tampoco estaba dispuesta a continuar en aquella triste posición de ser la otra y pensaba que después de resolver el embarazo me separaría de él para siempre.

José Luís era muy guapo, educado, fino. Desde el primer día me trató con delicadeza. Dijo que antes del aborto debería tomar algunos medicamentos para evitar problemas futuros.

Le creí y obedecí. El hombre al que amaba necesitaba viajar por negocios, pero antes de irme me garantizó que todos estaba bien y que volvería pronto. Sin embargo, no regresó. Los días fueron pasando y cada día más angustiada viendo mi cintura engrosarse, mi barriga crecer y José Luís postergando el aborto.

Yo hacía todo lo posible para llevar una vida normal, para que mis padres no percibiesen nada. José Luís se enteró –

se encontraba conmigo con el pretexto de preparar todo para resolver el asunto, pero cuando llegaba me daba cuenta que me miraba de otra manera. Un día abrió el juego. Me dijo que tenía más de tres meses de embarazo y que me sería imposible abortar en ese momento. Dijo que no lo había hecho antes porque tenía miedo de no estar los suficientemente preparado para no causar una tragedia.

Viendo mi desesperación, confesó que me amaba desde el primer día en que me conoció y que estaba dispuesto a casarse conmigo asumiendo la paternidad del niño. Yo estaba desesperada. No lo amaba, pero vi en esa una tabla de salvación. Inmediatamente acepté.

Él buscó a mi padre, confesó que habíamos cometiedo un error, pero que estaba dispuesto a repararlo y pidió mi mano en matrimonio. A pesar de mi miedo, mi padre aceptó esa alianza alegremente. Tener un yerno como médico era para él una buena solución. Si había una boda, el resto no importaba. Mi madre preparó todo, incluyendo un vestido que disimulase el pequeño volumen que ya comenzaba a aparecer, y así que corrieron las invitaciones nos casamos por la iglesia y por lo civil el mismo día.

No hace falta decir que entré en este matrimonio sin amor, cargando dentro de mí el hijo de otro hombre, y cómo era difícil soportar la intimidad de mi esposo. Apasionado, violento en sus celos, siempre que sentía mi rechazo, que yo hacía todo para ocultar más sin éxito, me cubría de injurias a mí y al niño que iba a nacer, como si aquel pequeño fuese culpable por mi falta de amor.

Nuestra vida fue un infierno desde el comienzo. Varias veces pensé en separarme, pero él más me amenazaba con el escándalo. A pesar de estar casada, mi padre aun ejercía una terrible tiranía sobre mí. Yo continuaba temiendo sus reacciones. Cuando Gabriel tenía un año sucedió la trama con Marcelo.

Escuché a José Luís hablando con Boris, tramando todo el plan, incluso el de matar a toda la familia. Estaba horrorizada. En esa época él me obligaba a tomar fuertes calmantes. Queriendo evitar eso, traté de disimular mis sentimientos; sin embargo, no podía aceptar la muerte de Marcelo. Era un niño alegre, inteligente, y cariñoso. Pensé en mi hijo, tan pequeño, que era mi pasión, e imaginé el dolor que sentiría si moría. Entonces decidí salvar a Marcelo. Yo sabía que Alberico, el chofer, era un buen hombre y gustaba mucho del niño. Hablé con él y acordamos todo. Él fingió matar al niño y lo ocultó durante algún tiempo. Yo estaba muy nerviosa y le pedí hacer un viaje con mi hijo hasta el convento de las hermanas donde había sido internada, para descansar. José Luís estuvo de acuerdo. Sentí que se sintió aliviado al ver que se deshizo de mí para poder llevar a cabo sus planes sin mi interferencia. Sabía que yo no estaba de acuerdo con lo que él planeaba.

Vendí algunas joyas y compré los pasajes para Inglaterra. Tenía todo planeado. Dejé a mi hijo con las hermanas y con el pretexto para ayudar a una amiga enferma en Inglaterra les pedí no decirle nada a mi marido. Recogí a Marcelo con Alberico y lo llevé a Londres.

Era la primera vez que yo viajaba al exterior. Tenía un poco de miedo, pero me fui. Todo salió bien. Busqué la escuela y dejé a Marcelo allí. Tenía la intención, al regresar, en buscar al Dr. Camargo y decirle la verdad. Pero cuando regresé me enteré que el Dr. Camargo estaba postrado en cama muy enfermo. Inconforme con la muerte del nieto, que era toda su alegría, tenía su salud en un estado precario.

José Luís lo estaba tratando y yo estaba aterrorizada con la sospecha que él lo mataría. A esta altura yo ya conocía bastante a mi marido para saber lo que él podía hacer cuando quería algo.

Aun así, intenté buscarlo a escondidas, pero no pude. Boris estaba allí, ayudando en el tratamiento y cuidándolo. No pude hacer nada. Pensé en buscar a Cláudio y Carolina. Tenía la intención de decirles dónde se encontraba su hijo. Pero ellos viajaron y yo no dónde estaban.

El Dr. Camargo murió y yo creo que también fue asesinado. Cláudio y Carolina vinieron para el entierro y yo era constantemente vigilada por Boris. Se me prohibió salir de casa, y cuando salía era siempre en su compañía.

La pareja nos visitó algunas veces, pero nunca pude quedarme a solas con ellos. Hasta que se fueron a Italia, pero antes dejaron un poder notarial para José Luís pagando regiamente para que él cuidase los negocios de la familia.

Entonces él quiso ir a Francia. No quería ir, pero me obligó haciendo amenazas a mi hijo. Estaba aterrorizada. Sabía de lo que era capaz. Tenía horror que algo le pudiera pasar a Gabriel.

Viajamos a Francia y fui obligada a dejar a Gabriel con una niñera, algo que yo no quería de ninguna manera, pero tuve que obedecer. Boris nos acompañó y yo sabía que estaban tramando algo. También sabía que si él quería esa fortuna tendría que terminar con el resto de la familia. Por tanto, Cláudio y Carolina estaban en peligro. Pero no pude hacer nada. Tuve que soportar todo con miedo a que le hiciese algo malo a Gabriel que se había quedado en Brasil.

María Júlia estaba pálida y su cuerpo estaba cubierto de sudor. Preocupada, intervino Josefa:

– Suficiente por hoy. Estás exhausta.

—No. Siento que necesito desahogarme. Voy hasta el fin. Falta poco. Como sabrás ellos hicieron explotar el barco y la pareja murió. Volvimos al Brasil, él heredó toda la fortuna. Siempre que tenía la intención de dejarlo, me amenazaba con la vida de Gabriel. Eso me encadenó hasta ahora.

— Se acabó, María Júlia. Estás libre. Debes decir en la corte toda la verdad. Has sufrido mucho.

— Mi papá no me importa más. Ahora tengo miedo del juicio de mis hijos. ¿Qué pensarán de mí cuando sepan la verdad? Gabriel no aceptará que yo le haya ocultado durante todo este tiempo que José Luís no era su padre.

— Él quedará aliviado cuando se entere. ¿Nunca pensaste en eso?

— Lo pensé algunas veces. A él nunca le ha gustado José Luís. De hecho, José Luís nunca estuvo interesado en ser un padre de verdad para él. Decía que cuando miraba a Gabriel recordaba mi amor por el otro. Gabriel se parece mucho a su padre. Ahora que es joven, tiene incluso la misma sonrisa, los mismos ojos, hasta su misma manera de ser. Eso hizo que José Luís siempre lo odie.

— ¿Por qué no le cuentas todo? Él tiene derecho a saber.

— Tengo miedo a su reacción. Laura también me preocupa. Ella siempre fue diferente a su hermano. Vanidosa, intolerante, mimada. El padre le cumplía todos sus caprichos. Está siendo difícil para ella aceptar la verdad. Tenía una impresión de su padre muy diferente. Está sufriendo mucho.

— Ilusión es sinónimo de sufrimiento. Tal vez necesite aprender los verdaderos valores de la vida. No lamentes la decepción que está teniendo ahora. Ella necesita dejar de ser una niña mimada y crecer. Este crecimiento aporta lucidez, pero tiene el precio de la experiencia. Acuérdate que la vida sabe lo que hace y siempre funciona para mejor.

– ¡Ella es tan joven! ¡Me gustaría evitarle tantos disgustos!

– No lo vas a conseguir. La vida desea lo contrario. Quiere que ella experimente, escoja, perciba, descubra, se desarrolle, se fortalezca. Ella es un espíritu, lleno de fuerza y potencial, dentro de un proceso propio e intransferible de mejoramiento natural. Debes saber que, si intentas impedir ese proceso, es actuar contra la vida, y eso es solo una causa de sufrimiento. Tu amor debe contribuir a que ella se sienta más fuerte, más capaz, más fuerte, más seguro.

– Sé lo que quieres decir. Haré lo posible por eso.

– El primer paso es decirles la verdad a tus hijos. Poner tus sentimientos, abrirles tu corazón. Te garantizo que no tienes nada que temer. La sinceridad, la verdad tienen más fuerza que cualquier otra cosa. Créelo.

– No sé. Tengo miedo. Voy a pensarlo.

– Piénsalo. Pide a Dios que te de fuerzas para hacer lo que sea mejor.

Cuando las dos salieron de la habitación, María Julia estaba más tranquila, su rostro relajado. Estaba pálida, había perdido la preocupación. Fueron a tomar el té, pero todos, con excepción de Laura, notaron que la dueña de casa estaba mejor.

CAPÍTULO 25

Daniel miró una tarjeta de presentación que la secretaria le alcanzara y preguntó:

– Dr. Guillermo Gouveia. ¿Está ahí fuera?

– Así es.

Se quedó callado durante algunos segundos pensando. ¿Qué es lo que un brillante y famoso abogado, diplomático, respetado, de familia muy importante quería de él?

– Hazlo entrar inmediatamente.

Enseguida Elza introdujo en la sala de estar a un hombre alto, elegante y apuesto, que parecía tener cincuenta años. Daniel se puso de pie para saludarlo.

– ¡Doctor Gouveia! Encantado de recibirlo.

Después de los primeros saludos, se acomodó en un sillón frente al escritorio de Daniel, quien también se sentó y esperó a que hablara.

– Es un placer estar aquí contigo. He acompañado con gran interés el rumoreado caso que ustedes están defendiendo. Hace una semana llegué al Brasil. Estaba como agregado a la embajada brasileña en Bruselas los últimos dos años.

– Usted ha prestado innumerables servicios al Brasil. Hemos acompañado su brillante carrera. Es necesaria mucha disposición para estar siempre fuera del país.

– Esta vez pretendo quedarme más aquí. Mi hijo mayor está radicado en New York y mi hija en Francia. Se casaron y ya no dependen de mí. Extraño nuestra tierra y estoy un poco cansado de viajar.

– Son buenas noticias. ¿Cómo puedo ser útil?

– Vine a ver los detalles del proceso del Dr. José Luís Camargo de Melo

¿El juicio ya se agendó?

– Sí. Será el próximo día dieciocho. Tenemos solo unos días más. Por eso, esta oficina está tan movida. La prensa no da tregua y para trabajar necesitamos tranquilidad. Por eso estamos haciendo difícil el acceso.

– Entiendo. He leído las noticias, no siempre claras. Me gustaría saber todo sobre este caso.

Daniel se removió en su silla, indeciso. A pesar de tener frente a él a una persona importante, su ética habló más fuerte y preguntó:

– ¿Cuál es su interés en este caso? ¿Estaría representando al reo?

– De ninguna manera. Les doy mi palabra de honor que tengo la intención de ayudar a esclarecer completamente el asunto. Es de vital importancia para mí conocer algunos detalles de este proceso.

– ¿Puede ser más claro?

– Hace muchos años conocí al Dr. José Luís y su esposa. Tengo serias razones que me hicieron venir hasta aquí. Para ser más honesto, fue por eso que decidí regresar al Brasil. Vuelvo a decir. Puede confiar en mí. Les doy mi palabra que estoy aquí para colaborar con ustedes.

– En ese caso, voy a colocarlo a la par de todo.

Daniel contó cómo conociera a Alberto, el desarrollo del caso que culminó en la prisión de José Luís y concluyó:

– Doña María Júlia fue víctima de todo esto. Pero es difícil demostrar que no fue cómplice. Este es el punto crucial que estamos tratando de resolver ahora. La culpabilidad de José Luís y los demás está comprobada. Eleuteria, Boris, Pola confesaron lo suficiente para ser condenados. Pero José Luís insiste en declarar que la mujer es cómplice, y los demás lo confirman. Estamos buscando impedir esa injusticia. El propio Marcelo presentó su testimonio a favor de ella, diciendo que fue protegido y mantenido por ella. Es difícil entender por qué, sabiéndolo todo, guardó silencio durante tanto tiempo, disfrutando de la fortuna. Este hecho ha sido explorado por la prensa, siempre dispuesta a atacar a los ricos en defensa de los pobres.

– ¿Nunca dijo por qué guardó silencio?

– Afirma que tuvo miedo. Pero esto no es una prueba en la corte.

– Quizás el marido la amenazó.

– Es lo que hizo. Pero ¿quién lo va a creer? Ella vivió a su lado todos estos años, frecuentó la sociedad siempre fingiendo ser muy feliz. Ellos eran incluso señalados como una pareja modelo. Es lo que dice el fiscal ahora. De hecho, no puedo negar que esa era su imagen hasta hace poco.

– ¿Crees que será condenada?

– Me temo que sí. A pesar de los atenuantes en el caso de Marcelo, hay otros delitos.

– Vine a buscarlo porque necesito encontrarme con ella.

– Disculpe, no entiendo. ¿Qué fue lo que dijo?

– Necesito encontrarla. Traté de hablar con ella, pero no quiso atenderme.

– Ella ha vivido recluida. No habla con nadie.

– Es urgente que nos encontremos. Por eso vine a buscarlo. Como su abogado, creo que puede arreglar esto.

– Puedo intentarlo. Pero ¿podría aclararme qué piensa hacer?

– Ayudar. Pero necesito hablar con ella. Aclarar algunas cosas. Convencerla a que se defienda. Estoy bajo la impresión que ella tiene la intención de castigarse de alguna manera.

– Sé lo que quiere decir. También tuve esta impresión –. Guillermo se puso de pie, hizo una reverencia, se paró frente a él, apoyándose en la mesa, lo miró directamente a los ojos y le pidió.

– Por favor. Organice una reunión a solas con ella. No quiere recibirme en su casa, no iremos a ningún otro lado. Haz esto y te estaré agradecido por el resto de mi vida –. Impresionado, Daniel respondió:

– ¿Voy a intentarlo?

– No tenemos tiempo que perder. El juicio será en unos días.

– Hablaré con ella hoy por la noche.

– Ahora.

– ¿Ahora?

– Sí. Es urgente.

– Déjeme pensar. ¿Tiene que ser a solas?

– No querrá hablarme frente a los hijos. Tendrá que ser a solas.

– ¿No me puede adelantar el tema? Lo que me pide puede incomodarla. Vamos a hacer lo siguiente: voy a llamarla ahora y le pasaré la llamada. ¿Le parece?

– Está bien.

Daniel marcó y llamó a María Júlia. Cuando ella atendió, él dijo:

– ¿Doña María Júlia? Hay una persona aquí que quiere hablar con usted.

– ¿Quién es?

– Alguien que quiere ayudarla. Hable con él –. Guillermo cogió teléfono y dijo:

– Soy yo, María Júlia, Guillermo. Regresé al Brasil tan pronto supe todo. Quisiera hablar contigo.

– ¡No puedo! – respondió ella emocionada –. ¿Qué quieres de mí?

– Aclarar algunas cosas. Por favor. No me niegues ese consuelo.

– ¿Por qué me buscaste después de tanto tiempo? Nadie puede saber lo que pasó en el pasado.

– Solo quiero hablar contigo. Tus hijos no necesitan saberlo.

Daniel lo mantendrá en secreto. No me puedes negar eso.

– ¡Tengo miedo!

– Haré lo que digas. Tengo que hablar contigo hoy.

– No sé cómo. Mis hijos están aquí. No me dejan sola.

– Habla con Daniel. Encontrará una manera –. Le pasó el teléfono diciendo bajito:

– Ella aceptará si puede liberarse de los hijos –. Daniel cogió el teléfono y decidió:

– Voy a cuidar de este asunto. En un rato volveré a llamar. Ustedes necesitan encontrarse.

Daniel se sentó, pensativo. De repente se acordó de la tía Josefa. Inmediatamente la llamó y le explicó lo que estaba pasando.

– Déjamelo a mí. Voy a llamar a María Julia y avisarle que iré a buscarla dentro de media hora. Ustedes vienen aquí y quien llega primero espera.

– Está bien, tía. Gracias.

– Estoy feliz de colaborar –. Colgó y dijo:

– Todo resuelto. En media hora iremos a la casa de mi tía, que la está yendo a buscar. Lo conseguiste –. Guillermo, se dejó caer en la silla aliviado.

– No sabes el bien que nos has hecho.

– Estoy interesado en liberar a doña María Júlia. Sé que es inocente. Tanto ella como su hijo Gabriel nos ayudaran mucho desde el comienzo, revelando un desprendimiento admirable. Llegaron a sorprendernos por su interés de hacer justicia aun sabiendo que además de perder dinero, pasarían por el desprestigio público.

– ¿Gabriel sabía de todo?

– No. Cuando el escándalo reventó en la prensa, él desconfió y su madre terminó confesándolo todo. Él nunca se llevó bien con su padre. Puedo entenderlo. Son completamente diferentes. Mientras uno es criminal e interesado, el otro es honesto y desapegado –. Guillermo guardó silencio durante unos segundos y luego dijo:

– ¿Crees que Gabriel es un buen muchacho a pesar de la convivencia con su padre?

– Estoy seguro. Es un joven de principios y muy valeroso. Por eso Rubito y yo nos empeñamos en defenderlos, para que no sufran más de lo que eso ya están sufriendo. A decir verdad, ni siquiera parece hijo de José Luís. Daniel notó que los ojos de Guillermo brillaran conmovidos. Él bajó la cabeza, tratando de ocultar la emoción. Daniel no pudo evitarlo:

– Su interés por este caso, el hecho que lo reciba doña María Júlia y todo lo demás me está haciendo pensar que aun no sé lo suficiente. Hay algo más. ¿Me puede decir lo que es?

– Todavía no. Espero que María Júlia esté de acuerdo, y luego lo sabrán todo.

– Debo recordarle que como su defensor necesito estar informado de todo.

– Estoy de acuerdo. Si no pensase así, no habría venido. Déjame hablar con ella primero y luego volveremos al asunto.

Cuando Daniel y Guillermo llegaron a la casa de Josefa, ella aun no había regresado. Fueron conducidos a la sala por la empleada, quien, orientada, les sirvió café y galletas. Quince minutos después llegaron las dos. María Júlia, pálida y nerviosa. Luego de los saludos, Josefa los llevó a la oficina y los dejó a solas, sentándose con Daniel en la sala para conversar.

Tan pronto como se vio a solas con ella, Guillermo y dijo conmovido:

– ¡Cuánto tiempo! Lamento lo que está pasando. Todo este tiempo pensé que eras feliz y que José Luís era un buen hombre. ¿Por qué nunca te comunicaste conmigo? No sabes cómo viví atormentado todo este tiempo.

– No quería involucrarte en más problemas.

— Algunas veces intenté verte, desde la distancia acompañaba tus noticias en las columnas sociales. Me consolé pensando que, a pesar de todo el daño que yo te causé, conseguiste superarlo y ser feliz.

— Mi felicidad era de apariencia. Una máscara que usaba para encubrir la verdad. Ahora ya ni siquiera tengo eso.

— Te equivocas. Tienes a tus hijos, me tienes a mí, que he vuelto para tratar de ayudarte.

— Nadie puede ayudarme. Estoy demasiado involucrada. José Luís me acusa y no tengo cómo defenderme.

— Di la verdad. Diles a todos por qué aguantaste todas sus maldades sin reaccionar... — María Júlia temblaba de nerviosismo, su corazón latía acelerado y no podía controlarse.

— No puedo. Mis hijos ignoran todo. Ya se sienten decepcionados con su padre. ¿Qué será de ellos cuando se enteren que yo les he mentido todo este tiempo? ¿Qué pensarán de mí al haberme casado cargando en el vientre el hijo de otro hombre?

— Entenderá por qué te sometiste a las exigencias de tu marido. ¿No comprendes que esa es tu defensa ante las acusaciones que has sufrido? Necesitas decir la verdad.

— Yo no tengo coraje. Prefiero morir.

— No permitas que esa falsa moral que te hizo soportar esta terrible situación todos estos años continúe victimándote. Siempre fuiste una buena mujer, a pesar de lo que hubo entre nosotros. Así, tan pronto supe lo que estabas pasando, dejé todo y vine decidido a ayudarte. A pesar de no saber los detalles del caso, tenía la seguridad que nunca habrías sido cómplice de tu marido. Ni por un momento creí en tu culpabilidad. La conversación que tuve con el Dr. Daniel me demostró que tenía razón. Me dijo que es difícil de explicar por qué te quedaste callada todo este tiempo. Yo sé el motivo.

– ¿Lo sabes?

– Sí. Gabriel. Nuestro hijo. ¿No fue por eso que te callaste? – María Júlia no contuvo las Lágrima. Guillermo la tomó de la mano y continuó:

– Ese canalla debe haberte amenazado –. Ella asintió con la cabeza.

– ¿Por qué soportaste todo sola y nunca me buscaste? Yo te habría defendido.

– Tenía miedo. No quería perjudicarte. Eres diplomático y luego tienes una familia. No tenía el derecho a involucrarte.

– Ahora tienes que decir la verdad en la corte. Decir por qué callaste. Ésta es la mayor prueba de tu inocencia.

– No puedo. Van a querer saber todo, tú estará involucrado. ¿Has pensado alguna vez en el escándalo? Tu carrera se derrumbará. Tu familia me odiará. No. No voy a hacer eso.

– Pues yo sí. Estoy dispuesto a prestar declaraciones.

– ¡No hagas eso!

– Lo haré. Hace mucho tiempo quedé decepcionado con mi carrera. Estoy cansado de la hipocresía de los políticos, de los gobiernos de apariencia que permiten todas las trampas, mientras que nada salga a la luz pública. Ya no me importa el juicio de las malas personas que viven juzgando a las personas para intentar fingir que son mejores. Lo que ahora cuenta para mí, María Júlia, es mi alegría, la paz de mi conciencia.

– Tú piensas así, pero ¿y tu esposa? ¿Y sus hijos? Ellos sufrirán.

– Mi esposa murió hace cinco años. Mis hijos se casaron y viven en otro país. Pero si incluso ellos vivieran aquí yo haría lo que pretendo hacer. Siento dentro de mí la voluntad de ser verdadero, de limpiar mi alma, hacer lo que siente mi corazón. Necesito apagar un poco el recuerdo del mal que te causé, engañándote.

María Júlia ya no intentó contener las lágrimas que corrían por su rostro. Él continuó:

– Yo te amaba mucho. Desde el primer día en que te vi, me enamoré perdidamente. Mi matrimonio con Isaura obedeció sobre todo a la decisión de la familia y en un tiempo en el que yo no sabía lo que era amar. Fue mi compañera desde niña. Me gustaba, pero el amor solo llegué a conocerlo cuando te vi. Sabía que, si decía que estaba comprometido, nunca me aceptarías. Por eso te engañé. Yo estaba loco. Quería estar contigo para siempre. Insistí para que huyeses conmigo. Pero tú no quisiste y yo no tuve fuerzas para dejarte.

– ¿Por qué recordamos todo ahora todo nuestro sufrimiento? ¡Basta!

– Nunca pude decirte lo que sentía por nuestra separación. Mi padre descubrió que estaba enamorado de ti y se encargó para que me mandaran lejos. Me había unido a la carrera diplomática, que siempre fue su sueño. Me fui lejos con la familia pensando que estaría fuera dos meses. Mientras tanto, me fueron reteniendo afuera. Cuando volví, supe que te habías casado con José Luís.

– Después que viajaste, él fue postergando el aborto, alegando que yo necesitaba tomar algunos medicamentos preventivos. Finalmente, se negó a hacerlo, afirmando que era demasiado tarde y que el bebé tenía que nacer. Estaba aterrorizada por mi padre. Hoy doy gracias al Dios por no haberlo hecho. Mi hijo es mi tesoro. Pero en aquel tiempo solo pensaba en mi papá. Entonces se ofreció a casarse conmigo y decir que era el padre de mi hijo. Aun sin amor, yo acepté. Me pareció la única salida.

– Él me envió una carta diciéndome que ustedes habían descubierto que se amaban y que se iban a casar. Que nunca más te buscase, porque ya no me querías más.

– Yo nunca lo amé. Tampoco pensaba en buscarte. Estaba dispuesta a renunciar a tu amor. No estaría nunca de acuerdo en ser simplemente tu amante, perjudicando a tu mujer y tus hijos.

– Sufrí mucho por eso. Pero acepté en alejarme de tu camino. Creí lo que decía esa carta. Sentí que no tenía el derecho para perjudicar más tu vida. Confieso que fue difícil aceptar eso. E incluso hoy y, cuando lo pienso, siento una enorme tristeza. Nunca he dejado de amarte, María Julia. Ese amor aun entibia mi corazón. Fue por él que regresé y es por él que deseo luchar de ahora en adelante.

– Ahora es la tarde, Guillermo. A pesar de todo, aun estoy presa a José Luís.

– Es una cuestión de tiempo. Solo me interesa una cosa. Si me dices que aun queda en tu corazón un poquito de ese sentimiento que un día nos unió, no mediré esfuerzos para conquistar el derecho que vivamos juntos para siempre. Dime que no me olvidaste. Dime que todavía te gusto.

María Júlia levantó el rostro bañado en lágrimas y mirándolo a los ojos dijo en silencio:

– Ese amor ha sido mi alimento en esta vida. En los momentos difíciles que he vivido, solo el recuerdo de ese tiempo a tu lado me dio fuerzas para soportar la realidad de mi vida.

Guillermo no se contuvo. Tomando su mano, la hizo levantarse, la abrazó y la besó en los labios. Al principio con suavidad, luego con pasión.

María Júlia se olvidó de todo. En los brazos de Guillermo se entregó a ese sentimiento hace tanto tiempo reprimido que tomaba cuenta de su ser ansioso por ser libre. Cuando se calmaron, Guillermo y dijo en voz baja:

– No te rindas, María Júlia. Lucha y permite que yo te ayude a liberarte de esta pesadilla. Juntos seremos fuerte y venceremos. Todavía tenemos muchos años por delante. Podemos ser felices.

– Y mis hijos ¿Qué les voy a decir?

– La verdad. Solo la verdad. Ellos entenderán.

– Tengo miedo.

– No lo necesitas. Aprendí que la verdad es más fuerte que todo. Quiero que le cuentes la verdad a Gabriel. Necesita saber que soy su padre. Tengo la intención de reconocerlo como un hijo legítimo y ofrecerle mi nombre y compartir con él mi fortuna.

– ¿Y tus hijos? Puede que no les guste.

– Haré lo que creo que es correcto, le duela a quien le duela. Sin embargo, mis hijos están bien con la vida y tienen su propia fortuna. Tienen una mente abierta y mucho sentido común. Estoy seguro que nos apoyarán. Pero incluso si no estuvieran de acuerdo, yo lo haría. Estoy dispuesto a no hacer nada más en contra de lo que considero ser verdadero y justo. A quien no le guste, tendrá paciencia. Así es como quiero vivir de aquí en adelante y conquistar la paz de conciencia.

Los dos continuaran hablando por algún tiempo más. Cuando finalmente salieron de la oficina, María Julia parecía otra persona. Su rostro mantenía las huellas de las emociones que habían vivido, más su expresión era más relajada y en sus ojos había un nuevo brillo, de vida, de fuerza.

Josefa los hizo sentar y les sirvió té y galletas. Fue Guillermo el que habló primero.

– Gracias por su hospitalidad. Les estaré eternamente agradecido por brindarme esta reunión. Tenemos mucho para conversar. ¿Hablas tú o yo?

María Júlia respondió:

– Josefa ya conoce nuestra historia. Era mi confidente. Habla tú. Daniel necesita saberlo.

Guillermo relató todo lo que pasara entre ellos y finalizó:

– Como suponía, María Júlia vivió toda su vida chantajeada por José Luís, quien amenazaba la vida de Gabriel.

María Júlia completó:

– Yo sabía que él había asesinado a su propio tío, primos, trató de matar a Marcelo sin ningún remordimiento. No tenía ninguna duda que sería capaz de cumplir lo que decía. Todos ya habían muerto, ¿quién se beneficiaría de mi confesión? Preferí preservar la vida de mi hijo.

– ¡Cómo usted debe haber sufrido! – Dijo Daniel admirado.

– Estoy dispuesto a ser testigo en el juicio y decir la verdad – dijo Guillermo –. Lo haría de cualquier manera, incluso si mi mujer estuviese viva. Pero ella murió, ahora soy libre. María Júlia y yo nunca dejamos de amarnos. Queremos estar juntos para siempre. Si lo conseguimos legalmente, bueno. De lo contrario, iremos a otro país donde nos divorciaremos y no nos casaremos allá. Tenemos el derecho a la felicidad y lucharemos por ella.

Josefa se levantó y abrazó a María Júlia con entusiasmo:

— ¡Eso mismo! Me alegra escucharlo. Ustedes merecen la felicidad.

— Estoy pensando en mis hijos. Laura no lo aceptará.

— Laura es joven. Pronto encontrará a alguien y seguirá su propio camino. No estás haciendo nada malo. Tu esposo será condenado. Incluso si estuviera libre no volverías con él después de lo que hizo. No hay ninguna ley en el mundo que te obligue a eso. Laura tendrá que entender. Si lo hace, se va a beneficiar, podrá vivir en un hogar feliz y tener la protección y afecto hasta que le dé un rumbo a su vida. No perjudiques tu felicidad por su culpa. Ya fuiste muy perjudicada y tienes todo el derecho para ser feliz. Si ella aun no puede entender eso, la vida tendrá los medios para enseñarle lo que le falta aprender. Un día ella comprenderá.

— Tienes razón, tía.

— Aun así, tengo miedo. Guillermo es diplomático. No puedo permitir que se vea envuelto en un escándalo como este. ¡Destruiría su carrera!

Guillermo la abrazó diciendo emocionado:

— La carrera no consiguió devolverme la felicidad. Los viajes eran pretextos para huir del Brasil y no verte al lado de otro hombre. Yo pensaba que tú lo amabas y eran felices. Esto me entristecía y me sumergí más en el trabajo, esperando olvidar. Ahora que sé la verdad, que me reencontré contigo, que descubrí que siempre me amaste, no voy a perder la oportunidad de ser feliz. Suceda lo que suceda, yo estaré a tu lado. Nunca más te dejaré. Eso es todo lo que quiero de la vida. El resto no importa.

María Júlia quiso contestar, pero no encontró las palabras. Sus ojos se llenaron de lágrimas como y sus labios temblaban de emoción. Daniel no pudo evitarlo:

– Un amor como el suyo tiene fuerza. Estoy seguro que conseguirán todo lo que desean. Estamos aquí para ayudar, en lo que sea posible.

– Quiero ser testigo en el proceso – dijo Guillermo y con voz firme –. Ustedes como abogados, deben orientarme.

– No es necesario. Solo cuente los hechos – dijo Daniel.

– La verdad tiene mucha fuerza – dijo Josefa –. Siempre es el mejor camino –. María Júlia se pasó la mano por el cabello diciendo inquieta:

– ¿Cómo contarle todo a Gabriel? ¿Cómo decirle que lo engañé toda su vida aun sabiendo que no se llevaba bien con José Luís? ¿Y Laura?

Josefa le tomó la mano a María Júlia diciendo con voz firme:

– Esto es algo que tendrás que hacer.

– Tengo miedo.

– Es hora de tomar una posición. De conversare con tus hijos sobre tus verdaderos sentimientos. Esa es la base de una confianza mutua que debe existir entre personas que se aman y que desean mantener una buena relación. No tengas miedo a hablar sobre todo lo que sucede en tu corazón. De tu amor de juventud, de tus debilidades, tus miedos y tu infelicidad. Déjalos conocer tu intimidad. Abre tu alma para que ellos sientan todo el amor que tienes por ellos. Si haces eso, te sorprenderás.

– Voy a intentarlo.

– Eso – coincidió Josefa –. Una actitud sincera y franca les dará más seguridad. Te conocerán como realmente eres y de hecho eso los hará sentirse más confiados, a pesar de los problemas que están enfrentando. Se darán cuenta que la felicidad que creían poseer era falsa y que, inevitablemente, algún día tenían que descubrirlo.

– ¿Realmente crees eso?

– Así es, María Júlia.

– ¿Podrías ir conmigo a hablar con ellos?

– Claro que puedo; sin embargo, mi presencia puede avergonzarlos. Es mejor que hables con ellos a solas.

María Júlia dio una palabra más sobre lo que seguro preguntaría Josefa:

– Oren por mí. Lo que me pides es muy doloroso. A pesar de eso, siento que tengo que hacerlo. No es posible esperar más.

– Eso mismo. Estaré rezando por ti Ahora vamos. Te acompañaré de regreso a casa.

– Por favor, María Júlia. Tan pronto como hables con ellos, me llamas. Estaré esperando ansioso. Me gustaría estar a tu lado en este momento, pero siento que esta conversación debe ser entre tú y ellos.

– Me alegra que lo entiendas, Guillermo. Tengo que prepararlos para que te conozcan. No tengo idea de cómo van a recibir esta noticia. Especialmente Laura. Ella es muy rebelde. Admiraba a su padre. Será difícil aceptar.

– Tal vez no. Haz tu parte, que la vida hará lo suyo – dijo Josefa con una sonrisa. Salieron juntos. Mientras Josefa como su chofer se llevaba a María Júlia de regreso, Daniel condujo a Guillermo de regreso a la oficina.

Rubito había llegado y Daniel, presentó al diplomático, informándole que daría declaraciones en el juicio. Ante la historia que Guillermo le contó, Rubito se llenó de alegría:

– Finalmente encontramos los medios para liberar a doña María Júlia. Una historia de amor como esta colocará de nuestro lado a la opinión pública. Principalmente las mujeres, ¡se van a colocar del lado de la madre que sufrió callada para proteger la vida del hijo! ¡Hasta que por fin tenemos el motivo por el cual se calló toda su vida!

– Es cierto – acordó Guillermo –. Tampoco sabía que estaba sufriendo. Sabía que Gabriel era mi hijo, pero pensaba que ellos eran una familia unida y que Gabriel había encontrado en José Luís el padre que yo no podía ser. Nunca lo busqué porque no quería obstaculizar su felicidad. Llevado en el corazón mucha culpa por la miseria que había causado, no quería perjudicarlos más.

– Cualquiera hubiera hecho lo que hizo. ¿Cómo podría sospechar la verdad? Ellos eran considerados como una pareja modelo en la sociedad – comentó Rubito.

– Si por un lado sentía celos, por otro lado, me conformaba sabiendo que ellos habían encontrado la paz. Cuando leí sobre el escándalo en los periódicos, me desesperé. Pero solo entonces, cuando me di cuenta que la acusaban de complicidad, decidí regresar.

– Su presencia será de gran ayuda en su caso – dijo Daniel –. Su valor a enfrentar todo y permitir que su vida íntima salga a la luz, es admirable.

– ¡Amo a esta mujer! Siempre la he amado. Saber que ella me ama me ha dado fuerzas para enfrentar cualquier desafío. Aun seremos felices, estoy seguro.

Después que él se fue, Daniel se quedó pensativo.

– ¿Qué te pasa? Estás callado.

– Pensando en el poder del amor. Vaya, lo que hace con las personas.

– Es cierto. Haría cualquier cosa por Marilda. Y tú, ¿qué harías por Lídia?

– Tengo miedo de pensar. Cada día que pasa me siento más unido a ella. Tengo la impresión que ahora ya no es posible intentar escapar.

Rubito se rio alegremente y respondió:

– Nosotros ya reservamos la fecha de la boda. ¿Y tú?

– Aun no lo sé. Después que todo esto termine, veremos.

– El juicio está previsto para el día dieciocho. Después de la sentencia, todo habrá terminado.

– Parece increíble que logremos desentrañar todo eso.

– A veces creo que tuvimos ayuda espiritual. Tú con tus sueños, las sesiones en casa de doña Josefa. Hubo momentos en los que me pareció que solo estábamos siendo instrumentos de fuerzas superiores. ¿Nunca pensaste en eso?

– Sí. La tía Josefa cree que era la hora que aparezca la verdad. Pero dice que nuestro trabajo fue fundamental para que todo se hiciera realidad. Si nosotros no hubiésemos aceptado la causa, tal vez ellos no habrían logrado hacer lo que pretendían.

– Por eso soñaste que necesitaba aceptar el trabajo.

– Yo iba a decir que no. El sueño cambió mi voluntad. Incluso ahora, la presencia de ese diplomático dispuesto a defender a doña María Júlia me hace pensar.

– ¿En qué?

– En el merecimiento que ella tiene. ¿Quién podría imaginar una cosa de estas?

– Estoy de acuerdo.

Josefa dejó a María Júlia en casa y se despidió diciendo:

– Ánimo. Estaré rezando por ti.

Se fue directo a su habitación, se sentó en una silla y pensó en las palabras de Josefa. Durante el recorrido de regreso, ella le mostrara cómo Dios había sido bondadoso con ella, ayudándola siempre que necesitaba. Primero, sacándola de la tiranía paterna, luego liberándola de su marido, y, en un momento decisivo y difícil, trayendo de vuelta al amor de su vida, dispuesto a luchar por ella y darle felicidad.

Josefa tenía razón. En ese momento ella necesitaba confiar en Dios. Él la estaba ayudando y protegiendo. Quería que sus hijos disfrutaran de esta protección y pudieran rehacer sus vidas. Guillermo había dicho que, si ella lo quería, se irán a otro país, donde había leyes para el divorcio y para otro matrimonio. Ambos podrían seguir viviendo allá o regresar al Brasil. Él haría cualquier cosa que ella y sus hijos quisiesen. María Júlia cerró los ojos y rezó. Agradeció a Dios por la protección que le había dado y le pidió fuerzas para contarles toda la verdad a sus hijos. Cuando terminó, respiró profundo y se sintió aliviada. Llamó a sus hijos a su habitación para esa conversación. Ellos obedecieran de inmediato.

– ¿Te sientes mejor, mamá? – Preguntó Gabriel.

– Sí. Estoy bien. Siéntense aquí, a mi lado –. Ellos se acomodaron y ella continuó:

– Los llamé porque tenemos que hablar. Todo lo que pasó recientemente, nos ha perturbado y hecho sufrir. Para ustedes, debe ser terrible descubrir los dolorosos hechos de nuestro pasado.

– Mamá, aun dudo que papá haya cometido todo lo que dicen.

– Desafortunadamente, Laura, él lo hizo. Eres su hija, siempre has tenido buena imagen y lamento decirte la verdad. Guardé silencio todos estos años porque nunca pensé que Marcelo pudiese descubrir todo y volver para pedirnos cuentas.

– ¿Quieres decir que fuiste cómplice en todo esto? ¿Cómo pudiste estar de acuerdo con una cosa de estas?

– Nunca estuve de acuerdo, hija. Hice lo que pude para salvar a Marcelo y lo conseguí. Solo Dios sabe cómo fue difícil y el miedo que pasé. Pero también tenía un hijo pequeño y me repugnaba saber que querían matar a ese niño.

– Mamá, no necesitas decir nada – Gabriel comentó –. Eso te hace sufrir. Sabemos todo. No te atormentes más.

– No, hijo mío. Todavía no saben todo. Y es sobre eso que quiero hablarles. Mi vida ha sido hasta ahora un montón de mentiras. He sido cobarde, nunca tuve el coraje de contarles lo que iba en mi corazón, por qué y cómo me casé con Jose Luís. Lo que les voy a contar ahora es el secreto que he guardado durante tanto tiempo, pero no es posible reprimirlo más. Deseo abrirles mi corazón, decirle toda la verdad, lavar mi alma. Desnudar mis sentimientos más íntimos para que me vean cómo soy. Solo una mujer que amó mucho y que ha sufrido todos estos años.

– Siempre sospeché que había algo que te hacía temer a Boris y a papá, varias veces sentí que te estaban amenazando.

– Es verdad, hijo mío. Toda una vida viví amenazada. Nuestra historia empezó cuando tenía diecisiete años.

María Júlia, con los ojos fijos en el pasado, con voz pausada, pero firme que la emoción por momentos dificultaba, fue relatando todos los hechos de su pasado. A medida que hablaba, Gabriel se fue emocionando, presintiendo que sus palabras tenían que ver con él. Sujetó su mano con fuerza y, sin desviar la mirada, esperó ansiosamente a que concluyese. Laura sentía las lágrimas caer por sus mejillas. Nunca se me pasó por la cabeza que aquella mujer que siempre viera bien puestea, tranquila, controlada, había pasado por todas aquellas emociones y le parecía estar viendiéndola por primera vez.

En silencio, esperaron a que terminase:

– Por eso me mantuve en silencio durante toda la vida – finalizó –. Amenazaron la vida de Gabriel y sabía que estaban diciendo la verdad. Yo los conocía. Vi como planearon todos esos crímenes. Yo misma pensé a menudo que podían matarme. Creo que nunca lo hizo porque tenía una fijación conmigo. Era como una obsesión. Quería conquistar mi amor a cualquier precio. Necesitaba más esta victoria. Como nunca lo consiguió, no se rindió.

Ellos la abrazaron con fuerza y mezclaron sus lágrimas. Gabriel sintió un nudo en la garganta y no pudo hablar. Se quedaron así, abrazados, por algunos minutos. Cuando se calmó, María Júlia continuó:

– Yo quería salvarlos. Mientras tanto, fue inútil. La vida tiene sus propios caminos. Espero que me perdonen. Yo los amo. Necesito su amor.

– Madre, siempre has sido generosa y amiga. Nos diste todo y fuiste hasta el sacrificio para preservarnos. Solo lamento que no me hayas contado la verdad antes. Una vez hecho, si lo hubiese hecho, es posible que hubiésemos descubierto una solución para terminar con tu sufrimiento.

– Tenía miedo que no entendiesen. Tenía la intención de quedarme callada por el resto de mi vida. Nunca iba a revelar este secreto, a menos que José Luís cumpliese con la amenaza que me hizo que si fuese capturado, contaría todo. Sin embargo, hoy, sucedió algo que me hizo cambiar de opinión –. María Júlia levantó la cabeza y los miró por algunos segundos en silencio. Luego continuó:

– Daniel me llamó y me dijo que el Dr. Guillermo Gouveia insistía en hablar conmigo personalmente.

– ¿El diplomático? preguntó Gabriel, admirado.

– Él mismo. Hablamos y Josefa me vino a buscar para una reunión en su casa.

– Mamá, ¿por qué te buscó? ¿Qué tiene que ver con nosotros? – Preguntó Gabriel temblando mientras apretaba sus manos con fuerza.

– Porque él fue el amor de mi vida. Después de ese tiempo, nunca nos volvimos a encontrar. Intenta brindar su testimonio a mi favor. Decir por qué guardé silencio todo este tiempo.

– Madre... ¿quieres decir que él... es mi verdadero padre?

– Sí, hijo mío. Tiene la intención de contarlo todo en la corte y reconocerte como un hijo legítimo –. Gabriel no pudo evitarlo:

– Pero, mamá, él tiene familia. ¿No será un poco tarde para esa actitud?

– No, hijo mío. Nunca nos buscó porque pensó que éramos felices y no quería perjudicarnos. Acompañaba nuestra vida a la distancia por las noticias sociales. Cuando se enteró por los periódicos lo que sucedió, regresó al Brasil dispuesto a ayudarme. Rápidamente entendió por qué me quedé en silencio. Sus dos hijos están casados y viven en el extranjero. Su esposa murió hace unos años. Está solo y nuestros sentimientos siguen siendo los mismos. Piensa en retomar nuestra vida, esta vez de manera limpia. Cree que seré absuelta. Después de aclarar todo quiere casarse conmigo, en el exterior, claro. Aquí no hay divorcio. Les estoy contando a ustedes todos como sucedió. No decidiré nada sin escucharlos al respecto.

Laura la miraba muda por la sorpresa. No sabía qué responder. Le era difícil pensar en su madre casada con otro hombre. Gabriel, emocionado, no conseguía concatenar los pensamientos.

María Júlia los abrazó diciendo:

– Lo importante es tenerlos a mi lado.

– ¿Ya pensaste en lo que vas a hacer? – Preguntó Gabriel –. ¿Vas a aceptar su pedido?

– Todavía no lo sé, hijo. En este momento ustedes son lo más importante para mí. No haré nada que pueda desagradarles.

– ¿Todavía te gusta? – Preguntó Laura.

– Nunca olvidé ese amor. Mientras tanto, para ser honesta, fue hace mucho tiempo. Cambié, todo cambió. No sé si podría retomar ese sentimiento. Estoy confundida y atormentada. Ni siquiera sé si saldré libre de toda esta suciedad. La pobreza me asusta por ustedes. Por el momento, no sé cómo tomar una decisión.

– ¿Será que realmente va a testificar a tu favor? – Preguntó Gabriel.

– Sí. Yo no quería. Este un diplomático respetado, admirado. Tiene libros publicados, es famoso. Este testimonio arruinará su carrera. Pero él insiste, y Daniel, que estaba con nosotros, es de la opinión que, si testifica, seré absuelta.

– Él debe sentirse culpable – dijo Gabriel –. Por su culpa terminaste casándote con una persona que no amabas y viviste este drama. No merece el respeto del que goza. Dijo que te amaba, pero te engañó, te ilusionó. Uso de mala fe. No tenía experiencia y fuiste confiada. Después de lo que hizo, todavía quería que abortaras.

— No digas eso, hijo mío. No lo culpo. Nos enamoramos perdidamente. Él nunca quiso un aborto. Al contrario, quería huir conmigo. Yo no quise. Tuve miedo de papá. Luego, me repugnaba hacerlo abandonar a su familia. Tenía dos hijos. Está muy arrepentido de lo que hizo, pero yo no. A pesar de todo, los recuerdos de esos momentos de amor que vivimos juntos me han dado la fuerza para soportar toda la frustración que he tenido en mi vida. Todavía están vivos en mi mente. Nunca los olvidaré.

Gabriel bajó la cabeza sin saber qué decir. Recordó la noche en que llevó a Lanira al barco y la inolvidable experiencia que tuvo.

— Me gustaría que entendiesen que nos dejamos llevar por las emociones y nos envolvimos sin pensar en las consecuencias, pagando un alto precio por nuestra debilidad. Él tuvo miedo de decir que estaba casado y yo de asumir la verdad ante la familia. Por lo tanto, terminamos empeorando la situación. Él cumplió hasta el final su responsabilidad para con la esposa y sus hijos, y yo traté de hacer lo mismo. Él tuvo más éxito. No tuve la misma suerte.

— No sabías lo que harían — dijo Gabriel.

— Si papá no hubiese cometido tantas locuras, todo estaría bien ahora. Quizás hasta hubieses aprendido a gustar de él — dijo Laura con voz triste. María Júlia la abrazó como a una vida:

— Tienes razón, hija mía. Cuando José Luís me pidió en matrimonio, dijo que me amaba y que sería un buen padre para mi hijo. Le creí. Él era médico, guapo, joven y agradable. Pensé que su amor estaba siendo sublime al punto de aceptarme embarazada de otro hombre. Pensé que todos los problemas estaban resueltos. Estaba segura que conseguiría amarlo. Desafortunadamente, no fue lo que sucedió.

– ¿Por qué? – Preguntó Laura.

María Júlia la miró a los ojos y respondió seria:

– Es tu padre y lo que voy a decir no es agradable. Pero estoy dispuesta a decir la verdad. Nunca más quiero volver a tener secretos para ustedes.

– Habla, madre. Queremos saber todo – preguntó Gabriel.

– Tú ya sabes, hijo. Tu padre tiene un carácter difícil. Posesivo, celoso. Se casó conmigo, pero, de hecho, nunca aceptó la situación. Estaba enojado contigo porque pensabas que eras como tu padre de verdad.

– Por lo que yo sé, fue Gabriel quien tampoco lo apreciaba – intervino Laura.

– Cuando era un bebé, varias veces lo sorprendí diciendo palabras rencorosas y tú llorabas. A veces sospecha que él te pellizcaba. Cuando estabas más grandecito te escapabas de él y los sirvientes se dieron cuenta. Entonces él comenzó a rodearte de atenciones, pero sabía que solo lo hacía frente a los otros. Por eso, nunca te dejaba a solas con él.

– Sentía un rechazo por él. Nunca me sentí bien en su presencia.

– Madre, me cuesta creer ¡Mi padre es un monstruo!

– Prefiero pensar que es un neurótico, un psicópata. Me gustaría no tener que decirte todo esto, hija mía, pero siento que ya no puedo reprimirlo.

– Ahora ya puedo entender mejor lo que está sucediendo. Para mí, papá siempre fue tranquilo, controlado.

Era respetado por todos, e incluso tú siempre me pareciste feliz a su lado. Nada de eso era verdad. Vivimos en una situación falsa. Ustedes se colocaron una máscara detrás de la cual ocultaban sus verdaderos sentimientos. En vista de lo que dijiste de mi padre, de su carácter, puedo creer que todo lo que dicen sobre él es verdad. Nunca fue lo que yo pensaba que era.

Laura sollozaba y tanto María Julia como Gabriel la abrazaron en silencio. Cuando finalmente se detuvo, María Júlia dijo:

– Gracias por escucharme. Espero me perdonen y continúen amándome a pesar de todos. Eso es todo lo que me importa.

– Madre, no me siento en condiciones de juzgar nada – dijo Gabriel con voz triste –. Siempre te he amado y siempre te voy a amar. Pase lo que pase, estaré a tu lado.

– Yo también, mamá – dijo Laura –. Nunca olvidaré este momento. Admiro tu valentía y tu desprendimiento abriendo tu corazón, contándonos la verdad. Estoy triste al pensar que papá cometió tantos errores, pero reconozco que debe asumir su responsabilidad por ellos.

– Gracias, hijos míos. Desafortunadamente, después de lo que sucedió, su padre no puede ser liberado. Está fuera de control y puede hacer algo peor.

– A pesar de todo, mamá, no quiero abandonarlo. Es mi padre. Si puedo hacer algo para ayudarlo, lo haré.

– Entiendo, hija.

– Él no puede quedar en libertad, Laura. Oíste lo que dijo mamá – dijo Gabriel –. Si é sale de la cárcel, intentará algo en su contra.

– Después de todo, estoy segura que se quedará preso. Voy a estar a tu lado y el de mamá, pero repito: si puedo ayudar a papá de alguna manera, lo haré.

– Haz lo que tu corazón desee. Es la manera más justa de vivir. Tendrás siempre mi apoyo. Ahora vamos al comedor, ustedes tienen que comer algo.

Cuando salieron de la habitación abrazados, María Julia se sintió aliviada. La conversación le hizo muy bien. Reconoció que hacía mucho tiempo no se sentía tan ligera. Satisfecha, percibió que tanto Gabriel como Laura también parecían estar mejor.

CAPÍTULO 26

Después de ese día, los acontecimientos se precipitaran. El juicio a José Luís movió la sociedad. No se hablaba de nada más. Después de la lectura del proceso, que demoró dos días, comenzaron los testigos.

Alberto emocionó a todos contando su historia. José Luís, altivo, manteniendo en su fisonomía un aire de indiferencia, de vez en cuando miraba a sus cómplices sentados a su lado, como si no los viese. Luego llegó el momento de Boris, quien trató de impresionarlo colocándose en posición de víctima, diciendo que había sido chantajeado por el patrón.

Su testimonio fue despiadado. Lanzó sobre José Luís toda la responsabilidad por los delitos cometidos. Presionado por Rubito, que inteligentemente lo interrogó, terminó contando cómo José Luís envenenó al tío poco a poco y la forma como ellos provocaron el "accidente" que mató a los padres de Marcelo.

Antunes dijo que era inocente. Que ayudara a Boris a intimidar a Marcelo por ser un amigo de la familia de José Luís. Que no tenían la intención de causarle ningún daño al joven. Aturdidos, los presentes tomaron conocimiento de toda la trama. Quedó clara la ambición de Eleuteria y Pola, y especialmente la crueldad de José Luís. Cuando le llegó su turno de prestar testimonio, José Luís trató de justificar que el

Dr. Camargo había robado la fortuna al hermano, el cual era su padre, dejando a toda su familia en la miseria. Quería vengarse. Dijo que fue su esposa, María Júlia, quien sugirió hacer el cambio de identidad de Marcelo. Más tarde, ella ayudó a planear el resto. Dijo que ella lo apoyaba y le aconsejó a que huyera cuando todo fue descubierto.

Durante todo el tiempo le lanzaba miradas a María Júlia, quien, pálida, estaba sentada al lado de los hijos en la banca reservada para los testigos.

Fue entonces cuando, para sorpresa general, Daniel llamó al Dr. Guillermo Gouveia para testificar. Entró en la sala y todo el mundo volteó para mirarlo. José Luís palideció aun más y apretó los dientes con rabia. ¿De dónde saliera su rival?

Después del juramento, Rubito se acercó y le pidió al testigo por qué decidiera pedir para testificar.

Con la mirada emocionada, pero firme, Guillermo y comenzó:

– Vine para evitar que se cometa una injusticia. Sé que María Júlia es inocente de dos delitos que se cometieron contra los Camargo.

– ¿Cómo es que lo sabe? – Preguntó Rubito.

– Porque la conozco muy bien. Sé que ella nunca estaría de acuerdo con nada malo. Se trata de una mujer íntegra, que ha sido víctima de la maldad del marido toda su vida.

– ¿En qué se basa su testimonio?

– Sé por qué ella estuvo calla todo este tiempo. Sé por qué nunca reveló a la policía los delitos de estos asesinos.

– De hecho – dijo Rubito – desde que tomamos conocimiento sobre los hechos nos hemos hecho esa pregunta.

Si ella no fue cómplice, ¿por qué no buscó a la justicia para contar lo que sabía?

– Estaba siendo amenazada, en lo más sagrado que tiene. ¡En la persona de su hijo!

Un "¡¡oh!!" resonó en la audiencia y el juez pidió silencio en varias ocasiones. Cuando lo hizo, dio la orden para que Rubito continuara.

– ¿Nos puede aclarar eso?

– Claro. Para eso voy a tener que volver atrás en el tiempo y contar la historia de mi vida –. Guillermo, con voz conmovida comenzó a relatar todos los hechos del pasado. María Julia emocionada dejó que las lágrimas corriesen por sus mejillas. Gabriel sujetaba su mano para darle coraje, pero también, viendo la dignidad de aquel hombre que permitía que todos invadiesen su intimidad, conociesen sus sentimientos, supiesen sus debilidades, no consiguió detener las lágrimas.

Laura escuchaba entre la tristeza y la curiosidad. Horrorizada con todo lo que escuchar en ese tribunal, no podía dejar de comparar a los dos hombres. Su padre intentará destruir a su madre, arrastrarla en la caída junto a él, revelando una maldad y un egoísmo que ella se vio obligada a reconocer.

Otro, para defenderla, no le importara en destruir su carrera con el escándalo, interesado solamente en limpiar su conciencia y salvar a la mujer que amaba.

En ese momento Laura comprendió por qué su madre amara a aquel hombre y nunca consiguiera amar a su padre. La verdad dolía, pero a pesar de todo sentía la necesidad de ponerse del lado de la madre, que ya había sufrido mucho y merecía encontrar la paz. Guillermo siguió narrando el pasado con voz emocionada. Las mujeres presentes lloraban discretamente mientras que los hombres se aclaraban la garganta de vez en cuando para disimular la emoción. Él finalizó:

– Yo no podría quedarme callado. Sea cual sea el precio que tendré que pagar por esto, me siento gratificado y satisfecho, aliviado de poder decir lo que va en corazón. Por poder decir que Gabriel es mi hijo y que pretendo reconocerlo ante la ley. Pero quisiera que supieras, hijo mío, que, aunque distante todos estos años, permaneciste siempre en mi corazón. Acompañé a la distancia, por las columnas sociales, todas las novedades respecto a ti, tratando así de ahogar la nostalgia y el deseo de acercarme, de abrazarte y de decirte que soy tu padre. Nunca los busqué porque no quería perturbar su felicidad. No sabía nada de lo que estaba pasando aquí. Yo solo espero que, cuando todo esto termine, puedas perdonarme, aceptar y entender.

Hizo una ligera pausa y continuó:

– Después de regresar al Brasil, busqué a los abogados de Marcelo y tomé conocimiento de los detalles, entendí todo. Mi hijo siempre tenía la vida amenazada por de José Luís. Esa era el arma que usó para coaccionar a su mujer a quedarse callada y soportar sus exigencias. Ahora se acabó. María Júlia está libre de ese martirio. Estoy seguro que saldrá de esta corte con la cabeza erguida y libre para vivir su vida con sus hijos de aquí en adelante. María Júlia abrazada a sus hijos, lloraba y la conmoción tomó cuenta de los presentes. El juez tomó la palabra y suspendió los trabajos determinando que se reiniciarán a las diez de la mañana siguiente.

Los periodistas salieron rápido, ensimismados con la historia inesperada envolviendo al diplomático. Daniel se acercó a María Julia diciendo:

– Fue bueno que el juez diera por terminada la sesión de hoy. Mañana es tu turno para dar testimonio y es necesario que descanses, te calmes, para poder aguantar. Voy a llevarla a casa – Marcelo se acercó a María Julia, que, más controlada, se preparaba para salir. Se miraron emocionados. Él dijo:

– Siempre quise hablar con usted. Agradecerle por todo lo que hizo por mí. Siento haber involucrado a su familia, pero no pude evitarlo.

– Lo sé, hijo mío. Hiciste lo que tenías que hacer.

Miró a Laura y Gabriel, que los miraban con curiosidad y continuó:

– Lo siento por ustedes. No quería que sufrieran. Agradezco a Gabriel por habernos ayudado. Fue necesario tener mucho valor para hacer lo que hiciste.

– A pesar de todo, estoy en paz. Me gustó tu testimonio. Intentaste dejar en clareo que mi madre es inocente – respondió.

– Fui sincero. Si no fuese por ella, no estaría aquí.

María Júlia conversaba con Rubito y Daniel, se alejara unos pasos de ellos. Laura miraba a Marcelo con curiosidad y un poco de temor:

– ¿Nos vas a sacar de nuestra casa? – Preguntó en voz baja. Él se sintió incómodo y respondió:

– No pensé en nada todavía. No sé lo que me corresponderá por derecho. Es el juez quien va a decidir.

Gabriel abrazó a Laura diciendo:

– No te preocupes, Laura. Podemos trabajar. Dejemos eso para después. María Julia llamó a los hijos para retirarse y se despidieron de Marcelo. Gabriel miró y vio a Guillermo al otro lado de la sala, mirándolos. Se sintió avergonzado, tuvo deseos de salir corriendo. María Julia se dio cuenta y fue saliendo con los dos hijos. Guillermo se quedó mirando y no los siguió. Daniel se le acercó diciéndole:

— Todavía está en shock. Tenga paciencia.

— La tendré. No está siendo fácil para él ni para su hermana.

— Será peor para ella.

— Estoy de acuerdo. Podemos irnos. Su testimonio fue excelente. Emocionó a todo el mundo – tornó Rubito satisfecho.

— ¿Crees que lo conseguiremos?

— Tenemos grandes posibilidades. El caso está claro. Está suficientemente comprobado, solo ella no tenía pruebas a su favor. Con su declaración, ella las tiene. Fue contundente – dijo Rubito.

— Realmente lo fue – coincidió Daniel –. Tuve que hacer un esfuerzo enorme para contener la emoción.

— Por lo menos, me siento aliviado. Es como si me hubiese quitado un gran peso de mi corazón.

— Me muero por leer los periódicos de mañana. Espero que no inventen nada – dijo Rubito.

— No lo necesitan. Lo que el Dr. Guillermo contó da para toda una historia y más –. Ellos salieron conversando. Alberto se acercó a Lanira, que venía acompañada de María Alice. La joven los presentara en la entrada del tribunal.

— ¿Aceptarían un té, un café conmigo? – Fue María Alice quien respondió:

— Ya es un poco tarde. Lo dejamos para otra ocasión.

— ¿Puedo llevarlas a casa?

— Gracias – dijo Lanira –. Pero nuestro chofer está ahí afuera –. Él sonrió diciendo:

– En ese caso, estoy sin argumentos. Lo que quería realmente era estar un poco más con ustedes.

– Si Lanira quiere quedarse, me iré sola.

– No, mamá. Es tarde. Mañana tienen que volver temprano. No quiero perderme nada. Doña María Júlia va a testificar.

– Vendré contigo. Quiero que sienta que estamos de su lado y que confiamos en la justicia.

Alberto estuvo pensativo por unos momentos, luego dijo:

– Ella es una mujer que sufrió mucho y merece conquistar la paz. Deseo eso de corazón. María Alice lo miró y vio el brillo de una lágrima que no dejó caer. No se contuvo:

– Después de todo lo que pasó, es muy noble de tu parte desear eso.

– Sabiendo el pasando, llegué a envidiar a Gabriel. Me gustaría mucho tener una mamá como ella.

– De cierta manera, ella también es un poco tu madre. Te salvó la vida, manteniéndote hasta la mayoría de edad. ¿Por qué no reivindicas ese lugar en tu corazón?

Lanira miró su madre admirada. ¿De dónde sacaría esa idea? – Alberto sonrió ligeramente y respondió:

– Si ella me aceptara, haría eso.

Se despidieron acordando estar allí de nuevo a la mañana siguiente.

Al otro día, Daniel y Rubito fueron muy temprano a la casa de María Júlia. Al verlos, dijo nerviosa:

– Estoy preocupada. ¿Qué es lo que pasará?

– Después de lo de ayer, estoy segura que será absuelta – dijo Daniel.

– No sé. Tengo miedo. Pienso en Gabriel y Laura. Ellos me necesitan. No quiero dejarlos solos.

Gabriel, que venía entrando escuchó sus palabras, la abrazó diciendo:

– No pasará nada. Todos se dieron cuenta que eres inocente.

– Aunque no consideren el testimonio del Dr. Guillermo, existen varias circunstancias atenuantes a su favor. El testimonio de Marcelo dejando en claro que le salvaste la vida, nuestras declaraciones recalcando que nos ayudó, la propia investigación de la policía registrando su colaboración y la de Gabriel en la solución del secuestro que resultó en la detención de Antunes y Boris. La forma como fue encontrada por la policía, prisionera de José Luís. Nunca haría eso con una cómplice. Todos suma a su favor – aclaró el Rubito.

– Su testimonio de hoy es muy importante. Repita todo lo que le contó a la policía. Diga la verdad, hable de la dramática fuga, incluyendo que él la encadenó para que no escapase. Recuerde que estará hablando para el jurado. Personas que están tomado conocimiento de los hechos ahora, o que simplemente leyeron lo que salió en los periódicos, pero que necesitan conocer bien como sucedió todo para que puedan dar una sentencia con justicia – aconsejó Daniel.

– Sí, doña María Júlia. Haga como el Dr. Guillermo. Vaya hasta el fin. Abra su corazón, exponga todo lo que usted ha mantenido guardado todos estos años. Deje que las personas conozcan su intimidad, sus sentimientos, su visión de la vida. Muéstrese tal cual es. Si hace eso, estoy seguro que conseguirá lo que desea – dijo Rubito.

– Sí, mamá – coincidió Gabriel –. La mujer que imaginan que eres falsa. La prensa, los culpables, todo lo que ellos dijeron respecto a ti, nada de eso eres tú. Que todos sepan como es. Eso será suficiente para absolverte.

– Está bien. Voy a intentarlo.

– Cuando se siente a brindar su testimonio – dijo Daniel –, cuando coloque la mano sobre el libro sagrado para jurar decir la verdad, pida ayuda a Dios en pensamiento. Llame a los espíritus amigos para que le den fuerza. Entonces, olvídese de dónde se encuentra. Entre al fondo de su corazón, a sus recuerdos y cuente todo a su manera. No omita ningún detalle, no importa cuán pequeño.

– Está bien. Nuestra vida ya ha sido expuesta, y no sirve de nada querer preservar algo.

– Está expuesta, pero de manera equivocada en muchos sentidos – recordó Rubito.

– Sí. Ellos contaron todo como quisieron todo el tiempo. Incluso José Luís jugó su juego. Ahora ha llegado mi turno. Voy a dar mi versión.

Laura, que había entrado y escuchó parte de la conversación, intervino:

– Después de lo de ayer, no creo que falte nada.

– Te equivocas, hija mía. Nunca le conté a nadie cómo viví todos estos años. Estoy segura que agregará algo.

María Alice se levantó temprano, estaba desayunando cuando António bajó y al verla dijo admirado:

– ¿Vas a salir?

– Sí.

– No me digas que vas a ese juicio.

– Así es.

– Mejor sería que no defendieses a esa degenerada familia. ¿Has visto los periódicos esta mañana?

— No, pero me imagino lo que hay ahí.

— ¿Quién imaginarías que ese sonso de Guillermo Gouveia estaría involucrado en esta sórdida historia?

— El Dr. Guillermo es un buen hombre. Su testimonio de ayer fue maravilloso. Nos conmovió a todos.

— Lo que hizo fue un ultraje. ¿Dónde ya se vio? Un diplomático en funciones estar involucrado en este escándalo. Te garantizo que se va a arrepentir. Estoy pensando en exigir que lo expulsen de Itamarati.

María Alice se indignó. Miró al marido a los ojos y dijo irritada:

— ¿Quién eres tú para hacer eso? ¿Qué moral tienes para tirar piedras a un hombre decente como él? ¡Tú que desfilas por todas partes con la amante que mantienes en lujo a expensas del dinero público! ¿No tienes vergüenza en la cara?

António se estremeció. Su rostro se cubrió de intenso rubor. Agarrado por sorpresa, no pudo encontrar palabras para responder. María Alice lo miró y dijo con voz tranquila:

— No seas tonto en levantar la liebre. El tiro te puede salir por la culata.

Después de recuperarse del susto, logró decir:

— ¿Qué estás diciendo? ¿Te volviste loca? Lo mejor es que me vaya. Estás intratable, no podemos conversar.

Lanira iba entrando a tomar un café y preguntó:

— ¿Qué pasó, madre? Él estaba furioso.

— No mucho. Fue por lana y salió trasquilado.

Lanira sonrió y no respondió. Sabía que las cosas no estaban bien entre ellos. Intentó tomar su desayuno, porque ya casi era la hora de salir.

Cuando el juez reanudó a la sesión del juicio, a las diez en punto, todos estaban sentados en sus asientos. Los periódicos de la mañana habían publicado las declaraciones de Guillermo y fue necesario contener a los curiosos que acudieran en masa a la corte para asistir al juicio. Después de las formalidades de costumbre, finalmente María Julia fue llamada a brindar sus declaraciones. En la solemnidad del lugar, la mirada de la gente que la miraban curiosidad, los hijos que, desde donde estaban, controlaban la propia ansiedad, todo eso la impresionó. Se sintió nerviosa. Cuando colocó la mano sobre la Biblia para hacer el juramento, se recordó de las palabras Daniel y elevó un vehemente pedido a Dios para que la ayudase en aquel momento decisivo. Cuando se sentó, estaba más tranquila. Daniel comenzó a interrogarla pidiéndole que relatara todo lo sucedido. María Júlia sintió que una nueva fuerza se apoderaba de ella. Olvidó el lugar donde se encontraba, las personas, la importancia del momento, y volvió en el tiempo a los diecisiete años, cuando se enamoró de Guillermo.

Su rostro se modificó y ella comenzó a contar, con una voz que la emoción modulaba, todos los eventos. Su amor por Guillermo, la entrega y, el descubrimiento del embarazo. Las personas la escuchaban conteniendo la respiración, envueltas por la magia de aquella una mujer hermosa y llena de clase que recordaba al gran amor de su juventud. Nadie se atrevió a interrumpir la narración, y ella, perdida en el océano de sus recuerdos más íntimos, desnudaba sus sentimientos, sus miedos, su angustia, su deseo de felicidad. Después, su desilusión. El descubrimiento del terrible carácter del hombre que se convirtiera en su marido. De sus intentos para salvar la vida de Marcelo, de tratar de contarle todo a la familia de él y de cómo sufrió por no haberlo conseguido.

A continuación, la máscara que se ve obligada a utilizar para obedecer a aquel hombre vanidoso, que se escondía bajo el barniz social, pero que en la intimidad era violento y cruel. Ella contó todo en detalle. De vez en cuando hacía una breve pausa y tomaba un poco de agua que Daniel puso a su lado.

Cuando ella habló de la fuga, de cómo fuera obligada a seguirlo, se levantó un clamor de indignación en la asistencia lo que obligó al juez a pedir silencio insistentemente. Dijo que él pretendía viajar a Roma, pero dándose cuenta que en la sala de embarque había dos conocidos, decidió tomar otro vuelo. Así llegaron al Paraguay. Cuando contó que finalmente la policía apareció y la liberó, hubo un murmullo de alivio en el recinto. Ella terminó:

– No le guardo rencor a José Luís, fue él quien impidió que en mi desesperación me hiciera un aborto y permitió que mi hijo viviese. Siempre le estaré agradecida por eso, pero no quiero verlo nunca más. Deseo que algún día, tome conciencia de todo el daño que hizo, que se arrepienta y que pueda cambiar su manera de ser. En cuanto a mí, lo único que espero de la vida ahora, es poder vivir en paz con mis hijos, si Dios lo permite.

– Gracias, doña María Júlia – dijo Daniel.

El juez preguntó, si los abogados de la defensa querían interrogar a la testigo. Ninguno de ellos lo quiso hacer, lo que irritó a José Luís, que esperaba que por lo menos el suyo se levantase para cuestionar todo lo que ella dijo.

Luego que los peritos presentaron algunas pruebas, como la cadena con la que María Julia había sido encadenada, sus documentos falsos, el dinero incautado con él en la fuga, etc., Rubito tomó la palabra y comenzó a hacer las acusaciones contra los asesinos. Habló de la crueldad del médico, que había jurado curar, pero se convirtiera en el asesino de su propia familia. Arrancó lágrimas del público y de los jurados, hablando del sufrimiento del Dr. Camargo, de los padres de Marcelo considerándolo muerto. Conmovió. Fue una brillante pieza de acusación. Luego fue el turno del abogado defensor de Boris y sus cómplices. Dijo que ellos cometieron todos estos crímenes presionados por José Luís, que los explotara. Dijo que estaban arrepentidos y pidió un ablandamiento de la pena.

El abogado de la defensa de José Luís habló poco. Dijo que el imputado cometió estos crímenes inspirados por la pasión que sentía por su esposa. Pidió clemencia sin mucha convicción. Finalmente, se levantó Daniel como defensor de María Júlia. Tanto María Alice como Lanira, al verlo con la toga, guapo, digno en su elegante postura, teniendo en la mirada un brillo que nunca habían percibido en él, se emocionaron.

María Júlia sintió su corazón latir acelerado. Le pidió a Dios que la ayudase en aquella hora. Daniel habló del amor de madre, incondicional y eterno. La lucha de aquella mujer que soportó todo para proteger al hijo. Habló con soltura de la infelicidad que se abatió sobre sus hijos, jóvenes inocentes de todos aquellos delitos, teniendo que sufrir por las consecuencias de los errores del padre. Resaltó que ellos necesitaban más que nunca la presencia de su madre de allí en adelante, y conmovió al jurado cuando dijo:

– Pido que se haga justicia. Esta mujer ya ha sufrido demasiado sin haber cometido ningún crimen. Incluso rodeada de malhechores de la peor especie, conservó la dignidad, hizo lo que pudo para evitar que ellos cometieran más delitos. Salvó la vida de Marcelo dos veces: cuando era niño y ahora, hace unos meses cuando fue secuestrado. Sí, fue ella con su hijo Gabriel quienes ayudaron a la policía a localizar y arrestar a los secuestradores. Debido a esto, sufrió en cautiverio, encadenada y constantemente amenazada de muerte. Nadie más que ella merece, de aquí en adelante, estar en paz con sus hijos. Les pido su total y absoluta absolución. Damas y caballeros, estoy seguro que le harán justicia.

El jurado se retiró a deliberar, y el juez interrumpió la sesión, informando que sería reabierta tan pronto ellos llegaran a un veredicto.

Daniel y Rubito fueron felicitados por la brillante intervención. María Alice, , Josefa y Lanira se unieran a María Júlia, abrazándola con cariño, diciéndole palabras de consuelo y apoyo. Cuando consiguieron escapar de los demás, Daniel y Rubito se unieron al grupo. María Alice abrazó a su hijo con ojos brillantes, diciendo:

– ¡Me conmoviste! ¡Nunca pensé que pudieses ser tan brillante! Me siento orgullosa y feliz. Estoy segura que escogiste el camino correcto.

– Gracias mamá. Siempre supe lo que quería hacer, como lo hice hoy. Siento que es mi camino.

Marilda y Lídia se acercaron para saludarlos. Al verlas, Daniel las abrazó con placer:

– Jamás olvidaré el brillo en tus ojos ni tu dignidad en la brillante defensa que hiciste – dijo Lídia emocionada –. Naciste predestinado para defender el Derecho y hacer valer la justicia.

– La causa es noble. Defender a una persona inocente es gratificante.

– Estoy segura de que, si fuese culpable, no la hubieras defendido – respondió ella.

– Realmente no.

– Un abogado debe defender a su cliente aun si es culpable – recordó Marilda, quien abrazada a Rubito escuchó la conversación.

– Yo no. No lo enfrento así. Para defender una causa o una persona, necesito creer que estoy haciendo un bien. Solo esta convicción me puede dar la fuerza y los argumentos a vencer.

– Estaba segura que dirías eso. ¡Sé que eres un abogado de Dios! – Dijo Lídia. Y al darse cuenta que los miraban con admiración, concluyó:

– Quien defiende el bien y la verdadera justicia, ¿no es su instrumento?

Todos estuvieron de acuerdo. María Alice los miraba con curiosidad y Daniel les presentó a su madre.

– ¿Cuánto tiempo crees que tomará para salir la sentencia? – Preguntó Lanira. Estaba un poco preocupada por la presencia de Marcelo y Gabriel juntos. Los dos la miraban tratando de descubrir cómo ella dividiría su atención entre ellos. Fue Rubito quien respondió:

– No sé. Pueden demorarse el tiempo que sea necesario.

– Cuando la decisión es unánime, es más rápido. En caso de duda, toma más tiempo. En cualquier caso, creo que llevará unas horas. Hay mucha gente involucrada y todos tendrán que ser juzgados – aclaró Daniel.

– ¿Crees que sea conveniente esperar aquí? – Preguntó María Alice.

– Ustedes pueden irse, si quieren. Nosotros necesitamos quedarnos aquí cuando seamos llamados – respondió Daniel.

– ¿Qué haremos? – Preguntó María Alice a Lanira.

– Creo que podemos ir a almorzar. Hay un buen restaurante cerca de aquí – sugirió Alberto.

María Júlia no quiso y los abogados la invitaron a trasladarse a una sala de espera, donde estarían más a gusto. Allá había agua y café. Ellos también prefirieron no salir de allí. Era difícil controlar la ansiedad.

Alberto instó con Lanira, Gabriel y Laura para ir a almorzar, y María Julia instó a que aceptaran. Tanto insistieron que finalmente aceptaron.

Lanira se sintió un poco incómoda entre los dos muchachos. Trató de prestar más atención a Laura. Esto puso a los dos jóvenes más cerca. Eran incómodos. Lanira se dio cuenta, y tan pronto se instalaron en el restaurante trató de contemporizar:

– Vamos a dar un respiro a nuestras preocupaciones. No podemos hacer nada con respecto a lo que está sucediendo en aquella corte ahora.

– No puedo pensar en otra cosa – dijo Laura.

– Es difícil – coincidió Gabriel.

– No, no lo es – dijo Lanira –. Hagámonos de cuenta que estamos paseando en tu barco. Todo está bien, el día es hermoso, el mar está en calma y vamos a almorzar –. Gabriel suspiró profundo y consideró:

– Qué bueno sería si pudiésemos estar allí y nada de esto estuviese sucediendo.

– ¿Qué tipo de barco tienes? – preguntó Alberto. Gabriel lo miró vacilante. Laura no se contuvo:

– ¿Estás pensando en quitarle el barco a Gabriel?

Alberto la miró sorprendido. Sus ojos brillaron cuando puso la mano sobre la de ella que estaba sobre la mesa y respondió:

– ¿Qué es esto, niña? ¿Qué crees que estoy haciendo aquí? ¿Un inventario de activos para saber cuál es el monto de mi fortuna?

– Ella no quiso decir eso... – intervino Lanira tratando de suavizar la situación.

– Sí, lo hizo. Cree que soy un aventurero que de repente aparece para quitarles todos sus bienes. Quédate sabiendo que solo quiero lo que me pertenece por derecho. No tengo ninguna intención de quitarle nada a nadie. Tienes que darte cuenta que tu actitud orgullosa y arrogante no te va a ayudar en nada de aquí en adelante.

Gabriel se mordió los labios y consideró:

– Laura aun no ha aceptado la nueva situación. Disculpa, te garantizo que no tenemos ninguna intención de ofender. Tienes todo el derecho a la herencia de tu familia.

– Cuesta mucho aceptar que, de repente, eres pobre, que el nombre de tu familia no vale nada más – dijo Laura lentamente, pensando en cada palabra –. Estoy insegura. Mi padre era para mí la seguridad. Descubrí que ya no puedo esperar nada de él. Tengo miedo. No lo sé lo que nos va a suceder de aquí en adelante. ¿Y si mamá también fuese arrestada? Nos quedaremos solos. Nuestra familia habrá terminado.

Gabriel iba a responder, pero Alberto sujetó la mano de Laura con fuerza y dijo primero:

– Te equivocas, Laura. Tú amas a tu madre, tu hermano e incluso a tu padre. Sé que los amas. Esta es la garantía que pase lo que pase, no los abandonarás. Siempre estarán en tu corazón. Mira, yo perdí a todos mis parientes. Solo me he enfrentado no solo al mundo, sino también a mi soledad, mi tristeza por todo lo que nos pasó. Pero me he apoyado en el amor que siento por mi abuelo, en la certeza que estaba conmigo, conseguí llegar donde estoy. No solo vencí a los enemigos de nuestra familia, sino que vencí al mundo, sus peligros, sus trampas y, lo que es aun más difícil, superé mis miedos. No creas que fue fácil. Pero puedo garantizarte que, después de todo, que esta lucha desarrolló mi fuerza. Hoy no tengo más miedo a nada. Estoy convencido que prefieres el camino recto, cuando tienes dignidad, respeto la vida, escoges vivir en el bien, todo en el universo trabaja a tu favor. El único temor que debes tener, es dejarte envolver por las ilusiones, por el orgullo, por las trampas de la vanidad. El único peligro que te acecha no proviene de mí ni de nadie, sino de ti misma, de la manera cómo ves y enfrentas los retos de su vida. Ahora es el momento de usar tu fuerza y conquistar tu lugar. No pierdas esta oportunidad; aprende con ella y crece de verdad. Esa victoria nadie te la podrá quitar.

    Gabriel lo miraba admirado y Lanira se sintió más aliviada. Laura bajó la cabeza sin saber ni qué decir. Sin soltar la mano que le sujetaba, él continuó:

    – A pesar de la tragedia que nos envolvió, ustedes son mis únicos parientes vivos. Al acercarme a ustedes, solo tuve la intención de conocerlos, para dar la oportunidad que también me conocieran, descubrir si podríamos llegar a ser amigos. Me he estado sintiendo solo. Estoy venciendo en una causa a la que he dedicado toda mi vida. Finalmente conozco mi origen, sé mi nombre y soy alguien. Pero no tengo con quién compartir esta alegría. Quien me diera una madre como la de ustedes para abrazar.

Laura se estremeció, miró hacia arriba y encaró a Alberto. Sintió que él estaba siendo sincero y se sintió avergonzada. Estaba siendo más digno y generoso que ella. En ese momento, algo tocó su corazón y apretó la mano que sujetaba la suya, diciendo con sincera emoción:

– Disculpa, Marcelo. He sido injusta contigo. Perdóname –. Él sonrió y soltó su mano diciendo:

– No tengo nada contra ustedes. Vamos a pedir la comida que estoy muerto de hambre –. Ellos se rieron y a partir de ese momento comenzaron a conversar con naturalidad. Gabriel habló de su pasión por el barco. Marcelo lo llenó de preguntas, ya que no entendía nada al respecto. Después fue su turno de hablar de su vida en su Inglaterra, de las costumbres y de la grandeza de ese pueblo que aprendiera a admirar.

La conversación transcurrió en un ambiente agradable y Lanira se alegró percibiendo que la tensión entre ellos había disminuido. Laura, de vez en cuando, se quedaba pensativa y Lanira notó que observaba disimuladamente a Marcelo como queriendo saber más respecto a él.

Cuando regresaron a la corte, eran más de las cuatro y no habría aun ninguna novedad. Hacía tres horas que el jurado se había retirado para para deliberar.

Rubito había mandado comprar algunas meriendas y refrescos y, a pesar de la tensión, ellos conversaban tratando de distraer a María Júlia. María Alice aprovechó para conversar más con Marilda y Lídia, y Daniel se dio cuenta que ella sabía de su interés por Lídia y trató de conocerla mejor.

Finalmente, llamaron a la puerta para avisar que la sesión se reanudaría en quince minutos. En silencio, con el corazón latiendo con fuerza, todos se dirigieron a la sala del jurado. Guillermo estaba esperando, mirada ansiosa, pasando de María Júlia a Gabriel. Se quedara al otro lado de la sala donde estaban. En ese difícil momento de incertidumbre no quería imponer su presencia. Solo quería que se dieran cuenta que estaba allí, apoyándolos, listo para hacer lo que pudiera a su favor.

María Julia miraba hacia él y sus ojos se encontraron. Quería correr junto a él, acurrucarse en sus brazos protectores hasta que ese momento terminase. Pero no tuvo el coraje. Sus ojos decían todo lo que ella sentía y bastó esa pequeña señal para que se entendieran.

Después de las formalidades, el juez leyó el veredicto del jurado. José Luís fue declarado culpable y condenado a noventa años de prisión. Los cómplices todos fueron considerados culpables sin atenuantes y condenados – Boris, Pola y Eleuteria, a treinta años cada uno. Antunes era inocente de su participación en otros crímenes, pero se le dio una pena de quince años de prisión por el secuestro. En cuanto a María Júlia, fue considerada víctima de su esposo y absuelta de todos esos delitos.

Cuando se pronunció la sentencia, un grito de odio rompió la solemnidad del momento.

– ¡Bandidos, sinvergüenzas, traidores! Me las pagarán. Me voy a vengar. Acabaré con ustedes uno por uno.

Antes de salir de la sorpresa, José Luís agarró de un salto a Rubito propinándole violento puñete en su rostro. Inmediatamente la policía saltó sobre él, que se debatía y gritaba sin parar:

– ¡No me venciste, mocoso maldito! ¡Tampoco tú, mujer traidora! Voy a acabar con ustedes. Nadie me va a vencer. Soy más fuerte, más inteligente, más rico –. La fuerza de José Luís parecía duplicada. Los guardias finalmente consiguieron inmovilizarlo en el piso, mientras el juez pedía que lo mantuvieran seguro. Con las manos esposadas a la espalda, las piernas amarradas y algunos hombres abrazándolo, José Luís no se asemejaba en nada con el hombre orgulloso y desafiante que había entrado en el tribunal. Sus ojos parecían querer salirse de sus órbitas y su rostro se contorsionaba en un rictus de intenso odio. Laura no pudo evitarlo y gritó:

– ¡Papá, no hagas esto! No. ¡Ellos te matarán! Por favor.

Ella se puso pálida e iba a caer al suelo. Marcelo, que estaba a su lado, la detuvo, sosteniéndola en sus brazos, saliendo de allí en busca de un médico.

Mientras unos amigos ayudaban a Rubito, que se recuperaba del golpe que recibió, María Julia quería salir detrás de Laura, pero la confusión que se estableció en el recinto, donde las personas se aglomeraban queriendo ver mejor lo que estaba pasando, la hizo perder el aire. Gabriel la abrazó, tratando de abrirse paso e impidiendo que la empujasen. En ese momento, un brazo fuerte los amparó. Guillermo surgió con dos guardias, forzando el paso, y sujetó a María ya sin aire amenazando perder los sentidos, y dijo a Gabriel:

– Rápido. Vamos o ella se desmayará.

Ayudados por los dos guardias, en unos minutos consiguieron salir para ir al pasillo. Guillermo continuó:

– Vamos a llevarla a aquella sala. Laura está allí, siendo atendida por un médico. María Julia se dejó llevar cargada por ellos dos. Su cabeza daba vueltas y sentía que no le quedaban más fuerzas. Solo logró balbucear:

– Laura. ¡Quiero ver a Laura!

– Calma. Ella está bien. Nosotros te cuidaremos.

Tan pronto como entraron a la sala, vieron a Laura sentada en una silla amparada por Marcelo que sujetaba un vaso de agua con las manos temblorosas. Viendo a su madre ingresar amparada, se asustó y quiso levantarse:

– Permanezca sentada. Su mamá está bien. Solo un poco abochornada por el tumulto. El médico la ayudará – dijo Guillermo.

La hicieron sentarse e inmediatamente médico la atendió, controlando su pulso:

– ¡Laura! – ella dijo –. ¿Cómo está, doctor?

– Ya ha mejorado. No tiene nada. Ella solo está nerviosa. Cálmese. Usted está muy débil. ¿Se ha alimentado?

Fue Gabriel respondió:

– Ella no comió nada hoy. Ella estaba muy tensa.

– ¿Qué es eso, doña María Júlia? ¡Usted ya ganó esta guerra! ¡Es hora de celebrar! Vamos a reaccionar.

– Así mismo, mamá. Finalmente estamos libres de esta pesadilla. Pronto estaremos en la casa y todo estará bien – dijo Gabriel alisando con cariño el cabello de su madre. Laura respiró hondo y trató de levantarse, pero había tomado un calmante y estaba temblorosa. Marcelo la amparó colocando su mano en su brazo para que se apoyase. La llevó cerca de la madre. Sabía que esto era lo que ella quería.

Al verlos, María Júlia preguntó:

– ¿Estás mejor, hija mía?

– Ella quiso llorar, pero se controló:

– Sí – respondió –. Pero quiero ir para casa –. María Júlia miró al médico y le preguntó:

– ¿Ella puede irse? Aun no me parece que esté bien.

– Claro que puede. Le di un calmante y necesita descansar. Sería incluso mejor si durmiera. Una vez que despierte, estará bien.

– También me gustaría irme, pero no sé si ya estoy libre. Tengo que hablar con Daniel. Lleva a Laura a casa, Gabriel. Ella necesita acostarse.

Él parecía preocupado. No quería dejarla sola. Ella todavía estaba muy débil. Marcelo dijo:

Quédate con tu madre, Gabriel. Llevaré a Laura a casa y me quedaré con ella hasta que lleguen.

– Está bien. Gracias.

María Júlia los miró sorprendida. Sabía que Laura siempre se refería a Marcelo con cólera, pero viéndola apoyada en su brazo, no puso ninguna objeción. Lo que ella quería realmente era alejar a la hija de aquel ambiente para que no viera nada más de lo que estaba sucediendo con su padre. Guillermo estaba a su lado en silencio. No quería imponer su presencia haciendo uso de una circunstancia conflictiva como esa. Pero estaba alisto para intervenir si fuese necesario. Ellos se fueron y poco a poco María fue Julia se fue calmando. Cuando Daniel entró en la sala acompañado de Lanira y María Alice, ella ya estaba mejor. La abrazaron con cariño.

– Laura está bien – informó ella –. Marcelo la llevó a casa. Tomó un calmante y necesitaba descansar.

El médico, que se acercó, intervino:

– Ahora usted necesita alimentarse. El doctor Gouveia ya mandó a traer una merienda y usted va a comer ahora.

– ¿No necesita un calmante? – Preguntó María Alice preocupada.

– Si ella toma uno ahora, débil como está, será peor. Requiere un estimulante. Va a comer y luego será liberada. Quiero que el color vuelva a su rostro antes de irme –. Ella vaciló y luego preguntó:

– ¿José Luís todavía está allí?

– No. Le dieron una inyección calmante y se lo llevaron – informó Daniel.

– ¿Para dónde?

– No lo sé. Todavía hay mucha confusión. Los periodistas no dan tregua. Dijeron que no se van sin una entrevista – Daniel aclaró.

– No quiero hablar con ellos.

– Veremos una forma de sacarla de aquí sin que nos vean – aseguró Daniel.

– ¿Y Rubito? ¿Está bien?

– Sí. No te preocupes.

– La reacción de José Luís fue inesperada – comentó María Alice.

– Nunca aceptó perder – dijo María Júlia.

– Ahora tendrá que resignarse. No hay nada que pueda hacer – dijo Daniel.

– Estuve conversando con su abogado. No va a apelar. Frente a lo que escuchó en el juicio, cree que será inútil. José Luís está acabado.

Llegó la merienda y María Júlia tomó el café con leche que se le ofrecía y comió un sándwich de jamón y queso bajo la vigilancia del médico. Ella se estaba sintiendo mejor. La certeza que estaba libre, el cariño de los amigos de sus hijos, la presencia de Guillermo, que incluso en silencio la reconfortaba, le dio calma y poco a poco, disposición.

– Por mi parte, está liberada – dijo el médico con satisfacción –. Le deseo muchas felicidades. Trabajo aquí hace muchos años. Me alegro cuando la justicia se cumple.

– ¿Podemos irnos a casa? – Preguntó ella a Daniel.

– Claro. Usted está libre.

Se puso de pie y lo abrazó con cariño:

– Gracias, Daniel, por todo lo que hiciste por nosotros. Nunca lo olvidaré –. Él correspondió al abrazo y no respondió. Estaba emocionado y satisfecho. Rubito entró acompañado de Marilda y Lídia. Garantizó que estaba bien. Informó que José Luís fuera retirado del lugar fuera de sí, a pesar de la inyección calmante; continuó con la voz ronca e insegura, acusando a todos y jurando venganza.

María Júlia se despidió de todos con mucho cariño. Delante de Guillermo se detuvo mirándolo con emoción. Él quería acompañarla a casa, pero no se atrevió a sugerirlo. Extendió la mano diciendo:

– Gracias, Guillermo. Sin tu testimonio, tal vez ahora no estuviese libre. Él sujetó la mano que ella le extendía y sin poder contenerse, besó a María Julia delicadamente en el rostro:

– Ve con Dios y recupérate pronto.

Gabriel los miró a los ojos y sintió la voz embargada. Aquel hombre era su verdadero padre. ¿Cómo sería en la intimidad? Quería abrazarlo, acercarse más; sin embargo, tuvo miedo. Había aprendido que las apariencias engañan. Él era querido y respetado en la sociedad, pero José Luís también. Era mejor continuar a la distancia. No quería más desilusiones. Le tendió la mano y dijo con seriedad:

– También estoy agradecido por lo que usted hizo. Gracias.

Cuando se fueron, Guillermo lo siguió con la mirada, conmovido y Daniel dijo en voz baja:

– Manténgase firme. Todo saldrá bien –. Guillermo sonrió y lo abrazó:

– Sí, así lo creo. Felicitaciones por tu trabajo. Fue grandioso. Si pierdo mi empleo, tal vez vuelva a ejercer el Derecho. ¿Tendrías un lugar para mí en tu oficina?

– ¡Está bromeando! – respondió Daniel alegremente –. ¿Escuchaste lo que él dijo Rubito?

Con ese tono alegre se despidieron, y mientras Rubito intentaba distraer a los periodistas diciendo que María Júlia iba a salir de la habitación al otro lado del pasillo, Daniel se despidió de todos y la llevó con Gabriel hasta su carro, llevándolos a casa.

CAPÍTULO 27

Rubito miró sorprendido:

– ¿Qué dijiste, Elza?

– Su madre, doña Angelina, está aquí. Quiere verlo.

– Pídele que entre.

Habían pasado dos semanas desde que terminó el juicio de José Luís y tanto él como Daniel habían estado muy ocupados con las medidas necesarias para que Marcelo recibiera todo lo que tenía derecho.

Daniel le sugirió a Gabriel que contratara a otro abogado para que se ocupara de los intereses de su familia, pero María Júlia se negó. Prefería que ellos se encargasen de todo mientras tanto Gabriel y Laura estuviesen de acuerdo.

Ellos habían buscado al Dr. Loureiro, que siempre tratara los negocios de José Luís y quien se mostró muy interesado en colaborar. Quería dejar en claro que nunca aceptara ningún negocio excuso de su ex cliente y trató de ser amable facilitando lo que podía. Guillermo acompañaba todas las medidas, interesado en ayudarlos. Habían hecho un inventario de todo. Descubrieron que tenía mucho dinero en el extranjero y estaba tratando de averiguar el número de la cuenta para poder retirarlo. Además, ellos se habían convertido en abogados famosos. Estaban siendo contactados por la prensa para entrevistas y cada día aparecían nuevos clientes.

Rubito recibió a su madre con naturalidad. Ella lo abrazó diciendo un poco avergonzada:

– Vine a felicitarte por tu éxito. ¡Ustedes vencieron!

– Gracias mamá. ¿Cómo van las cosas en casa?

– Como siempre. ¿Por qué en todo este tiempo nunca has venido a verme?

– No sabía si sería bienvenido.

– No digas eso, hijo mío. De todos modos, ¡somos tu familia!

– Ustedes tampoco me buscaron. André, Betito, ni siquiera tú.

– No tuve el valor. Pero siempre acompañé el caso por los periódicos. ¡Tu padre estaba asombrado! ¿Quién hubiera imaginado que José Luís sería capaz de todo eso? ¡Se veía tan bueno, tan serio! Y pensar que por eso discutimos contigo. Estoy tan avergonzada contigo, hijo mío.

– No te preocupes, mamá. Entiendo su posición.

– ¿No te sientes herido por nosotros? ¿Resentido con tu padre?

– No. Él hizo lo que pensó que era correcto. Olvídalo. No vale la pena recordar.

– En ese caso, puedes volver a casa. Hablé con tu padre, serás recibido con los brazos abiertos.

– ¿En serio? Entonces, ¿por qué no vino?

– Se sintió avergonzado. Sabes cómo es. A nadie le gusta reconocer que estaba equivocado. Cuando le dije que venía aquí para pedirte que regresaras a casa, estuvo de acuerdo. Él está arrepentido.

– Entiendo...

– ¿Vas a regresar?

– No.

– Entonces no nos perdonaste. Aun estás enojado.

– Te equivocas, mamá. Es que estoy muy bien. Puedo cuidar de mí mismo. No necesitas preocuparte.

– Tu papá puede montarte una gran oficina. No necesitas trabajar aquí.

Rubito la miró a los ojos y dijo con voz firme:

– Trabajo aquí porque me gusta. Me encanta este lugar y no pienso mudarme. Me encanta mi apartamento con Daniel y solo lo voy a dejar para casarme, lo que pienso hacer tan pronto pueda.

– ¿Casarte? ¿Dijiste casarte? ¿Con quién?

– Lo sabrás cuándo sea apropiado. Tengo la intención de enviar invitaciones para toda la familia.

– ¿Es una joven de la sociedad? ¿Nosotros la conocemos?

– Lo sabrás cuándo recibas las invitaciones.

– No es justo que hagas esto conmigo. Casarse sin decir nada. Soy tu madre. Merezco atención.

– Nunca te falté el respeto. Solo que ahora no soy más un niño. Cuidé de mi vida. Sé lo que quiero. Espero que entiendas.

– Por lo menos ve a casa a hablar con tu papá.

– He estado muy ocupado, he trabajado mucho. No sé si tendré tiempo.

– Mejor di que no quieres ir. Di la verdad.

– Realmente no quiero, madre. No tengo ganas de verlos. Nunca se interesaron por mí. Te garantizo que no sienten mi falta.

– ¿Cómo puedes decir eso? ¡Aun somos tu familia!

– Ya dije que voy a enviarles la invitación a mi boda. Si me necesitan antes de eso, pueden buscarme. Estaré dispuesto a cooperar. Es lo que puedo ofrecer – Angelina lo miró con tristeza y dijo:

– Estás diferente. Ya no eres el mismo.

– No estés triste por eso. No vale la pena. Los aprecio, les deseo todo el bien del mundo, pero tengo ganas de vivir a mi manera. Cuidar de mi vida como yo quiera.

– Ahora que eres famoso, no quieres saber más sobre nosotros.

– Me estás juzgando de acuerdo a tus propios valores. Podría decir que ustedes me quieren de regreso por el mismo motivo. Pero prefiero reconocer que pensamos de manera diferente. Te pido que lo entiendas y no te molestes conmigo. Te garantizo que no te daré motivos de tristeza.

– ¿Quieres decir entonces que no volverás a casa?

– No, madre.

– En este caso, me voy. Un día te arrepentirás. Recuerda que nuestra casa está abierta.

– No lo olvidaré.

– Por lo menos ven a visitarnos. ¡Siento mucho tu falta!

– Vamos a ver.

Angelina lo abrazó, lo besó en las mejillas y se fue. Rubito se reclinó pensativo. Daniel entró y ni lo notó:

– Encontré a tu madre ahora. ¿Ocurrió algo? Estás con una cara... – Rubito levantó la cabeza diciendo con seriedad:

– Quería que volviese a casa.

– Era de esperarse. Al final, comprendieron que se equivocaron.

– Ellos me pidieron que vuelva porque ganamos. Si hubiésemos perdido, ni siquiera me habrían buscado.

– ¿No crees que estás siendo demasiado duro con ellos?

– Puede ser. Pero cuando la vi reticente, diciendo que papá quería darme una oficina de lujo si regresaba a casa, tuve ganas de pedirle que se fuera –. Daniel comenzó a reír.

– ¿Qué pasa? – Preguntó Rubito malhumorado.

– Hubiese querido ver tu cara en ese momento. Al parecer, todavía no entienden nada de lo que hicimos.

– Ni lo entenderán jamás. Para ellos lo que vale es la fama, el nombre, las apariencias.

– Puede que mi padre tenga una idea similar. Menos mal que mi mamá cambió, ¡está tan diferente! Creo que fue influenciada por la tía Josefa. Está más viva, más alegre.

– Tu madre es más independiente. La mía nunca hará nada que él no apruebe. No tiene voluntad propia. Solo piensa a través de él.

– Es una pena. Pero le debes agradar mucho. Siempre te trató con cariño.

– Es verdad. Ella también me agrada. Pero no soporto esa dependencia. Ella se anula a sí misma, no lo entiendo.

– Ni yo. Quizás sea un problema de educación.

– Jonás llamó y dijo que José Luís todavía está hospitalizado. Vive dopado. Cuando despierta, está tan furioso que quiere agredir a todo el mundo. Entonces ellos le ponen una camisa de fuerza y lo inmovilizan un tranquilizante. ¿Crees que él va a aceptar la condena?

– No sé. Laura está muy deprimida y todos están muy preocupados por su salud. Está abatida, no se alimenta. En la sesión de la semana pasada, la tía Josefa pidió ayuda a los espíritus.

– Ella todavía está en estado de shock. Pasará. Es joven. Estoy seguro que reaccionará.

– Espero que sí.

El teléfono sonó en casa de María Júlia y la criada le avisó que era Guillermo y ella respondió de inmediato:

– ¿Cómo está Laura? ¿Mejoró?

– Por desgracia no. Hoy no se alimentó. Está ahí, en el jardín, inmóvil, parada. No puedo verla así. Perdió peso. Cada día está más pálida. ¿Qué podemos hacer, Guillermo?

– Tenemos que darle un tiempo para que se asimile lo que sucedió. Lanira puede ayudarla.

– Ella vino a visitarla, pero no consiguió mucho.

– Me gustaría ir ahí. Necesitamos hablar. No soportar más estar lejos de ti. Podemos resolver nuestros asuntos, viajar todos juntos a algún lugar donde ustedes puedan olvidarse un poco de todo.

– Me encantaría. Pero tengo miedo. Creo que aun es muy temprano para que ella vea a otro hombre en lugar del padre. Se puede rebelar. No quiero hacerle más daño. Prefiero esperar.

– Tengo ganas de hacer algo por ustedes. No puedo verlos sufrir sin que yo haga nada. Te amo, María Julia, amo a Gabriel, espero que Laura aprenda a gustar de mí.

– Yo también. Pero esperemos un poco más.

Él colgó el teléfono, pero no se conformó. Llamó nuevamente y pidió hablar con Gabriel. Cuando contestó le dijo:

– Gabriel, tenemos que hablar. No podemos esperar más. ¿Quieres almorzar conmigo hoy?

Gabriel vaciló, luego decidió:

– Está bien. Iré. ¿Dónde?

En el carro, mientras se dirigía al lugar de la reunión, Gabriel pensó en todo lo que había pasado. Al descubrir su origen, se sorprendió. Sin embargo, después del testimonio de Guillermo en el tribunal, se sintiera aliviado. Él no era hijo José Luís y sí de un hombre bueno, honesto, culto, que amaba a su madre y a él también.

Sabía que llegaría el momento de hablar con él, de expresar todos sus sentimientos. Intentaría retrasar ese momento, pero sintió que necesitaba enfrentarlo. Guillermo lo esperaba en la puerta del restaurante. Viéndolo estacionar el carro, se acercó. Gabriel abrió la puerta y dijo:

– Hablemos un poco antes del almuerzo. ¿Puedo entrar?

Gabriel asintió. Entró, se sentó a su lado, cerró la puerta y su voz estaba embargada:

– Siempre deseé este encuentro, hijo. Ahora que estamos aquí me huyen las palabras.

Gabriel lo miró y sintió que algo se rompía dentro de su pecho. Lo abrazó y ya sea por la tensión de los últimos tiempos o por la conmoción del momento, comenzó a llorar copiosamente. Abrazados, mezclaban sus lágrimas y se quedaron así por un tiempo. Ninguno de los dos conseguía hablar. Luego, se calmaron y Gabriel dijo con voz emocionada:

– No me pude contener.

– Yo tampoco. He esperado por este momento toda mi vida. Solo quiero decirte que siempre te amé. Desafortunadamente, no pudimos convivir, pero estos días en los que estuvimos más cerca, pude evaluar como eres noble, bueno, amoroso. Me sentí orgulloso de poder decir a todos en ese tribunal que eres mi hijo. Quiero recuperar el tiempo perdido. Amo a tu madre. Mi más preciado sueño siempre fue casarme con ella. Podemos irnos a un país donde haya divorcio y regularizar nuestra unión. Sé que puedo ser para Laura un buen amigo, protegerla y amarla. Tu madre también me ama. Me dijo que siempre me amó. Pero tiene miedo de incomodarlos. Teme que Laura no acepte. Dime que estás de acuerdo con mi propuesta.

– Si ella te ama, creo que tiene todo el derecho a ser feliz. Es lo que más quiero en este mundo.

– ¿Y tú? ¿Qué quieres hacer con tu vida?

– Suspendí la matrícula en la universidad. Aun no tomé ninguna decisión. Tenemos que devolver los bienes a Marcelo. No sé cómo nos quedaremos financieramente.

– No te preocupes con eso, hijo Tengo suficiente para que todos nosotros podamos vivir con comodidad. Ustedes no tendrán ningún problema financiero. Quiero hacer por la felicidad de ustedes todo lo que pueda. Dime: ¿qué es lo que más quieres conseguir en este mundo?

Por el rostro de Gabriel pasó un destello de emoción. Sus ojos se iluminaron y un suspiro salió de su pecho.

– ¿Qué pasó? – Preguntó Guillermo –. Dime. ¿Qué es lo que más deseas en este mundo?

– Ver a mi familia bien y en paz.

– Lo sé. Pero tú, personalmente, ¿qué te harías más feliz? – Gabriel vaciló y luego dijo:

– El amor de Lanira. Yo la amo mucho. Quisiera vivir a su lado para siempre –. Guillermo pensó un poco y luego dijo:

– ¿Y tú le gustas?

– Si, siento que le gusto. Pero no aceptó mi pedido de matrimonio. Dijo que aun era demasiado temprano.

– ¿Aceptaste ese rechazo así, sin hacer nada?

– No me pareció justo continuar. Ella es de una familia rica e importante. Yo sabía que quedaría pobre, con el nombre sucio. Me alejé de ella.

– Entiendo. Pero ahora tu situación es otra. Tendrás un nombre honesto para ofrecer, dinero para brindarle comodidad. Voy a reconocerte como hijo legítimo. ¿Crees que ella no aceptó debido a lo que tu padre hizo?

– No. Al contrario. Dijo que no estaba segura si lo que sentía por mí era amor de verdad. Si estuviese segura, se casaría conmigo bajo cualquier circunstancia.

– Parece una buena muchacha.

– Lanira es diferente a todas las otras que conocí. Franca, directa, sincera, sabe lo que quiere.

– Se puede ver que realmente te gusta.

– Me gusta. Me gusta mucho.

– En ese caso, no pierdas la oportunidad de ser feliz. Trata de conquistarla.

Acércate a ella.

– Ahora ya puedo pensar en ello.

– No pierdas más el tiempo. Ella les ha dado todo su apoyo. Doña María Alice me parece una buena persona. Los apoyó todo el tiempo. Estoy seguro que lo aprobará el matrimonio.

– Su padre, tal vez no. Es muy diferente a ellas.

– Es un político astuto. Sé cómo es. Pero, como dices, ella sabe lo que quiere. Lo que él crea no va a influenciarla.

Guillermo y puso su mano sobre el brazo de su hijo diciendo alegremente:

– Con tu apoyo, sé que voy a conseguir lo que pretendo. Ayúdame a conquistar la estima de Laura. ¿Qué crees que puedo hacer para que me acepte?

– Hablaré de ella para ver qué piensa. Entonces veremos.

– Debes estar con hambre. Vamos a comer ahora.

Marcelo llamó a Lanira invitándola a tomar el té al final de la tarde.

– No puedo. Prometí pasa por la casa de doña María Júlia.

– ¿Vas a ver a Gabriel?

– Él está bien. Voy más por Laura. Ella la ha pasado realmente mal.

– Fui a visitarlas dos veces y solo vi a doña María Júlia. Laura ni siquiera apareció. Entonces pensé que mi presencia le resultaba desagradable. Después de todo, yo provoqué todos estos cambios.

– No debe ser por eso. Ella se niega a recibir a nadie. Vive triste y deprimida. Doña María Júlia intenta sacarla de ese estado, pero ha sido inútil. He estado con ella para ver si reacciona.

– Sé cómo ella se está sintiendo. Durante años me sentí triste a causa de mi orfandad y de los misterios que me envolvían. Me consideraba perjudicado, infeliz. Tuve que hacer mucho esfuerzo para salir de esa actitud y te confieso que fue con la ayuda de algunos amigos que me llevaron a las sesiones espíritas, donde pude hablar con mi abuelo y recibir su orientación, así pude reaccionar. De hecho, creo que fue la mano de Dios que me guio para que la justicia se cumpliese. ¿Ya hablaste con doña Josefa sobre su estado?

— Ya. Ella también está tratando de ayudar.

— Si fuese a visitarlas esta tarde, ¿crees que Laura me recibiría?

— No sé.

— En cierto modo, me siento responsables por sus sufrimientos. Provoqué la revelación de los crímenes de su padre.

— No tienes por qué sentirte así. Ella vivió toda una vida en la mentira. La verdad duele, pero te fortalece más. Prefiero saber la verdad, sea cual sea. La enfrentas, reaccionas, te vuelves más fuerte. Vivir engañada siempre termina en dolor.

— Me gustaría hacer algo con Laura. Sería una forma de aliviar un poquito el golpe que me vi obligado a darle.

— Ven por la tarde. Veamos cómo reacciona.

— Estaré allí más o menos a las cinco. También te extraño. Después del juicio, nunca más salimos juntos.

— He estado ocupada.

— Necesitamos reanudar nuestros paseos.

— Ya veremos.

Se despidieron y Lanira se quedó pensativa. Durante el juicio, se sintiera todo el tiempo preocupada con Gabriel. Sabía que estaba sufriendo y en varias ocasiones quiso abrazarlo, besarlo, darle cariño.

La conmovía su actitud digna, su amor por la madre y la hermana, sus cuidados para suavizar un poco su sufrimiento.

En ningún momento escuchó palabras de venganza contra José Luís, ni rebeldía por tener que entregar su fortuna a Marcelo. Actuaba de acuerdo a su conciencia, sin mezquindad, dispuesto a trabajar allí y apoyar a la familia de allí en adelante. Fue fuerte y valiente.

Cuando pensaba en él, Lanira sentía un suave calor en el pecho y unas ganas muy fuertes de estar con él, repitiendo esos momentos que habían vivido juntos. ¿Eso sería amor? ¿Estaría realmente amando a Gabriel?

Él nunca más la buscó. Ahora que los motivos de su retraimiento con ella se habían disipado, ¿volvería a mostrar interés?

Al verla arreglada, María Alice preguntó:

– ¿Vas a salir?

– Voy a ver a Laura. ¿Quieres venir?

– Quedé en tomar el té con Josefa.

– Ahora ustedes no se sueltan.

– Nunca pensé que pudiera llevarme tan bien con ella. Solo lamento el tiempo que perdí todos estos años.

Lanira se fue y María Alice tomó el bolso para salir. La criada apareció y le entregó una carta. Tan pronto como vio el sobre, se estremeció. Era igual al de la carta anónima que recibiera meses antes.

Agarró el sobre. Estaba dirigido a ella. Lo abrió y leyó:

"Mientras finges que no ves, tu esposo lleva a la amante y la registra en el hotel como su esposa. ¿Lo sabías? Si lo dudas, llama al Gran Hotel Punta del Este y mira la ficha de registro. De hecho, las joyas que ella tiene fueron pagadas todas con nuestro dinero. ¿Hasta cuándo vas a soportar esta vergüenza? ¿O será que sabes y te quedas callada? Es lo que deducimos viendo que él hace todo esto y tú

continúas a su lado como si no pasase nada. ¡Ten vergüenza en la cara! ¡Reacciona! ¡Es hora de terminar con esta juerga!"

No estaba firmada. María Alice se derrumbó en el sofá. Aquello era demasiado. Tenía que tomar una actitud. Ya no podía soportar esa situación.

Gabriel llegó a casa y buscó a Laura. Ella estaba sentada en el jardín teniendo en su regazo un libro abierto, sin leer, ojos perdidos en un punto distante.

– Laura.

Ella lo miró y no dijo nada. Gabriel se sentó a su lado y dijo:

– ¿Te sientes mejor?

Ella asintió y él continuó:

– No me gusta verte triste, abatida. Es hora de reaccionar. Debemos enfrentar la verdad. Nada de lo que hagas cambiará los eventos que nos sucedieron.

– No puedo. Nuestra vida se acabó.

– Yo no lo creo. Somos jóvenes. Aun tenemos muchos años por vivir. Podemos hacer algo nuestras vidas algo mejor de lo que tuvimos hasta ahora.

– Nuestra vida era excelente antes de la desgracia que sea abatió sobre nosotros.

– Te equivocas. Estábamos ciegos a todo lo que estaba pasando a nuestro alrededor, dentro de nuestra propia familia. Vivíamos a costas del dinero robado. Boris dirigía nuestra casa, nuestros negocios, hasta nuestras vidas, vigilándonos por la espalda, sin que lo supiésemos. Personas estaban siendo víctimas de su maldad y su ambición. De cualquier forma, eso un día se tenía que descubrir. ¿No te das cuenta que todo fue revelado para que nuestra vida pueda ser mejor de aquí en adelante? ¿Que ahora todas las amenazas terminaron? ¿Qué mamá puede respirando aliviada sin el peso de su chantaje y sus amenazas?

– Reconozco todo eso. Pero, ¿y papá? A ti nunca te gustó y ahora sé por qué. Pero yo soy su hija. Siempre me trató bien, nunca me sentí mal. Después de lo que vimos en el tribunal, creo que él es un enfermo mental que necesita ayuda. Me duele pensar que está ahí, abandonado, dopado, amarrado en aquel hospital. Cuando mejore, si mejora, será encerrado en una prisión el resto de su vida. Estos pensamientos me atormentan todo el tiempo.

Gabriel le puso la mano en su brazo mientras decía:

– Estás confundiendo las cosas. Él está en el lugar donde se colocó por sus propias manos. Durante años, se burló de la justicia humana, pero llegó el tiempo en que cosechó el fruto de sus actitudes. ¿Crees que él quedaría impune? ¡Laura! Despierta. Date cuenta de lo que estás diciendo. Por supuesto que es digno de pena. Incluso podría ser un paciente mental. Pero esto no lo exime de responder por lo que hizo. Sea cual sea el grado de locura que tenga, lo cierto es que no puede, de ninguna manera, quedar en libertad. Se trata de un hombre peligroso. Piénsalo. Él mató a tres personas en su propia familia. Encadenó a mamá con cadenas de hierro y por poco no la mató también. ¿Crees que debería andar suelto?

– ¿Por qué dices esas cosas horribles que me vi obligada a oír en los tribunales y que quiero olvidar? Estás siendo cruel.

– No, Laura. No eres una niña débil, mimada, indefensa. Eres una joven cuya inteligencia siempre admiré y que eres capaz de enfrentar la verdad. De saber todo cómo verdaderamente es. Esto no significa que no sigas amando a tu padre como siempre lo hiciste. Pero ese amor no puede impedirte de ver los hechos, de comprender. Él escogió cómo quería vivir, tú tienes derecho de hacer lo mismo. No puedes permitir que lo que él hizo te impida ser feliz, de sentir alegría nuevamente. Algún día encontrarás un hombre que te ame, te casarás, tendrás una familia. No puedes permitir que la sombra de sus actos te impida construir tu vida en paz.

Laura sollozaba y Gabriel la abrazó con fuerza esperando que se calmara. Luego dijo con voz firme:

– Laura, necesito que me ayudes. Mamá se dedicó a amarnos a nosotros dos. Incluso ahora, piensa en renunciar al amor de su vida por temor a que no aceptemos. Ahora, ¿crees que podemos exigirle ese sacrificio?

– ¿Ella dijo eso?

– Hoy estuve con Guillermo ... con mi padre. Tuvimos una larga conversación y él dejó muy claro que se amaban. Mamá simplemente no aceptó por nosotros. No creo que sea justo. Mañana cada uno de nosotros se casa, se muda y ella se quedará sola. ¿Ya pensaste en eso?

– Es difícil para mí aceptar a otro hombre en lugar de mi papá.

– No tienes que hacer eso. Él no tiene la intención de reemplazar a tu padre en tu corazón. Me gustaría que lo conocieras mejor. Que accedieras a que él nos visite.

– ¿Crees que madre querría eso?

– Creo que estaría feliz, si nos acercamos a él un poco más.

– No lo sé... Voy a quedar inhibida.

– Él vendrá como una visita. Me dijo que no decidirá nada en sus vidas hasta que seamos consultados.

– ¿Él dijo eso?

– Sí. Dijo que quiere ser un buen padre para mí y un buen amigo para ti, para protegerte y ayudarte a olvidar lo que pasó.

– Si es esto lo que mamá quiere, puedo intentarlo. Pero aun si no me gusta, ella puede casarse con él de todas maneras. Me iré de casa y punto.

– No seas una niña ni tengas prejuicios. Ni siquiera lo conoce y ya está creando un caso.

Ella encogió los hombros y él continuó:

– Estás cada día más delgada y más fea. De esa manera nunca vas a conseguir un marido.

Ella hizo una mueca y respondió:

– Si es para casarme con algún mojigato sin gracia, prefiero quedarme soltera.

– Con esos ojos rojos, parece que tienes resaca.

– Te tomaste el día libre para criticarme.

– Entremos, te arreglarás un poco. No me gusta verte tan descuidada. ¿Qué es eso? ¡Nunca fuiste así!

– ¡No estoy descuidada, no!

– Vamos. Te llevaré a tu habitación y te vas a arreglar. ¿Lanira no viene aquí hoy?

– No sé. Pero si lo supiese no te lo diría. Estás derritiéndote por ella.

– Realmente estoy. Si ella no viene hasta las cuatro, llamaré y le pediré que venga. Ahora vamos.

Gabriel la abrazó y la acompañó hasta el dormitorio, haciéndola entrar:

– Veamos si cambias esa actitud. Al final, somos civilizados. Estamos heridos, pero no destruidos. Mírate en el espejo. ¿Crees que puedes seguir así?

Laura lo empujó hacia afuera y cerró la puerta. Se acercó al espejo y se miró. Aquella joven delgada, ojos hundidos, sin color, cabello en desorden, no se parecía para nada con la Laura que ella tenía el orgullo de ser.

Gabriel tenía razón. Sentirse destruido y enferma no ayudaría en absoluto. Necesitaba reaccionar. Fue al baño, se lavó, se peinó, se puso un ligero maquillaje. Después buscó un vestido elegante y se lo puso. Se miró nuevamente en el espejo. Todavía estaba un poco pálida, pero más o menos arreglada. Gabriel no podría decir que se estaba poniendo descuidada. Eso no.

Gabriel buscó a su madre, que estaba sentada en la sala, la besó en la mejilla con cariño y dijo:

– Mamá, estuve con mi papá.

Ella se estremeció. Lo miró preocupada.

– Con mi verdadero padre – corrigió –. Tuvimos una larga conversación, creo que era hora de hablar de ese asunto.

– ¿De qué estaban hablando?

– Tratamos de conocernos mejor y hablamos sobre el futuro. Él te ama y quiere proponerte matrimonio. Me preguntó si yo estaría de acuerdo.

– ¿Qué respondiste?

– No soy yo quien tiene que responder a esa pregunta. Él es mi padre. Me siento aliviado de saberlo. Siento que puedo amarlo y mantener estrechas relaciones de amistad con él. Pero en cuanto al matrimonio, solo tú puedes decidir. ¿Él tiene razón cuando dice que todavía sientes el mismo amor por él?

— A lo largo de mi vida nunca dejé de pensar en él, de recordar nuestros encuentros y de extrañarlo. Incluso ahora, después lo que él hizo en ese tribunal, de su valor, de su dignidad, confesando su amor frente a todos, sentí mi corazón latir más fuerte y un deseo muy grande de estar a su lado, pero tengo miedo.

— ¿De qué? Parece un hombre de bien.

— Y lo es. Pero pienso en ustedes. Tú, hijo, vas a aceptar, pero ¿y Laura? A ella no le va a gustar. Todavía no se ha recuperado del duro golpe que sufrió y no puedo ahora colocarla en una situación delicada. Tal vez un día, después que ella se case, Guillermo y yo podamos pensar nuevamente en ese asunto.

— Eso no. Ustedes ya esperaron demasiado. Antes había un matrimonio. Él estaba comprometido, pero ahora está libre. Tú, después de lo que pasó, es como si estuvieses viuda. Estuve conversando con Laura. Ella accedió a tratar de conocer mejor a mi padre. Creo que podemos invitarlo a frecuentar nuestra casa.

— ¿Estás seguro? Ella está tan deprimida... ¿Eso no hará que empeore?

— Al contrario. Ella es vanidosa, toqué su orgullo. Su presencia la hará reaccionar y cuidarse. Incluso será bueno. Esta casa necesita alegría. No más tristeza. Tenemos que reaccionar. Voy a llamar a Lanira, para que venga a tomar el té con nosotros. ¿Puedo llamarlo e invitarlo a que venga también?

María Júlia iba a negarse, pero Laura apareció en la habitación y María Júlia la miró con asombro. Su apariencia estaba mucho mejor. Gabriel miró a su hermana y dijo:

— Voy a llamar a Lanira y al Dr. Gouveia, invitándolos a tomar el té. ¿Qué opinas?

Laura lo miró con un aire desafiante y respondió:

– Por mí está bien. ¿Todavía crees que estoy descuidada?

– No, manita. Ahora eres un bombón. Si mostraras tu linda sonrisa, te verás aun mejor.

María Júlia sintió su corazón latiendo más rápido. Se miró en el espejo. Ella también estaba abatida. Necesitaba subir y arreglarse un poco.

Una criada introdujo a Lanira y Marcelo en la sala. Después de los saludos, Gabriel dijo feliz:

– Me alegro que llegaran. Iba a llamar para que vinieras.

– Me tomé la libertad de invitar a Marcelo – respondió ella –. Él los estaba extrañando, pero tenía temor de incomodar.

– ¿Qué es eso, hijo mío? – dijo María Júlia –. Ven siempre que quieras. Tendremos mucha alegría al recibirlo.

– Gracias, doña María Júlia. Realmente los extrañaba.

– Ponte a gusto. Voy a subir un momento. Con permiso –. Gabriel miró a Laura y le guiñó un ojo. Ella entendió.

– ¿Qué está pasando por aquí que yo no sé? – Preguntó Lanira, acercándose a Gabriel.

Marcelo se sentó al lado de Laura, en el sofá y le preguntó:

– ¿Te sientes mejor?

– Estoy intentando reaccionar.

– Me alegro de verte más tranquila. Has estado aquí dos veces y no bajaste. Me quedé preocupado.

– De hecho, me sentía mal. Pero lo que pasó no tiene remedio y la vida continúa. Gracias por lo que hiciste por mí en el tribunal. Aun no tuve la oportunidad para darte las gracias.

– Ese día estaba muy decaído. Desentrañé esta historia. Sabía que iban a sufrir, pero tenía que hacer lo que hice. Me sentí culpable por tu sufrimiento. Quería mucho que me perdonaras por eso y que aceptaras mi amistad. Te garantizo que es de corazón. Laura lo miró a los ojos durante unos segundos y luego dijo:

– Necesito mucho a mis amigos. Cuando el escándalo estalló, las personas se alejaron de nosotros y las que se acercaban tenían la intención de especular para comentar después. Por eso Gabriel abandonó la universidad. Todos los amigos desaparecieran.

– Menos Lanira. Ella ha sido fiel.

– Sí. Quién menos esperaba. La vida tiene esas sorpresas –. Lanira se sentara en otro sofá con Gabriel y hablaban en voz baja. Marcelo los miró y se entristeció.

¿También estás enamorado de Lanira? – Preguntó Laura.

– ¿Por qué lo preguntas?

– Te pusiste triste cuando los viste tan cerca.

– Confieso que me atrae. Pero todo parce que ella prefiere a Gabriel –. Él intentó desviar el tema:

– Y tú, ¿estás enamorada?

– Tuve un par de enamoraditos, pero que nunca me enamoré. A decir verdad, creo que el amor es solo una ilusión. Las personas se unen por interés. El hombre para tener un hogar, hijos, perpetuar el nombre y la familia; la mujer para tener quien la cuide por el resto da la vida.

– ¿Eso es lo que piensas? ¿Cuando llegue la hora, escoges un buen muchacho, te casas y punto?

– Confieso que el matrimonio no me atrae ni un poquito. Es una prisión sin gracia en la que la mujer se anula cada día.

Marcelo negó con la cabeza diciendo:

– El día en que el amor entre en tu corazón, cambiarás de idea. Siempre viví solo, y sueño encontrar una mujer que yo ame y que me corresponda para crear una familia como nunca la tuve. Tengo mucho amor guardado dentro de mí y un deseo muy grande de compartir eso con alguien y poder finalmente vivir en un ambiente de cariño y paz –. Laura lo miró sorprendida.

– Eres un romántico. ¿Crees que Lanira sería esa mujer?

– No lo sé. Para que mi sueño se realice, mi compañera tendrá que amarme mucho, tanto como yo la amaré. Lanira me atrae, ha sido gentil conmigo, pero parece que no me ama. Mira, sus ojos brillan cuando habla con Gabriel.

– ¿No te importa perder?

– Si a ella le gusta él, no estoy perdiendo nada. Solo me estoy dando cuenta que ella no es la joven de mis sueños.

– ¿Vas a seguir esperándola?

– Lo haré.

– ¿Y si ella no aparece?

– Vendré tras de ti para compartir mi soledad. Sé que te sientes muy sola también. Creo que, mientras el amor no aparece, podemos hacernos compañía el uno al otro. ¿Qué tal?

Laura sonrió:

– Es una buena idea.

María Julia bajó más arreglada y Gabriel intercambió una mirada alegre con Lanira. Llamara a Guillermo invitándolo a tomar el té. Él llegó diez minutos después y saludó a todos con gusto.

Sus ojos brillaban y Gabriel se sintió feliz al darse cuenta que María Júlia, de rostro relajado, le hacía los honores de casa con placer. Hacía mucho tiempo que no veía tu rostro tan tranquilo. Mirando todo conversando en la sala animadamente, sintió que de allí en adelante todo cambiaría para mejor.

Lanira volvió a casa más animada. Laura estaba mejor y Gabriel le había dicho que la amaba cada día más. Por la emoción que sintió en ese momento, se dio cuenta que era a él a quien amaba.

Marcelo era atractivo, inteligente, agradable, pero Gabriel tocaba profundo en su corazón, como sus ojos dulces, su figura elegante, su forma de ser amorosa y firme. Si él le pidiese ser su enamorada, aceptaría.

Eran más de las nueve. Ella subió a la habitación cuando escuchó voces en la oficina. Prestó atención. ¿Sus padres estarían discutiendo? Se acercó a la puerta que estaba entreabierta y escuchó la voz firme de María Alice diciendo:

– La decisión es tuya. Ya no toleraré esta vergüenza. O despides a tu secretaria, pones fin a esa relación vergonzosa o te vas de esta casa para siempre.

– Eso es una calumnia. No puedes dejarte llevar por una carta anónima. Ten sentido común.

– Es inútil, António. Hace mucho que sé de todo. Nunca dije nada porque siempre quise preservar el buen nombre de nuestra familia.

El futuro de Lanira no puede ser perjudicado con una separación. Pero tu falta de vergüenza, ha llegado al punto en que esto ya es de dominio público. Entonces mi sacrificio se volvió inútil.

– Mantén la calma, María Alice. Siempre has sido considerada.

– Ya coloqué tus cosas en la habitación de invitados. Por ahora voy a tolerar tu presencia en esta casa. No quiero que digas que no te di ninguna posibilidad de arrepentirte y de terminar con este lío. Pero nuestra relación, terminó. Tan pronto Lanira se case, quiero el divorcio.

– ¿Cómo puedes actuar así después de tantos años juntos? No tienes sentimientos. Terminas con nuestro matrimonio con esa calma...

María Alice lo miró con frialdad. ¿Cómo pudiera amar a ese hombre tan falso? Fue con voz firme e indiferente que respondió:

– Mi conciencia no me acusa de nada. Siempre fui una esposa fiel y cumplidora de mis deberes. Siempre respeté el nombre que me diste y te ayudé a subir los peldaños de tu carrera política. Fuiste tú quien me traicionaste, fuiste tú que de tanto mentir a tus electores terminaste mintiendo a tu propia familia. Neo quiero esto en mi vida nunca más. Tengo el derecho de exigir respeto y vivir en paz sin estar de acuerdo con tus engaños.

– ¿Qué le diré a Alicia? Ella es una señora correcta. No se merece esta vil sospecha.

– Ese es tu problema. Si tienes problemas para despedirla, puedo hacer eso mañana mismo.

– ¿Te atreverías a preparar una escena en mi oficina? ¡Nunca pensé que podrías rebajarte hasta ese punto!

– Lo haré. Si no tienes el valor, iré yo misma hasta allá y la despediré con pocas palabras, sin alterarme. Después de todo, ella ya ha disfrutado bastante. Tuvo buenos paseos, se hospedó en hoteles de lujo, le regalaste ropas finas, joyas. No tiene de qué quejarse.

– ¡Estás loca! Si crees que voy a permitir eso estás muy equivocada. No voy a hacer que una inocente pague por tus sospechas infundadas.

– En ese caso, puedes irte directamente a un hotel. De hecho, en el cuarto de invitados hay preparada una maleta para esta eventualidad. Mañana te enviaré el resto.

– No voy a hacer lo que quieres. Esta es mi casa y de aquí no me iré.

– Probé una solución amigable, pero no lo entiendes. En ese caso, estoy decidida a buscar un abogado para tratar nuestra separación.

– ¿Quieres arruinar mi carrera? ¿Estás con tanto odio que quieres destruirme?

– Te equivocas. Solo quiero cuidar mi vida a mi manera. No necesito hacer nada para destruir tu carrera. Tú ya lo hiciste muy bien. Estoy cansada y me voy a dormir.

Al verla salir, Lanira se alejó de la puerta, subió rápidamente las escaleras y se quedó esperando en la habitación, con el corazón palpitando a toda fuerza. Escuchó cuando ella llegó, se dirigió a la habitación de la pareja y cerró la puerta.

No tuvo el valor para tocar en el cuarto de la madre, con miedo a que su padre las sorprendiese. Se quedó atenta al menor ruido y dejó la puerta de su dormitorio apenas encostada para poder oír mejor.

Escuchó cuando su padre subió las escaleras y tocó la puerta del cuarto varias veces. Ella no abrió y terminó yendo al cuarto de huéspedes.

Lanira se preparó para dormir, pero el sueño no llegaba. Sabía que María Alice estaba segura de lo que dijera. Su voz era firme, revelando una actitud reflexionada por mucho tiempo. Entonces, ella tenía la fuerza de quien sabe lo que hace y tiene la razón. ¿Qué haría su padre?

¿Aceptaría una situación que siempre odiara o terminaría con esa relación? Por mucho que pensara, ella no sabía lo que él haría.

CAPÍTULO 28

Daniel se apresuró. Estaba atrasado para la ceremonia. Aun tenía que pasar por la casa de Lídia para recogerla. La boda estaba programada para las siete de la noche. Se miró en el espejo con satisfacción. Estaba muy elegante. Serían los padrinos del matrimonio de Rubito y Marilda, y quería presentarse bien, sabiendo que Lídia estaría muy bien vestida. En unos meses más, ellos también se casarían. Había comprado una bella casa y la estaban decorando con esmero y alegría.

Un año después del juicio de José Luís, todo se había modificado. Marcelo tomó posesión de la fortuna que le pertenecía y pagó regiamente a sus abogados. María Julia se quedara solamente con algunos bienes que heredara de su familia y su propiedad que José Luís comprara antes de apoderarse del dinero del tío.

La casa donde María Júlia vivía con sus hijos fuera del abuelo de Marcelo y le pertenecía a él por derecho.

Después de aquella primera visita a la casa de María Julia, Guillermo comenzó a ir todas las noches, quedándose a cenar. Su presencia discreta, elegante, su manera reflexiva y educada, la delicadeza de sus actitudes, el respeto que demostraba por todos, la conversación inteligente siempre interesante, acabó por encantar a Gabriel, que cada día más se alegraba de tenerlo como padre. Después, María Júlia había rejuvenecido, se mostraba más alegre, más interesada en las cosas y más tranquila.

Poco a poco, Laura también fue aprendiendo a gustar de Guillermo. Cuando la veía triste, encontraba siempre una forma de interesarla en cosas alegres y ella sin percibir terminaba sintiéndose mejor.

Una tarde apareció con una cesta en la cual había un lindo perrito blanco y peludo, y lo puso en el regazo de Laura, que encantada recogió al animalito que sacudía la colita y la premiaba con generosas lamidas, mirándola con ojitos brillantes y tan alegres que ella lo abrazó feliz.

A partir de ese día, donde Laura iba, Mocinho, como ella lo llamaba, la acompañaba. Dormía con ella en la cama, lo que hizo que María Júlia comentara con Guillermo:

– Nunca pensé que a Laura le gustaría tanto un perrito. ¡Dormir con ella en la cama es una exageración! Le compré una bella camita para él, pero ella no lo deja quedarse allí.

– No te molestes – dijo Guillermo –. Déjala. Dar amor le devolverá el equilibrio. Ella necesita expresar su amor.

– Nunca pensé que eso podría ayudarla.

– Un animalito cariñoso, fiel, que depende de sus cuidados, hará mucho más que cualquier terapia. Ya verás.

De hecho, Laura estaba más feliz, se ocupaba de Mocinho y poco a poco se fue interesando más por las cosas del día a día. Este fue el comienzo de su amistad con Guillermo, quien comenzó conversando sobre el perrito y terminó convirtiéndose en un verdadero amigo, compartiendo sus confidencias.

Siempre que conversaban, él nunca le decía qué hacer, pero buscaba colocar las cosas claras, de manera que le facilitase la comprensión del tema, dándole siempre el poder de decisión.

Así, ella se fue haciendo más segura de sí misma, y por sentir que las conversaciones con él le hacían muy bien, lo buscaba a menudo.

Cuando Guillermo los reunió para una conversación, invitándolos a un viaje a los Estados Unidos, donde tenía la intención de conseguir el divorcio de María Julia y el matrimonio, Laura estuvo de acuerdo.

Su padre permanecía hospitalizado, enloquecido, cada día más furioso. Ella se conformó sabiendo que, aun cuando él mejorase, nunca más saldría de la cárcel.

– Después de nuestra boda, podremos viajar a donde quieran. Tengo tres meses de permiso y estaré a su disposición. Luego, cuando regresemos al Brasil, iremos a vivir en mi casa. Me gustaría que fuesen allá conmigo antes del viaje y me ayuden a transformarla a su gusto. Quiero que se sientas cómodos, elijan sus habitaciones y las decoren como más les guste.

– ¿Quieres decir que ya no volveremos a vivir aquí? – Preguntó Laura. Fue María Júlia quien respondió:

– Esta casa pertenece a Marcelo. Por eso, en poco tiempo, tendremos que abandonarla.

– Espero que les guste mi casa y se sientan cómodos allí.

– Esta casa me trae terribles recuerdos. Es bueno poder ir a vivir en otro lugar, solo hay una cosa: no quiero estar por mucho tiempo afuera. Especialmente ahora que Lanira y yo nos estamos entendiendo.

– Necesitas tiempo para reanudar tu vida. Descubrir lo que deseas hacer. Si deseas continuar la universidad o prefieres dedicarse a otro trabajo. Esperar un poco va a darte mejores condiciones para evaluar tus propios sentimientos. Después tienes el teléfono, el correo, ustedes pueden comunicarse. Pero si no aguantas la nostalgia, puedes regresar antes –. Gabriel estuvo de acuerdo. Sentía que viajar, cambiar un poco de ambiente le haría muy bien. Buscó a Lanira y le contó los planes de la familia y concluyó:

– Viajaremos en una semana. Antes de ir; sin embargo, quiero aclarar algunas de las cosas contigo. Hemos estado juntos, sé que te amo mucho y que soy correspondido. Una vez, te pedí matrimonio y te negaste. Tal vez porque pensaste que te lo pedí solo por obligación, queriendo arreglar lo que sucedió. Pero no es cierto. Te amo sinceramente y quiero casarme contigo. Quiero estar a tu lado y amarte siempre. ¿Tú quieres?

– Sí quiero. Ahora sé que eres tú a quien amo. El matrimonio me asusta, pero desde ya te garantizo que no tengo la intención de convertirme en una matrona acomodada, ni en una apaciguadora dentro del hogar. Tengo mi genio, hago las cosas a mi manera y no me gusta que me contengan. Me gusta conversar, exponer mis ideas y solo acepto cambiarlas cuando me demuestran que hay otras mejores. Siento que seguiré siendo así, incluso amándote. Ahora soy yo quien pregunta: ¿todavía quieres casarte conmigo?

Él la besó apasionadamente en los labios muchas veces, luego dijo:

– Antes de viajar quiero hablar con tus padres, pedir permiso para cortejarte –. Lanira negó con la cabeza y dijo:

– Las cosas en casa están algo complicadas. Puede que no sea un buen momento para eso.

– ¿Crees que puedan rechazarme a causa de José Luís?

– No. Él y mamá se han desentendido. Están separados. Ella lo mandó a la habitación de invitados y quiere que él se vaya, pero no él no quiere.

– ¡Siempre parecieron tan felices!

– Las apariencias engañan.

– Hablaré con doña María Alice. Ella me dirá si puedo ir con él.

Gabriel habló con ella, quien consintió en el cortejo, sintiéndose aliviada. Con el matrimonio de su hija, podría cuidar de su propia vida. Aconsejó a no hablar con António. Él estaba intratable porque ella había contratado a un abogado para que la asistiera en el divorcio. Estaba infeliz. Principalmente porque Alicia, avergonzada, también se negaba a salir con él y continuar con la relación.

Daniel llevó a Lídia casa, que lo esperaba lista. Ella estaba linda. La ceremonia en la iglesia fue muy hermosa. Daniel se sintió emocionado al lado de Lídia. Gabriel, al lado de Lanira, pensó cómo sería feliz cuando se casase.

María Júlia, Guillermo y Laura continuaban viajando. Ellos se habían casado en los Estados Unidos y regresaron a la bellísima casa en la que se instalaron con lujo y buen gusto. A pesa de la buena voluntad de Guillermo por cambiar lo que quisieran, no quisieron cambiar nada. La casa era muy bonita, llena de objetos de arte, y ellos se quedaron encantados de poder vivir allí. Después que algún tiempo decidieron viajar nuevamente. Laura estaba descubriendo el placer conocer otros países, principalmente porque Guillermo era un maravilloso anfitrión. Profundo conocedor de la historia, contaba cosas en cada lugar que pasaban, haciendo aun más interesante el viaje. Estaban felices.

Gabriel retomara la universidad y cortejara a Lanira. Hablara con António, quien finalmente diera su consentimiento. Andaba triste, infeliz. Alicia lo abandonara, llena de culpa y vergüenza. Buscara a María Alice para pedirle perdón y decirle que volvería a la pequeña ciudad donde vivía su familia. Dijo que lo lamentaba, se sentía la última de las mujeres. María Alice, viendo que las lágrimas en sus ojos estaban listas a caer, dijo simplemente:

— Me estoy separando de él. Si quieren continuar, son libres de hacerlo. Lo que deseo es que él desaparezca de mi vida y me deje en paz.

Al escucharla, Alicia no pudo contenerse más, rompió en sollozos, lo que hizo que María Alice dijera con voz tranquila:

— No necesita emocionarse de esa manera. Después de haber sido su amante todos estos años, el llanto no sirve de nada. Por lo menos asuma su posición y aguante con dignidad sus consecuencias.

Ella dejó de llorar y se fue sin decir una palabra. El mismo día, fue a la oficina a recoger sus cosas y desapareció. Cuando António fue a buscarla al apartamento, ella ya se había mudado. Desesperado, volvió a casa. Su vida se estaba desmoronando. Su carrera política iba cuesta abajo. Las personas lo miraban con aire malicioso y no se atrevía a frecuentar los lugares de moda.

En el círculo de amistades ya se comentaba la separación y él sentía que las personas lo miraban con aire de desaprobación, elogiando a María Alice. De repente, comenzó a sentirse solo y triste. María Alice continuaba linda, discreta, admirada, llena de clase, y él se arrepintió de haberse sumergido en esa aventura con Alicia. Pero ya era demasiado tarde.

Trató de acercarse a ella, contarle su arrepentimiento con la esperanza que ella lo perdonase y lo aceptase de regreso. Mientras tanto, por más que hiciese, ella no cedía. Finalmente, percibió cuánto ella estaba cambiada. Algo se había roto entre ellos y no habría ningún punto de retorno. Recogió lo que le quedaba de su sentimiento de dignidad y aceptó la separación, con todas las condiciones legales que el abogado de ella le propuso. Se mudó a un apartamento y como siempre hiciera, trató de fingir entre los amigos, diciendo que no le importaba en nada su fracaso matrimonial.

La recepción nupcial que ofrecieron los padres de Marilda en su palacete de Lagoa fue finísima. La fiesta estuvo animada. Rubito alcanzará notoriedad y su matrimonio marcara un hito en la sociedad, a pesar que a él no le importase con eso.

Marcelo se sintió solo en esa fiesta. Laura, de quien se hizo muy amigo, estaba fuera; Lanira, enamorando a Gabriel, naturalmente se había apartado. Lídia se acercó diciendo:

– ¡Estás tan pensativo! ¿No te está gustando la fiesta?

– Sí. Todo es perfecto. Es que soy un animal de monte. No tengo ninguna facilidad para hacer amigos.

– El baile está animado. Hay muchas chicas con ganas de bailar. ¿Por qué no lo intentas?

– Hoy y me siento muy solo. ¿Ya te ha pasado? ¿Estar en medio de mucha gente, en una fiesta hermosa y animada como esta, y sentirse solo?

– Sí. ¿Cómo te sientes en tu nuevo hogar?

– Vivir en la casa de mi abuelo siempre fue mi mayor sueño. Pensé que estaría más cerca de él. Pero a veces creo que no fue bueno ir a vivir allí. Los recuerdos de mi tragedia familiar están más vívidos. Es difícil olvidar, cuando todo me recuerda lo que pasó.

– Una casa siempre mantiene la energía de sus habitantes. En esa casa tuvieron momentos de angustia, miedo, inseguridad. Debes estar sintiendo esas influencias. ¿Por qué no haces una remodelación? Es bueno para renovar el ambiente.

— Podría ser. A veces me lleno de tristeza, angustia, sin motivo. Voy a hablar con doña Josefa, pedir ayuda.

— Haz eso. No te he visto en las sesiones.

— Es verdad. Me he alejado un poco, ocupado con mis problemas. Estoy intentando reanudar los negocios del abuelo. Comprar nuevamente la empresa que fue suya y que José Luís vendió.

Daniel se acercó y sintió que su corazón se hundía. Ver Marcelo al lado de Lídia lo incomodaba. Trató de disimular:

— Disculpen la demora. Rubito estará fuera durante un mes y tenía mil recomendaciones. ¡No se olvidó de ella ni siquiera el día de su boda!

— Está bien. Estábamos hablando de los proyectos de Marcelo. ¿Sabías que está cerrando un negocio con una empresa que era de su abuelo? Creo que es hermoso retomar eso también.

— Lo sabía. Estamos trabajando los contratos. ¿Quieres bailar?

— Más tarde. ¡Está tan bueno aquí!

Daniel se sentó esperando a que Marcelo se levantara y los dejara a solas en la mesa. Pero no parecía interesado en hacer eso. Estaba sujetando una copa de champán, pensativo.

Tratando de ocultar su preocupación, Daniel se dirigió a Marcelo:

— ¿No te gusta bailar?

— Me gusta. Pero hoy no estoy de humor.

— A veces basta con empezar y el entusiasmo aparece — dijo Lídia. Y volviéndose hacia Daniel explicó:

— Creo que Marcelo necesita hacer algo para cambiar las energías de la casa donde fue a vivir. Aquellas paredes todavía guardan los recuerdos de sus antiguos habitantes. Sería bueno volver a las sesiones en casa de Josefa. Esta falta de entusiasmo no debería ser natural. Tú, Marcelo, tienes todo lo que necesitas para ser feliz. Eres joven y muy atractivo. Estoy segura que si miras alrededor no te quedarás mucho tiempo solo.

Marcelo sonrió y respondió:

— Dices eso para animarme. Cuando estaba en Inglaterra, tuve fases de depresión. Yo lo atribuía a mi orfandad, al desconocimiento de mi origen. Hoy no tengo más esas razones. Solo que estas fases todavía permanecen. A veces siento como que todavía me falta algo. Necesito encontrar a alguien. A veces con un sueño con una mujer que está de espaldas, me quedo deslumbrado, siento que lo he encontrado. Pero cuando me acerco a ella y trato de abrazarla, desaparece y me quedo desesperado. El vacío reaparece y la sensación de soledad me acompaña por algunos días.

Daniel sintió una opresión en el pecho. Marcelo nunca le contara eso. Estaba seguro que esta mujer que él veía era Lídia. Lo miró asustado. ¿Qué harías si un día descubriera la verdad? Se dio cuenta que este miedo siempre aparecía cuando él conversaba con ella.

— Interesante — comentó ella —. ¿Es siempre el mismo sueño?

— A veces es un poco diferente, pero siempre es la misma mujer. Siempre está de espaldas y nunca puedo ver su cara.

— Los sueños siempre son así, confusos — intervino Daniel —. No se puede creer en ellos.

— Hay sueños y sueños — respondió Marcelo —. Ellos despiertan en mí una gran cantidad de emociones que deben significar algo importante. Las escenas permanecen en mi memoria durante algunos días. Incluso ahora, al mencionarlos, me parece volver a verlos.

– Quizás sean recuerdos de tus vidas pasadas. Cosas que te marcaron tanto que inconscientemente tu espíritu las busca durante el sueño.

Daniel se movió en su silla con inquietud. ¿Por qué Marcelo no se iba? Él no parecía estar pensando en eso. Los ojos perdidos en un punto distante decían:

– Puede parecer una locura, pero tengo la seguridad que debo ver su rostro de alguna manera. Solo entonces ella aparecerá de verdad en mi vida y podremos ser felices –. Lídia sonrió alegre y respondió:

– ¡Qué romántico! ¿No crees que está alimentando una peligrosa ilusión?

– ¿Por qué?

– Ella aparece de espaldas en tus sueños, lo que quiere decir que no está disponible para ti. O, mejor dicho, que no quiere que la encuentren.

– ¿Lo crees? Nunca pensé en eso. De hecho, siempre despierto con una sensación de pérdida. Eso es lo que me impresiona. Estoy seguro que es la mujer de mi vida, que aun la encontraré y estaremos juntos para siempre.

– Habla con Josefa. Estoy segura que podrá ayudarte. No creo que sea bueno alimentar esta ilusión. Puede que nunca se presente, tu vida pasará y cuando despiertes habrás dejado escapar todas las oportunidades de felicidad que la vida te ha brindado.

– Lídia tiene razón. Debes dejar estos sueños a un lado. Si son recuerdos de otras vidas, nunca se repetirán. De hecho, eso fue lo que me dijo una vez el espíritu de Norma. Las emociones aparecen, pero el hecho se acabó, pasó y nunca se repetirá. Así que darle importancia a esto es perder el tiempo.

– Quizás por eso no consigues amar a nadie – indicó Lídia –. Mira a tu alrededor y experimenta las oportunidades que la vida te ofrece. Puede que te sorprendas.

– Sí. Creo que haré eso. ¡Por lo menos si Laura estuviese aquí! Ella es buena compañera.

– Nunca pensé que pudieran ser tan amigos – dijo Daniel.

– Tememos algunas afinidades. Eso cuenta.

Lanira y Gabriel se acercaron avisando que los recién casados huían por la parte de atrás. Los tres se levantaran y corrieran hacia ellos.

Esa noche, Daniel se movió inquieto en la cama sin poder dormir. Este tormento necesitaba terminar. Pensó en hablar abiertamente con Lídia, saber si ella sentía algo por Marcelo. Lo dudaba. ¿Y si eso despertase sus sentimientos? Podría dejarse influenciar por el pasado y terminar abandonándolo para quedarse con Marcelo.

Le dolía la cabeza y no conseguía relajarse. Cuando el día estaba amaneciendo finalmente pudo dormir. Despertó tarde, malhumorado. Iba a llamar a la tía Josefa y pedir orientación, pero recordó que esa noche estaría en su casa para una sesión y decidió esperar.

Cuando Lídia entró en la casa de la tía y se dio cuenta que Marcelo ya estaba allí, tuvo ganas de retirarse. Josefa la abrazó tiernamente, hablando en voz baja:

– No tengas miedo, todo va a estar bien.

Ella la miró sorprendida. Sonrió y se sintió un poco mejor. Marcelo se acercó y la saludó con alegría. Se sentó alrededor de la mesa con los frecuentadores acostumbrados y Josefa profirió conmovida oración inicial, pidiendo protección y esclarecimiento para todos. Abrió un libro y leyó un mensaje espiritual de optimismo y confianza. Luego apagó la luz, dejando solo una pequeña lámpara azul. El silencio fue absoluto. Daniel sintió un letargo que se fue apoderando de su cuerpo y de repente se encontró en un jardín bastante bonito donde el verde del gramado hacía sobresalir los parterres cubiertos de varios tonos de flores. Al contemplar este paisaje, sintió su corazón latir fuerte y una enorme expectativa lo acometió. Sentía que algo importante estaba por suceder. Tenía que llegar a una casa que veía más adelante.

Rápidamente fue hasta allá, abrió la puerta y entró. Su corazón latía con fuerza. En la sala no había nadie. Fue hasta la habitación, abrió la puerta y se encontró con Lídia, sonriendo hermosamente y estirando los brazos hacia él.

Emocionado, se arrojó sobre ellos abrazándola con fuerza, besando sus labios con amor, sintiendo una gran alegría. Cuando se calmó la miró a los ojos y dijo:

– Finalmente nos encontramos. Me parece mentira que te tenga de nuevo en mis brazos. Dime que me perdonaste, que todavía me amas y que nunca más nos separaremos.

– Te amo. Siempre te he amado.

– Cuanto caís te por la escalera, casi me volví loco. Me siento culpable. Si hubiese sido más flexible, nada de esto habría pasado.

– No te culpes. Todos nos equivocamos. No entendí tus celos y tampoco la pasión de nuestro hijo. Pensé que estabas siendo demasiado duro. Era un niño que confundía sus sentimientos. Pero lo expulsaste y él te odió.

– Tú lo veías como un hijo, pero él te veía como una mujer. Te amaba. Me arrepentí de haberlo llevado a nuestra casa. De tratarlo como un hijo.

– Eso ya pasó. Todos sufrimos y aprendimos.

Daniel la volvió a abrazar y besar tiernamente en los labios y le pidió:

– Dime que todavía me amas, que ahora estamos juntos para siempre.

– Te amo, siempre te amaré. Para estar juntos a partir de ahora, necesitamos el permiso de nuestros superiores.

– ¿Por qué?

– Tenemos que presentarnos a una reunión con ellos. Alberto también estará allí.

– No sé si estoy preparado para verlo. Me denunció a la policía, entabló una demanda en mi contra, me acusó de asesinato, diciendo que te había empujado por la escalera, provocando tu muerte.

– Pero eras inocente, fuiste absuelto. Me advirtieron que, si queremos volver a estar juntos, tendremos que pasar algunas pruebas.

– ¿Qué pruebas?

– No sé. Lo sabremos en la reunión.

Al instante, Daniel se vio en otra habitación sentado en un sofá junto a Lídia. Había otras personas en los otros sofás. En uno de ellos reconoció a Alberto. Un hombre de mediana edad con un rostro bastante simpático, que le parecía familiar estaba hablando:

– Para lograr la felicidad, debemos dejar el pasado. Y el pasado solo se irá cuando logremos conseguir resolver todos los problemas no resueltos en que nos envolvimos en mutuos compromisos que nos amarran a pensamientos negativos e impiden nuestro progreso.

Guardar rencor, ideas de injusticia, insatisfacción, culpa, frustración demuestra que la persona no está en condiciones de poder disfrutar de una vida feliz y pacífica.

Por eso es necesario limitar estas energías, y esto solo se da cuando percibimos que somos responsables de todo lo que nos pasa, cuando dejamos de culpar a los demás por nuestra infelicidad. Este descubrimiento hace que todos los sentimientos negativos creados por un enfoque equivocado de ver la vida desaparezcan.

Es lo que está sucediendo con ustedes. Están unidos por lazos que construyeron con el correr de los años y que necesitan soltar para que puedan limpiar sus vidas y disfrutar de la felicidad a la que tienen derecho.

Piensen en todo lo que les sucedió. En el sufrimiento que pasaron, observen las heridas que aun sangran y los lastiman. Nadie puede alcanzar la felicidad escondiendo las heridas del corazón, disimulando el miedo, cargando el peso de las culpas.

Vamos a retirarnos ahora y ustedes tres se quedarán a solas para conversar. De esta conversación decidiremos cuales son las medidas que necesitamos tomar de aquí en adelante.

Daniel se encontró cara a cara con Alberto, que lo miraba triste. Se dio cuenta que en sus ojos no había más o el brillo del rencor. Lídia fue la primera en hablar:

– Me agradan ustedes dos. Daniel es el amor de mi vida. Alberto, el hijo de mi corazón. Esa es mi forma de querer. Me gustaría que fuésemos una familia espiritual, ya que no fue posible en aquel tiempo.

Alberto los miró con tristeza y respondió:

– Quiero pedir perdón. Fui ingrato e infiel, desperdicié todo lo que la vida me dio cuando perdí todo y ustedes me recibieron como a un hijo. Yo estaba loco. Hoy sé que me dejé subyugar por la vanidad, por la competencia, por los celos. Quería la atención de Lídia solo para mí. Fui el causante de la tragedia que rodeó nuestras vidas. Estoy arrepentido, Daniel. Si me perdonas, me gustaría tener la oportunidad de recomenzar.

Sorprendido, Daniel se dio cuenta que sus ojos brillaban sinceros y las lágrimas caían por su rostro. Se miraron a los ojos y se abrazaron emocionados.

– He sufrido mucho – Alberto continuó –. Dejé nuestra casa, hice todo eso cegado por el odio, viví muchos años amargado e infeliz. Pero lo peor estaba por venir. Cuando llegué aquí, estaba vagando sin rumbo, escuchando voces gritando, llamándome asesino, burlándose y diciendo que el asesino de Lídia, era yo. La victimizara con mi obsesión. Me arrepentí, reconocí que ustedes me habían dado todo, que fui malvado, y pedí perdón a Dios, supliqué que me ayudasen. Entonces fui auxiliado por un espíritu bondadoso que me llevó a un lugar de recuperación. Desde entonces, he pedido a Dios por esta reunión para que me perdonen. Estaba equivocado.

– Te sigo amando como a un hijo querido. Nada me hace más feliz que podamos ser amigos nuevamente – dijo Lídia con voz emocionada.

– Bueno, se acabó – dijo Daniel –. Reconozco que fui intransigente y duro. Me gustaría olvidar el pasado.

En ese momento, las personas que se habían retirado de la sala volvieron y Daniel reconoció al Dr. Camargo entre ellos. Esta vez fue Norma quien tomó la palabra:

– Sabemos que se reconciliaron y estamos felices. Ya podemos preparar la próxima encarnación de ustedes tres.

Daniel tendrá la oportunidad de casarse con Lídia nuevamente. Alberto se reencarnará como el nieto del Dr. Camargo, que tendrá en su familia algunos elementos que fueron atraídos en sus vidas y que sabemos les causarán problemas. Pero si saben actuar en el bien, todo saldrá bien. Debo advertirles que Alberto, por no haber valorado lo que poseía, quedará huérfano y será privado de la convivencia familiar. Afirmo que todos tendrá mucha ayuda espiritual y que estaremos vibrando para que consigan eliminar todos los obstáculos y puedan finalmente conquistar la felicidad.

Alberto se puso de pie y dijo:

– Me gustaría hacer un pedido.

– Puedes hacerlo.

– Sé que no valoré a la familia, que quedaré huérfano, pero hoy he cambiado. Lo que más quiero es tener una compañera, un hogar, ser feliz. Sé cuánto vale un cariño sincero y una buena compañera.

Norma sonrió y dijo:

– ¿Estás seguro que ella quiere ir?

– Nos amamos. Dejarla aquí y seguir solo será muy difícil para mí. Sé que la vida es justa y hace todo para que yo aprenda lo mejor, pero si consigo permanecer en el bien, hacer las cosas de la manera justa, ¿puedo contar con ella a mi lado?

– Entonces ella irá a tu encuentro – garantizó Norma.

En ese momento Daniel vio a una chica rubia y muy hermosa entrar y abrazar a Alberto, quien la miró con pasión. Fue en ese momento que todo sentimiento de angustia desapareció de su pecho y Daniel suspiró profundo, diciendo:

– Finalmente soy libre. ¡Somos libres!

Abrió los ojos, asustado. Se había encendido la luz, hablaba en voz alta y las personas lo miraban curiosas. Él respiró profundo. Lídia le tomó la mano con ternura y él la miró emocionado.

Josefa le dio a beber un vaso de agua y luego se levantó y buscó a Marcelo con los ojos. Al verlo, se puso de pie sin decir y fue hasta él, abrazándolo fuertemente.

Marcelo se sintió conmovido, aunque no supo por qué. Daniel le pidió a Marcelo que lo esperase, porque tenían que conversar.

Cuando todos se fueron, se sentaron en la sala de estar, y Daniel, con una voz que la emoción hacía vibrar, dijo:

– Esta noche finalmente entendí el por qué de todo lo que nos pasó. Estuvimos juntos en otras vidas, principalmente nosotros tres. Nos herimos, nos engañamos, creamos sufrimiento. Esta noche descubrí que todo eso terminó. El pasado está muerto, y nosotros felizmente estamos vivos y podemos aspirar a la felicidad.

– Siento que algo importante ocurrió aquí hoy. Estuve todo el tiempo emocionado, varias veces me pareció ver a una joven con la cual he soñado. Hubo un momento en que finalmente ella estaba de frente y me sonrió.

– La vi – confirmó Daniel –. Ella es linda. Rubia, rostro ovalado, suave, ojos verdes.

Marcelo se levantó, estaba asombrado:

– Así mismo. ¿También la viste? – Daniel sonrió alegremente y respondió:

– Sí. Y por lo que sé, ella está destinada para ti y luego aparecerá en tu vida –. Él suspiró alegre:

– Entonces nunca más estaré solo –. Daniel abrazó a Lídia y respondió:

– Sí, Marcelo. Nosotros dos nunca más estaremos solos.

Y Josefa sonrió al darse cuenta que varios espíritus estaban allí celebrando la victoria. El Dr. Camargo, Cláudio y Carolina abrazando a Marcelo; Norma y varios otros amigos, estaban envolviendo a todos con energías luminosas.

Ante esta imagen, Josefa no pudo contenerse. Cerró los ojos y silenciosamente comenzó a orar, dando gracias a Dios toda la ayuda que recibieron. Y los otros tres, dándose cuenta de lo que ella estaba haciendo, guardaron un respetuoso silencio.

En sus corazones también brillaba la alegría de la gratitud.

FIN

Grandes Éxitos de Zibia Gasparetto

Con más de 20 millones de títulos vendidos, la autora ha contribuido para el fortalecimiento de la literatura espiritualista en el mercado editorial y para la popularización de la espiritualidad. Conozca más éxitos de la escritora.

Romances Dictados por el Espíritu Lucius

La Fuerza de la Vida

La Verdad de cada uno

La vida sabe lo que hace

Ella confió en la vida

Entre el Amor y la Guerra

Esmeralda

Espinas del Tiempo

Lazos Eternos

Nada es por Casualidad

Nadie es de Nadie

El Abogado de Dios

El Mañana a Dios pertenece

El Amor Venció

Encuentro Inesperado

Al borde del destino

El Astuto

El Morro de las Ilusiones

¿Dónde está Teresa?

Por las puertas del Corazón

Cuando la Vida escoge

Cuando llega la Hora
Cuando es necesario volver
Abriéndose para la Vida
Sin miedo de vivir
Solo el amor lo consigue
Todos Somos Inocentes
Todo tiene su precio
Todo valió la pena
Un amor de verdad
Venciendo el pasado

Libros de Eliana Machado Coelho y Schellida

Corazones sin Destino

El Brillo de la Verdad

El Derecho de Ser Feliz

El Retorno

En el Silencio de las Pasiones

Fuerza para Recomenzar

La Certeza de la Victoria

La Conquista de la Paz

Lecciones que la Vida Ofrece

Más Fuerte que Nunca

Sin Reglas para Amar

Un Diario en el Tiempo

Un Motivo para Vivir

¡Eliana Machado Coelho y Schellida, Romances que cautivan, enseñan, conmueven y pueden cambiar tu vida!

Romances de Arandi Gomes Texeira y el Conde J.W. Rochester

El Condado de Lancaster

El Poder del Amor

El Proceso

La Pulsera de Cleopatra

La Reencarnación de una Reina

Ustedes son dioses

Libros de Vera Kryzhanovskaia y JW Rochester

La Venganza del Judío

La Monja de los Casamientos

La Hija del Hechicero

La Flor del Pantano

La Ira Divina

La Leyenda del Castillo de Montignoso

La Muerte del Planeta

La Noche de San Bartolomé

La Venganza del Judío

Bienaventurados los pobres de espíritu

Cobra Capela

Dolores

Trilogía del Reino de las Sombras

De los Cielos a la Tierra

Episodios de la Vida de Tiberius

Hechizo Infernal

Herculanum

En la Frontera

Naema, la Bruja

En el Castillo de Escocia (Trilogia 2)

Nueva Era

El Elixir de la larga vida

El Faraón Mernephtah

Los Legisladores
Los Magos
El Terrible Fantasma
El Paraíso sin Adán
Romance de una Reina
Luminarias Checas
Narraciones Ocultas
La Monja de los Casamientos

Libros de Elisa Masselli

Siempre existe una razón
Nada queda sin respuesta
La vida está hecha de decisiones
La Misión de cada uno
Es necesario algo más
El Pasado no importa
El Destino en sus manos
Dios estaba con él
Cuando el pasado no pasa
Apenas comenzando

Libros de Vera Lúcia Marinzeck de Carvalho y Patricia

Violetas en la Ventana
Viviendo en el Mundo de los Espíritus
La Casa del Escritor
El Vuelo de la Gaviota

Vera Lúcia Marinzeck de Carvalho y Antônio Carlos

Amad a los Enemigos
Esclavo Bernardino
la Roca de los Amantes
Rosa, la tercera víctima fatal
Cautivos y Libertos

Libros de Mónica de Castro y Leonel

A Pesar de Todo

Con el Amor no se Juega

De Frente con la Verdad

De Todo mi Ser

Deseo

El Precio de Ser Diferente

Gemelas

Giselle, La Amante del Inquisidor

Greta

Hasta que la Vida los Separe

Impulsos del Corazón

Jurema de la Selva

La Actriz

La Fuerza del Destino

Recuerdos que el Viento Trae

Secretos del Alma

Sintiendo en la Propia Piel

World Spiritist Institute
https://iplogger.org/2R3gV6

www.ingramcontent.com/pod-product-compliance
Lightning Source LLC
LaVergne TN
LVHW041615060526
838200LV00040B/1296